[Conserver la couverture]

DICTIONNAIRE TOPOGRAPHIQUE

DE LA FRANCE

COMPRENANT

LES NOMS DE LIEUX ANCIENS ET MODERNES

ARRONDISSEMENT DE BOULOGNE-SUR-MER

Par M. l'Abbé D. HAIGNERÉ

EX-ARCHIVISTE DE LA VILLE DE BOULOGNE
SECRÉTAIRE PERPÉTUEL DE LA SOCIÉTÉ ACADÉMIQUE

Ouvrage qui a obtenu le Second Prix au Concours
Sociétés Savantes, le 25 novembre 1881

BOULOGNE-SUR-MER
IMPRIMERIE VEUVE CHARLES AIGRE
4, RUE DES VIEILLARDS

1882

DICTIONNAIRE TOPOGRAPHIQUE
DE LA FRANCE

COMPRENANT

LES NOMS DE LIEUX ANCIENS ET MODERNES

ARRONDISSEMENT DE BOULOGNE-SUR-MER

Par M. l'Abbé D. HAIGNERÉ
EX-ARCHIVISTE DE LA VILLE DE BOULOGNE
SECRÉTAIRE PERPÉTUEL DE LA SOCIÉTÉ ACADÉMIQUE

Ouvrage qui a obtenu le Second Prix au Concours des
Sociétés Savantes, le 25 novembre 1861

BOULOGNE-SUR-MER
IMPRIMERIE VEUVE CHARLES AIGRE
4, RUE DES VIEILLARDS

1881.

À Monsieur

ALEXANDRE ADAM

Commandeur de la Légion d'honneur
Ancien maire de Boulogne
Président honoraire de la Société d'Agriculture

Monsieur,

C'est à vous qu'appartient la dédicace de cet ouvrage, dont vous avez provoqué l'exécution et dont nous avons tous deux partagé l'honneur, le 25 novembre 1861, dans le grand amphithéâtre de la Sorbonne.

Je ne puis donc aujourd'hui le publier sans que votre nom y soit inscrit à la première page, pour témoigner de ma gratitude envers le Magistrat éminent, l'Administrateur aux vues larges et profondément libérales, dont je n'oublierai jamais la haute bienveillance à mon égard.

Daignez agréer, Monsieur, le respectueux hommage des sentiments dévoués avec lesquels je suis,

Votre très humble et très reconnaissant serviteur,

D. HAIGNERÉ
Ex-archiviste de la ville de Boulogne,
Curé-desservant de Menneville,
Officier d'Académie.

LETTRE DE FÉLICITATIONS

Adressée à l'Auteur

Par Mgr PARISIS

Mon cher abbé Haigneré,

Les ornements des églises matérielles sont divers et c'est leur ensemble harmonieux qui en fait la beauté. Ainsi en est-il de la gloire d'un diocèse, et il est hors de doute que les distinctions qui y sont décernées à des hommes d'études sérieuses et d'érudition profonde lui donnent un lustre utile même à la Religion dans ce siècle superficiel. C'est pour cela que je m'en suis réjoui et vous en ai fait adresser mes affectueuses félicitations.

. . . .

Merci de vos bons et pieux souhaits : je vous offre les miens avec une grande sincérité d'affection et de dévouement en N.-S.

† P. L., Ev. d'Arras.

10 janvier 62.

PRÉFACE

L'ouvrage dont la Société Académique a bien voulu ordonner la publication, et qui, après vingt ans de stage, fait aujourd'hui son entrée dans le monde scientifique, a été rédigé pour la Société d'Agriculture de l'arrondissement de Boulogne.

Cette Compagnie, fondée à la fin du dernier siècle pour être un centre d'activité littéraire et artistique, s'était peu à peu désintéressée de ces études, pour concentrer toutes ses prédilections sur l'encouragement des travaux du laboureur et sur le développement des productions de la ferme.

Néanmoins, lorsque M. Rouland fit appel à son concours, en l'invitant à s'occuper de la grande entreprise qu'il avait conçue de créer un *Dictionnaire topographique*, ainsi qu'un *Répertoire archéologique* de la France, la Société d'Agriculture s'empressa de répondre aux vœux du ministre de l'Instruction publique. Elle fit imprimer un questionnaire et elle l'envoya dans toutes les communes de sa circonscription, pour recueillir les informations qu'on voudrait bien lui adresser ; puis, après m'avoir transmis ces documents, elle me chargea de les coordonner en y joignant le résultat de mes recherches personnelles dans le vaste champ des annales du pays.

Je puis dire, sans en tirer vanité, que ce n'était pas une besogne facile.

En effet, les informations que la Société reçut en réponse à son questionnaire étaient bien insuffisantes, presque toutes incomplètes, et quelques-unes absolument nulles. Il y eut même un certain nombre de communes où, soit par négligence, soit par embarras, les maires s'abstinrent de toute communication (1).

En cet état de choses, je dus avoir recours à d'autres moyens pour compléter ma nomenclature. La carte de Cassini et celle du dépôt de la guerre ne me donnaient que les noms des hameaux, des fermes, des lieux habités ; et je ne pouvais me dispenser d'en chercher d'autres, que je savais exister en grand nombre sur toute la surface du territoire. Où les trouver ? Ne pouvant songer au cadastre, qui n'en inscrit que quelques-uns, choisis au hasard et outrageusement déformés,

---

(1) Quatre-vingts communes seulement ont envoyé des réponses au questionnaire de la Société. Parmi les meilleurs travaux qui m'ont été adressés à ce sujet, je dois une mention particulière aux notes recueillies sur Hardinghen par M. Ben-Hamy, sur Andres et Guines par M. le Dr Cuisinier, et aux statistiques dressées d'après la matrice cadastrale par MM. les maires de Bazinghen, de Maninghen, de Rinxent, etc., etc.

je me résolus à feuilleter la plus grande partie des annonces judiciaires insérées à la quatrième page des journaux de la localité, et je pus parvenir à compléter d'une manière à peu près satisfaisante le relevé des lieux-dits de l'arrondissement.

Ce n'était pas là, je dois le dire, que gisait la principale difficulté de l'entreprise.

D'après le programme, dressé par M. Léopold Delisle, au nom du Comité des Travaux historiques et des Sociétés Savantes, je devais joindre à chaque nom moderne les noms anciens qui lui correspondent. Pour cela, j'avais à dépouiller « les histoires et les chroniques les plus an- « ciennes, les vies de saints, les romans cheva- « leresques, les chartes, les cartulaires, les « pouillés, les registres de visites ecclésiastiques, « les comptes, les rôles d'imposition, les aveux et « les livres terriers, » en vue d'y recueillir tous les textes en langue latine et en langue vulgaire, qui pouvaient servir à déterminer la forme originale et les diverses variations des noms de lieux restés attachés aux diverses parcelles du territoire.

Pour cette partie de mon travail, tout me manquait ; et comme les archives de la ville n'avaient à m'offrir ni chartes ni cartulaires, il me fallut aller en chercher à Paris dans les Archives nationales et dans les collections de la grande Bibliothèque, ainsi qu'à Arras, dans les archives du département.

Muni de ces renseignements et de ceux que je

pas rencontrer çà et là, dans le dépouillement des ouvrages imprimés, je me trouvai en possession d'une seconde nomenclature, celle des anciens noms de lieux du pays, tels que les scribes du moyen âge en ont figuré l'orthographe, avec l'étrange variété de ses formes et les multiples embarras de sa synonymie. Qu'on lise dans le *Dictionnaire* les articles *Autingliem, Boueres, Hardinghen, Herbinghen, Hercélinghen, Rinxent, Sanghen,* on se fera une idée du dédale où il s'agissait de se retrouver ! Et d'ailleurs, ai-je parfaitement réussi à en débrouiller l'enchevêtrement ? Ai-je établi la concordance exacte des différentes formes qui, dans la chronique d'Andres, pour ne parler que de celle-là, s'appliquent à la désignation d'une même localité ? Malgré tout le soin que j'ai pris de comparer les unes aux autres les énonciations topographiques contenues dans les chartes de cette abbaye, afin d'en saisir les ressemblances et d'en déterminer le classement, je crois n'avoir résolu qu'une partie du problème. Puisse un érudit consciencieux et sagace faire, pour Guillaume d'Andres et son intéressante chronique, le travail de révision et d'annotation dont Lambert d'Ardres a été l'objet de la part de M. le marquis de Godefroy !

Lorsque les noms de lieux cités dans les anciens textes se produisent comme des indications topographiques proprement dites, dans une énumération de propriétés territoriales ou de droits utiles qui s'y rapportent, l'attribution qu'on en peut faire à un lieu moderne de semblable dénomination est peu sujette à erreur; mais on conçoit qu'il en est autrement lorsque le nom de lieu n'apparait dans l'histoire que comme appendice d'un nom d'homme. Quand je lis dans les chartes de Thérouanne *Ecclesiam de Isca*, entre les églises de Wimille et de Wirwignes, je ne puis douter qu'il ne s'agisse là bien évidemment de l'église d'*Isques*; mais, quand je trouve, même parmi les témoins de chartes absolument boulonnaises, un *Amalricus de Isca*, je ne puis plus avoir la même certitude pour la traduction du nom de fief: car, dans un autre acte, passé précisément à la même époque dans l'abbaye de Bigaerden en Brabant, on lit les signatures de Francon d'*Isca* et de ses frères Godefroi et *Amalric*, qui ont tout l'air de représenter la famille seigneuriale d'*Issche*, ou *Overissche*, près de Bruxelles (1).

De même, je ne suis pas sûr qu'on ne viendra pas un jour réclamer pour *Hondeghem* (Nord), ou pour *Ooteghem* (Flandre occidentale), quelqu'une des formes anciennes que j'ai admises à figurer sous le nom d'*Audinghen*; et, malgré toute l'attention scrupuleuse que j'ai apportée dans la détermination des homonymes, je ne puis répondre de n'avoir rien dérobé du patrimoine topographique appartenant à *Boeseghem*,

(1) Mir. et Foppens, Opp. dipl., t. I, p. 99.

à *Terdeghem*, ou à d'autres localités du département du Nord.

Prendre ainsi le bien d'autrui, est une tentation contre laquelle les auteurs de ce genre de travaux ne se prémunissent pas toujours suffisamment. L'érudit bibliothécaire de la ville d'Amiens, M. Joseph Garnier, n'a-t-il pas cru trouver dans l'*Embriacum* de la chronique d'Andres le nom d'*Embreville*? C'était frustrer le village d'*Embry* de l'un de ses biens les plus précieux. Un autre antiquaire, M. le baron de Calonne, dans une étude fort bien faite sur une seigneurie picarde, a commis un semblable larcin, en dépouillant *Meulque-Northécourt* d'une citation de l'an 877, pour en orner le front du village de *Maintenai*. Peut-être n'est-il pas le seul coupable en cette occasion ; mais il n'importe, et c'est le cas de répéter avec le poète que, tous faillibles,

Veniam petimusque damusque vicissim !

car il est malheureusement trop certain qu'en visitant mon bagage, on y trouvera plus d'un article susceptible d'être arrêté en douane. Il n'y a que ceux qui ne font rien, ou qui ne travaillent que pour amasser sans jamais bâtir, qui peuvent être sûrs de passer en franchise.

Le plus grand secours que l'on puisse rencontrer dans les études topographiques, c'est celui que vous apporte le *Terrier* d'une Abbaye. Là, les synonymes se distinguent, les obscurités s'éclaircissent, les attributions se précisent avec toute la rigueur d'une démonstration mathématique.

Que ne dois-je pas d'indications précieuses au *Terrier de Thérouanne*, au *Terrier de Saint-Wulmer de Boulogne*, aux *Terriers d'Andres et de Beaulieu* !

En 1859, toutes ces sources étaient ignorées, ou inaccessibles : en 1860 elles jaillirent à la lumière. En effet, pendant que je cherchais des documents de toutes parts, afin de justifier par des citations authentiques les noms de lieux dont j'avais donné la nomenclature, j'eus le bonheur de faire, à la suggestion et en la compagnie de M. de Stadler, inspecteur général des archives, une exploration dans les greniers de la sous-préfecture. Quelle ne fut pas ma surprise d'y trouver plusieurs fonds d'anciens papiers, provenant des établissements religieux de la ville de Boulogne et des environs, qui gisaient là oubliés depuis 1791 ! Je me hâtai de faire transporter le tout à l'Hôtel-de-Ville, où j'obtins plus tard l'autorisation de les conserver, à titre de dépôt provisoire et moyennant inventaire. C'était presque tout le fonds de l'abbaye de Saint-Wulmer de Boulogne, beaucoup de titres de l'abbaye de Samer, des cueilloirs de Longvilliers, des registres de l'Oratoire et du Séminaire, des papiers du couvent des Minimes, du monastère des Annonciades, de celui des Ursulines, du prieuré du Wast, etc., etc.

D'un autre côté, quelques collectionneurs, intrépides copistes d'anciens titres et de pièces éparses, mettaient à ma disposition les trésors de leurs bibliothèques. C'est ainsi, par exemple, que je dois à l'amitié toute fraternelle de M. le Dr Cuisinier, de Saint-Pierre-lez-Calais, la communication du terrier de Beaulieu de 1286, du terrier d'Andres de 1480, d'un terrier anglais du Calaisis de 1556, etc., etc.; au zèle toujours éveillé de M. le Dr Ernest Hamy, et à d'autres, que leur modestie me défend de nommer, bon nombre de communications d'un grand intérêt.

Les archives des receveurs du Domaine m'ont été aussi d'un grand secours, surtout par leurs registres de *francs-fiefs*, où j'ai fait une ample moisson de renseignements sur la géographie féodale. Mon intention avait été de pousser mes investigations jusque dans les arcanes des bureaux de Desvres, de Marquise, de Guines et de Calais ; mais le temps m'a manqué pour affronter cette besogne, aussi bien que pour compulser beaucoup d'archives de famille dont l'accès m'était offert avec la plus louable libéralité.

Il aurait fallu dépenser à ce travail toute une vie d'homme, et je n'avais pas trois cent soixante-cinq jours à y consacrer !

Mon ouvrage serait aussi plus complet, si j'avais eu assez de loisir pour dépouiller avec quelque persévérance les archives des notaires. Le peu d'actes anciens que j'ai consultés dans les minutes de M⁰ Bary me prouvent que j'y aurais trouvé abondamment les textes nécessaires pour justifier par des citations intéressantes une infinité de noms de lieux qui sont restés sans histoire ; mais, sous ce rapport, j'ai dû encore me résigner, faute de temps, à demeurer dans une imperfection regrettable.

Et pourtant je ne puis différer davantage la publication de ce travail; car les études topographiques sont à l'ordre du jour. M. Auguste Le Prevost a rédigé, il y a quarante ans, un *Dictionnaire géographique* du Cartulaire de Saint-Bertin, publié par M. Guérard, à la suite de son édition de ce remarquable document inédit, qui a pris place dans la collection déjà si nombreuse des matériaux relatifs à l'histoire de France, imprimés par ordre du ministre de l'Instruction publique.

Depuis lors, M. de La Plane, secrétaire général de la Société des Antiquaires de la Morinie, dans son histoire des *Abbés de Saint-Bertin* ; M. Louis Cousin dans son étude sur le *Monastère de Steneland*, et sur le nom actuel des communes où étaient situés les nombreux domaines de cet établissement religieux ; M. le marquis de Godefroy, dans son *Index géographique* de Lambert d'Ardres ; M. A. Courtois dans son *Dictionnaire géographique de l'arrondissement de Saint-Omer*, et dans sa *Topographie du comté de Guînes*, rédigée pour servir d'appendice à la chronique de Lambert d'Ardres, ont proposé diverses solutions, souvent contradictoires, sur la détermination des localités anciennes de l'arrondissement de Boulogne mentionnées dans les ouvrages dont ils essayaient d'éclairer le texte.

Après eux, M. Auguste Longnon, archiviste aux Archives nationales, dans ses *Etudes sur les Pagi de la Gaule*, faisant partie de la *Bibliothèque de l'Ecole des Hautes Etudes*, avait proposé, sur les noms de lieux les plus anciennement connus de notre arrondissement, des attributions qui avaient besoin d'être sérieusement contrôlées.

C'était pour moi un devoir d'examiner les multiples assertions contenues dans les ouvrages que je viens d'énumérer, afin de donner aux érudits de la contrée le moyen de se reconnaitre au milieu de ce conflit d'opinions diverses.

J'aurais vivement désiré pouvoir étendre ces études à la circonscription entière du département, ou, du moins, à celle de l'arrondissement de Montreuil, comprenant une grande partie de l'ancien Boulonnais. J'en avais presque pris l'engagement auprès de M. le Ministre de l'Instruction publique ; mais les vicissitudes regrettables qui sont venues m'interdire, ou du moins, me rendre très difficile l'accès des dépôts publics, ne me permettent plus aucun espoir de donner suite à ce projet.

Quoi qu'il en soit, et tel qu'il est, — ou plutôt, tel qu'il était, car je l'ai bien amélioré depuis — mon *Dictionnaire topographique de l'Arrondissement de Boulogne* fut présenté le 30 novembre 1860 au concours des Sociétés savantes, institué par un arrêté ministériel du 25 janvier précédent.

Un seul prix était proposé, d'une valeur de 1,500 francs.

Il en fut décerné trois, savoir : deux premiers prix de 1,000 francs *ex æquo*, l'un à M. Merlet, pour son *Dictionnaire du Département d'Eure-et-Loire*, l'autre à M. Quantin, pour son *Dictionnaire du Département de l'Yonne*, et un second prix de 500 francs, qui me fut attribué.

La Société d'Agriculture, qui avait patronné l'œuvre et qui était l'intermédiaire officiel de sa présentation au Concours, y obtint pour sa part une médaille d'argent commémorative, que son président, Monsieur Alexandre Adam, alla recevoir des mains du Ministre, dans la séance solennelle de la distribution des récompenses, présidée par M. Rouland, entouré des principales notabilités scientifiques de la Capitale.

Le rapporteur, M. Léopold Delisle, après avoir constaté que le *Dictionnaire topographique de l'Arrondissement de Boulogne* « ne compte pas « moins de deux mille articles, dans lesquels « sont relevées près de huit mille formes an-« ciennes, toutes justifiées par des textes authen-« tiques, » exprimait, au nom du Comité des Travaux historiques, le vœu que la Société d'Agriculture livrât immédiatement cet ouvrage à l'impression, pour en faire jouir le public.

Les circonstances n'ont pas permis à l'honorable Compagnie de répondre à cette invitation. Trop limitée dans ses ressources, elle avait peine à faire face aux nécessités de sa position par rapport aux intérêts agricoles ; mais la Société Académique, fondée en 1864 pour s'occuper spécialement de favoriser le développement des études historiques, a cru rendre service aux travailleurs en mettant à leur disposition ce recueil de textes originaux où se trouvent indiquées les principales sources, et où sont tracés les principaux linéaments de l'histoire du pays.

Je la remercie très sincèrement de l'honneur qu'elle me fait, en prenant ainsi sous son patronage, au défaut de la Société d'Agriculture, la publication de l'œuvre la plus laborieuse, mais peut-être la plus utile, que j'aie été à même de réaliser dans toute ma carrière d'archiviste. Je la livre donc au public avec ses imperfections et ses lacunes, que je connais mieux que personne. Si quelqu'un s'en offense et regrette que je n'aie pas réussi à mieux faire, je le prierai de réfléchir sur l'axiome : *Ars longa, vita brevis*. Il lui sera plus facile de compléter et de perfectionner ce travail, qu'il ne l'a été pour moi de l'entreprendre et de le conduire au point où je l'ai laissé. Personne ne m'a frayé la voie où je rampe : d'autres plus heureux y pourront courir avec succès. C'est mon désir, et ce sera ma consolation !

Menneville, le 14 février 1881.

D. HAIGNERÉ.

INTRODUCTION

CONSTITUTION PHYSIQUE DE L'ARRONDISSEMENT.

L'arrondissement de Boulogne, premier arrondissement du Pas-de-Calais, est situé entre 50° 33' et 51° de latitude boréale, et entre 0° 21' 26" et 0° 46' 48" de longitude occidentale.

Il est borné à l'ouest et au nord par le détroit du Pas-de-Calais, à l'est par l'arrondissement de Saint-Omer, au sud par l'arrondissement de Montreuil.

Sa plus grande longueur, du sud au nord, est d'environ 32 kilomètres ; sa plus grande largeur, du nord-ouest au sud-est, n'atteint pas tout à fait 3 myriamètres.

Son étendue superficielle, d'après le cadastre, est de 94,159 hectares, répartis de la manière suivante (1) :

Vergers, jardins, pépinières . . . . 3.161 h.
Sol des propriétés bâties . . . . . 769 »

A reporter . . . 3.930 »

(1) Henry, dans son *Essai historique* (p. 1), attribuait à l'arrondissement de Boulogne une étendue de 110,344 hect.

Report . . .	3.930 h.
Terres labourables, mares, etc . . .	55.846 »
Prés et pâtures	15.296 »
Bois imposables.	4.488 »
Aulnaies, oseraies	346 »
Landes, bruyères, terres vagues. . . .	6.858 »
Marais, tourbières	31 »
Parties non imposables, y compris 4.510 hect de forêts domaniales. .	7.364 »
Total. . . .	94.159 »

Sous le rapport de la constitution du sol, l'Arrondissement de Boulogne présente dans la plus grande partie de son territoire un petit bassin jurassique, qui s'appuie sur une bande paléozoïque, et qui s'encadre dans les plaines crétacées du nord de la France (1).

L'*étage Dévonien* y forme une bande de six kilomètres de longueur sur un kilomètre environ de largeur, avec un prolongement moyen de 25°, qui part du ruisseau de Blacourt, près de la route de Calais à Boulogne, et disparait dans le ruisseau du Crembreux près de Fiennes. Il se divise en six assises, qui sont : le quartzite et poudingue de Caffiers, le calcaire de Blacourt, la dolomie des Noces, les schistes de Beaulieu, le calcaire de Ferques, les schistes et psammites du Hure.

(1) *Notice Stratigraphique sur le Bas-Boulonnais*, par M. Edm. Rigaux (Bulletin de la Soc. Acad., t. Ier, pp. 95-123, 1865).

Aux psammites dévoniens succède l'étage *Carbonifèrien*, présentant cette particularité singulière que les dépôts houillers d'Hardinghen y sont enfermés entre deux massifs calcaires, celui de la Malassise et celui du Haut-Banc, situation anormale, dont les géologues ont proposé plusieurs explications.

L'étage Bathonien, dont la partie inférieure se révèle à Rinxent et à Hydrequent par deux zones différentes de fossiles, représentant le *Fuller's earth*, se retrouve à Bléquenecque et aux Carrières de Réty; puis vient la grande Oolite, dans les environs de Marquise, à Hardenthun, aux Calaudes, à Leulinghen et à la Carrière du Nord; le *Forest marble*, à Hardenthun; le *Cornbrash* aux Pichottes d'Alincthun et dans les champs du Bucq.

L'étage Callovien est représentée par l'Oolite ferrugineuse, qui affleure dans le chemin de Belle à Cobrique et dans le ruisseau qui passe au pied du mont d'Alincthun.

L'étage Oxfordien se présente comme une grande masse argileuse, avec quelques cordons calcaires intercalés, à la tuilerie du Wast sur la route d'Hardinghen, dans la tranchée de la Liégette du chemin de fer de Boulogne à Calais, dans le chemin rural qui monte de Conteville à Hautembert, puis au Mont des Boucards sur la route d'Houllefort à Réty, où l'on voit un banc de calcaire lithographique, exploité comme pierre à chaux, qui se retrouve à Menneville, à Vélinghen, à Wirwignes, etc.

L'*étage Corallien* se compose : 1° d'un calcaire oolitique grossier, très puissant, qui émerge à Epitre, à Brucquedale, à Hourecq, à Questinghen et à Tournes ; 2° d'une autre couche un peu différente, dans le chemin de Belle à Bellebrune et au bas du chemin de Pernes à Fouquehove ; 3° du calcaire à *Nerinea depressa* de Colbronne et de la Cour d'Alincthun ; 4° du grès à *Pygurus*, de Belle à Carly, exploité à Bellebrune, Crémarest, Wirwignes et Questrecques.

L'*étage Kimméridgien*, visible au pied du mont de Baincthun et dans le Val Saint-Martin, se montre dans toute sa puissance et avec ses nombreuses variétés dans les falaises, entre la Crêche et le Moulin-Wibert, à Audresselles, à la Tour-d'Ordre et à Châtillon.

L'*étage Portlandien* présente quatre zônes : la première à *Ammonites gigas* peut être étudiée à Audresselles, à Montlambert et à la Crêche, au hameau de Terlincthun, à Châtillon et entre le Portel et Equihen ; la deuxième, dite à *Perna Suessii*, se montre également à la Crêche, à Terlincthun et dans la falaise d'Alpreck ; la troisième, *Marnes à Perna Bouchardi*, fait partie de la falaise d'Honvaut ; la quatrième qu'on appelle la *Zône du Cardium dissimile*, se trouve au pied du phare d'Alpreck, au haut de la Crêche, et à la pointe de Wimereux.

L'*étage Wealdien* occupe les plateaux élevés, où l'on remarque des sables ferrugineux qui en indiquent la présence, bien qu'ils soient généralement dépourvus de fossiles, comme à Saint-Etienne, à Rupembert et à la Poterie.

Toute la formation que nous venons de décrire appartient à ce qu'on appelle le *Bas-Boulonnais*, ou *Fosse Boulonnaise*, c'est-à-dire aux cantons de Boulogne, Samer, Desvres et Marquise. Le reste du territoire, savoir tout le système de collines qui servent de contreforts aux terres élevées du Haut-Boulonnais, depuis Tingry jusqu'à Desvres, depuis Desvres jusqu'aux monts de Colembert, de Boursin, de Fiennes, etc., et de là jusqu'au Blanc-Nez, fait partie du Gault ou du terrain crétacé, avec une dépression diluvienne, ou quaternaire, qui s'abaisse jusqu'au fond du bassin de l'Aa, auquel appartiennent les cantons de Calais et de Guines.

Tout ce pays est fortement accidenté, entrecoupé de collines, dont les points culminants sont le Mont-lambert (188 mètres d'altitude), le Mont d'Herquelingue (150 m.), et le Mont de Couple (153 m.), que l'ancien chroniqueur Regnard regarde comme étant les trois *boules* auxquelles le comté de Boulogne aurait emprunté ses armoiries.

Les autres points les plus élevés de l'Arrondissement se trouvent le long de ses limites, au Mont de la Violette (181 m.), au Mont de Tingry (183 m.), à Dalles (191 m.), au Bois des Monts (212 m.), au Château du Désert (207 m.), au Moulin de Cantraigne (211 m.), au Buisson de Mai (207 m.), au Verval (209 m.), au Dauphin de Colembert (203 m.), etc.

HYDROGRAPHIE.

Le territoire de l'arrondissement de Boulogne se divise en quatre bassins principaux dont les eaux versent à la mer, ce sont :

1° Le bassin du *Houlet*, ou de la rivière d'Ardres, depuis longtemps canalisée, recevant, pour les conduire à la mer dans le port de Calais, les eaux des nombreux watergands qui drainent les terres du Calaisis, de l'Ardrésis et du Bas-Artois ; — on y distingue, en outre, le canal de Calais à Saint-Omer, les canaux de Guines et de Marck, les rivières de Balinghen et de Hames, la Riviérette de Fréthun, etc. ;

2° Le bassin de la *Slack*, dont l'embouchure est à Ambleteuse, et qui recueille dans son cours les eaux du canton de Marquise et celles de l'extrémité méridionale du canton de Guines ;

3° Le bassin du *Wimereux*, qui n'est séparé du précédent que par un ensemble de plateaux peu élevés, côtoie les cantons de Marquise et de Guines, et reçoit les eaux des monts de Boursin et de Colembert ;

4° Le bassin de la *Liane*, qui est le plus considérable de l'arrondissement, contourne le Mont-lambert et le Mont d'Herquelingue, en se dirigeant vers Carly, pour s'infléchir de là vers l'intérieur de la Fosse Boulonnaise et remonter, de Crémarest à

Quesques, en recueillant toutes les eaux des cantons de Desvres et de Samer.

Pour ce qui est des hautes terres qui entourent la Fosse Boulonnaise, on n'y peut guère signaler que la naissance de la Dordonne et de la Course, ces tributaires de la Canche, qui roulent leurs eaux du nord au midi; et sur le plateau d'Alembon, les sources de la Hem, ou rivière de Licques, qui se dirige à l'est vers le bassin de l'Aa, en amont de la dérivation qui en a été faite pour le canal de Saint-Omer.

Le réseau de toutes ces rivières se compose d'un nombre très considérable de ruisseaux, qui naissent partout, pour ainsi dire à chaque pas, dans les anfractuosités des collines sans nombre dont le pays est semé (1).

J'en ai trouvé la nomenclature dans l'*Annuaire départemental* de 1853 (pp. 218-223), d'après un état récapitulatif dressé par MM. les agents-voyers cantonaux. Malheureusement l'*Annuaire* ne donne qu'une analyse de ce document qu'il ne m'a pas été possible de consulter. On trouvera d'autres nomenclatures dont j'ai fait mon profit, dans les *Annuaires* de 1807 (pp. 121-127), de 1808 (pp. 115-117), et de 1855 (pp. 236-239).

Il y a dans l'arrondissement de Boulogne, trois sources d'eau ferrugineuse, la première à Boulogne, au pied de la colline des Quatre-Moulins, sur la route de Calais, la deuxième à Wierre-au-bois,

---

(1) Voir Henry, *Essai historique*, chap. III, pp. 138-152.

près du château, la troisième, à un kilomètre environ à l'ouest de la ville de Desvres (1).

On cite encore une source, la Fontaine-saint-Leu, dans la commune de Bellebrune, à laquelle on attribue le pouvoir de pétrifier les objets qui séjournent dans son réservoir; mais elle a plus de réputation que de vertu (2).

GÉOGRAPHIE HISTORIQUE.

I. — *Le Pagus Bononiensis.*

La première mention que l'on trouve du Boulonnais dans les anciens écrivains est le texte de Pline, où il est appelé *Pagus Gesoriacus*, du nom de *Gesoriacum*, Boulogne, sa capitale.

Plus tard, dans des textes de l'époque carlovingienne, dont le plus ancien est de l'an 776, il est appelé *Pagus Bononiensis*, ou *Bononensis*.

Son étendue a fait l'objet d'une *Etude* publiée par M. Auguste Longnon, dans le deuxième fasci-

---

(1) Souquet, *Essai sur l'histoire topographique phisico-médicinale du district de Boulogne-sur-mer*, pp. 120, 127, 131. — Cf. du même auteur les *Observations analytiques sur les eaux martiales froides de Boulogne-sur-mer, de Wierre-au-bois près Samer, de Recques (canton d'Etaples) et de Desvres*, faites en collaboration avec *M. Bethancour*, maître apothicaire de Boulogne, br. in-12, 1787.

(2) Henry, *Essai hist.*, p. 153, note.

cule de la Bibliothèque des Hautes-Études (Paris, Franck, 1869, in-8°), pp. 25-38.

Les conclusions de M. Longnon reposent sur des bases trop erronées pour que je puisse les accepter dans leur ensemble. En effet, au lieu d'Autingues, de Brêmes, de Cafliers, de Clerques, d'Inghem, de Mentques, de Wadenthun, qu'il donne pour équivalents des formes anciennes, *Attinium, Broma, Cafitmere, Querlliacus, Mighem, Minthiacus, Diorwaldingatum*, cités comme appartenant au *Pagus Bononensis* antérieurement à l'an 1000, je lis: Attin, Liembronne, Camiers, Carly, le Minghem, Menty et Verlinctun, ou Dirlinguetun. Les autres localités, savoir: Cormont, Eclémy, Guines, Leulinghen, Todincthun, Turbinghen, Le Wast et Wierre-Effroy répondent satisfaisamment aux textes des chartes qui donnent *Curmontium, Ecloum, Gisna, Loningaheimum, Totingetum, Turbodingahem, Wachunvillare* et *Wileria*.

La nomenclature de M. Longnon étant ainsi rectifiée, il n'y a plus de tâtonnements possibles. Toutes ces localités, à l'exception de *Guînes, Totingetun* et *Eclémy*, se retrouvent dans la circonscription de la Sénéchaussée de Boulogne, telle qu'elle existait encore en 1789.

Si les trois localités que je viens de nommer ne se retrouvent plus dans le Boulonnais de 1789, bien qu'elles soient signalées dans les chartes comme ayant fait partie du *Pagus Bononensis* au même titre que les précédentes, c'est qu'elles en avaient été distraites postérieurement, pour entrer dans une autre circonscription, celle du comté de Guines, créé au xe siècle par Sifrid le Danois.

Il faut en conclure que le comté de Guines, avant cette époque, avait aussi appartenu au *Pagus Bononensis*. La logique le veut, et rien n'y contredit sérieusement. Pourtant, M. Longnon le nie, au moins pour la ville de Guines, sous prétexte que cette localité « était un domaine de l'abbaye « de Saint-Bertin et ne faisait pas, par conséquent, « dit-il, partie du comté de Boulogne au xe siècle. » L'argument ne me paraît pas concluant.

Le comté de Boulogne, dès le ixe siècle, était dans la main du comte de Flandre, Baudouin le Chauve. Quand ce prince mourut, le 10 septembre 918, ses deux fils, Arnoul le Vieux et Adalolfe, se partagèrent son domaine, *Marcam ejus*; et tandis qu'Arnoul le Vieux gouvernait la Flandre proprement dite, Adalolfe régnait sur la cité de Boulogne, le pays de Thérouanne et l'abbaye de Saint-Bertin, *Civitatem Bononiam et regionem Taruennicam, pariterque sancti Bertini suscepit abbatiam* (1).

C'est pendant le règne de cet Adalolfe que Sifrid le Danois envahit le domaine de Guines, y construisit un château-fort, s'y maintint malgré la résistance du légitime propriétaire et prit le titre de seigneur de Guines, événement que l'on place approximativement à l'an 926, sept ans environ avant la mort d'Adalolfe.

(1) *Cartularium sithiense*, pars I, Folquini, lib. II, n° LXXIII, p. 140 de l'édition de M. Guérard.

Or, qui fut lésé en cette circonstance ? Ce ne fut point l'abbaye de Saint-Bertin ; car on chercherait en vain dans son cartulaire, non-seulement la trace d'aucune réclamation, mais même le plus simple énoncé d'une spoliation qui aurait fait jeter les hauts cris à ses chroniqueurs (1).

Ceux qui furent lésés par l'entreprise de Sifrid le Danois, furent les comtes de Flandre, en leur qualité de comtes de Boulogne; car nous voyons que le successeur d'Adalolfe, Arnoul le Vieux, son frère, ne pouvant, sans doute, réduire le barbare par la force, préféra se réconcilier avec lui, à la condition qu'il lui paierait foi et hommage. Arnoul le Jeune continua ces traditions, prit soin de la jeunesse d'Ardolf, fils posthume de Sifrid et d'Elstrude de Flandre, l'éleva à la chevalerie et lui donna le comté de Guines, auquel ses descendants joignirent par la suite différentes châtellenies. M. Longnon n'ignorait pas ces détails, et je ne sais pas m'expliquer comment il a pu y trouver une raison convaincante pour exclure Guines du Boulonnais. L'étude attentive des diplômes où sont nommés les premiers comtes de Boulogne, aurait dû lui prouver que le *Pagus Bononensis* ne fut séparé du comté de Flandre, pour être érigé en domaine indépendant, qu'à la fin

(1) On me dispensera de dire pourquoi, en présence du silence de Folquin, je regarde comme de nulle valeur dans la présente question les textes d'Ipérius qu'André Du Chesne a publiés dans les pages 8 et 9 de ses *Preuves du livre 1 de l'hist. des Comtes de Guines*.

du x⁰ siècle; et encore y aurait-il remarqué beaucoup d'indices de l'ancienne sujétion, dont on peut suivre la trace jusque sous le règne d'Eustache I*ᵉʳ*.

Pour en revenir à la ville de Guines, je ne crois pas qu'elle fût, comme l'a pensé M. Longnon, un domaine de l'abbaye audomaroise en tant que fief ou châtellenie. Autre chose est d'avoir des biens dans une localité, et autre chose d'en avoir le domaine féodal. Je veux bien qu'Arnoul le Vieux cumulait le titre d'abbé de Saint-Bertin et celui de comte de Flandre, et qu'on ne peut savoir au juste en laquelle de ces deux qualités il reçut l'hommage de Sifrid; mais, pour Arnoul le Jeune, son successeur, il n'y a plus le même doute à avoir. C'est uniquement en qualité de comte de Flandre qu'il abandonna définitivement le comté de Guines au descendant de Sifrid, tout comme il céda le Boulonnais à Ernulfe, le premier, suivant toute apparence, qui fut investi du comté de Boulogne avec le privilége de le transmettre en héritage à ses descendants.

Saint-Bertin n'en continua pas moins de conserver dans toute leur intégrité les droits et les priviléges qu'il avait dans le comté de Guines, et il su* à l'occasion les faire valoir. Donc, malgré le domaine que cette abbaye pouvait avoir dans cette ville, il n'y a rien qui s'oppose à ce qu'elle ait fait partie du *Pagus Bononensis* avant l'arrivée de Sifrid, ainsi que l'affirme la charte de Lebtrude.

Il y a plus. On connaît l'importance des anciennes divisions archidiaconales, et le compte que l'on en doit tenir pour l'appréciation des anciennes limites des *Pagi*.

Eh bien, l'ancien doyenné de Guines, dont la circonscription coïncide, à peu de chose près, avec celle du comté de ce nom tel qu'il était constitué aux xiie et xiiie siècles, faisait partie de l'Archidiaconé d'Artois du diocèse de Thérouanne, comme le reste de l'ancien Boulonnais. C'est une présomption de plus pour penser qu'il n'a pu appartenir à une autre division politique.

Partant de ces données qui me paraissent offrir le caractère de la plus grande vraisemblance, je définirai la circonscription du *Pagus Bononensis* comme: un Pays borné au sud par la rivière de la Canche, à l'ouest par le détroit du Pas-de-Calais, au nord par l'ancien cours d'eau que représente aujourd'hui le canal de Calais à Saint-Omer, formant sa séparation d'avec la terre de Merck et le Pays de Bredenarde ; à l'est par une ligne imaginaire, courant du nord au sud, comprenant intégralement les anciens doyennés de Guines, de Wissant, de Boulogne et de Freneq, avec quelques paroisses du doyenné d'Alquines et la moitié de celles du doyenné de Fauquembergues.

En d'autres termes, c'est le Boulonnais de 1789 et l'ancien doyenné de Guines.

Disons maintenant quelques mots de la partie du *Pagus Bononensis* qui est restée en dehors des limites actuelles de l'arrondissement.

Le *Pagus Bononensis*, comme le comté de Boulogne et plus tard le Boulonnais, s'étendant jusqu'à la rivière de la Canche, sortait des limites de l'arrondissement administratif créé en l'an VIII. Pour le retrouver tout entier, il faut y comprendre les cantons actuels d'Etaples et d'Hucqueliers, avec deux communes du canton de Campagne-lez-Hesdin, une du canton de Montreuil et une du canton de Fauquembergues.

Cette partie de l'ancien *Pagus* correspond à ce que l'on appelle encore aujourd'hui le *Haut Boulonnais*, pour le distinguer de la partie située dans le *Bas*, ou dans la *Fosse Boulonnaise*, qui forme le noyau principal de l'arrondissement.

C'est là une division territoriale nettement accusée par la configuration du sol. Le *Haut Boulonnais*, qui comprend, en outre, les communes de Senlecques et de Courset du canton de Desvres, celles de Doudeauville, de Lacres, d'Halinghen et de Dannes du canton de Samer, est assis sur les terres élevées dont les saillies abruptes, commençant au Mont-de-Violette, près de Neufchâtel, se continuent sans interruption jusqu'au Buisson-de-Mai, de Lottinghen, où ils rejoignent la frontière de l'Artois.

Ces robustes contreforts, composés de masses crétacées dont le maximum d'altitude est situé au dessus du village de Longfossé, à 212 mètres du niveau de la mer, ne forment qu'une délimitation géologique, sans aucun caractère de géographie politique ; car, — chose remarquable, — tous les villages du *Bas Boulonnais* qui leur sont contigus, et qui ont invariablement leur chef-lieu paroissial, leur église, au pied des côteaux, comprennent dans leur territoire non-seulement la déclivité généralement couverte de bois qui les sépare du plateau supérieur, mais encore une certaine partie de terrain formant la bordure des hautes terres. Tous sont situés à la fois dans la fosse Boulonnaise et *sur le Mont*. C'est là un fait constant qui ne souffre pas d'exception et dont j'ignore la raison d'être. Pourquoi Tingry, Samer, Longfossé, Desvres, Menneville, Saint-Martin-Choquel, Vieil-Moutier, sans parler des autres, vont-ils empiéter ainsi sur Halinghen, Lacres, Doudeauville, Courset, Bécourt, Senlecques, tandis que ceux-ci se voient refoulés à une certaine distance sur le versant des plateaux, dont il semble que la crête devrait leur appartenir, au lieu d'être l'apanage des paroisses d'en bas? Il y a là un fait inexpliqué.

Le territoire du Haut-Boulonnais se divise en cinq bassins principaux, dont les eaux coulent du nord au sud pour se jeter dans la Canche. Ce sont : 1° le long de la côte, celui du *ruisseau de Dannes* qui traverse Camiers, pour se jeter dans l'estuaire d'Etaples ; 2° la vallée du *Huitrepin*, rivière qui prend naissance à Frencq où elle reçoit les eaux du ruisseau du Vieux-Moulin, pour se rendre dans la Canche au hameau de Hodicq, après avoir traversé dans toute sa longueur la commune de Tubersent ; — 3° la vallée de la *Dordonne*, l'*Edivinia* des chartes de Saint-Bertin, rivière dont une des sources est à Sequières (commune de Lacres), et l'autre à Hubersent. Elle se jette dans la Canche à Énocq, après avoir arrosé les territoires de Cormont, de

Longvilliers et de Brexent, qui s'échelonnent le long de son cours ; — 4° la vallée de la *Course*, rivière qui prend sa source au hameau de ce nom, un peu au-dessous de Courset, et qui porte ses eaux dans la Canche sur le territoire d'Attin, près de Neuville-sous-Montreuil. Elle traverse les communes de Doudeauville, Parenty, Enquin, Beussent, Inxent, Recques, Estrée et Estréelles, et elle se grossit successivement de la rivierette de Crendalle, du ruisseau de Bezinghen et de plusieurs cours d'eaux venant de Preures, de Beussent, d'Enquin, de Montcavrel et de Bimont ; — 5° la vallée du *Bras-de-Bronne*, qui commence à Quilen pour se terminer à Aix-en-Issart et à Marles, où elle fait la séparation du Boulonnais d'avec l'Artois.

Sur la frontière orientale du plateau, s'ouvre un autre bassin, celui de l'Aa, dont les premières dépressions se font déjà sentir à Campagnette et à Senlecques, mais dont les eaux ne sourdent que sur le territoire de Bourthes, d'où elles descendent à Wicquinghen et à Verchocq, pour se diriger de là vers Saint-Omer.

Si l'on considère la forme des noms de lieux qui, dès les temps les plus reculés, s'inscrivent sur la carte du *Pagus Bononensis*, nous y voyons dominer l'élément saxon, ou théotisque. En effet, le plus ancien nom de lieu qui nous soit révélé par les chartes de Saint-Bertin, *Loningaheimum*, nous fait voir qu'en 776, la forme germanique en *inghem*, aujourd'hui encore si commune, s'y trouvait déjà établie. On sait qu'il en était de même dans le *Pagus Taruennicus*, où le nom de Tatinghem, *Tatingavilla*, se montre dès l'an 648.

Et ici, je ne puis me retenir de faire un rapprochement et de dire que, malgré son apparence latine, la désignation de *Vicus Doluscens* qu'on trouve écrite sur l'autel votif d'Halinghen n'est peut-être pas si éloignée qu'on pourrait le croire de la forme germanique du nom de ce village : *Ol* et *Al* sont identiques, et *Cens*, pour un Romain, aurait bien pu être la traduction de *hem*, ou *ghem*.

D'autres noms, ceux de *Wasconingawala*, en 807, de *Mighem* en 853, d'*Uphem* en 867, de *Walbodeghem* et *Turbodinghem* en 868, généralisent la notion dont le texte de 776 nous donne le premier exemple. On ne peut douter que nous ne soyons là en présence de vestiges qui indiquent l'existence d'une population d'origine saxonne, ou germanique, dans le *Pagus Bononensis*. Quelques appellations gauloises y surnagent, telles que celles de *Quertliacus*, *Minthiacus*, *Kessiaco*, *Tingriaco*, *Simpiaco*, d'autres encore ; mais ce qui domine, c'est l'élément théotisque, représenté surtout par les mots en *Heim* ou *Hem*, signifiant des *manoirs clos de haies*, appartenant à des propriétaires dont ils portent généralement les noms dans leurs préfixes : *Thurbodeshem*, Tubersent, manoir de Thurbode ; *Turbodingahem*, manoir des fils, ou du clan de Turbode.

Puis, à côté de cette forme si éminemment caractéristique, qu'on retrouve à chaque pas sur la carte de l'Allemagne, des Flandres et de l'Angleterre, nous rencontrons dans le Boulonnais une autre variété d'appellatifs qui le disputent en prééminence aux précédents, je veux parler des noms en *Tun*. Ils se révèlent en 807 dans *Totingetun*, en 811 dans *Bagingatun*, en 865 dans *Diorwaldingatun*, et on les y retrouve en très grand nombre aujourd'hui. Ils ont leurs similaires ethnographiques dans les types Anglo-Saxons de *Doddington*, *Limington*, *Wellington* et autres, semés à profusion sur le sol de nos voisins d'outre-mer.

D'après quelques étymologistes, la forme *Tun* appartiendrait à la langue celtique, et elle signifierait ici *colline*, *élévation*, ou même *forteresse*. Je ne puis souscrire à cette interprétation pour ce qui concerne les *Tun* du Boulonnais, lesquels, presque partout accolés à des préfixes en *inga*, ne peuvent être que germaniques, comme le sont les *Heim* dont je viens de parler. D'ailleurs leur radical est resté dans *toune*, ou *town*, qui, avant de signifier *ville* en Anglais, s'est borné à représenter, comme *Heim*, un enclos, une ferme, une habitation féodale fortifiée par une enceinte. Seulement, il est à remarquer que cette forme, si commune en Angleterre, manque presque totalement à la Flandre et à l'Allemagne; et cela donne à la topographie du Boulonnais un caractère particulier qui la distingue de l'ethnographie continentale, pour la rattacher, par ce côté du moins, à un courant d'origine Anglo-Saxonne.

Mais peu à peu, à mesure que la multiplication des diplômes fait surgir à nos regards une nouvelle moisson de noms de lieux, l'origine germanique de la population primitive du Boulonnais s'accentue de plus en plus. Pour en donner une idée, il suffit d'énumérer quelques-unes des désinences les plus communes aux vocables qui reviendront le plus souvent dans la nomenclature (1).

Ainsi :

ACKER, *champ* : a fait *Audenacre, Dampnacre*, qu'on retrouve dans le flamand *Bikenakker*, dans l'allemand *Bihnacker*, etc.

BEKE, *ruisseau* : — *Belbecq, Le Becque, Erlebecque*, flamand *Aelbeke, Crombeke* ; allemand *Bach*, dans *Bornebach, Breittenbach*.

BERG, *montagne* : — *Boulemberg, Colembercq*, flamand *Everbergh, Calembergh* ; allemand *Bollenberg, Kalennberg*.

BRIKE, *pont* : — *Cobrique, Eliembrique* ; anglais *Bridge, Trowbridge, Fordingbridge* ; flamand *Brugge, Rousbrugge, Steenbrug* ; allemand *Brücke, Axbrück, Birsebrück*.

BROEC, *marécage* : — *Les Breucqs, Crembreux, Hambreucq* ; anglais *Brook, Cranebrook*,

---

(1) Les noms anglais cités dans ce tableau ont été relevés sur une carte des Iles Britanniques publiée en 1842, à Londres, par G. F. Cruchcley. — Les noms flamands sont tirés des *Etudes étymologiques*, publiées en Belgique, par A.-G. Chotin, sur le Brabant, le Hainaut et la Flandre occidentale.—Les noms allemands ont été empruntés au *Dictionnaire topographique* du Haut-Rhin par M. Stoffel, et à celui de la Moselle par M. de Bouteillier, faisant partie de la collection publiée par le ministère de l'Instruction publique.

Spelbrook; flamand *Broeck, Craenenbroecq, Assebroucke*; allemand *Bruch*.

BRONNE, *fontaine* : — Bellebrune (*Beretorna, Bellebronne*), *Cottebronne, Hellebronne (Heligborne)*; anglais *Ashborne, Cranborne, Milborne*; flamand *Zevenboren, Begynenboren*; allemand *Allenburn, Badbrunnen, Heilibrunn, Glasbronn*.

DALE, *vallée* : — *Brucquedalle, Fossendalle, Wimendale*; anglais *Botesdale, Farndale, Ravendale*; flamand *Bloemendael, Hemeldaele, Wynendaele*; allemand *Blumenthal, Batzendal*.

FORD, *Gué, route, passage* : — *Etienfort, Houllefort, Londefort*; anglais *Alford, Oxford, Waterford*; flamand *Voorde, Ruddervoorde, Zandwoorde, Steenvoorde*; allemand *Furth, Frankfurt* (Francfort), *Erfurth*.

GATE, *trou, ouverture* : — *Sangatte, Thégatte*; anglais *Sandegate, Margate, Woodgate*; flamand *Vortinsgat, Brielgat*.

HOLT, HOUT, *bois* : — *Bouquehault (Bockhout), Ecaux (Hekolt* ou *Hecout), Colhaut (Colehout)*; anglais *Ringewood, Wedgewood*; flamand *Bouckhout, Eeckhout, Wormhoudt*; allemand *Holtz, Beckerholtz*, etc.

HOVE, *ferme* : — *Fouquehove, Catove, Ostove*; flamand *Bavichove, Oosthove, Pullehove*; allemand *Allenhof, Kalhof, Boukerhoff, Dodenhoven*, etc.

SELE ou ZELE, *manoir* : — *Selles, Audresselles, Framezelles* ; flamand *Moorseele, Sysseele, Voormezeele.*

VELT, *champ* : — Onglevert (pour *Hongrevelt*), Pissevert (pour *Pissevelt*), Saint-Inglevert (*Santingherelt*) ; anglais *Beaconsfield, Sheffield, Wakefield* ; flamand *Hongerveld, Prinsveld, Lichtervelde* ; allemand *Hungerfeld, Alfeld, Bollfeld.*

WYK, *hameau, village :* — Baduit (*Badewic*), Austruy (*Ostrewic*) ; anglais *Sandwich, Woolwich* ; flamand *Wervick.*

Je pourrais multiplier ces rapprochements ; mais je crois en avoir assez dit sur ce sujet, pour poser les premiers jalons d'une étude que je laisse à d'autres le soin de continuer, en lui donnant tous les développements qu'elle comporte.

Au milieu de cette forêt de noms germaniques dont le pays est couvert, quelques noms latins émergent çà et là : Conteville (*Comitis villa*), Courteville (*Curta villa*), Longueville (*Longa villa*), Menneville (*Magna villa*). On y trouve aussi quelques *Curtis, Basincourt, Blacourt, Incourt, Valcourt* ; mais ils sont rares, peu en évidence et comme dépaysés.

Les noms romans, ou français du moyen âge, y sont plus nombreux. La plupart sont tirés de la géographie physique : *Blamont*, ou *Blanc mont, Noirval*, la *Rivière*, le *Rieu* ; — des anciennes plantations qui existaient en certains endroits : *L'Épinoy*, la *Carnoy*, le *Fay*, le *Fresnoy*, *Lannoy*,

le *Quesnoy*, le *Vert-Giniau*, le *Buisson de Mai*;
— de l'état des terrains, par rapport à la culture:
les *Bourbettes*, les *Flaquettes*, le *Désert*, la
Watine, le *Marais*, le *Rietz*, les *Sarts*; — de
l'aspect des lieux, au point de vue du pittoresque:
Beaucorroy, *Beaulieu*, *Beaumont*, *Beauregard*
Bellevue, *Beaumarais*; — de diverses circonstances qui inspiraient les saillies de la verve gauloise: *Canteraine*, *Hurtevent*, *Trou-Perdu*, *Piraller*, *Venteeul*.

D'autres sont relatifs aux mœurs et au caractère des groupes de population qui les habitaient: *Larronville*, *Courgain*, *Pillebois*; — au souvenir des anciennes maisons religieuses qui se trouvaient dans le voisinage: l'*Abbaye*, la *Chapelle*, ou la *Capelle*, la *Maladrerie*, le *Temple*; — à la destination principale des métairies ou des établissements industriels qu'il s'agissait de dénommer: la *Bergerie*, la *Bouverie*, la *Brasserie*, la *Briqueterie*, la *Poterie*, la *Tuilerie*, la *Vaquerie*; — enfin, et le cas mérite d'être noté, car il y a là comme un souvenir des habitudes germaniques, beaucoup de fermes ont pris le nom des familles qui les ont fait bâtir ou qui les ont habitées à une époque déjà fort éloignée de notre temps. En effet, la *Béguerie*, la *Béguinerie*, la *Boucheterie*, la *Cabocherie*, la *Goudallerie*, la *Guilbauderie*, la *Juillennerie*, la *Warocquerie* et bon nombre d'autres, ne disent-elles pas clairement qu'elles ont été jadis la résidence et peut-être la propriété des Le Bègue, des Béguin, des Bouchet, des Caboche, des Goudalle, des Guilbaud, des Juillien, des Warocq, dont les noms se retrouvent dans les anciens cueilloirs? Et n'y a-t-il pas là, en quelque sorte, une traduction des formes en *ingahem* et en *ingatun* qui désignaient les établissements agricoles, ou les huttes de chasse, sous l'abri desquels campaient les vieux Saxon nos ancêtres? La **Warocquerie**, ou le *Nid à Warocqs* des terriers du XVIe siècle, aurait donc pu être appelée, mille ans plus tôt, **Warocquingahem**!

J'ai hâte de sortir de ces considérations étymologiques, toujours quelque peu conjecturales, pour rentrer dans le domaine des faits historiques et archéologiques. Il me reste à dire un mot des principaux chemins publics qui sillonnaient, dès l'époque romaine, le *Pagus Bononensis*.

1° VOIE ROMAINE, d'Amiens à Boulogne, section de la grande route de Rome à Gesoriacum par Milan, Lyon et Reims, *via solemnis*, désignée par l'empereur Auguste, construite par Marcus Vipsanius Agrippa, entrant dans le *Pagus Bononensis* près de Marles, passe au Vertbois, sur le territoire de Neuville, à Estrée, qui lui emprunte son nom de *Strata*, à Recques et à Longvilliers dont elle traverse la forêt, se dirige de là, en côtoyant le territoire de Cormont et d'Hubersent, vers Lacres où le hameau de Vertevoye en conserve le souvenir; descend à Tingry, en suivant çà et là le parcours de la route nationale de Boulogne à Montreuil, laisse à droite et à quelque distance le bourg de Samer, longe la rive gauche de la Liane sur Carly,

Hesdigneul et Condette, franchit cette rivière au Pont-de-Briques, puis la rivière d'Echinghen au Pont-Feuillet où elle se détourne de la route actuelle pour s'infléchir à droite vers la ferme de la Tour d'Hocquinghen, monte dans les champs de la Longueroie, qu'elle coupe obliquement en descendant vers le Pont-Pitendal, se poursuit ensuite à gauche, à travers les jardins qui sont établis sur le haut de la falaise de Malbret, de manière à rejoindre directement la ruelle de la Madeleine dont elle suit la direction ; passe au fond de la cour de l'Abattoir, traverse le franc-marché en se rapprochant peu à peu de la rue de Bréquerecque qu'elle rejoint vers l'entrée de la rue de la Porte-Gayole, franchit en cet endroit le ruisseau du Val Saint-Martin, passe derrière les maisons numéros impairs de la rue Royale jusqu'au viaduc du chemin de fer, à l'entrée de la rue Saint-Marc, monte ensuite obliquement vers la communette de Lisbourne, suit la rue de l'Ancien-Rivage et va se perdre dans la ruelle qui longe la façade nord de l'ancienne église du Grand-Séminaire. Tel est, sauf addition de mes observations personnelles, le tracé que donnent de cette voie Dom Grenier et M. L. Cousin, le premier dans son *Introduction à l'Histoire de Picardie* (p. 445), le second dans ses notices intitulées : *Trois voies romaines du Boulonnais* (Dunkerque, 1859, pp. 3-12) et *Observations* sur le projet de carte itinéraire de la Gaule au commencement du ve siècle (Caen, 1868, pp. 13-15).

2° La VOIE ROMAINE de Thérouanne à Boulogne, mentionnée comme la première dans les *Itinéraires*, entre dans le *Pagus Bononensis* à Thiembronne, passe à Senlecques, laisse à droite la Calique, Campagnette et le Désert, descend dans la fosse Boulonnaise, aux Courtaux, d'où elle se dirige en droite ligne vers le hameau de la Belle-Croix, suit la rue dite de la Chaussée qui forme séparation entre les communes de Desvres et de Longfossé jusqu'au delà du Caraquet, traverse une partie de la forêt de Desvres, coupe en deux le village de Wirwignes où la rue Dindenne représente son parcours, s'enfonce dans la forêt de Boulogne, d'où elle gagne Bainethun, Montlambert et Saint-Martin, pour aboutir, je pense, à la haute-ville, dans les environs du Château. — Voir Dom Grenier (p. 496). M. Cousin n'accepte point le tracé de Boulogne à Bainethun par Saint-Martin en partant de la haute-ville. Il propose d'y substituer un autre tracé qui ferait partir la voie romaine de Bréquerecque, par la rue du Four-à-Chaux, le chemin de la Warocquerie et le sentier qui va de la *Fontaine du Bourreau* à Echinghen par les *Pignons de Robertville*. La solution de cette question appartient à la science archéologique; car la voie romaine de Thérouanne à Boulogne n'est pas un chemin vert, mais une voie pavée dont l'empierrement continu ne fait pas doute et doit se retrouver.

3° La VOIE ROMAINE de Lillebonne à Gesoriacum par *Gravinum* (Grainville), le long de la côte, entrait dans le *Pagus Bononensis* entre Hodicq et

Enocq, suivant l'opinion de Dom Grenier, (p. 495), passait à Tubersent, Frencq, Le Turne, Neufchâtel et Condette, pour aboutir à Audisques, ou au Pont-de-Briques, suivant le tracé de la route actuelle ; mais c'est là une assertion tout-à-fait conjecturale. D'autres assignent pour point de débarquement le Bac d'Attin, d'où la route aurait rejoint par Brexent le tracé que je viens d'indiquer de Frencq à Audisques. M. L. Cousin croit avoir retrouvé l'empierrement de ce chemin dans le *Pli de Camiers*; et en ce cas, il faudrait adopter une nouvelle direction, qui correspondrait à celle de la route de Neufchâtel à Étaples (*Trois voies romaines du Boulonnais*, pp. 17-24; *Observations*, citées, pp. 20-21).

4° La VOIE ROMAINE de Boulogne à Marck, que Dom Grenier indique en deux tronçons (de Boulogne à Sangatte et de Sangatte à Marc), serait la continuation du chemin stratégique des côtes, signalé sous le n° 3. Cette voie, qui n'est pas nommée dans les *Itinéraires*, mais dont l'existence se prouve par un argument de raison, devait partir de la Tour-d'Ordre, gagner de là Terlincthun, la Poterie, Auvringhen, Wimille, la Croix, Waterzelle, Hobengue, Larronville, Slack, Raventhun, Ausque, Sombre, Haut-Escalles, Peuplingues, le haut de Sangatte, la Chaussée (*Calceia, Calcata*), Nieulai, Saint-Pierre, Marck, Oye, Gravelines et Mardick, où elle se soudait au réseau de la Flandre maritime. C'est le tracé que M. Courtois a cru retrouver dans les anciens terriers du pays, et dont M. L. Cousin adopte aussi la direction dans ses *Observations* citées (p. 22). Voir, en outre, Dom Grenier, p. 473, n° 239, et p. 498, n° 263.

5° La VOIE ROMAINE de Thérouanne à Sangatte, connue sous le nom de chemin de *Leulène*, entre dans l'arrondissement de Boulogne sur le territoire de la commune d'Andres, passe à Guines, à Boucres, au hameau de Leulingue sur Saint-Tricat, longe le territoire de Fréthun, de Coquelle et de Peuplingues, pour aboutir au hameau de Saint-Martin, ancien chef-lieu de la paroisse de Sangatte. — Dom Grenier (p. 470); L. Cousin (*Observations*, citées, p. 23); A. Courtois (*Dict. géog. de l'arr. de St-Omer*, verbo *Leulène*); plan anglais du Calaisis, etc.

5° bis. — A ce chemin, on donne, à partir de Guines, deux embranchements, l'un vers Wissant par Saint-Blaise, La Pierre, Pihen, Saint-Inglevert, Hervelinghen et Sombres (L. Cousin, *Observations*, citées, pp. 25 et 26); l'autre vers Calais ou Saint-Pierre, d'après Dom Grenier, p. 473, n° 238.

6° La VOIE ROMAINE de Cassel à Boulogne, marquée sur la carte de Peutinger, entrait dans le *Pagus Bononensis* au hameau de Courtebourne, sur Licques, passait à Eclémy et à Alembon, laissait Boursin à droite, et Colembert à gauche, se dirigeant vers le bourg du Wast, d'où elle gagnait Cobrique, Belle, Conteville, la forêt de Boulogne, l'Hermitage de Wimille, Wicardenne et enfin la Tour-d'Ordre, d'après le tracé indiqué par M. Courtois. Un embranchement y était soudé à Tournehem, venant de Watten. — Voyez L. Cousin (*Observations*, citées, p. 18-20).

Dom Grenier, au contraire, pense que la voie principale qui conduisait de Cassel à Boulogne, empruntait d'abord le parcours de la voie de Cassel à Thérouanne jusqu'à Arques, gagnait de là Saint-Omer, passait à Etréhem, à Balinghem, au Wast, longeait l'extrémité de la forêt, puis arrivait à Boulogne par Saint-Martin. Selon lui, l'embranchement de Watten rejoignait cette voie dans le bourg du Wast, au lieu de la rencontrer à Tournehem. Quant à indiquer la Tour-d'Ordre comme point d'aboutissement, c'est un détail dû au chroniqueur de Watten, Ebrard, qui écrivait en 1080 ou 1085, et qui témoigne que de son temps on le croyait ainsi. Voyez Dom Grenier, pp. 497 et 498.

7° Une *Voie ancienne* de Thérouanne à Wissant par Herbelle, Remilly, Saint-Pierre, Affringues, Seninghen, Coulomby, Harlette, Haute-Planque, Haut-Loquin, , entrait dans le *Pagus Bononensis* au Breuil de Licques, passait à Herbinghen, Alembon, Hermelinghen, Fiennes, Cafliers, Landrethun-le-Nord, Mi-Moyecque, le Mont de Couple et Herlen, pour aboutir au port de Wissant. M. Courtois, qui en donne le tracé, n'ose pas conclure que ce soit une voie romaine. C'est un *chemin vert*, qui court à travers champs et, pour ainsi dire, par monts et par vaux; mais il a peu de largeur, et M. L. Cousin qui l'a fouillé en plusieurs endroits n'y a rencontré aucun vestige d'empierrement.

Je ne parle pas des autres voies historiques dont la mention existe dans les chartes et les titres du moyen âge : les détails qui les concernent appar-

tiennent au *Répertoire archéologique*, plutôt qu'au *Dictionnaire topographique*. Je me contente de dire que je raie complètement du réseau des voies authentiques, le prétendu *septemcium* de Zoteux. « Tous les gens sensés, dit Dom Grenier,
« les regardent comme une chimère (en tant que
« voies romaines) et avec raison, car les anciens
« documents n'en font nulle mention (p. 490). »

II. — OROMANSACI.

En parlant du *Pagus Gesoriacus*, Pline nous apprend qu'il y avait un peuple nommé les *Oromansaques*, qui étaient réunis à la même circonscription : *Oromansaci juncti Pago qui Gesoriacus vocatur*.

Qu'étaient-ce que les *Oromansaques*, et sur quelle partie du territoire étaient-ils fixés ? Il y en a qui pensent qu'il faudrait plutôt lire *Oromarsaci*, et y voir les habitants de la terre de Merch, ou Marck, ancêtres des Calaisiens. La terre de Merch faisait partie du Comté de Boulogne, au XIe siècle; mais elle était en dehors du *Pagus Bononiensis*, comme appartenant à l'archidiaconé de Flandre.

J'aimerais mieux placer les *Oromansaques* au sud-ouest du *Pagus Gesoriacus*, à l'embouchure de la Canche. Ils auraient eu pour territoire le petit pays de *Quentovicus*, limité par ce qu'on appelait au moyen âge la *Pierre* ou haute borne de Frencq, et la *Pierre*, ou suivant d'autres, la *Moëre* de Camiers. Ce pays de Quentovic, nommé séparément d'avec le Boulonnais, *Bolensis, Quantavico*, dans l'acte de partage de Louis le Débonnaire en 831, n'avait pas une étendue assez considérable pour avoir son existence propre, au point de vue administratif ; c'est pourquoi, sans doute, les Romains en avaient soumis les habitants au régime du *Pagus* voisin, auxquels ils se trouvaient ainsi réunis, *juncti Pago qui Gesoriacus vocatur*, tout en conservant intacts leur nom et leur individualité d'origine. C'est ainsi que, durant les deux derniers siècles, le Boulonnais fut soumis, pour l'administration et les finances, à l'Intendance de Picardie, sans rien perdre des coutumes, des lois, des mœurs et des priviléges particuliers qui lui donnaient une physionomie spéciale au milieu des autres états de la province.

III. — LA TERRE DE MERCH.

La Terre de Merch, que nous trouvons dotée d'institutions spéciales au moyen âge, est située entre les marais qui représentent le cours ancien des eaux du plat pays et la rivière de l'Aa. Physiquement, elle a pour fond l'immense banc de galets ou *pierrettes* qui borde la côte en arrière des dunes, depuis Saint-Pierre-lez-Calais jusqu'à Gravelines et même au-delà. Une grande partie de ce territoire devait se trouver inondée, à l'époque romaine, par le débordement des eaux qui y affluent de toutes les contrées adjacentes et qui s'y rencontraient avec les flots de la mer. Plusieurs auteurs n'y voient même qu'une sorte de golfe, qu'ils appellent *Sinus Itius*, dont ils voudraient prolonger le bassin jusqu'aux environs de Saint-Omer (1). C'est une exagération qui ne saurait tenir devant le témoignage de l'archéologie, nous montrant, par exemple, dans les fouilles de Beaumarais, que ce territoire était habité, au moins vers le III° ou le IV° siècle. Une opinion que l'on peut regarder comme très-sérieuse y voit même le *Marcis in littore Saxonico* de la Notice de l'Empire.

La terre de Merch est désignée sous le nom de *Merkisa* en 877 dans une charte de Charles le Chauve pour l'abbaye de Saint-Bertin. Elle était alors en la possession des Comtes de Flandre, qui en donnèrent la vicomté, *fiscum Merki*, à la même

---

(1) Il y a plus. MM. J. Gosselet et Henri Rigaux, dans une étude intitulée *Mouvement du sol de la Flandre depuis les temps géologiques* (Lille, 1878), cherchent à démontrer que, par suite d'un affaissement général du terrain, la mer a envahi toute la superficie de la plaine marécageuse qui s'étend de Sangatte à Ardres, d'Ardres à Watten et de Watten à Bergues. Les territoires de Marck et de Coulogne seraient seuls restés à l'abri de cette invasion qui se serait produite à la fin de l'époque gallo-romaine et qui aurait duré environ trois siècles. J'aurai l'occasion de dire ailleurs ce que je pense de cette opinion, dont les preuves historiques ne me paraissent pas suffisamment établies.

abbaye en 939 ; mais plus tard nous la voyons aux mains des Comtes de Boulogne, à qui Ernoul le Jeune l'avait probablement cédée en même temps que le reste du Comté, quand il en donna l'investiture à Ernulphe.

Quoi qu'il en soit, ce petit pays resta annexé au Comté de Boulogne jusqu'à la mort de Mahaud (1259) qui le transmit par donation testamentaire à sa cousine Mathilde de Brabant, et par elle aux Comtes d'Artois, dans le domaine desquels il demeura jusqu'à la conquête du Calaisis par les Anglais, en 1347.

La circonscription de la terre de Merch comprenait huit ou neuf paroisses dont la capitale, Marck, avait titre de doyenné (1). Elle était gouvernée par un seul corps d'échevins qui avaient juridiction sur toute la contrée, même sur Calais, qui n'en fut définitivement détaché qu'en 1210 et qui n'obtint jamais, malgré son importance comme ville, le privilége de devenir le chef-lieu du doyenné.

La terre de Merch comprenait, avec la paroisse de Marck, son chef-lieu, celles de :

1° **Attaques** (Les), anc. sect. de Marck   C.⁰⁰ de Calais.
2° **Calais**. . . . .   id.
3° **Nouvelle-Eglise** (*Hereweck*) . . .   C.⁰⁰ d'Audruick.
4° **Offekerque** (*Hove*) . . . .   id.
5° **Oye** . . . .   id.

(1) Ce doyenné, *Ministerium de Merch*, que M. Courtois traduit à tort par le terme de *vicomté*, est mentionné dans une charte d'Eustache III de l'an 1122, pour l'abbaye de Saint-Bertin. Il s'étendait sur les trois petits pays de Merch, de L'Angle et de Brédenarde

6° Saint-Omer-Capelle (1) . . . . . . C^{on} d'Audruick.
7° Saint-Pierre-lez-Calais (*Petresse*) . C^{on} de Calais.
8° Vieille-Eglise (*S. Audomari ecclesia*) C^{on} d'Audruick.

M. Courtois, dans sa topographie du Comté de Guines (appendice à Lambert d'Ardres, p. 512), qui donne cette énumération, y joint Coulogne, du canton de Calais ; mais je ne crois pas que cette commune ait jamais appartenu à la terre de Merch, bien qu'elle y fût en quelque sorte enclavée. La paroisse de Coulogne, située au milieu des marais du Calaisis, formait une espèce d'îlot, l'*île de Colne*, comme on l'a appelée quelquefois, et à ce titre, chacune des deux rives aurait pu en réclamer la possession ; mais nous savons, par les pouillés du diocèse de Thérouanne, qu'elle appartenait au doyenné de Guines et par conséquent à l'archidiaconé d'Artois, tandis que la terre de Merch était toute entière dans l'archidiaconé de Flandre : raison péremptoire, suivant moi, pour inscrire Coulogne dans le Comté de Guines, bien que Lambert d'Ardres n'en ait jamais prononcé le nom.

IV. — LE COMTÉ DE BOULOGNE.

Nous n'avons aucune notion certaine sur les origines du Comté de Boulogne ; mais nous le voyons

---

(1) Je mets ici Saint-Omer-Capelle sur la foi de M. Courtois, en faisant observer que ce village était une des quatre paroisses du pays de l'Angle.

apparaître comme une circonscription distincte de celle du pays de Thérouanne, dans la *Marche de Flandre*, en 918, suivant ce que j'ai dit plus haut, à propos du *Pagus*. Les comtes, ou plutôt les marquis de Flandre, comme on les appelait alors, le possédaient avec d'autres bénéfices qu'ils se transmettaient héréditairement. C'est ainsi que nous le voyons successivement dans les mains de Baudouin le Chauve, d'Adalolfe, d'Arnoul le Vieux. Peut-être avait-il appartenu à Baudouin Bras-de-Fer, à qui Charles le Chauve l'aurait donné avec les autres territoires qui formaient la dot de sa fille Judith, ce qui nous reporterait plus haut que le milieu du IX° siècle.

Je n'ignore pas que l'auteur anonyme de la vie de saint Bertulphe, qui écrivait aux environs de l'an 1073, parle d'un autre comte de Boulogne, nommé Erkenger, dont il place le règne sous Charles le Simple. Ce comte, dit-il, *Bononiensium comes*, homme illustre par son extraction et par sa puissance, *genere et potentia non parum egregius*, vivait avant la période aiguë des invasions normandes; car, pour mettre le corps de saint Bertulphe à l'abri des outrages de ces barbares, il le fit transporter dans la ville de Boulogne, ce qui dut avoir lieu vers le temps même de Baudouin Bras-de-Fer, c'est-à-dire vers l'an 879.

Mais Erkenger était-il un comte héréditaire du Boulonnais? C'est ce que j'ai peine à croire, quand je vois que Renty faisait partie de ses domaines, *in cujus etiam ditione Rentica fuit*. Or, on sait que Renty, quoique situé non loin de la frontière, faisait partie du *Pagus Taruannicus*, et la manière dont il en est parlé dans le texte qu'on vient de lire, indique assez que l'auteur ne le regardait pas comme appartenant au territoire du Boulonnais.

Par conséquent, Erkenger paraît avoir exercé son autorité sur le pays de Thérouanne, en même temps que sur celui de Boulogne, ce qui dénote un comte bénéficiaire, institué probablement par Baudouin Bras-de-Fer. Le fait est d'autant plus probable, qu'après lui, la possession du domaine retourne directement aux marquis de Flandre qui l'administrent eux-mêmes jusqu'à l'an 964 ; et quand le même écrivain nous raconte que « par la suite des temps, Boulogne passa sous la domination d'Arnoul le Vieux qui la gouverna non moins honorablement que les autres villes maritimes (1), » il ne faut pas oublier qu'Arnoul le Vieux avait reçu le Comté de Boulogne comme héritage de son frère Adalolfe (933), lequel le tenait lui-même de son père, Baudouin le Chauve, mort en 918.

Qu'advint-il de ce Comté ; après la mort de celui que l'historien Richer appelle le prince des Morins, *princeps Morinorum*, Arnoul le Vieux, qui mérita d'être aussi nommé Arnoul le Grand ? Passa-t-il, suivant l'opinion commune, dans le domaine des comtes de Ponthieu ? J'avouerai franchement que la chose ne me paraît pas soutenable.

(1) Successu interea temporum ditioni ejusdem marchionis Bononia cessit, quam non minus honeste quam cæteras urbes maritimas suscepit gubernandam (*Vit. S. Bertulphi*, loc. cit.).

Après la mort d'Arnoul le Vieux, en 964, le Comté de Boulogne fut donné par son successeur, Arnoul le Jeune, à un des pairs de Flandre, peut-être un de ses parents, nommé Ernulfe, qu'une charte de l'an 973 nous montre au premier rang de ses *fidèles*, et qui est très-probablement l'ancêtre des Eustache, si célèbres dans le siècle suivant.

De la famille des Eustache, le Comté de Boulogne est transmis successivement par les femmes à Etienne de Blois, vers l'an 1125, à Matthieu d'Alsace (1159), à Mathieu de Toul (1176), à Gérard de Gueldre (vers 1181), à Berthold de Zehringen (1186), à Renaud de Dammartin (1191), à Philippe Hurepel (1223), puis enfin (1260) aux comtes d'Auvergne, qui en gardèrent le titre nominal, et en 1416 aux ducs de Bourgogne qui le gouvernèrent effectivement jusqu'à ce que Louis XI le réunit en 1478 à la couronne.

Quelle fut, sous le règne des marquis de Flandre et sous la dynastie des comtes particuliers du pays, la circonscription du comté de Boulogne ?

Il est difficile de le dire avec une entière précision ; mais tout fait supposer que le comté se renferma dans les mêmes limites que le *Pagus*, avec adjonction de la terre de Merch, laquelle continua d'en faire partie après la distraction du comté de Guines.

Il put bien se faire que, durant l'espace des six siècles qui s'écoulèrent entre la mort de Baudouin Bras-de-Fer et celle de Charles le Téméraire, le

Boulonnais se soit augmenté ou diminué temporairement de quelques lambeaux de territoire; mais assurément la circonscription resta substantiellement la même, et je ne vois pas de raison pour qu'elle ait été notablement altérée.

Lorsque Louis XI en fit faire, après sa conquête, la reconnaissance et l'estimation, on trouva que le comté de Boulogne, sous le rapport administratif et financier, était gouverné par un *Sénéchal*, à la nomination du suzerain, par quatre *Vicomtes*, chargés de percevoir les droits de douanes et d'autres redevances coutumières dans les ports de Boulogne, Etaples, Ambleteuse et Wissant, par huit *Baillis*, officiers de justice et de finances, placés chacun à la tête de circonscriptions déterminées, dont les chefs-lieux étaient Boulogne, Outreau, Le Choquel, Bellefontaine, Etaples, Desvres, Londefort et Wissant.

J'ai donné, sous chaque nom de lieu, dans le Dictionnaire topographique, la circonscription des divers *Bailliages*, moins celle d'Etaples qui n'appartient pas à l'arrondissement de Boulogne, et dont le titulaire étendait sa juridiction sur les anciens territoires de Bellefontaine et du Choquel, depuis que les sables de la côte avaient envahi et fait disparaître ces localités. On ignore quelles étaient les paroisses qui faisaient respectivement partie de chacun de ces trois bailliages réunis; et, quant à leur ensemble, le lecteur curieux d'en avoir la nomenclature, pourra facilement la connaître, en la composant de tous les villages qui sont en dehors des bailliages de Desvres, de Boulogne et d'Outreau, dans la partie méridionale du pays (1).

Je viens de dire que le bailli d'Etaples étendait sa juridiction sur les anciens bailliages du Choquel et de Bellefontaine. Celui de Boulogne, dont le siége était fixé à Outreau, embrassait dans son ressort, non-seulement les deux bailliages de ce nom, mais encore ceux de Londefort et de Wissant. Le bailliage de Desvres était le seul qui fût demeuré dans son état primitif.

Par un édit royal, rendu au mois de juin 1745, toutes ces juridictions furent supprimées, moins celle du bailli d'Etaples, auquel on retira cependant les villages de Condette, Saint-Etienne, Hesdigneul, Carly, Verlincthun, Samer, Wierre-au-Bois, Neufchâtel, Nesles, et les hameaux de Florincthun, Haffreingue et Escames, pour les soumettre sans réserve à l'autorité judiciaire de la Sénéchaussée.

Henry, dans son *Essai historique* (2), fait remonter l'institution des bailliages à l'an 1071. C'est peut-être reculer un peu haut ; car le plus ancien bailli que je rencontre dans les chartes, Eustache de Courset, chevalier bailli de Desvres, *miles baillivus*, n'apparaît qu'en 1203. Je n'en connais point qui soit d'une date antérieure, à moins que l'on ne prenne comme synonyme du titre de bailli celui de *Prévôt*, — ce qui est bien

(1) Cette circonscription est donnée en détail par M. G. Souquet, dans son *Histoire chronologique de Quentovic et d'Etaples*, Amiens, 1863, p. 64.
(2) Page 276.

possible, si l'on considère qu'au dernier siècle ces juridictions sont décorées du titre de *Bailliages et Prévôtés* royales — et en ce cas, j'ai à dire qu'on trouve un prévôt de Desvres, *Præpositus de Devernâ* dans une charte de Licques de l'an 1183.

Comme juridiction féodale, le comté de Boulogne comprenait douze *Baronnies*, savoir :

1° Ordre, ferme, c^{ne} de Wimille ;
2° Engoudesent, hameau, c^{ne} de Beussent (1);
3° Lianne, hameau, c^{ne} d'Alincthun ;
4° Doudeauville, c^{ef} du canton de Samer ;
5° Thiembronne, c^{ne} du canton de Fauquembergues ;
6° Bainethun, c^{ne} du canton de Boulogne (sud);
7° Bellebrune, c^{ne} du canton de Desvres ;
8° Colembert, c^{ne} du canton de Desvres ;
9° Courset, c^{ne} du canton de Desvres ;
10° Hesdigneul, c^{ne} du canton de Samer ;
11° Disacre, ferme, c^{ne} de Leubringhen ;
12° Bernieulles, c^{ne} du canton d'Etaples ;

Quatre Pairies, savoir:

1° La Connétablie, au ham. d'Austruy, c^{ne} de Réty,
2° L'Enseigne, ou Gonfalonnerie, à Londefort, c^{ne} de Wierre-Effroy ;
3° La Maréchalerie, en censives, c^{ne} de Neufchâtel ;
4° La Bouteillerie, ferme, c^{ne} de Selles ;

Quatre Châtellenies, savoir :

1° Fiennes, c^{ne} du canton de Guines ;

---

(1) Je ne m'explique pas la distraction qui m'a fait mettre **Engoudesent** sur **Longvilliers** dans le *Dict. top.*, p. 54.

2° Tingry, c^ne du canton de Samer ;

3° Longvilliers, c^ne du canton d'Etaples ;

4° Belle, c^ne du canton de Desvres.

Henry, qui sait tout, fait remonter l'établissement de ces dignités locales à l'an 987.

Il est certain que leur existence était déjà fort ancienne, à l'époque de la réunion du Boulonnais à la couronne ; car alors ce n'était plus rien, depuis longtemps, qu'un lointain souvenir et une série de titres honorifiques. Mais il me parait fort difficile d'en trouver l'origine, qui n'est pas sans avoir très-probablement quelque chose de commun avec les légendes du cycle carlovingien.

Quoi qu'il en soit, je n'ai jamais rencontré dans les chartes la qualification de baron, ni celle de châtelain, appliquées à un chevalier quelconque du comté de Boulogne. Si les barons y sont quelquefois nommés, c'est par une désignation tout-à-fait impersonnelle, désignant une cour de justice féodale, comme, par exemple, lorsque le comte Renaud, dans une charte de l'an 1210 pour l'abbaye de Samer, dit que certains délits de chasse seront soumis à l'appréciation des barons, *judicio baronum*.

Une remarque à faire, c'est que toutes les seigneuries qui sont énumérées dans la *Coutume* (art. 6, 7, 8), comme portant les titres de baronnies, de pairies ou de châtellenies, étaient des donjons sur mottes, autrefois entourées de palissades ou de haies vives, dont M. le vicomte de Gourgues, dans le *Dictionnaire topographique de la Dordogne* (introduction, p. XLI), fait remonter l'origine à une époque antérieure au IX° siècle.

De même, les *Châtellenies* paraissent avoir eu pour siège des châteaux, *castella*, lieux de défense établis, suivant le même auteur, pour un territoire adjacent et limité. Leur origine remonterait au temps de Charles le Chauve, qui, ne pouvant défendre le pays contre les Normands, en rendit les bénéfices héréditaires.

Mais je dois dire qu'à part les sires de Fiennes et de Tingry, je ne vois guère de *châtelains* comparaître dans les chartes anciennes des comtes de Boulogne, où d'ailleurs on ne leur donne jamais cette qualité. Le seigneur de Belle ne s'y montre point d'une manière bien certaine, et celui de Longvilliers n'apparaît que dans les chartes d'Andres, à la fin du XII° siècle.

Quant aux titulaires des fiefs compris dans la liste des douze baronnies, il y en a quatre, les seigneurs de Bellebrune, de Colembert, d'Ordre et de Thiembronne, qui figurent à la cour d'Eustache III ; quatre encore, ceux d'Engoudesent, de Doudeauville, de Course et d'Hesdigneul, qui signent diverses chartes du comte Matthieu Ier ; un, celui de Disacre, qui assiste comme témoin à l'acte de fondation de l'abbaye d'Andres, par les comtes de Guines, en 1084 ; mais il y en a trois dont on ne trouve l'existence mentionnée nulle part avant la fin du XIII° siècle : ce sont ceux de Bainethun, de Bernieulles et de Lianne.

Il en est autrement des fiefs qui sont qualifiés

du titre de pairies. A l'exception du *gonfalonnier* dont je ne rencontre aucune trace, les chartes anciennes parlent plusieurs fois du *Maréchal* qu'elles ne désignent jamais que par son prénom : *Hugo Marescallus* (1141), *Radulfus Marescallus* (1189). Elles nous font connaitre aussi l'existence du *Connétable*, souvent cité avec son simple titre, *Balduinus Constabularius* (1100-1122), quelquefois indiqué comme propriétaire du fief d'Austruy, *Balduinus Constabularius de Osterwic* (1120), et quelquefois aussi comme seigneur d'Hermelinghen, *Balduinus senex de Ermelinghem, Boloniæ Constabularius* (Lamb. Ard.). Enfin, le *Bouteiller*, avec son titre de *Pincerna*, ou de *Buticularius*, apparait en 1112 et 1113 dans les chartes de Samer ; et son nom de fief, *Pincerna de Seules* ou *de Seiles* y est joint dans des diplômes de 1161 et de 1174.

Le chef de toute cette hiérarchie, je veux dire celui qui était le lieutenant du comte, pour toutes les affaires de justice et de finances, le *Sénéchal*, communément appelé *Dapifer* dans les chartes latines, était et il resta pendant toute l'existence du comté un fonctionnaire amovible, dont le titre n'était attaché à aucune terre. On peut dire en général la même chose des *Vicomtes*, bien que quelques-uns de ces officiers aient quelquefois joint à leur qualification professionnelle un nom de seigneurie. Leur emploi, qui consistait à percevoir au profit du comte, divers droits sur les marchandises de commerce, se compliquait de l'exercice d'une certaine juridiction sur les transactions qui s'opéraient dans les marchés publics et dans les foires; mais il n'y avait là rien qui répondit à la signification rigoureuse de leur titre de *Vice-Comes*, telle qu'on serait porté à l'entendre aujourd'hui.

Les vicomtes d'Etaples, d'Ambleteuse et de Wissant ne nous sont guère connus que par la mention qui est faite de leur nom et des recettes qu'ils ont opérées en 1338 et en 1339, dans les comptes de la maison de Boulogne.

V. — LE COMTÉ DE GUINES

928-1335.

Détaché, au x⁰ siècle, du comté de Boulogne par Sifrid le Danois (928-961), le comté de Guines resta indépendant sous la suzeraineté des comtes de Flandre.

« Au xiii⁰ siècle, d'après M. Courtois (1), il comprenait quatre châtellenies ou fiefs dominants, dont relevaient tous les autres, sous le double rapport de l'hommage et de la justice. Ces quatre

---

(1) *Topographie du comté de Guines*, parmi les appendices à la chronique de Lambert d'Ardres, édition de M. de Godefroy, 1855, p. 505.

grands fiefs étaient: Guines, Tournehem, Ardres et Audruicq. » Je n'ai ici à m'occuper que du fief de Guines proprement dit, les autres étant situés dans l'arrondissement de Saint-Omer (1).

Le principal noyau du comté de Guines, celui qui fut primitivement détaché du *Pagus Bononensis* dont il formait antérieurement la partie septentrionale, fut certainement la circonscription du doyenné de même nom, tel qu'il était constitué sous les évêques de Thérouanne. Mais il y eut des variations, à certaines époques, par suite des annexions ou des pertes qui résultaient de l'issue favorable ou défavorable des guerres entreprises par les seigneurs.

D'après le même M. Courtois (2), les terres à clocher, ou paroisses proprement dites, qui dépendaient du comté de Guines, au xiiie siècle, sont:

1. Alembon, c^{on} de Guines.
2. Autingues, c^{on} d'Ardres.
3. Andres, c^{on} de Guines.
4. Balinghen, c^{on} d'Ardres.
5. Boucres, c^{on} de Guines.
6. Bouquehault, id.
7. Campagne, id.
8. * Colembert, c^{on} & [Desvres].
9. Coquelles, c^{on} de Calais.
10. (Coulogne), id.
11. Escalles, id.
12. Espelleke, c^{on} de Guînes.
13. * Fiennes, id.
14. Fontenes, id.
15. Fréthun, c^{on} de Calais.
16. Guines, c^{on} dudit.

---

(1) Voir le *Dictionnaire géographique de l'arrondissement de Saint-Omer*, aux articles *Ardres, Bredenarde, Tournehem*.

(2) *Top. du comté de Guines*, pp. 508-509. — Introduction au *Livre des usaiges et anciennes coustumes de la comté de Guines*, 1856, pp. XXII et suiv.

(*) Voyez l'observation qui suit.

7. Hames, c^ⁿ de Guines.	26. Nielles-lez-Ardres, c^ⁿ d'Ardres.
8. Hermelinghen, id.	27. Nielles-lez-Calais, c^ⁿ de Calais.
9. Hervelinghen, c^ⁿ de Marquise.	28. Nort-Leulinghem, c^ⁿ d'Ardres.
10. Hocquinghen, c^ⁿ de Guines.	29. Peuplingues, c^ⁿ de Calais.
11. * Landrethun-le-N., c^ⁿ de Marquise.	30. Pihen, c^ⁿ de Guines.
12. Licques, c^ⁿ de Guines.	31. Saint-Blaise, id.
13. Loquin, c^ⁿ de Lumbres.	32. Selives (Sangatte), c^ⁿ de Calais.
14. Louches, c^ⁿ d'Ardres.	33. Sanghen, c^ⁿ de Guines.
15. Markene, c^ⁿ de Guines.	34. Surques, c^ⁿ de Lumbres.

On a vu plus haut (p. LIII), les raisons qui me portent à ajouter à ce tableau le nom de la paroisse de Coulogne (1).

Quant à celles de Colembert et de Fiennes, que M. Courtois y inscrit, j'en ai marqué le nom d'une astérique, afin de faire toutes mes réserves sur l'attribution de leur territoire au comté de Guines. Ces paroisses, par leur position géographique et par le rang qu'elles occupent dans la hiérarchie féodale du comté, sont éminemment boulonnaises; et si le traité de Brétigny leur a trouvé quelque lien de sujétion envers le comté de Guines, ce ne peut être qu'à raison d'un fait accidentel, ou de quelque mouvance qui ne devait pas comprendre l'étendue territoriale du fief. Autrement, la châtel-

---

(1) Il est possible que Coulogne ait été, à une certaine époque, rattaché à la terre de Merch; j'ai voulu dire seulement qu'il n'en a point fait partie dans le principe, par la raison qu'il appartenait au doyenné de Guines et par conséquent à l'ancien *Pagus Bononensis*. Un curé de Coulogne, Lambert, signe comme témoin la charte d'Euphémie de Guines, de 1194, pour l'abbaye de la Capelle, et celle, non datée, de Guillaume de Guines pour l'abbaye de Saint-Léonard.

lenie de Fiennes et la baronnie de Colembert n'auraient plus à figurer dans la liste des dignités du comté de Boulogne.

A tout prendre, si ces deux paroisses faisaient réellement partie du comté de Guines en 1347, elles ne lui avaient pas appartenu dans l'origine, puisque nous voyons constamment les seigneurs de Fiennes et de Colembert accompagner les comtes de Boulogne dans leurs expéditions militaires et signer leurs chartes au premier rang de leurs fidèles barons.

Pour ce qui est de Landrethun-le-Nord, au sujet duquel j'ai conçu le même doute, sa position géographique ne le rattachait que bien imparfaitement au comté de Guines, s'il est vrai qu'il lui ait jamais appartenu, comme l'affirme M. Courtois (1).

Au reste, les seigneurs de Colembert et de Fiennes se refusèrent, en 1360, à subir les conséquences du traité de Brétigny, et ils restèrent Français quand même, noble résistance qui leur procura en même temps l'avantage de rentrer, pour n'en plus sortir, dans le giron de la patrie boulonnaise, d'où je ne sais quel enchevêtrement de mouvances féodales, les avait exposés à être séparés pour longtemps.

A l'instar de ce qui existait dans le comté de Flandre et dans le comté de Boulogne, le comté

(1) C'est la comtesse Ide de Boulogne qui, vers l'an 1194, confirme l'acquisition, faite par l'abbaye d'Andres, de la dîme de Landrethun qui dépendait de sa souveraineté, *pro eo quod ipsa decima ad ejus pertebat feodum* (chron. Andr., p. 820, 1 ; Mir., I, p. 398). Ce fait pourtant n'est pas décisif.

de Guines était, sous le rapport féodal, divisé en douze baronnies et en douze pairies, qui sont différemment énumérées par les auteurs.

D'après les *Almanachs de Picardie* publiés à la fin du dernier siècle, les baronnies, au nombre de treize (1) étaient :

1° Andres, à l'abbé commendataire du lieu ;
2° Courtebourne (sur Licques), au marquis de Courtebourne ;
3° Balinghem (c.ⁿ d'Ardres), à M. Donjon de Saint-Martin ;
4° Fiennes, à M. de Fontanieu ;
5° Licques, à M. de Lens ;
6° Bouquehault, au comte de Calonne ;
7° Alembon, au comte de Sainte-Aldegonde ;
8° Le Val (en Surques), au Roi ;
9° La Motte d'Andres, à M. Des Androuins ;
10° Crézecques (sur Louches), au marquis de Poutrincourt ;
11° Zelthun (sur Polincove), à M. de Bonte ;
12° Hermelinghen, à M. de Sainte-Aldegonde ;
13° La Mastine (sur.......), à M. Lallart de Ribehem.

La seigneurie de Fiennes, que nous rencontrons là parmi les baronnies du comté de Guines, bien que nous l'ayons trouvée mise plus haut dans le nombre des quatre châtellenies du Boulonnais, était un domaine féodal très étendu, qui courait sur plusieurs paroisses, notamment sur celles d'Audembert, de Cafliers et d'Hardinghen, qui ne sont

(1) L'art. 1ᵉʳ du *Livre des Usages* dit aussi que les barons étaient au nombre de treize.

jamais sorties de sa mouvance. La plus grande partie du village de Ferques et de celui de Landrethun-le-Nord en dépendait également, suivant les détails qu'on trouve dans l'aveu servi au Roi par M. de Fontanieu, en 1774. Il n'est donc pas étonnant qu'il ait appartenu à la fois, pour des sections différentes, à chacun des deux comtés entre lesquels il se trouvait assis.

On remarquera qu'il a dû en être de même d'Hermelinghen, qui, étant un fief de Guines, a cependant donné des connétables au Boulonnais.

J'ai dit que l'organisation féodale du comté de Guines était différemment énumérée par les auteurs. En effet, une charte de 1273, insérée dans le *Livre des Usaiges* déjà cité, nous montre le comte Arnoul III, s'entourant de barons, au nombre de douze, qui sont les seigneurs de Fiennes, d'Andres, de Licques, de *Berlinghem*, du Val-en-Surques, de la *Motte d'Ardres*, de Balinghem, de Seltun, de *Bouvelinghem*, d'Hermelinghem, d'*Alembon*, et de *Pihen*, dans la liste desquels ne figurent plus les barons de Bouquehault, de Courtebourne, de Crézecques et de la Mastine (p. 141).

Mais il se peut bien, à la rigueur, que les seigneurs qui se trouvèrent en cette circonstance à la cour d'Arnoul III pour assurer la validité du privilège qu'il octroyait à ses sujets, ne fussent pas des barons proprement dits, mais tout simplement des hommes de fief, choisis indifféremment parmi ceux qui avaient rang de *Pairs* ou de *Barons*; car une ancienne liste de ces derniers, dans l'*Histoire* généalogique de la maison de Guines par André Duchesne, les énumère d'une manière plus conforme à la nomenclature des almanachs, en disant que ces barons étaient :

1° Andres ;
2° Balinghem ;
3° Fiennes ;
4° Licques ;
5° Val-en-Surques ;
6° Crézecques ;
7° Courtebourne ;
8° Hames (1) ;
9° Hermelinghen ;
10° Zeveland (Zeltun ?) ;
11° La Motte d'*Andres* ;
12° Alembon.

Les Pairies du comté de Guines, d'après les *Almanachs de Picardie*, étaient :

1° Le Perrier, au marquis de Verseilles ;
2° Lostebarne, à M. Le Sart de Prémont ;
3° Nielles, id. ;
4° Campagne, à M. de Spinefort ;
5° Autingues, à M. de Saint-Just ;
6° Surques, au maréchal d'Estrées ;
7° Bouvelinghem, au marquis de Courtebourne ;
8° Eclémy, à M. de Spinefort ;
9° La Haye, id. ;
10° Fouquesolles, au marquis d'Estrade ;
11° Recques, à M. de Bonte ;
12° Aquingoul, à M.....

Une autre liste, donnée par le *Livre des Usaiges* (p. 181), les énumère de la manière suivante, où se remarquent plusieurs fautes de copiste :

---

(1) Hames ou Bouquehault c'est tout un, à cause de la réunion des seigneuries en un seul et même fief.

1° Ardre ;
2° Appellez ;
3° Autingues ;
4° Alembon ;
5° Mailnebourse ;
6° Settin ;
7° Surques ;
8° Bonnellinghen ;
9° Ledeharne ;
10° Foncquehone ;
11° Froyton ;
12° Néell.

André Duchesne, contredisant en partie l'une et l'autre, dit que les Pairs étaient :

1° Bouvelinghem, canton de Lumbres ;
2° Arquingoud (sur Leulinghem-lez-Etréhem), canton de Lumbres ;
3° Surques, canton de Lumbres ;
4° Esclémy (sur Sanghen), canton de Guines ;
5° Fouquesolle (sur Audrehem), canton d'Ardres ;
6° Prieuré (d'Ardres),   id. ;
7° Recques,   id. ;
8° Lotbarne ou Lostebarne (sur Louches), id. ;
9° Awainghes (que M. Courtois traduit par Autingues), id. ;
10° Nielles-lez-Ardres,   id. ;
11° Campagne, canton de Guines ;
12° Auderbrouck (sur Audrehem, d'après M. Courtois).

En considérant les contradictions que présentent ces trois listes des pairies de Guines, je crois devoir faire remarquer que, suivant moi, celle dite du *Perrier*, du *Prieuré*, ou simplement d'*Ardres*, doit être la seigneurie du *Poirier*, anciennement *Coussebronne* ou *Coussebourne*, sur Audrehem ; — que celle de *Fouquesolles*, qui est appelée *Foncquehone* dans le *Livre des Usaiges*, répond très-bien par cette dernière forme au fief de *Fouquehove* (sur Pernes), dont les possesseurs avaient la prétention de relever du comté de Guines ; —

que touchant les autres, je ne vois aucun moyen de décider qui a raison, ou qui a tort. Je pense toutefois que l'occupation anglaise, sous le régime de laquelle a été compilé le *Livre des Usaiges*, a pu introduire des modifications momentanées dans l'ancienne nomenclature — celle d'André Duchesne — qui parait avoir servi de base à celle des *Almanachs de Picardie*.

On ignore l'époque à laquelle il faut reporter l'organisation de cette hiérarchie féodale. Le chroniqueur Lambert nous apprend que le fondateur de la ville d'Ardres, Arnoul de Selnesse, institua douze pairs dans sa seigneurie en 1069. Peut-être sont-ce les pairs d'Ardres qui sont devenus pairs de Guines, lorsqu'un siècle plus tard (1169-1205), le comte Baudouin II, par son mariage avec l'héritière de la seigneurie d'Ardres, réunit ce fief à ses domaines. Mais, en ce cas, j'incline à penser que les barons du comté de Guines, ont une origine également ancienne, et qu'ils furent créés par les premiers comtes de ce pays, à l'imitation de ce qu'avaient fait leurs voisins les comtes de Flandre et de Boulogne.

Il me reste à dire, pour terminer ce chapitre, que le comté de Guines fut vendu par son possesseur Arnoul III au roi de France Philippe le Hardi, en 1282; qu'il fut en partie restitué par Philippe le Bel à Jeanne de Guines, petite-fille d'Arnoul III, qui s'était mariée à Jean de Brienne, comte d'Eu, tué à la bataille de Courtrai le 11 juillet 1302; et qu'enfin, lorsque le petit-fils de ce dernier, Raoul II, connétable de France, eut été décapité pour trahison en 1350, le comté de Guines, fut confisqué avec le reste de ses biens et fit retour à la couronne.

Toutefois, ce n'était plus à ce moment-là qu'un vain titre ; car la ville de Guines et la plus grande partie de son territoire avaient été conquis par les Anglais, à qui la France ne les reprit qu'en 1558.

VI. — LE BOULONNAIS.

Ressort judiciaire de la Sénéchaussée de Boulogne 1478-1790.

Le Boulonnais, pays de coutume, avec titre de Sénéchaussée depuis 1478, présente une circonscription très-nettement définie. L'état des paroisses dont il se composait se trouve, en effet, imprimé à la suite du texte des coutumes ; et c'est à peine si l'on peut y relever quelques variantes ou quelques omissions.

Borné au nord et à l'ouest par le détroit du Pas-de-Calais, au midi par la rivière de Canche, ce pays n'avait pas de frontières naturelles qui marquassent sa séparation d'avec l'Artois à l'est et au sud-est, et d'avec l'Ardrésis et le Calaisis au nord-est. En l'absence de ces frontières naturelles, il y avait néanmoins une profonde séparation entre les habitants du Boulonnais et ceux des autres provinces, au point de vue des privilèges politiques, du régime des contributions, des mœurs mêmes et jusqu'à des formes du langage (1).

Le Boulonnais comprenait en 1789 dans la circonscription territoriale que je viens d'indiquer, cinq villes, trois bourgs, cent seize villages, ayant titre de cure ou de secours, et six hameaux indépendants, formant en tout cent trente communautés civiles.

Il faut y joindre cinq autres localités enclavées dans l'Artois, savoir : *Ligny-lez-Aire* avec son hameau de *la Tillemande*, *Nédonchel* avec sa cense de *Tatincloud*, *Westrehem*, et une partie du village de *Rely*, qui ressortissaient également à la sénéchaussée de Boulogne pour la justice, bien qu'ils ne fussent pas soumis aux mêmes obligations que les autres, en matière d'impôts.

Voici la nomenclature des paroisses du Boulonnais, tel qu'il était constitué en 1789, lors des élections qui eurent lieu pour la nomination des députés du Tiers-État à l'Assemblée nationale. J'y indique le nombre de feux dont chacune se composait, 1° en 1725, d'après un rapport des curés ; 2° en 1756, d'après un second rapport des curés ; 3° en 1789, pour régler la proportion du nombre

---

(1) Notons, par exemple, la locution familière et communicative *n'est-pont*, qui est strictement boulonnaise, pour traduire le français *n'est-ce pas* : tandis que l'Artésien emploie toujours *est-non*. La différence était autrefois nettement tranchée, d'un village à l'autre, sur la frontière. Aujourd'hui, la population est moins sédentaire et il y a un peu de mélange.

des représentants que chaque communauté devait envoyer à Boulogne, afin de prendre part à l'élection des députés. On trouvera, 1° dans le rapport de l'intendant Bignon, le chiffre de la population en 1698 (1) ; 2° dans l'*Etat ancien du Boulonnais*, par M. Eug. de Rosny (p. 109), un tableau du même genre, portant la date de 1746, et indiquant le nombre des feux dont se composait chaque paroisse, pour la levée des six régiments des milices boulonnaises ; 3° un autre état analogue, dans le tableau de répartition des paroisses du Boulonnais en six arrondissements, ou cantons, dressé en 1766 pour les élections des membres de l'Administration provinciale. Ce dernier tableau est annexé aux *Lettres patentes du roi portant établissement d'un corps d'administration pour la régie de l'octroi et des autres affaires communes du comté et gouvernement de Boulonnois*, du 6 mai 1766 (in-4°, pp. 23-27).

(1) Henry (*Essai Hist.*, p. 164) reproduit pour tout l'arrondissement les chiffres constatés en 1698 par l'intendant Bignon. Il y joint un autre état, emprunté au dénombrement de l'an XIII.

ETAT des Paroisses et Hameaux formant en 1789, avec la ville de **Boulogne** les Communautés civiles du Boulonnais.

Nos	NOMS DES LOCALITÉS	CANTON ACTUEL	FEUX	1756	1789	OBSERV.
1	Aix-en-Ergny	Hucqueliers	45	»	50	(1)
2	Aix-en-Issart	Campagne	80	100	25	(2)
3	Alette	Hucqueliers	78	»	50	
4	Alincthun	Desvres	33	25	50	(3)
5	AMBLETEUSE	Marquise	61	60	75	
6	Attin	Etaples	50	40	50	
7	Audembert	Marquise	40	52	52	
8	Audinghen	Id.	120	110	132	
9	Audresselles	Id.	133	90	115	
10	Avesnes	Hucqueliers	30	»	25	
11	Baincthun	Boulogne-sud	120	116	115	
12	Bainghen	Desvres	23	25	12	(4)
13	Bazinghen	Marquise	50	60	58	
14	Bécourt	Hucqueliers	57	»	54	(5)
15	Belle	Desvres	60	50	64	
16	Bellebrune	Id.	26	25	25	
17	Bernieulles	Etaples	43	40	57	
18	Beussent	Hucqueliers	110	95	96	(6)
19	Beutin	Etaples	25	20	25	
20	Beuvrequen	Marquise	»	40	54	
21	Bezinghem	Hucqueliers	56	»	38	
22	Bimont	Id.	28	»	28	(7)
23	Bournonville	Desvres	50	45	41	
24	Boursin	Guines	45	40	39	(8)
25	Bourthes	Hucqueliers	137	»	112	(9)
26	Brexent	Etaples	33	29	33	
27	Brunembert	Desvres	42	62	59	
28	Caffiers	Guines	38	45	40	
29	Camiers	Etaples	62	60	69	
30	Carly	Samer	47	48	40	
31	Clenleu	Hucqueliers	48	»	50	
32	Colembert	Desvres	68	60	60	
33	Condette	Samer	70	75	77	
34	Conteville	Boulogne-nord	30	50	45	
35	Cormont	Etaples	70	70	70	
36	Course	Samer	»	»	30	(10)
37	Courset	Desvres	60	»	55	(11)
38	Crémarest	Id.	90	82	124	
39	Dannes	Samer	19	50	40	

N°s	NOMS DES LOCALITÉS	CANTON ACTUEL	FEUX 1469	1756	1789	OBSERV.
40	DESVRES	Desvres	500	»	600	
41	Doudeauville	Samer	100	»	73	
42	Echinghen	Boulogne-sud	27	25	20	
43	*Enguinehault*	Hucqueliers	»	»	17	(12)
44	Enocq	Etaples	20	20	25	(13)
45	Enquin	Hucqueliers	28	»	36	
46	Ergny	Id.	43	»	40	
47	Estrée	Etaples	15	17	22	
48	Estréelles	Id.	22	20	25	
49	ETAPLES	Id.	200	220	»	
50	Ferques	Marquise	35	»	73	
51	Fiennes	Guines	120	120	175	
52	Frencq	Etaples	120	122	112	
53	Halinghen	Samer	24	27	30	
54	Hardinghen	Guines	135	200	206	
55	Henneveux	Desvres	50	50	50	
56	Herly	Hucqueliers	125	116	140	(14)
57	Hesdigneul	Samer	30	32	33	
58	Hesdin-Labbé	Id.	75	79	70	
59	Hesdres	Marquise	22	17	15	(15)
60	Houllefort	Desvres	11	9	9	(16)
61	Hubersent	Etaples	72	67	65	
62	HUCQUELIERS	Hucqueliers	80	152	120	
63	Hydrequent	Marquise	20	22	»	(17)
64	Inxent	Etaples	36	32	40	
65	Isques	Samer	19	25	25	
66	Lacres	Id.	43	45	40	(18)
67	Landrethun	Marquise	55	67	80	
68	Lefaux	Etaples	31	23	30	
69	*Le Thune*	Id.	30	31	28	(19)
70	Leubringhen	Marquise	35	36	43	
71	Leulinghen	Id.	36	43	33	
72	Ligny	Norrent-Fontes	»	»	72	
73	Longfossé	Desvres	48	51	50	(20)
74	Longueville	Id.	20	20	25	
75	Longvilliers	Etaples	75	77	82	
76	Lottinghen	Desvres	100	85	74	
77	Maninghem	Hucqueliers	30	25	35	(21)
78	Maninghen-Wimille	Marquise	26	30	25	
79	Maresville	Etaples	20	25	20	
80	Marles	Campagne	50	63	82	(22)
81	MARQUISE	Marquise	118	248	250	
82	Menneville	Desvres	50	65	72	
83	Montcavrel	Etaples	120	105	110	

— LXXVII —

N°s	NOMS DES LOCALITÉS	CANTON ACTUEL	FEUX	1756	1789	OBSERV.
84	Nabringhen	Desvres	26	26	27	
85	Nédonchel	Heuchin	»	»	80	(23)
86	Nesles	Samer	50	35	35	
87	Neufchâtel	Id.	100	85	100	
88	Neuville	Montreuil	115	125	150	
89	*Niembourg*	Samer	25	33	30	(24)
90	Offrethun	Marquise	22	17	18	
91	Outreau	Samer	220	280	260	
92	Parenty	Hucqueliers	90	98	104	
93	Pernes	Boulogne-nord	40	50	46	
94	Pittefaux	Id.	18	17	18	
95	Preures	Hucqueliers	100	140	126	
96	Quesques	Desvres	92	103	92	
97	Questinghen	Boulogne-sud	60	55	65	(25)
98	Questrecques	Samer	50	60	44	
99	Quilen'	Hucqueliers	35	30	30	
100	Recques	Etaples	40	40	36	
101	Réty	Marquise	100	93	190	
102	Rumilly	Hucqueliers	30	»	50	(26)
103	Saint-Étienne	Samer	58	52	66	
104	Saint-Inglevert	Marquise	60	66	68	
105	Saint-Léonard	Samer	24	23	25	
106	Saint-Martin-Boulog.	Boulogne-sud	130	180	170	
107	Saint-Martin-Choq.	Desvres	40	42	38	
108	Saint-Michel	Hucqueliers	40	45	52	(27)
109	Samer	Samer	200	290	360	
110	Selles	Desvres	60	64	68	
111	Sempy	Campagne	74	80	80	
112	Senlecques	Desvres	22	»	48	
113	Tardinghen	Marquise	32	25	34	
114	Thiembronne	Fauquembergues	200	»	183	(28)
115	Tingry	Samer	52	55	47	
116	*Trois-Marquets*	Hucqueliers	»	»	80	(29)
117	Tubersent	Etaples	49	50	65	(30)
118	Verchocq	Hucqueliers	90	»	50	(31)
119	Verlincthun	Samer	60	52	58	
120	*Vercol (Le)*	Desvres	33	28	29	(32)
121	Vieil-Moutier	Id.	45	46	40	(33)
122	Wacquinghen	Marquise	»	20	18	
123	Wast (Le)	Desvres	30	40	30	
124	Westrehem	Norrent-Fontes	»	»	37	
125	Wicquinghem	Hucqueliers	60	70	61	
126	Widehem	Etaples	50	60	54	
127	Wierre-au-Bois	Samer	33	40	25	

Nos	NOMS DES LOCALITÉS	CANTON ACTUEL	FEUX	1756	1789	OBSERV.
128	Wierre-Effroy	Marquise	95	80	79	
129	Wimille	Boulogne-nord	150	164	204	
130	Wirwignes	Desvres	120	110	122	
131	WISSANT	Marquise	120	121	105	
132	Zoteux	Hucqueliers	67	65	73	

Hameaux et villages qui sont quelquefois cités comme des communautés civiles, distinctes des paroisses auxquelles ils appartenaient.

Nos	LOCALITÉS	COMMUNES	
133	Bas-Mont (Le)	Alembon	Réuni à la commune de Boursin pour l'imposition du quartier d'hiver en 1657.
134	Calique (La)	Vieil-Moutier	Hameau réuni.
135	Catelet (Le)	Bourthes	Id.
136	Courteville	Tubersent	Id. cité seul pour l'imposition de 1657.
137	Dignopré	Bécourt	Hameau cité à part pour l'imposition de 1657.
138	Drionville	Wismes	Réuni à Tiembronne, voyez l'*Artois*, n° 6.
139	Engoudesent	Beussent	Hameau cité comme annexe de sa communauté en 1657.
140	Liannes	Alincthun	Cité dans la *Coutume* comme dépendant de sa paroisse, mais imposé séparément en 1657.
141	Maninghen-au-Val	Maninghem	Imposé avec Bimont, séparément de Maninghen-au-Mont, en 1657.
142	Mieurles	Bourthes	Hameau réuni à celui de Trois-Marquets.
143	Rely	Rely	C^{on} de Norrent-Fontes. Une partie de son territoire appartenait aux enclaves d'Artois.

N°s	LOCALITÉS	COMMUNES	
144	Rinxent	Rinxent	Village réuni à celui d'Hydrequent, qui était titulaire de la communauté, et qui a perdu son titre et son indépendance en 1790.
145	Ste-Gertrude	Longfossé	Village réuni sous la même communauté.
146	St Riquier	Courset	Hameau réuni.
147	Sequières et Dalles	Lacres	Hameaux réunis.
148	Tatincloud	Nédonchel	Cense, ou ferme, parmi les enclaves d'Artois. La carte de l'Etat-major l'appelle aujourd'hui Tatengloud.
149	Tillemande (La)	Ligny	Hameau de la commune de Ligny-lez-Aire, enclave d'Artois.
150	Verdure	Herly	Hameau réuni.
151	Zelucque	Tubersent	Hameau réuni. Il est souvent aussi appelé du nom de Jelue, ou Jeluque.

(1) Les noms qui composent cette liste ont été imprimés en grandes capitales pour les villes, en petites capitales pour les bourgs, en italiques pour les hameaux.
(2) Voyez plus loin le chapitre de l'Artois, n° 2.
(3) Voyez Liannes, n° 140.
(4) Voyez plus loin le chapitre de l'Artois, n° 8.
(5) Voyez Dignopré, ci-après, n° 137.
(6) Voyez Engoudesent, n° 139.
(7) Voyez Maningken-au-Val, n° 141.
(8) Voyez le Bas-Mont, n° 133.
(9) Voyez le Catelet et Mieurles, n°s 135 et 142.
(10) Section de la commune de Doudeauville.
(11) Voyez Saint-Riquier, n° 145.
(12) Section de la commune de Beussent.
(13) Village réuni à la commune de Brexent-Enocq.
(14) Voyez Verdure, n° 150.
(15) Village réuni à la commune de Wierre-Effroy.
(16) Village réuni à la commune de Belle-et-Houllefort.
(17) Voyez Rinxent, n° 144.
(18) Voyez Sequières et Dalle, n° 147.
(19) Section de la commune de Frencq.
(20) Voyez Sainte-Gertrude, n° 145.

(21) Voyez Maninghen-au-Val, n° 141.
(22) Voyez plus loin le chapitre de l'*Artois*, n° 1.
(23) Voyez Tatincloud, n° 148.
(24) Section de la commune d'Halinghen
(25) Village réuni à la commune de Baincthun.
(26) Voyez le chapitre de l'*Artois*, n° 5.
(27) Il est appelé *Saint-Michel-en-Orthiois* dans le procès-verbal de l'assemblée du clergé pour les états de Blois, 25 octobre 1560 (Reg. du Roi, de la sénéchaussée de B., n° II, p. 162). Il paraît y avoir là quelque trace d'un ancien *Pagus* sur lequel je n'ai pas d'autres notions. Voyez le chapitre de l'*Artois*, n° 3.
(28) Voyez Drionville, n° 138.
(29) Section de la commune de Bourthes.
(30) Voyez Courteville et Zelucque, n°s 136 et 151.
(31) Voyez le chapitre de l'*Artois*, n° 4.
(32) Section de la commune de Quesques.
(33) Voyez La Calique, n° 134.

VII. — L'ARTOIS.

La province d'Artois, dont le territoire longeait les limites orientales du Boulonnais, partageait avec cette province plusieurs des paroisses qui leur servaient respectivement de frontières.

C'étaient à partir des bords de la Canche, celles de :

1° *Marles*, dont le clocher était en Artois, dans le bailliage d'Hesdin, d'après le rapport des curés, en 1725 et en 1756; et cependant la plus grande partie de sa population, quarante-huit feux sur soixante-trois, appartenait au Boulonnais.

2° *Aix-en-Issart*, dont le clocher était également en Artois, ne comptait que dix-neuf feux en

Boulonnais, sur une population qu'on estimait à quatre-vingts ou à cent, d'après l'énoncé du rapport de 1725 ; et encore fallait-il y comprendre une section quelconque du village de *Marant*, son secours, que Maillart dit avoir été « partie Artois et « partie Boulonnais » ;

3° *Saint-Michel*, avec ses hameaux d'Etroeuille, Petit-Saint-Michel et Saint-Wandrille en Boulonnais, laissait à l'Artois le hameau d'*Hénoville* ;

4° *Verchocq*, dont le clocher était en Boulonnais avec dix-neuf feux, en abandonnait plus du double à l'Artois dans ses hameaux de *Fasque*, de *Gournay* et de *Rollez* ;

5° *Rumilly*, réduit à vingt-cinq ou trente feux en Boulonnais, laissait à la province d'Artois les quarante-trois feux de ses deux hameaux de *Beaussart-à-l'Eau* et de *Beaussart-au-Bois* ;

6° *Wismes* en Artois, à l'est de Thiembronne, cédait au Boulonnais son hameau de *Drionville*, dont les habitants étaient incorporés à la communauté civile de Thiembronne ;

7° *Rebergue*, dans le Bas-Artois, cédait aussi quelque chose de son territoire au Boulonnais, le long du finage de Bainghen ;

8° *Bainghen*, que les nomenclatures boulonnaises appellent *Bainghen-le-Comte*, et que Maillart nomme, je ne sais pourquoi, *Bayenghem-le-Creux*, cédait à l'Artois le hameau de Beaurietz, la ferme de la Haye et une maison du hameau d'Ostove.

Je note les points, qui sont consignés dans la

nomenclature de Maillart (1) et dans les rapports des curés ; mais je crois qu'il y en a d'autres encore, de moindre importance, dont on trouverait la trace en interrogeant les traditions locales.

Des indications historiques, dont je n'ai recueilli que la plus faible partie, permettent de croire que l'Artois a encore empiété quelque peu sur les anciennes frontières du Boulonnais. C'est ainsi que Nielles-lez-Bléquin, localité voisine de Senlecques et de Lottinghen, paraît avoir appartenu autrefois à la même circonscription, si l'on en juge par l'appellation qui lui est donnée de *Nielles in Bolonesio* dans les pouillés de Thérouanne de Tassard et d'Alliot. C'est ainsi encore qu'on retrouve Escœuilles, sous la forme *Esculles*, parmi les paroisses sur lesquelles fut réparti l'impôt du Quartier d'hiver établi en 1657. On verra plus loin que Journy était aussi en litige entre l'Artois et le Boulonnais.

L'arrondissement de Boulogne n'a profité d'aucune de ses emprises, si ce n'est de celles qui affectaient le territoire de Bainghen, et il ne compte dans sa circonscription qu'une seule commune, celle d'Herbinghen, qui lui soit venue de l'ancienne province d'Artois.

(1) Coutumes générales d'Artois, avec des notes, par M. Adrien Maillart, in-4°, Paris, 1704.

VIII. — L'ARDRÉSIS.

1376-1790.

La petite province qui portait le nom de *Gouvernement d'Ardres*, de *Bailliage d'Ardres*, ou de *Pays conquis* (1), est un démembrement du comté de Guines, créé par la France, après que Guines eut été définitivement cédé aux Anglais.

Le gouvernement d'Ardres, qui s'attribuait le titre un peu ambitieux de *Bailliage Souverain*, ressortissait au bailliage de Montreuil, et dépendait, par conséquent, de la province de Picardie.

Il comprenait, au xviiie siècle, outre son chef-lieu, dix-neuf paroisses, qui étaient (2) :

1° Alembon, c^{on} de Guines ;
2° Alquines, c^{on} de Lumbres ;
3° Audrehem, c^{on} d'Ardres ;
4° Autingues, id. ;
5° Bonningue-lez-Ardres, id. ;
6° Bouquehault, c^{on} de Guines ;
7° Bouvelinghem, c^{on} de Lumb. ;
8° Brêmes, c^{on} d'Ardres ;
9° Ferlinghem, (3) id. ;
10° Hermelinghen, c^{on} de Guines ;
11° Hocquinghen, c^{on} de Guines ;
12° Landrethun, c^{on} d'Ardres ;
13° Licques, c^{on} de Guines ;
14° Louches, c^{on} d'Ardres ;
15° Nielles-lez-Ardres, id. ;
16° Rodelinghem, id. ;
17° Sanghen, c^{on} de Guines ;
18° Surques, c^{on} de Lumbres ;
19° Zouafques, c^{on} d'Ardres.

(1) Conquis sur les Anglais en 1376, après que ceux-ci l'eurent possédé pendant vingt ans, depuis la prise de Calais.
(2) Une liste donnée par M. Courtois dans sa topographie du comté de Guines (op. cit., p. 511), d'après le rapport de l'intendant Bignon en 1698, n'y compte point les paroisses d'Alquines, d'Audrehem et d'Hocquinghen.
(3) Section de Brêmes.

Maillart dans sa nomenclature, publiée à la fin des *Coutumes d'Artois*, y ajoute à tort *Herbinghen* et *Rebergue*, qui appartenaient au bailliage de Saint-Omer, ainsi qu'il le constate lui-même ailleurs ; et c'est par double emploi — à moins que ce ne fussent des communautés civiles — qu'il y énumère les hameaux de *Courlebourne* (Licques), *Crézèque* (Louches), *Cahem* (......?), *Hotinghem* (Andres), *Lostebarne* et *Récousse* (Louches).

En revanche, il oublie d'y mettre le village d'*Hermelinghen* qui appartenait bien certainement alors à cette province, quoiqu'il ait été réuni au Calaisis vers la fin du siècle, lors d'un remaniement dont la date précise ne m'est pas connue. *Hocquinghen*, qui était encore d'Ardres en 1787, en fut également distrait, pour entrer dans le ressort judiciaire de l'Artois, où il figure en 1788.

Comment ces changements se sont-ils opérés ? Je l'ignore. Seulement, il y eut toujours des contestations entre les diverses juridictions de Boulogne, de Calais, d'Ardres, de Saint-Omer et du Conseil d'Artois, au sujet de quelques paroisses, ou même de misérables petits hameaux dont on se disputait la possessoin. Maillart nous l'apprend, au sujet de l'abbaye d'*Andres* revendiquée à la fois par le bailliage d'Ardres et par la Justice de Calais. Il en était de même de *Journy*, qu'il attribue à l'Ardrésis, en faisant remarquer que Saint-Omer le réclamait, et du *Loquin*, hameau d'Audrehem, qui était, dit-il, en litige avec le Boulonnais.

Une chose que Maillart ne dit pas, c'est que le gouvernement d'Ardres étendait sa juridiction sur le hameau de *Berck-en-Campagne*, distrait du Calaisis, et sur cinq maisons du hameau d'*Ostove* (paroisse de Bainghen), frontière du Boulonnais, où il se rencontrait avec le bailliage de Saint-Omer dans le ressort duquel était la sixième ; mais il a soin de noter que les villages de *Bonningues-lez-Ardres*, *Bouvelinghem*, *Surques* et *Zouafques*, quoique faisant partie de l'Ardrésis, cédaient néanmoins une partie de leur territoire à la province d'Artois.

C'est assurément une chose singulière et digne de remarque, que ce morcellement de plusieurs villages entre le ressort de juridictions différentes ; et l'on peut se demander s'il n'y a pas là des vestiges d'une délimitation politique plus ancienne, antérieure même peut-être à la formation des circonscriptions paroissiales d'où sont nées les communes. Je me contente de constater les faits, laissant à d'autres le soin d'en tirer, s'il y a lieu, les conséquences.

On remarquera, dans le tableau qui précède, que l'Ardrésis a donné à l'Arrondissement de Boulogne six communes, qui font toutes partie du canton de Guines.

IX. — LE CALAISIS.

1558-1790.

Le *Calaisis*, ressort de la Justice royale établie en 1568 par le roi Charles IX, formait le territoire qui avait été repris aux Anglais le 8 janvier 1558, d'où son nom de *Pays reconquis*.

Il était borné à l'ouest par le détroit du Pas-de-Calais, au nord par la rivière d'Aa qui le séparait de la province de Flandre, à l'est par l'Ardrésis, au sud par le Boulonnais.

Les paroisses dont il se composait avaient appartenu antérieurement à l'ancien comté de Guines, pour la partie située sur la rive gauche des marais du *Plat Pays*, et à la terre de *Merch*, pour la partie située sur la rive droite.

On y comptait, outre la ville de Calais, capitale du pays, le bourg de Guines et vingt-trois villages, savoir :

1° Andres, c^{on} de Guines ;
2° Balinghem, c^{on} d'Ardres ;
3° Bonningues-lez-Calais, c^{on} de Calais ;
4° Boucres, c^{on} de Guines ;
5° Campagne, id. ;
6° Coquelles, c^{on} de Calais ;
7° Coulogne, id. ;
8° Escalles, id. ;
9° Fréthun, id. ;
10° Guemps, c^{on} d'Audruicq ;
11° Hames, c^{on} de Guines ;
12° Hervelinghen, c^{on} de Marquise ;
13° Marck, c^{on} de Calais ;
14° Nielles-lez-Calais, id. ;
15° Nouvelle-Eglise, c^{on} d'Audr. ;
16° Offekerque, id. ;
17° Oye, id. ;
18° Peuplingues, c^{on} de Calais ;
19° Pihen, c^{on} de Guines ;
20° Saint-Tricat, c^{on} de Calais ;
21° Saint-Pierre, id. ;
22° Sangatte, id. ;
23° Vieille-Eglise, c^{on} d'Audruicq

On y ajouta plus tard *Hermelinghen* qui f
détaché de l'Ardrésis; et Maillart nous appren
que le hameau de *la Montoire*, sur Zutkerqu
canton d'Audruick, avait « quelque chose » de so
territoire qui ressortissait à la Justice royale d
Calais. De même, ce qui est plus extraordinaire,
cause de la distance qui séparait les deux territoires
Nordausque (que Maillard appelle *Nort-Ausque*)
dépendait aussi, d'après le même auteur, du C
laisis pour sa partie occidentale, tandis que le res
avec le clocher, appartenait à l'Artois.

Mais Maillart oublie de comprendre *Balinghen*
dans le Calaisis, ce qui fait qu'il ne lui donne qu
vingt-quatre paroisses, au lieu de vingt-cinq don
ce pays se composait réellement.

Le Calaisis a donné dix-neuf de ses commun
à l'arrondissement de Boulogne et six à l'arron
dissement de Saint-Omer.

X. — LE DIOCÈSE DE BOULOGNE.

La circonscription du diocèse de Boulogne m'
paru devoir être présentée ici dans son ensembl
non-seulement parce qu'elle avait pour chef-lieu l
capitale de l'Arrondissement, mais aussi parceque j
me sens obligé de rectifier les erreurs dans lesquelle
j'ai entraîné les autres, notamment M. J. Desnoyers
qui, dans sa *Topographie ecclésiastique de l*

France, s'est fié trop complaisamment aux énonciations de mon manuscrit, tel qu'il avait été rédigé en 1860, non sans une certaine précipitation, pour être présenté au concours de la Sorbonne

Formé d'un démembrement de l'évêché de Thérouanne, suivant les propositions arrêtées par les commissaires du roi Henri II et de l'empereur Charles-Quint, dans les conférences tenues à Aire pour ce sujet, du 1er au 26 juin 1559, le diocèse de Boulogne a été érigé par la bulle *Divinæ Majestatis arbitrio* du pape saint Pie V, le 3 mars 1567.

Son territoire d'après la Partition, comprenait la presque totalité de l'ancien archidiaconé d'Artois, savoir : les doyennés de Boulogne, de Guines, d'Alquines, de Wissant, de Frencq, de Fauquembergues, de Bomy et de Saint-Pol, la plus grande partie du doyenné d'Hesdin (moins trois paroisses), seize paroisses du doyenné de Lillers, quatorze du doyenné d'Helfaut, six du doyenné d'Aire, trois du doyenné d'Arques et une du doyenné de Saint-Omer. Quant aux paroisses du doyenné de Marck, appartenant à l'archidiaconé de Flandre, sept en furent distraites au profit de l'évêché de Saint-Omer, et les autres, faisant partie du territoire que la France venait de reconquérir sur les Anglais, furent réservées et devinrent peu après, sans réclamation que je connaisse, l'apanage du diocèse de Boulogne.

La division des doyennés du diocèse de Boulogne n'est pas restée la même que dans le diocèse de Thérouanne. J'avais cru que la division nouvelle avait été faite dès les premières années de l'existence du nouveau diocèse, et j'en avais fixé la date approximativement à l'année même de la prise de possession de l'évêché par Claude-André Dormy, c'est-à-dire en 1570. Un examen plus minutieux des actes du secrétariat relatifs aux nominations des curés m'a fait apercevoir mon erreur.

En effet, sauf, 1° pour les paroisses qui avaient appartenu aux doyennés *décapités* d'Aire et de Lillers, qu'on réunit sous le titre de doyenné d'Auchy-au-Bois; 2° pour les paroisses des doyennés également décapités d'Helfaut, d'Arques et de Saint-Omer, dont on forma le nouveau doyenné de Bléquin, aucun changement ne fut apporté d'abord dans la circonscription des chrétientés primitives.

Nous avons le registre des collations faites par l'évêque Claude-André Dormy, pendant un espace de onze années, du 15 février 1576 au 18 mars 1587. Eh bien, à cette date, il n'y a point de modification apportée à l'ancien doyenné de Boulogne, car c'est toujours le doyen de Boulogne et non celui d'Alquines qui est chargé d'installer le curé de Bournonville (1ᵉʳ juillet 1586) ; c'est lui-même encore qui installe le curé de Condette (17 juin 1579) et celui de Samer (7 août 1576 et 11 février 1581) ; — il n'y a point de modification apportée à l'ancien doyenné de Frencq, car c'est toujours le curé de Frencq qui installe le curé de Camiers (17 décembre 1579) et le curé de Courset (1ᵉʳ septembre 1583); — il n'y a point de modilication apportée à l'ancien doyenné d'Alquines, car c'est toujours le doyen d'Alquines qui installe le curé de Guémy (7 juillet 1576) ; — il n'y a point de modification apportée au doyenné de Fauquembergues, car c'est le doyen de Fauquembergues qui continue d'installer les curés de Bécourt (27 novembre 1581), de Bourthes (17 juillet 1577 et 1er août 1582) ; — il n'y a point de modification apportée au doyenné d'Hesdin de la Partition, car c'est encore le doyen d'Hesdin qui installe les curés de Fillièvres (27 juin 1579) et de Fruges (20 janvier 1580) ; — il n'y a point de modification apportée à l'ancien doyenné de Saint-Pol, car c'est encore le doyen de Saint-Pol qui installe le curé de Grouches (18 février 1585) ; — enfin il n'y a point de modification apportée à l'ancien doyenné de Guines, car c'est encore le doyen de Guines qui installe le curé de Fréthun (19 juillet 1577).

Donc, en 1587, les doyennés d'Alette, de Fillièvres, de Frévent, de Samer et de Tournehem n'étaient pas encore créés, et la division du diocèse restait ce que l'avait faite la Partition de 1559.

Il n'en était pas de même des archidiaconés. Le diocèse de Boulogne étant formé de la presque totalité des paroisses de l'ancien archidiaconé d'Artois, il y avait eu nécessité immédiate de le partager en deux sections pour donner un territoire à chacun des deux archidiacres. C'est ce qui eut lieu, probablement dès le principe, même avant 1570, et certainement avant l'organisation des nouveaux doyennés ; car les nouveaux arrondissements archidiaconaux ne coïncident pas avec les nouvelles circonscriptions décanales.

Le nouvel archidiaconé d'Artois, autrement dit du côté droit, de France, ou de Boulogne, se composa des anciens doyennés de Boulogne, de Wissant, de Frencq, de Fauquembergues, d'Hesdin et de Bomy, comprenant en 1790 cent quarante-trois paroisses et soixante-dix-sept secours ; — le nouvel archidiaconé de Flandre, ou du côté gauche, se composa des nouveaux doyennés d'Auchy-au-Bois et de Bléquin, des anciens doyennés d'Alquines, de Saint-Pol et de Guines avec ce qui restait à la France de l'ancien doyenné de Marck, comprenant en 1790 cent trente-sept paroisses et soixante-sept secours.

Cette division, que je n'ai trouvée cataloguée nulle part, résulte clairement des registres des visites faites par l'archidiacre Abot en 1715, et des mentions d'autres visites recueillies çà et là dans les registres de l'évêché.

Il est regrettable que le fait ait échappé à M. Lipsin, lorsqu'il a dressé la carte du diocèse de Boulogne, qui a été imprimée par M. Robaut, à Douai, en 1857, et qui a servi à M. Desnoyers pour donner une énonciation erronée de la division archidiaconale du diocèse de Boulogne (1).

Pour éviter de tomber dans une semblable erreur, il aurait suffi à l'auteur de considérer attentivement la *Carte du diocèse de Boulogne*, dressée en 1656 par Nicolas Sanson. La division des archidiaconés

---

(1) Top. ecclés., p. 607.

y est écrite, en effet, dans le sens de la longueur, je veux dire de l'ouest à l'est, et non du sud au nord, comme M. Lipsin a cru devoir la figurer. De plus, avec la circonscription proposée par le géographe Boulonnais, il est impossible d'arriver à une concordance suffisante entre le nombre des paroisses et des secours que les pouillés indiquent comme formant l'effectif comparé des deux archidiaconés (1).

Revenons à la constitution des nouveaux doyennés. J'ai démontré tout à l'heure qu'elle n'existait pas encore en 1587. Il n'est pas probable qu'elle ait été faite pendant les troubles de la Ligue, qui forcèrent Claude-André Dormy de se retirer à Montreuil et qui ne lui permirent pas de s'occuper bien activement de l'administration de son diocèse. Je regarde comme difficile à croire qu'elle ait été effectuée sous le règne de son successeur, et je suis porté à en attribuer l'organisation à l'épiscopat de Victor Le Bouthillier, en 1628 au plus tôt. En ce cas, ce serait peut-être l'œuvre de Noël Gantois, son archidiacre, qui avait pris à cœur la réforme du clergé rural. C'est seulement après cette date, et même quelques années plus tard, qu'on trouve, en feuilletant les anciens registres de catholicité, la signature des nouveaux doyens, sans que rien indique la date précise de leur première institution.

(1) Voir Dom Vaissette (*Géogr. hist.*, t. II, p. 373) ; les *Almanachs de Picardie*, etc., etc. Les chiffres ont été légèrement modifiés par quelques nouvelles érections de paroisses, mais ils sont en substance ceux que j'ai donnés plus haut.

Ces préliminaires établis, j'ai relevé, pour 1790, le tableau des nouvelles circonscriptions, avec toutes les références nécessaires pour qu'on puisse se rendre compte de la manière dont elles étaient composées. A côté du nom moderne, j'ai mis le nom ancien de chaque paroisse, toutes les fois que j'ai pu le rencontrer dans les chartes ou les vieux titres ; mais je ne me suis pas soucié d'y faire figurer ceux qui sont indiqués par le P. Malbrancq, par M. Harbaville, ou par d'autres écrivains qui n'indiquent pas les sources où ils les ont puisés.

En donnant au public ce nouveau Pouillé du diocèse de Boulogne, je dois prévenir que je l'ai dressé principalement d'après un Registre du personnel ecclésiastique des diverses paroisses, rédigé dans les dernières années de l'épiscopat de Mgr de Pressy et tenu à jour jusqu'au départ de Mgr Asseline pour l'exil, après l'établissement de la Constitution civile du clergé. La distinction entre les cures, les succursales, les annexes, les vicariats et les dessertes de chapelles, y est notée avec la plus minutieuse exactitude.

Pour ce qui est des autres Pouillés proprement dits, il en existe des copies manuscrites, plus ou moins fautives ou incomplètes, dont la meilleure, provenant du cabinet de M. Eugène de Rosny, a été imprimée par M. l'abbé Van Drival dans les *Annales Boulonnaises* (1) et dans son Histoire des évêques de Boulogne (2). Celle qu'a publiée

---

(1) Tome Ier, p. 190 et suiv. (2) P. 81 et suiv.

M. Jules Lion (1) fourmille de fautes de typographie qui la rendent absolument illisible.

Je cite pour mémoire l'état sommaire publié par M. Aug. Parenty dans l'*Annuaire départemental* de 1867, p. 333 et suivantes.

Ces divers *Pouillés* contiennent l'indication du nom des collateurs, pour chaque bénéfice; mais je n'ai pas cru devoir entrer dans ce détail voulant conserver à cette étude son caractère uniquement topographique.

Quant aux sources originales, les archives de l'évêché, autrefois dans la bibliothèque de Mgr Haffreingue, en contiennent deux rédactions manuscrites, l'une in-f°, datée de 1734, l'autre en deux volumes in-8°, rédigée sous l'épiscopat de Mgr d'Hervilly. J'ai mis à profit ces divers documents, sans négliger les indications contenues dans les registres du Secrétariat, dans ceux des Insinuations ecclésiastiques, et dans les rapports adressés à l'évêque par les curés, en 1725 et en 1756.

Voici d'abord la nomenclature des paroisses du diocèse, suivant l'ordre alphabétique des nouveaux doyennés. L'astérique devant un nom indique l'existence d'un vicariat permanent, institué dans la localité pour venir en aide au curé dans la desserte de son bénéfice.

(1) *Le Diocèse de Boulogne*, br. in-8°, Saint-Omer, 1858.

ÉTAT RÉCAPITULATIF DES CURES

SUCCURSALES, ANNEXES ET VICARIATS
DU DIOCÈSE DE BOULOGNE PAR DOYENNÉS
EN 1790.

I. — ALETTE

PAROISSES.		SECOURS.
Alette	Aletta 1140 F.	—
Bécourt	Bocolt 1156 F.	—
Bezinghem	Bæzinghem 1161 Fr.	Enquin, Enkin....
*Bourthes	Burthem 855 F.	—
Clenleu	Cleneleu 1173 F.	Bimont, Dorchimont 1179
Courset	Curset 1203 Fr.	—
*Desvres	Deverna 1135 Fr.	—
*Doudeauville	Dudearilla 1172 Fr.	—
Ergny	Ergny 1205 F.	Aix-en-Ergny.
*Herly	Herliacum 1171 F.	Quilen, Killen 1254.
*Humbert	Humberch 1315 F.	Saint-Michel, Sancti Michaelis
Maninghem	Maninghem 1206 (1)	— [1190.
*Montcavrel	Ami 1079, Emy Fr.	Recques, Rech 1224.
Parenty	Parenti 1190 Fr.	—
Preures	Praura 1120 F.	*Hucqueliers, Hukelirs 1069.
Wicquinghem	Wichinghem 1069 F.	—
Zoteux	Altaria 1208 F.	—
17 paroisses.		7 secours.

Le doyenné d'Alette, canton d'Hucqueliers, formé d'un démembrement des anciens doyennés de Fauquembergues et de Frencq, appartenait tout entier au premier Archidiaconé. Les lettres (F.) et (Fr.) indiquent les anciennes délimitations.

(1) Maninghem-au-Mont, dépendance de l'abbaye de Clairmarais, était autrefois *nullius parochiæ*. En 1579, le curé de Clenleu avait été chargé d'y administrer les sacrements. Pierre de Langle, évêque de Boulogne, l'érigea en paroisse par ordonnance du 18 mars 1704, à la demande des habitants du lieu qui s'imposèrent une dime pour la subsistance du curé.

— XCVI —

II. — ALQUINES.

PAROISSES.		SECOURS.
*Acquin	*Atcona* 850 A.	—
*Alquines	*Alekina* 1156 A.	Loquin, *Lokin* 1156 (1).
Bainghen	*Bainghem* 1121 A.	—
Bayenghem	*Beingahem* 855 A (2)	Affringues, *Arfrenges* 1156.
Bournonville	*Burnulrilla* 1084 B.	Henneveux, *Hanewut* 1184.
Bouvelinghem	*Borelinghem* 1157 A.	Westbécourt, *Bochout* XIIIe s.
*Colembert	*Colesberc* 1121 B.	Nabringhen, *Nameringhem* [1208.
*Coulomby	*Columbi* 1211 A.	—
Hocquinghen	*Okkaningahem* 830 A	Herbinghen, *Herbedinghem* [XIIIe s.
Journy	*Jornacum* IXe s. A	Rebergues, *Rosberge* 1130.
Licques	*Liske* 1084 A.	—
Longueville	*Longarilla* 1116 A.	—
Menneville	*Magnirilla* 1173 Fr.	*Saint-Martin-Choquel, *Sancti* [*Martini* 1173.
—		Vieil-Moutier, *Vetus Monas-* [*terium* 1173.
Quesques	*Keseca* 1078 A	*Lottinghem, *Lonastingahem* [830.
Selles	*Seiles* 1084 A	Brunembert, *Brunnesbercha* [1173.
Seninghem	*Siningahem* 857 A.	—
Surques	*Surka* 1084 A	*Escœuilles, *Scoilles* 1189
17 paroisses.		12 secours.

Le doyenné d'Alquines, canton de Lumbres, formé d'un démembrement de l'ancien doyenné de ce nom, pour les paroisses marquées de la lettre A, comprenait en outre deux paroisses de l'ancien doyenné de Boulogne (B) et une de l'ancien doyenné de Frencq (Fr.). Ces trois paroisses continuaient de faire partie du premier Archidiaconé, tandis que les quatorze autres étaient soumises à l'Archidiaconé de Flandre.

(1) Aujourd'hui *Haut-Loquin*.
(2) Bayenghem, auparavant secours de Seninghem, a été érigé en paroisse par ordonnance épiscopale du 24 mars 1787, avec adjonction d'Affringues pour succursale. Ce dernier village était auparavant secours de Coulomby: la tradition prétend qu'il était autrefois desservi par des religieux de Saint-Bertin, résidant à Acquin, qui y venaient chaque dimanche célébrer les offices.

III. — AUCHY-AU-BOIS.

PAROISSES.		SECOURS.
*Alouagne . . .	. *Alewagne* 1066 L.	—
*Ames	. . . . . L.	—
Amettes. . . .	. *Aumetes* 1178 L.	—
*Auchel	. *Alcel* 1158 L.	Cauchy-à-la-Tour.
Auchy-au-Bois .	. *Auci* 1199 A.	—
*Bailleul-lez-Pernes.	*Balliolum* 1179 L.	Aumerval, *Aumereal* 1422 (1).
*Bourecq. . . .	. *Borrech* 1159 L.	*Ecquedecque, *Eskeldeka* 1200.
*Burbure. . . .	. . . . . L.	—
Calonne-Ricouart .	*Calonia* 1147 L .	*Marles, *Malenes* 1120.
Ecque-en-Pugnoy (2)	*Eke* 1100 L . .	La Beuvrière, *Beurraria* 1100.
Lespesse. . . .	. *Espessa* 1200 L.	—
Lières	. . . . . L.	—
Liettres. . . .	. *Lestes* XIIᵉ s A.	—
Linghem . . .	. *Lenghem* 1169 A.	Rombly, *Rumbli* 1169.
Lozinghem . . .	. . . . . L.	—
*Mametz. . . .	. *Maumez* 1249 A .	—
Nédon	. *Nedon* 1179 L .	Fontaine-lez-Hermans, *Fontenes* [1179.
*Nédonchel . . .	. *Nidoncel* XIIᵉ s. L.	—
Pernes	. *Pernæ* 1069 L .	*Floringhem.
Quernes. . . .	. *Kernes* 1157 A.	—
Rely.	. *Relli* 1157 A.	—
Sachin	. *Sassem* 1179 L.	Pressy.

22 paroisses.   9 secours.

Le doyenné d'Auchy-au-Bois, canton de Norrent-Fontes, formé en 1559, après la partition du diocèse de Thérouanne, est un démembrement des anciens doyennés d'Aire (A) et de Lillers (L). Il faisait partie de l'Archidiaconé de Flandre.

(1) Aumerval ne figure pas comme secours dans le Petit Pouillé ni dans le rapport de 1725.
(2) Ancien nom de la commune de Lapugnoy.

Mém. XI.

— XCVIII —

IV. BLÉQUIN.

PAROISSES.		SECOURS.
*Bléquin	Belkinium XIIIᵉ s. H.	*Ledinghem, Lendingehem 1154.
*Coyecques	Coiacum 850 H.	—
*Delettes	Delettes 1179 H.	Nielles-lez-Thérouanne, Niela 1069 (1).
*Dohem	Dalhem 1016 H.	*Cléty, Kiltiacum 857.
*Esquerdes	Squerda 960 Arq.	*Leulinghem, Lulinghem 1180.
*Herbelles	Harbela 1026	Upen-d'Amont, Hupehem Superior 1205 (2).
—	—	*Upen d'aval, Uphen 1069 (2).
*Lumbres	Laurentia 1026 H.	*Setques, Sethiaco 723.
*Nielles-lez-Bléquin	Nieles 1240	*Vaudringhem, Waldringahem 867.
*Pihem	Pithem 1139.	—
Quelmes	Kelmias 723 Alq.	—
*Quiestede	Cherestede 1179 H.	—
Radinghem	. . . . . . H.	—
Rebecq	Resbecha 1183 Arq.	—
Remilly	Rumliacum 704 H.	Wirquin, Werquin 1367 (3).
—	—	Ouve, Ouve 1348.
Roquetoire	Rokestor 1107.	—
Wavrans	Warrantisvilla xᵉ s. H	*Elne, Ennela 1179.
Westecque	Eka 1191 (4) H.	—
Wismes	Wima 1136 H.	Saint-Pierre (5).
18 paroisses.		12 secours.

Le doyenné de Bléquin, canton de Lumbres, créé en 1559, est un démembrement de l'ancien doyenné d'Helfaut, complété par Quelmes, de l'ancien doyenné d'Alquines, avec adjonction d'Esquerdes, Roquetoire et Rebecq, de l'ancien doyenné d'Arques, le tout dans le nouvel Archidiaconé de Flandre. Dennebrœucq, secours de Relinghem (du doyenné de Bomy), dépendait aussi du doyenné de Bléquin.

(1) Section de Thérouanne.
(2) — de Delettes.
(3) — d'Ouve-Wirquin.
(4) — d'Ecques.
(5) — de Wismes.

V. — BOMY.

PAROISSES.		SECOURS.
·Bomy	Bomi 1069 B.	—
Capelle-sur-la-Lys.	Capella 1173 B (1).	—
·Coupelle-Vieille	Cupella 1120 H.	—
Crecques	Cresecha 1178 (2). B.	—
·Enguinegatte	Inchenegata 1179 B.	—
Enquin	Enkin 1139 B	Serny, Serni 1206 (3).
·Erny-Saint-Julien	Ergni 1248 B.	—
Estrée-Blanche	Strata XII' s. B	Fléchinel, Felcinel XII' s. (3).
·Febvin-Palfart	. . . . . B.	—
·Fléchin	Felchin 1168 B	Cuhem, Chuhem 1199 (4).
·Fruges	Fruses 1248 H.	—
Hézecques	Heseca 1112 B	·Senlis, Senlis 1203.
·Laires	Lara 1148 B.	Boncourt, Bécourt 1422 (4).
·Ligny-lez-Aire	Lenni 1124 B.	—
·Lisbourg	Liegesburth 840 B.	—
Lugy	Luizi 1112 B.	—
Matringhem	Matrinkehem 1112 B.	·Mencas.
Reclinghem	Ricolvingahem 857 B.	·Dennebroeucq, Denebruc 1199
·Verchin	Werchin 1070 B.	— [(5).
Vincly	Wencli 1194 B.	—
20 paroisses.		7 secours.

Bomy, canton de Fauquembergues, est un ancien doyenné de Thérouanne, conservé après la partition, et auquel on a adjoint plus tard Fruges et Coupelle-Vieille, de l'ancien doyenné d'Hesdin. Il a toujours fait partie de l'Archidiaconé d'Artois.

(1) Section de Coyecques.
(2) id. de Mametz.
(3) id. d'Enquin.
(4) id. de Fléchin.
(5) Dennebroeucq se rattachait au doyenné de Bléquin et à l'Archidiaconé de Flandre.

VI. — BOULOGNE.

PAROISSES.		SECOURS.
Alinethun	*Alingetuna* 1208.	Bellebrune, *Bellebronna* 1121.
*Bainethun	*Bagingatum* 811.	Questinghen, *Gestinghem* 1208(1)
Belle	*Belle* 1226.	Houllefort, *Holesford* 1184 (2).
Beuvrequen	*Bocorkem* 1043	Wacquinghen, *Wakingehem*
*Boulogne, haute-ville	*B. Mariæ seu S. Josephi*	— [1208.
— basse-ville	*S. Nicolai de Bolonia*	—
Echinghen	*Essingehem* 1112.	—
Maninghen	*Manengehem* 1208	Pittefaux, *Pitesfelt* 1208
Offrethun	*Wolfertun* 1286	—
*Outreau	*Walbodinghem* IXe s.	—
Pernes	*Perna* 1084	Conteville, *Comitis villa* 1121.
Réty	*Resthi* 1133	—
Rinxent	*Rinninghesem* 1119	Hydrequent *Hildrikem* XIIe s. (3)
Saint-Etienne	*Sancti Stephani* 1121	—
Saint-Léonard	*Hocquinghem* 1121	—
Saint-Martin	*Sancti Martini* 1203	—
Wierre-Effroy	*Wileria* 867	Hesdres, *Hesdin* 1208, *Hes-*
Wimille	*Wimilla* XIIe s.	— [dene (4).
18 paroisses.		8 secours.

Doyenné de Boulogne, formé d'un démembrement de l'ancien doyenné de ce nom, dans l'Archidiaconé d'Artois. — Saint-Léonard, autrefois secours de Saint-Etienne, a été érigé le 3 décembre 1661 en paroisse indépendante.

(1) Section de Bainethun.
(2) — de Belle-et-Houllefort.
(3) — de Rinxent.
(4) — de Wierre-Effroy.

VII. — FAUQUEMBERGUES.

PAROISSES.		SECOURS.
Beaurainville	Pelrinium 723	Beaurain - Château, Belrem [1054 (1)].
*Campagne-lez-Boulonnais	Canapania 811.	—
*Créquy	Crechi 1112	*Torcy.
*Embry	Embriacum 826	*Rimboval.
Fauquembergues	Falesberg, xe s.	Saint Martin-d'Hardinghen, (Dardingahem 1116 (2).
Hesmond	. . . .	Boubers-lez-Hesmond.
Le Bic	Sanctus Vedastus (3).	Royon.
Loison	Loisum 1120.	Ollin.
*Merck-Saint-Liévin	Merkenes 1139.	—
Renty	Rentica xie s.	—
Rumilly	Rumiliaens 1159.	Avesnes, Avena 1190.
Senlecques	Senleke 1287.	—
*Thiembronne	Tienbrona 1128.	—
*Verchocq	Welchocq.	Assonval (4).
Wandonne	Wandone 1267 (5)	*Audincthun, Odingatun 1016.
15 paroisses.		10 secours.

Le doyenné de Fauquembergues est un démembrement de l'ancien doyenné de ce nom, dans l'Archidiaconé d'Artois.

(1) Section de Beaurainville.
(2) id. de Fauquembergues.
(3) On lit *Saint-Vest* dans la partition. Ce village a pris ultérieurement le nom de ses seigneurs, de la famille *du Bies*. M. Courtois, p. 85, a tort de chercher à y voir *Hestrus*.
(4) Section de Renty.
(5) id. d'Audincthun.

VIII. — FILLIÈVRES.

PAROISSES.		SECOURS.
Aubrometz		•Haut-Maisnil.
Eclimeux		Neulette (1) *Nodettes* 1264.
Erin . . .	*Herin* 1112.	—
•Fillièvres	*Ferières* 1112.	—
Humerœuil	*Humeroles* 1200.	•Bermicourt.
•Humières	*Humero* 1208	Noyelles lez-Humières, *Nigella* 1200 (2).
Incourt		Blingel.
Linzeux .	*Lenseus* 1156 .	Blangermont.
•Œuf . .	*Aufenes* 1205.	—
Tilly . .	*Tilli* 1157 .	•Teneur, *Tenœu* 1157.
Wail . .	*Woil* 1079 .	Galametz, *Galameis* 1216.
Willeman .	*Villeman* 1129 .	Fresnoy, *Fraisnoith* 1112 (3).
12 paroisses.		9 secours.

Le doyenné de Fillièvres, canton du Parcq, est un démembrement de l'ancien doyenné d'Hesdin, dans l'Archidiaconé d'Artois.

(1) Neulette ne figure pas comme secours dans le Petit Pouillé. D'après le rapport du curé en 1725, son prédécesseur (1703-1717) avait été condamné à le regarder comme tel et à y faire le service obligatoire en pareil cas.

(2) Noyelles n'est point qualifié secours par le curé dans son rapport de 1725, mais hameau, et il ne figure pas dans le Petit Pouillé.

(3) Fresnoy n'est pas non plus indiqué dans le Petit Pouillé. Il était pourtant secours en 1725.

IX. — FRENCQ.

PAROISSES.		SECOURS.
Aix-en-Issart	Ascia 1042	Marant, Maranch 1291.
Attin	Attinium 682 Fr	Beutin, Botinum 1042.
Bernieulles	Berniules 1170 Fr	—
Beussent	Bougessant Fr.	—
Brexent	Brakenesem 1196 Fr.	Enocq (1).
Brimeux	Bricermacum 1042 F	*Lépinoy, Spinetum 1229.
Cormont	Curmontium 831 Fr.	Hubersent, Helbessem 1199.
*Etaples (2)	Stapula 1026 Fr.	—
Estréelles	Estrakeles 1134 Fr.	—
*Frencq	Frenc 1112 Fr	Halinghem, Harelinguhem 1134.
Inxent	Enessem 1224 Fr.	—
Longvilliers	Longumvillare XIIe s. Fr.	Maresville, Sancta Maria villa 1042.
Marenla	. . . . . . Fr.	*Saint-Deneux, Sendenodum 1170.
Marles	Marla 1079 F.	—
Neuville	Nova villa 1042 F	Estrée, Strata 1124.
Sempy	Simpiacum 857 F.	—
Tubersent	Thurbodeshem 877 Fr.	—
17 paroisses.		9 secours.

Le doyenné de Frencq, canton d'Etaples, a été formé d'un démembrement de l'ancien doyenné de ce nom (Fr), avec adjonction de six paroisses de l'ancien doyenné de Fauquembergues (F) ; le tout dans l'Archidiaconé d'Artois.

(1) Section de Brexent-Enocq.
(2) Il y avait à Etaples deux curés dans la même église. Cet état de choses a duré jusqu'en 1706.

X. — FRÉVENT.

PAROISSES.		SECOURS.
Anvin	Anvin 1112	Mazinghem (1), Masingher [1195.
*Berlencourt	Berlencourt XII s.	Sars-le-Bois, Sars XII s.
*Croisette	Crucicula 1066	Héricourt, Le Héricourt 1193.
Croix	Crois 1239	Siracourt.
Etrée	Strata, Strois 1177	Wamin (2).
Fleury	Fleury 1423	—
*Frévent	Ferenel 1112	*Bouret-s-Canche, Botritius [831.
Gouy-en-Ternois	Goy 1112	—
Grouches (3)		—
Hauteclocque	Alta Campania 1079	*Buneville.
Herlin-le-Sec		Herlincourt, Erlencourt 1079.
Houvin		Houvigneul (4).
Maisnil		—
Monts-en-Ternois		Moncheaux.
Nuncq	Noun 1217	Séricourt.
*Pierremont	Pirremont 1133	—
Rebreuve-s-Canche	Rebrocia 1097	—
Rebreuviette		Brouilly (5).
Sibiville	Sibivilla 1218	Canettemont.

19 paroisses.   13 secours.

Le doyenné de Frévent (St-Hilaire), canton d'Auxi-le-Château, démembrement de l'ancien doyenné de St-Pol, dans l'Archidiaconé de Flandre.

(1) Section d'Anvin.
(2) — d'Etrée-Wamin.
(3) Commune du département de la Somme, canton de Doullens.
(4) Section d'Houvin-Houvigneul.
(5) — de Rebreuve.

XI. — GUINES.

PAROISSES.		SECOURS.
Alembon	Elembom 1084 Alq.	Sanghen, Senningehem [1084.
Andres	Andrènes 1084 G.	
*Ardres	Arda 1069, Ardea 1160 G.	—
Balinghem	Barelinghem 1084 (1) G.	—
Boucres	Bucretes 1084 G.	—
Bonquehault	Buchout 1127 G.	—
Brêmes	Bralmes 1084 G.	Ferlinghem (2), Frelin-
Campagne	Campania 1084 G.	[ghem 1069.
Fiennes	Fielnœ XIIe s. W.	—
*Guines	Gisna 807 G.	—
Hames	Fantenes 1167 G.	—
Hardinghen	Hereadingahem 1084 W.	*Hermelinghem, Herme-
Louches	Letessa 1084 G.	[linguehem 1131.
*Nielles-lez-Ardres	Nieles 1084 G.	Autingues, Altenges 1084
Nielles-lez-Calais	Nieles 1127 G.	—
Pihen	Pithem 1084 G.	—
*Rodelinghem	Rolinghem 1069 G.	Landrethun-lez-Ardres,
Saint-Tricat	Markenes 1084 G.	[Landringatun 1164.
18 paroisses.		5 secours.

Le doyenné de Guines a été formé d'un démembrement de l'ancien doyenné de ce nom (G) avec adjonction de deux paroisses de l'ancien doyenné de Wissant (W), d'une paroisse de l'ancien doyenné d'Alquines (Alq.), le tout dans le nouvel Archidiaconé de Flandre, moins Fiennes et Hardinghen qui restèrent dans l'Archidiaconé d'Artois.

(1) Section de Hames-Boucres.
(2) — de Brêmes.

XII. — MARCK (1).

PAROISSES.

Bonningues-lez-Calais	Boningia 1069 G.
*Calais	Calesium 1180 M.
Coquelles	Qualquella 1145 G.
Coulogne	Colonia xe s. G.
Escalles	Scala 850 G.
Fréthun	Fraitum 1084 G.
*Guemps	Ganape 826 M.
Hervelinghen	Helvelinghem 1084 W.
*Marck	Merk 938 M.
Nouvelle-Église	Herewick 1100 M.
Offekerque	Hore 1100 M.
*Oye (2)	Ogia ixe s. Oia 1100 M.
Peuplingues	Pepelinghem 1069 G.
*Saint-Pierre	Petresse 962 M.
Sangatte	Sangata 1118 G. (3).
*Vieille-Église	Sancti Audomari Ecclesia 1139 M.

16 paroisses. Point de secours.

Le doyenné de Marck, canton de Calais, a été formé d'un démembrement de l'ancien doyenné de ce nom (M), avec adjonction de sept paroisses de l'ancien doyenné de Guines (G) et d'une paroisse de nouvelle création, Hervelinghen, de l'ancien doyenné de Wissant, érigée le 6 février 1658, auparavant secours d'Audembert. Le doyenné de Marck faisait partie de l'Archidiaconé de Flandre, moins Hervelinghen qui restait dans dans l'Archidiaconé d'Artois.

(1) La circonscription de l'ancien doyenné de Marck est donnée d'après Tassart.
(2) Oye avait autrefois deux curés dans la même église. Il y eut même encore des provisions pour les deux portions (dextre et senestre) après la reprise de Calais, mais cet état de choses ne dura pas.
(3) Le chef-lieu paroissial de Sangatte était autrefois *Saint-Martin de Selives* (alias *Felinnes*, dans les *varia lectiones* de la chronique d'Andres et dans les comptes des *Sennes* de 1557-1561).

XIII. — SAINT-POL.

PAROISSES.		SECOURS.
Bergueneuse	. . . .	*Equirre.
Boyaval	. . . *Boclrel* XII° s.	—
Brias	. . . .	Huclier.
Eps	. . . *Ez* 1195, *Eyps* 1422 . .	*Hestrus, *Hestruz* 1112.
*Fiefs	. . . *Fiés* 1175.	—
Hernicourt	. . *Hernicourt* 1248 . . .	Saint-Martin-Glise, *Sancti Martini Ecclesia* (1).
*Heuchin	. . . *Hillinium* 887	*Fontaine-lez-Boulans.
Ligny-St-Flochel	*Lenni* XII° s.	Marquay, *Marchais* XII° s.
Mazières	. . . .	*Magnicourt-sur-Canche.
Monchy-Cayeux	. *Monchi* 1239.	—
Ostreville	. . *Ostreville* XII° s. . . .	*Saint-Michel, *sancti Michaelis* 1198 (2).
Ramecourt	. . . .	Verloing (3).
Ricametz	. . . .	Ternas, *Ternast* XII° s
Rollecourt	. . *Rollecourt* XII° s.	—
Sains-lez-Pernes	. . . .	—
*Saint-Pol (5)	. *Sancti Pauli Castrum* 1078.	—
Troisvaux	. . . .	Belval *Belval* 1197 (6).
Valhuon	. . . *Vallis Hugonis* 1193.	—
Wavrans	. . . *Waveranz* 1133	*Conteville, *Conteville* 1422.

19 paroisses.   12 secours.

Le doyenné de Saint-Pol est un démembrement de l'ancien doyenné de ce nom, avec adjonction de Ramecourt, où le deuxième titre curial de Saint-Pol a été transféré le 9 novembre 1751 ; le tout dans l'Archidiaconé de Flandre.

(1) Section d'Hernicourt.
(2) On a quelquefois compté parmi les secours Agnez-Grand-Camp, section de Saint-Michel, autrefois chef-lieu de la paroisse, avec Ostreville comme secours.
(3) Section de Gauchin-Verloingt.
(4) — de Foufflin-Ricametz, *Foufling* XII° s.
(5) Saint-Pol avait deux curés dans la même église, exerçant leur ministère par tour de semaine, jusqu'en 1751.
(6) Section de Troisvaux.

XIV. — SAMER.

PAROISSES.		SECOURS.
Camiers	Calmciacum 1134 Fr.	Lefaux, antérieurement Rom-[bly, *Rumbiliaca villa*, 1067.
Carly	Quertliacum 867 B.	Verlincthun, *Diorwaldingatun* [864
Condette	Condeta 1112 B.	Hesdigneul, *Heslinol* 1125.
Crémarest	Biscopem 1120; Kerne-[*marese* 1208 B.	—
Dannes	Dalna 1026 Fr.	Widehem, *Winingahem* 857.
Hesdin-l'Abbé	Hedinium 1112 B.	—
Isques	Isecca 1069 B.	—
Longfossé	Altum Fossatum 1119 Fr.	—
Neufchâtel	Novum Castellum 1173 Fr.	Nesles, *Nicles* 1208.
*Samer	Sancti Wulmari 1112 B.	—
Tingry	Tingriacum 830 Fr.	Lacres, *Lacres* 1173
Wierre-au-Bois	Wilra 1199 B.	Sainte-Gertrude, *Sancta Ge-*[*trudis* 1173 (1).
*Wirwignes	Willewina 1157 B.	*Questrecques, *Kestreca* 1119.

13 paroisses.   8 secours.

Le doyenné de Samer a été formé d'un démembrement des anciens doyennés de Boulogne (B) et de Frencq (Fr.) dans l'Archidiaconé d'Artois.

(1) Section de Longfossé. — Le village de Sainte-Gertrude a été éteint et supprimé, son église réunie à la paroisse de Longfossé, et son territoire partagé entre cette dernière paroisse et celle de Desvres, par ordonnance épiscopale du 23 mars 1789.

XV. — TOURNEHEM.

PAROISSES.		SECOURS.
Audrehem	Aldenehem 850	Clerques, *Clarka* xiie s.
*Bayenghem-lez-Eperlecques	*Baingehem* 1084	*Nortleulinghem, *Lulin-gahem* 1084.
Boisdinghem	*Bottingahem* 850	
Bonningues-lez-Ardres	*Boninghes* 1084	—
*Eperlecques	*Sperliacum* xe s.	—
Guémy	*Gimiacum* ixe s.	Zouafques, *Suareca* 1084.
Mentque	*Menteka* 877	Nortbécourt, *Buchout* 1084 (2).
Moringhem	*Moringehem* 850	Difques, *Diffeca* 1117 (1)
Nordausque	*Elseke* 1084	Welle, *Walaina* 1069 (3)
Polincove	*Pullingahore* 1084	*Recques, *Reka* 857.
*Ruminghem	*Rumingahem* 850	—
*Tournehem	*Turnehem* 1084	—
Zudausque	*Elciaco* 850	Cormettes, *Cormette* xiie s (4).

13 paroisses.   8 secours.

Le doyenné de Tournehem, canton d'Ardres, est un démembrement de l'ancien doyenné d'Alquines, avec adjonction d'une paroisse (Zudausque et Cormettes) de l'ancien doyenné de Saint-Omer, dans l'Archidiaconé de Flandre

(1) Section de Mentque-Nortbécourt.
(2) id   de Moringhem.
(3) id. de Nordausque.
(4) id. de Zudausque.

XVI. — VIEIL-HESDIN (1).

PAROISSES.		SECOURS
Auchy-lez-Hesdin	Alciacum 1079	*Wamin 1079.
Azincourt		*Ambricourt.
—		*Maisoncelle, Maisoncella 1267.
Blangy-s-Ternoise	Blangiacum 685.	—
Canlers	Canletum 1122	Tramecourt, Tramecort 1296.
Contes	Villa de Contis 1154	Saint-Vaast, Domvethes (1079?)
*Fressin	Fresiniacum 800.	*Planques, Plankes 1218
Guisy	Ghisi 1154	Huby-St-Leu, Hubi 1079.
*Rollencourt	Rollaincurt 1120	*Béalencourt.
Ruisseauville	S. Maria de nemore 1190.	—
Sains-lez-Fressin	Sanctum 800.	Avondances.
Saint-Martin	Villa Caceronis 1000 (3).	Wambercourt, Walbert
Vieil-Hesdin	Castrum Hisdinii 1000.	— [curtis 1042.
12 paroisses.		10 secours.

Le doyenné de Vieil-Hesdin, canton du Parcq, est un démembrement de l'ancien doyenné d'Hesdin, dans l'Archidiaconé d'Artois.

(1) Saint-Georges, qui se trouve mentionné dans la Partition, dans le Petit-Pouillé, et même dans le Pouillé de Mgr d'Hervilly, vol. d'Artois p. 202, ne figure jamais dans les registres de collation. Aussi, n'ai-je cru pouvoir le faire entrer dans la nomenclature des paroisses de ce doyenné.— Je ne sais non plus à quel titre ce dernier Pouillé a une page consacrée à Le Parcq et une autre à Marconne et Ergny, dans le même doyenné, pp. 195 et 196.
(2) Section d'Aubin-Saint-Vaast.
(3) Cavron-Saint-Martin.

XVII. — WISSANT.

PAROISSES.		SECOURS.
Ambleteuse	*Amblitolium* X⁵ s.	—
Audembert	*Hundesberch* 1183	—
*Audinghen	*Otidinghem* Xᵉ s.	—
Audresselles	*Odersele* 1150.	—
Bazinghen	*Basingahem* 1127.	—
Boursin	*Buxin*	Le Wast, *Wastum* XIIᵉ s.
Ferques	*Ferknes* 1084.	Elinghen, *Elingahem* 1084.
Landrethun-le-Nord	*Landringhetun* 1119.	Caffiers, *Catfers*, 1117 (1).
Leubringhen	*Lebringhem* 1170	—
Leulinghen	*Loningaheimum* 776.	—
*Marquise	*Marchia* XIᵉ s.	—
Saint-Inglevert	*Sontingereld* 1140.	—
Sombres	*Sumbres* 1171 (2).	*Wissant, *Witsand* 1100.
Tardinghen	*Terdinghem* 1070	Inghen, *Ingchem* 1208 (3).
14 paroisses.		5 secours.

Le doyenné de Wissant, canton de Marquise, est un démembrement de l'ancien doyenné de ce nom, auquel on a ôté les paroisses de Fiennes et Hardinghem pour les mettre dans le nouveau doyenné de Guines, et Hervelinghen, de nouvelle érection, pour le mettre dans le doyenné de Marck. Le doyenné de Wissant faisait partie de l'Archidiaconé d'Artois.

(1) Section de Ferques.
(2) — de Wissant. Le chef-lieu paroissial est resté fixé nominalement à Sombres, jusqu'en 1790 ; et c'est encore là qu'est actuellement le cimetière.
(3) Section de Tardinghen.

RÉCAPITULATION :

280 CURES.   144 SECOURS.

ANNEXES [1]

OU CHAPELLES DE HAMEAUX

DESSERVIES PAR DES VICAIRES.

HAMEAUX.		PAROISSES.	DOYENNÉS.
Attaques (Les)	. . . . . .	A. Marck. . . .	Marck.
Avroult	. . . *Arrhuth* XIIs.	A. Merk-Saint-Liévin	Fauquembergues.
Beaumetz-lès-Aire.	*Beaumeis* 1248	C. Laires. . . .	Bomy
Beauvois	. . . . . .	A. Œuf	Fillièvres.
Bucamp	. . . . . .	C. Azincourt .	Vieil-Hesdin.
Bois-en-Ardres	. . . . .	C. Ardres . . .	Guines.
Cauroy (Le)	. . . . . .	A. Berlencourt .	Frévent.
Cavron	. . . *Villa Carcronis*		
	{1000	A. St-Martin-Cavron	Vieil-Hesdin.
Coupelle-Neuve	. . . . .	C. Fruges . . .	Bomy.
Crépy	. . . *Crépi* 1248	A. Tilly	Fillièvres.
Ecottes.	. . . *Aicota* 1164.	A. Licques. . . .	Alquines.
Ferfay .	. . . *Fracfagium*.	A. Ames. . . .	Auchy-au-Bois.
Ganspitte .	. . . . . .	C. Eperlecques .	Tournehem.
Livossart .	. . . . . .	A. Febvin-Palfart .	Bomy.
Neuville-au-Cornet .	. . . .	A. Ricametz. . .	Saint Pol.
Pipemont .	. . . . . .	C. Febvin-Palfart .	Bomy.
Prédefin .	. . . . . .	A. Heuchin . . .	Saint-Pol.
Quercamp .	. . . *Kercamp* 1207	C. Bouvelinghem .	Alquines.
Tillemande (La) .	. . . .	C. Ligny-lez-Aire .	Bomy.

10 annexes ; 9 chapelles vicariales.

(1) Dans l'*Etat du diocèse*, Ms de 1780-1790, les *Annexes*, desservies par des vicaires à poste-fixe, sont distinguées des *Secours*. J'en ai soigneusement relevé les noms que je donne ici, en les faisant suivre de la lettre A. J'ai cru pouvoir y joindre, en les désignant par la lettre C, les autres chapelles vicariales auxquelles étaient attachés des vicaires révocables *ad nutum*.

VICARIATS.

Outre les paroisses et les secours marqués plus haut d'une astérique, il y avait des vicariats supplémentaires, savoir :

A Boulogne, *Saint-Joseph*, un deuxième.
— *Saint-Nicolas*, cinq autres, sous les titres de 2e et 3e, de chapelain du Nom-de-Jésus, de chapelain de Saint-Pierre, ou 1er chantre, et de 2e chantre.
A Calais, *Notre-Dame*, huit autres, sous les titres de 2e et 3e vicaires, de maître de chant, de sacristain et de chantres.
A Desvres, un deuxième.
A Guines, id.
A Saint-Pol, deux chantres et un sacristain.
A Wimille, un deuxième vicaire, desservant la chapelle dite de Wicquinghem, fondée par la famille des seigneurs de Créquy.

En tout 142 vicariats de toute nature.

CHAPELLENIES OU DESSERVANCES
DE DIVERS ÉTABLISSEMENTS OU COMMUNAUTÉS :

Ardres, les Bénédictines.
Beaulieu (1), un desserviteur de l'abbaye.
Boulogne, les Annonciades, les Ursulines, l'Hôpital.
Calais, les Bénédictines, la Chambre des Pauvres, la Citadelle, le Fort-Nieulay, le Risban, l'Hôpital.
Fiefs, un chapelain.
Hardinghen, la Verrerie, un chapelain.
Le Wast, un desserviteur du Prieuré.
— Un chapelain de la fondation faite par M. de Montgazin pour l'instruction des filles.
Wimille, un prêtre, ou un vicaire, desservant l'Hermitage.

16 chapelains.

(1) Section de la commune de Ferques.

BÉNÉFICES SÉCULIERS.

1° **L'Évêché**, suffragant de la Métropole de Reims ;

2° **Le Chapitre de la Cathédrale**, relevant immédiatement du Métropolitain, composé de six dignités, de vingt et une prébendes canoniales, de deux grandes chapellenies, ou demi-prébendes, de treize chapelles, dites de Thérouanne, de deux cantuaires, de deux chapelles royales et de sept autres chapelles provenant de l'abbaye de Notre-Dame. — Voyez le détail, pp. 48 et 49 du *Dictionnaire* ;

3° **La Collégiale de Fauquembergues**, fondée dans l'église de ce nom, par Guillaume, châtelain de Saint-Omer, vers l'an 1212, sous l'approbation d'Adam, évêque de Thérouanne, et du pape Honorius III, composée de quatre prébendes, dites majeures, qui obligeaient à résidence, et dont une était possédée par un Doyen. Quatre autres prébendes, dites mineures, étaient données à titre de bénéfices simples et n'obligeaient pas leurs titulaires à la résidence ;

4° **La Collégiale de Saint-Pol**, fondée dans le château de cette ville par le comte Roger II en 1050, transférée dans un autre lieu par les ordres du pape Innocent IV, en 1245, se composait de douze prébendes, qui furent réduites à sept en 1709 ;

5° **Personats**, dignité ecclésiastique attribuée à certaines cures, représentant originairement un titre de curé honoraire. On comptait dans le diocèse de Boulogne ceux de :

Personats.	Doyennés.	Personats.	Doyennés.
Ames	Auchy-au-Bois.	Fléchin	Bomy.
Bezinghem.	Alette.	Guisy	Vieil-Hesdin.
Embry.	Fauquembergues	Maizières	Saint-Pol.
Enocq	Frencq.	Monchy-Cayeux	Saint-Pol.
Enquin	Alette.	Setques.	Bléquin.

— CXV —

6° **Chapelles foraines**, conférées à titre de bénéfices (1) :

NOMS DES CHAPELLES.		PAROISSES.
Aix-en-Issart	Notre-Dame ou Saint-Pierre	Aix-en-Issart.
Anvin	Notre-Dame de la Prairie	Anvin.
—	Saint-Nicolas (Hôpital)	—
Attin	Sainte-Godeleine	Attin.
Audrehem	Saint-Maur	Audrehem.
Ausque	Saint-Jean	Tardinghen.
Autingues	Saint Louis de la Récousse	Autingues.
Bédouatre	SS. Jacques le Majeur et le Mineur	St-Martin Boulog.
Belle	Saint-Antoine	Belle-et-Houllefort
Bernes	Sainte-Barbe	Leulinghen.
Blangy	Saint-Martin	Blangy-s-T.
Bléquin	Notre-Dame (Castrale)	Bléquin.
Bomy	Sainte-Frévisse	Bomy.
Brimeux	Saint-Louis (Castrale)	Brimeux.
Cafford	Notre-Dame (deux portions)	Bourecq.
Cauroy (Le)	Saint-Pierre	Berlancourt.
Cocquempot	Sainte-Marie-Madeleine	Beaurainville.
Contes	Saint-Léger	Contes.
Cormont	Saint Vincent, dite de Mannay (2)	Cormont.
Cornehotte	Saint André, dite de Fasques, ou de Fasquelles.	Verchocq.
Coupelle-Vieille	Notre-Dame	Coupelle-Vieille.
—	Sainte-Croix (3)	—
Couture (La)	ou Hôpital de Rely	Liettres.
Croisette	Saint-Nicolas	Croisette.

(1) On a mis en italique les noms des chapelles pour lesquelles il ne se trouve aucun acte de collation.

(2) Déclarée simple *office*, ou desserte de messes, par arrêt du Parlement en 1748 ; auparavant, conférée en bénéfice.

(3) Un acte de collation du 1ᵉʳ avril 1724 réunit les deux titres, comme d'une chapelle à double vocable.

NOMS DES CHAPELLES.		PAROISSES.
Elne	Saint-Georges	Elne.
Engoudesent	Saint-Nicolas	Alette.
Epenchain	Notre-Dame	Roellecourt.
Eperlecques	Saint-Jean (Castrale)	Eperlecques.
Eps	Sainte-Marie-Madeleine	Eps.
Equirre	Chapelle sans titre	Equirre.
Fasquelles	Saint-Nicolas de	Campagne-l-B.
Fauquembergues	Sainte-Catherine, ou Sainte-Madeleine (Maladrerie)	Fauquembergues.
—	Saint-Christophe (Castrale)	—
—	Saint-Pierre	—
Febvin	Sainte-Croix, dite de Wavrans	Febvin-Palfart.
Fléchin	Saint-Antoine	Fléchin.
Fléchinelle	Notre-Dame et Saint-Nicolas	—
Framezelle	Notre-Dame	Audinghen.
Frencq	Sainte-Madeleine, dite de Rosamel	Frencq.
Fressin	Chapelle castrale	Fressin.
Frévent	Notre-Dame (Castrale, dite de Rely), autrement Saint-Louis ou Sainte-Marie-Madeleine.	Frévent.
—	Sainte-Elizabeth	—
Fruges	Saint-Piat	Fruges.
Ganspitte	Notre-Dame aux Neiges (1)	Eperlecques.
Herly	Chapelle de	Herly.
Heuchin	Notre-Dame delà l'eau d'Heuchin.	Heuchin.
—	Notre-Dame delà l'eau d'Hardenthun	—
—	Notre-Dame delà l'eau de Prédefin, ou de Calonne (2)	—

(1) N'a pas toujours été regardée comme chapelle bénéficiale.
(2) Manque dans les Pouillés, mais offre une suite non interrompue de collations, de 1678 à 1750.

NOMS DES CHAPELLES.		PAROISSES.
Heuchin	Notre-Dame ou Saint-Martin des Petits-Bois	Heuchin.
—	Saint-Nicolas	—
Houvigneul	Saint-Denis, ou Saint-Quentin	Houvin.
Huclier	Sainte-Catherine	Huclier.
Hucqueliers	Saint-André (Castrale)	Hucqueliers.
Humières	Saint-Martin	Humières.
Isques	Saint-Jean-Baptiste, dite du Manoir	Hesdin-Labbé.
Lespaut	Saint-Jacques	Fressin.
Leulinghem	Saint-Maurice	Leulinghem-lez-Etr.
Liancourt	Notre-Dame-de-Grâce	Berlancourt.
Livossart	Chapelle sans titre	Fe in-Palfart.
Macquinghen	Jésus-Crucifié	Bainethun.
Macquinghen	Notre-Dame et Sainte-Anne (Castrale)	Tingry.
Malannois	Notre-Dame (Castrale)	Bourecq.
Malgrace	Notre-Dame	Œuf.
Matringhem	Sainte-Anne	Matringhem.
Menneville	Sainte-Barbe	St-Martin-Choq.
Merck-Saint-Liévin	Chapelle	Merck-St-Liévin.
Mesnil	Chapelle	Maisnil.
Montcavrel	Saint-Michel (Castrale)	Alette.
Moncheaux	Notre-Dame	Moncheaux.
Mortagne	Chapelle	Rebreviettes.
Mortscamps	Sainte-Marguerite des	Rollencourt.
Mussem	Chapelle sans titre	Westecque.
Nédonchel	Notre-Dame	Nédonchel.
Nielles-lez-Ardres	Chapelle sans titre	Nielles-lez-Ardres
Noirchamp	Sainte-Marguerite, la même que Mortscamps	Rollencourt.

NOMS DES CHAPELLES.		PAROISSES.
Ococho	St-Gilles (Castrale)	Saint-Pol.
Olivet.	Notre-Dame	Embry.
Pipemont.	Notre-Dame	Febvin-Falvart.
Ponces, ou Ponches.	Chapelle	Coyecques.
Preures	St-Jean l'Evangéliste (Castrale)	Preures.
Quercamp.	Notre-Dame	Bouvelinghem.
Questrecques.	Saint-Germain (1)	Questrecques.
Ramecourt	Ste-Catherine, ou St-Ladre	Ramecourt.
Rebreuve.	Notre-Dame	Rebreuve.
Recousse (La)	Saint-Louis . . . voyez	Autingues.
Renty.	Sainte-Catherine (Castrale).	Campagne-l-B.
Rocourt-au-Bois.	Saint-Laurent.	Roëllecourt.
Rollencourt	Sainte-Barbe (Castrale).	Rollencourt.
Roquetoire	Saint-Maur	Roquetoire.
—	Saint-Antoine, dite du Pot au-Beurre.	—
Sagette	Notre-Dame de Laleau	Tilly.
Sains-les-Pernes.	Sainte-Berthe (Castrale)	Sains-lez-Pernes.
Saint-Pol.	Deux chapelles de Ste-Catherine	Saint-Pol.
—	*Saint-Esprit*	—
—	*Sainte-Géneviève*	—
—	*Saint-Louis* (Castrale)	—
—	Deux chapelles de Ste-Madeleine	—
—	Notre-Dame	—
—	Saint-Rosaire.	—
—	Saint-Sépulcre	—
Saint-Riquier	Saint-Lambert	Courset.
Sempy.	Sainte-Luce	Sempy.

(1) Les revenus en étaient affectés au vicariat.

NOMS DES CHAPELLES.		PAROISSES.
Thérouanne	Hôpital de	Thiembronne.
Tillemande (La)	Saint-Nom de Jésus	Ligny-lez-Aire.
Tingry	Notre-Dame	Tingry.
Verloing	Notre-Dame	Saint-Pol.
Westecque	Chapelle	Westecque.
Wicquinghem	Chapelle de Créquy de	Wimille.

111 chapelles bénéficiales (1).

CLERGÉ RÉGULIER.

Abbayes :

1° **Andres**, O. S. B., *Sancti Salvatoris et sanctæ Rotrudis Andria*, ou *Andernes*, fondée en 1084 par le comte de Guines Baudouin 1ᵉʳ, rasée par les Anglais en 1347, demeurée en commende simple, avec refuge à Ardres, jusqu'en 1790 ;

2° **Auchy-lez-Hesdin**, O. S. B., *Sancti Silvini de Alciaco*, fondée en 1079 par Enguerrand d'Hesdin, et maintenu en régularité jusqu'en 1790 ;

3° **Beaulieu** (2), O. S. A., *Beatæ Mariæ de Bello Loco*, fondée vers le milieu du XIIᵉ siècle par Eustache de Fiennes, affiliée à la congrégation d'Arrouaise, ruinée par les Anglais en 1390, demeurée en commende simple jusqu'en 1790 ;

4° **Blangy-sur-Ternoise**, O. S. B., *Beatæ Mariæ de Blangiaco*, fondée en 1032, sur les ruines d'une ancienne abbaye de religieuses, et maintenue en régularité jusqu'en 1790 ;

---

(1) Le lecteur remarquera que plusieurs de ces chapelles font double emploi avec les chapelles vicariales énumérées aux pages CXII et CXIII. Cela tient à ce que leur titre de bénéfice a été contesté, et qu'il n'était plus reconnu comme tel en 1790.
(2) Paroisse de Ferques.

— CXX —

5° **Capelle (La)**, O. S. B., *Beata Maria de Capella* (1), fondée vers l'an 1090 par Eustache II, comte de Boulogne, et sainte Ide, son épouse, détruite en 1346 ou 1347 par les Anglais. — Réunie à l'abbaye de Saint-Jean-au-Mont de Thérouanne par le pape Martin V en 1419, elle subsista nominalement en commende simple jusqu'en 1790. Par suite des dissidences qui existèrent longtemps entre la Cour de France et celle d'Espagne, ou des Pays-Bas, il y a une suite d'abbés français de la Capelle, distincts de ceux de Saint-Jean-au-Mont, de 1558 à 1708 ;

6° **Doudeauville**, O. S. A., *Sancti Joannis Evangelistæ de Dudellivilla*, fondée vers l'an 1099 par les seigneurs du lieu, affiliée à la congrégation d'Arrouaise, détruite pendant les guerres du moyen âge, a subsisté en commende simple jusqu'en 1790 ;

7° **Licques**, O. Pr., *Beatæ Mariæ de Liskis*, fondée sous forme de collégiale vers 1075 par Robert de Licques, régularisée en 1132 par Milon Ier, évêque de Thérouanne, tombée en commende au XVIe siècle ; a conservé un prieuré régulier jusqu'à sa suppression en 1790 ;

8° **Longvilliers**, O. Cist., *Beatæ Mariæ de Longovillari*, fondée vers l'an 1135 par Etienne de Blois, comte de Boulogne, et Mathilde, son épouse, a subsisté en commende avec un prieuré régulier jusqu'en 1790 ;

9° **Saint-Léonard de Guines**, O. S. B., *Sancti Leonardi Gisnensis*, fondée en 1117, pour des religieuses bénédictines, par Manassès de Guines et Emma de Tancarville, son épouse ; ruinée par les guerres des Anglais ; réunie à la communauté des Bénédictines de Bourbourg, puis à celles de la ville d'Ardres, a subsisté nominalement jusqu'en 1790 ;

10° **Ruisseauville**, O. S. A., *Beatæ Mariæ de Nemore*, fondée en 1099 par Hamelin, seigneur de Créquy, affiliée à la congrégation d'Arrouaise, maintenue en régularité jusqu'en 1790 ;

11° **Saint-Wulmer de Boulogne**, O. S. A., *Sancti Vulmari de Bolonia*, affiliée à la congrégation d'Arrouaise, réduite en commende au XVIe siècle, a subsisté à ce titre jusqu'en 1790.

12° **Samer**, O. S. B., *Sancti Vulmari in Nemore*, ou *de Silviaco*, fondée au VIIe siècle par S. Wulmer, a subsisté en commende, avec un prieuré régulier, affilié à la congrégation de S. Maur, jusqu'en 1790.

(1) Paroisse de Marck, section des *Attaques*.

PRIEURÉS :

1° **Ardres**, O. S. B., *Beatæ Mariæ de Ardea*, dépendance de l'abbaye de La Capelle, en commende simple, réuni le 4 avril 1787 au Petit-Séminaire de Boulogne ;

2° **Beaurain**, O. S. B., *Sancti Martini de Belloramo*, dépendance de Marmoutier, en commende simple ;

3° **Beussent**, O. S. B., *SS. Petri et Pauli seu Sancti Audomari de Bongessant*, ou *de Burgo Sanguinis*, dépendance de Cluny, en commende simple ;

4° **Beuvrière (La)**, O. S. B., *Sanctæ Christinæ de Berraria*, ancienne dépendance de Charroux, réuni plus tard à l'abbaye de Saint-Vaast d'Arras, qui en fit une prévoté régulière ;

5° **Framecourt**, O. S. B., *Grangia Sancti Vulganii de Vulfraincurte*, dépendance de l'abbaye de Ham en Artois, desservi régulièrement par un prieur-curé, jusqu'en 1790 ;

6° **Herly**, O. S. B., *Sancti Petri seu Sancti Walberti de Herliaco*, dépendance de Luxeuil, en commende simple jusqu'au 31 mars 1776 où ses revenus furent réunis au Grand-Séminaire de Boulogne ;

7° **Neuville**, O. Cart., *Beatæ Mariæ à Pratis*, maintenu en régularité jusqu'en 1790 ;

8° **Œuf**, O. S. B., *Sancti Martini de Ovis*, dépendance de Marmoutier, uni au collége des Jésuites de Douai, par une bulle du pape Paul V, du 20 décembre 1619 ;

9° **Renty**, O. S. B., *Sancti Bertulphi de Rentica*, ou *de Rentiaco*, dépendance de Marmoutier, en commende simple ;

10° **Rumilly**, O. S. B., *Sancti Petri de Rumiliaco*, dépendance de Cluny, en commende simple ;

11° **Sains-lez-Fressin**, O. S. B., *de Sanctis*, uni à la commende de l'abbaye de Saint-Jean-au-Mont de Thérouanne ;

12° **Saint-Georges**, O. S. B., *Sancti Georgii Hesdiniensis*, dépendance de l'abbaye d'Anchin, avec prieur régulier ;

13° **Val-Restaut (Le)** (1), O. Pr., *Sancti Norberti de Valle Restaldi*, dépendance de l'abbaye de Saint-André-au-Bois, desservi par un prieur régulier, appartenant à ce monastère ;

14° **Wast (Le)**, O. S. B., *Sancti Michaelis de Wasto*, dépendance de Cluny, en commende simple jusqu'en 1790.

Communautés d'Hommes :

1° **Les Capucins**, à Boulogne et à Calais ;

2° **Les Carmes chaussés**, à Ardres, à Bernieulles et à Saint-Pol ;

3° **Les Cordeliers**, à Boulogne ;

4° **Les Frères des Ecoles Chrétiennes**, à Boulogne, à Ardres et à Calais ;

5° **Les Minimes**, à Boulogne et à Calais ;

6° **Les Oratoriens**, à Boulogne ;

7° **Les Prêtres de la Mission**, ou de Saint-Lazare, à Boulogne ;

8° **Les Récollets**, à Le Biez, à Pernes (Artois), à Renty, et au Valentin, paroisse de Wail.

Communautés de Femmes :

1° **Les Annonciades**, à Boulogne ;

2° **Les Bénédictines**, à Ardres et à Calais ;

3° **Les Dominicaines**, à Calais ;

4° **Les Filles de la Charité**, à Boulogne (hôpital et écoles), à Saint-Pol (hôpital), à Le Wast (école) ;

5° **Les Filles de la Providence**, à Ardres, à Calais, à Guînes et à Saint-Pol (écoles) ;

6° **Les Sœurs grises (Franciscaines)**, à Pernes (Artois) et à Saint-Pol ;

7° **Les Sœurs noires (Franciscaines)**, à Saint-Pol.

(1) Paroisse de Thiembronne.

XI. — LE DISTRICT DE BOULOGNE.

Créé en vertu des décrets de l'Assemblée nationale des 15 janvier, 16 et 26 février 1790, sur l'organisation des nouveaux Départements, le District de Boulogne comprit la totalité de l'ancien Boulonnais.

Il fut divisé en douze cantons, savoir :

1° **Boulogne**, ville, avec la petite banlieue ;

2° **Bourthes**, avec Aix-en-Issart, Bécourt, Bezinghem, Enquin, Ergny, Parenty, Rumilly, Thiembronne, Zoteux ;

3° **Condette**, avec Dannes, Hesdigneul, Hesdin-l'Abbé, Isques, Nesles, Neufchâtel, Outreau, Saint-Etienne, Saint-Léonard ;

4° **Etaples**, avec Camiers, Cormont, Frencq, Hubersent, Lefaux, Longvilliers, Maresville, Tubersent, Widehem ;

5° **Desvres**, avec Courset, Longfossé et Sainte-Gertrude, Lottinghen, Menneville, Saint-Martin-Choquel, Senlecques, Vieil-Moutier et la Calique ;

6° **Hardinghen**, avec Boursin, Caffiers, Ferques et Elinghen, Fiennes, Hydrequent et Rinxent, Landrethun-le-Nord, Réty, Wierre-Effroy et Lesdres, Le Wast ;

7° **Henneveux**, avec Alincthun et Lianne, Bainghen, Belle-et-Houllefort, Bellebrune, Bournonville, Brunembert, Colembert, Crémarest, Longueville, Nabringhen, Quesques et Verval, Selles ;

8° **Hucqueliers**, avec Alette, Avesnes, Beussent, Bimont, Clenleu, Herly, Maninghem-au-Mont, Preures, Quilen, Saint-Michel, Verchocq, Vicquinghem ;

9° **Marquise**, avec Ambleteuse, Audembert, Audinghen, Audresselles, Bazinghen, Leubringhen, Leulinghen, Saint-Inglevert, Tardinghen et Onghen, Wissant ;

10° **Neuville**, avec Attin, Bernieulles, Beutin, Brexent et Enoc, Estrée, Estréelle, Inxent, Marles, Montcavrel, Recques ;

11° **Saint-Martin-Boulogne**, avec Baincthun et Questinghen, Bevrequen, Conteville, Echinghen, Maninghen-Wimille, Offrethun, Pernes, Pittefaux, Wacquinghen, Wimille ;

12° **Samer**, avec Carly, Doudeauville, Halinghen, Lacres, Questrecques, Tingry, Verlincthun, Wierre-au-Bois, Wirwignes ;

XII. — LE DISTRICT DE CALAIS.

Le District de Calais se composa des paroisses de l'ancien Calaisis et de l'ancien Ardrésis, réparties en neuf cantons, qui furent :

1° **Ardres**, avec Autingues, Balinghem, Brêmes, Landrethun-lez-Ardres, Louches, Nielles-lez-Ardres, Rodelinghem, Zouafques ;

2° **Audruicq**, avec Nortkerque, Polincove, Ruminghem, Zutkerque ;

3° **Calais**, ville ;

4° **Guines**, avec Andres, Boucres, Campagne, Hames ;

5° **Licques**, avec Alembon, Bonningues-lez-Ardres, Bouquehault, Hermelinghen, Hocquinghen, Sanghen ;

6° **Nouvelle-Eglise**, avec Guemps, Offekerque, Oye, Vieille-Eglise ;

7° **Peuplingues**, avec Bonningues-lez-Calais, Coquelles, Escalles, Fréthun, Hervelinghen, Nielles-lez-Calais, Saint-Tricat, Sangatte ;

8° **Saint-Nicolas** (1), avec Saint-Folquin, Sainte-Marie-Kerque, Saint-Omer-Capelle ;

9° **Saint-Pierre**, avec Coulogne et Marck.

(1) Le canton qui porta d'abord le nom de **Saint-Nicolas** (ancien village, section de Sainte-Marie-Kerque) s'appela ensuite de **Mannequebœur** (section de Saint-Folquin) de 1791 à 1795. En 1798-1801, ce canton est définitivement désigné sous le nom **de Saint-Folquin**.

XIII. — L'ARRONDISSEMENT DE BOULOGNE (1800).

Tel qu'il fut organisé dans le principe, en vertu de la loi du 28 pluviôse an VIII (17 février 1800), l'Arrondissement de Boulogne, premier arrondissement du Pas-de-Calais, se composa de douze cantons, qui restèrent formés comme ceux des deux districts de Boulogne et de Calais, savoir :

Boulogne.	Hardinghen.	Marquise.
Calais.	Henneveux.	Peuplingues.
Condette.	Guines.	Saint-Martin.
Desvres.	Licques,	Saint-Pierre.

XIV. — L'ARRONDISSEMENT DE BOULOGNE (1801).

Les douze cantons dont il vient d'être parlé furent réduits à six par l'arrêté du 9 Brumaire an X (30 octobre 1801). Aucun changement notable n'y a été opéré depuis, si ce n'est qu'en 1806 l'Arrondissement de Saint-Omer a cédé au canton de Guines la commune d'Herbinghen (1), contre celle de Bonningues-lez-Ardres. Voici le tableau de la nouvelle organisation, avec l'indication de la contenance territoriale de chacune des communes de l'arrondissement, et leur population au dernier recensement (1876) :

---

(1) Herbinghen, qui appartenait depuis 1790 au canton de Tournehem, devenu plus tard le canton d'Ardres, fut incorporé au canton de Guines par un décret du 4 avril 1806.

— CXXVI —

ARRONDISSEMENT DE BOULOGNE.

NOMS DES COMMUNES	POPU-LATION	Superficie en hectares	NOMS DES COMMUNES	POPU-LATION	Superficie en hectares
CANTONS DE BOULOGNE			**CANTON DE DESVRES : 23 Communes**		
NORD : 5 Communes.			Alincthun	385	985
			Bainghen	200	660
Boulogne	22.223	773	Bellebrune	166	532
Conteville	244	210	Belle-et-Houllefort	363	914
Pernes	335	777	Bournonville	228	871
Pittefaux	126	241	Brunembert	380	611
Wimille	2.237	3.133	Colembert	502	992
Total	25.163		Courset	403	1.024
			Crémarest	616	1.165
SUD : 4 Communes			Desvres	3.356	928
			Henneveux	266	549
Baincthun	1.978	3.319	Le Wast	229	—
Boulogne	17.852	»	Longfossé	351	1.010
Echinghen	159	584	Longueville	166	316
St-Martin-Boulogne	3.486	1.029	Lottinghen	453	1.040
Total	23.475	10.066	Menneville	371	525
			Nabringhen	198	417
CANTON DE CALAIS : 13 Communes			Quesques	650	1.357
			St-Martin-Choquel	259	614
Attaques (Les)	1.500	2.030	Selles	272	635
Bonningues-l-Calais	292	849	Senlecques	190	201
Calais	12.573	153	Vieil-Moutier	301	550
Coquelles	455	877	Wirwignes	577	1.247
Coulogne	883	916	Total	10.882	17.322
Escalles	200	729			
Frethun	528	792	**CANTON DE GUINES : 16 Communes**		
Marck	2.356	2.969			
Nielles-lez-Calais	135	249	Alembon	566	916
Peuplingue	387	1.043	Andres	803	713
Sangatte	1.491	1.428	Bouquehault	641	805
St-Pierre-lez-Calais	25.583	2.669	Boursin	248	755
Saint-Tricat	342	735	Caffiers	449	477
Total	46.790	15.439	Campagne	388	567
			Fiennes	1.036	1.163
			Guines	4.364	2.068
			A reporter	8.495	8.009

— CXXVII —

NOMS DES COMMUNES	POPULATION	Superficie en hectares	NOMS DES COMMUNES	POPULATION	Superficie en hectares
CANTON DE GUINES (Suite)			**CANTON DE SAMER : 20 Communes**		
Report . . .	8.495	8.009	Carly	310	628
Hames-Boucres .	737	1.315	Condette . . .	1.069	1.626
Hardinghen . .	1.250	824	Dannes . . .	312	1.024
Herbinghen . .	308	431	Doudeauville .	626	1.374
Hermelinghen .	230	643	Halinghen . .	420	553
Hocquinghen .	94	194	Hesdigneul . .	245	336
Licques . . .	1.470	1.836	Hesdin-l'Abbé .	554	739
Pihen . . .	420	925	Isques . . .	251	698
Sanghen . . .	287	617	Lacres . . .	346	823
Total . .	13.291	14.794	Le Portel . .	4.266	»
			Nesles . . .	376	505
CANTON DE MARQUISE : 21 Communes			Neufchâtel . .	821	2.088
			Outreau . . .	2.912	1.508
			Questrecques .	262	584
Ambleteuse . .	663	612	Saint-Etienne .	1.335	1.405
Audembert . .	304	750	Saint-Léonard .	292	344
Audinghen . .	625	1.333	Samer . . .	2.056	1.678
Audresselles .	513	538	Tingry . . .	358	1.127
Bazinghen . .	322	1.321	Verlincthun . .	382	702
Beuvrequen . .	309	476	Wierre-au-Bois .	203	383
Ferques . . .	1.165	897	Total . .	17.394	18.125
Hervelinghen .	187	589			
Landrethun-le-Nord .	566	770			
Leubringhen .	227	793	*Récapitulation par cantons de l'arrondissement de Boulogne*		
Leulinghen . .	307	675			
Maninghen . .	136	399			
Marquise . .	4.359	1.338			
Offrethun . .	145	262	Cantons de :	Com	Populat.	Superf.
Réty . . .	2.537	1.825				
Rinxent . . .	1.872	838	Boulogne .	8	48.638	10.066
Saint-Inglevert .	518	660	Calais . .	13	46.790	15.439
Tardinghen . .	219	893	Desvres . .	23	10.882	17.332
Wacquinghen .	138	247	Guines . .	16	13.291	14.794
Wierre-Effroy .	702	1.891	Marquise .	21	16.868	18.403
Wissant . . .	1.013	1.301	Samer . .	20	17.394	18.125
Total . .	16.868	18.403	Total .	101	153.863	94.159

LISTE ALPHABÉTIQUE

Des principales sources où l'on a puisé les renseignements contenus dans ce Dictionnaire.

Acta sanctorum, quotquot toto orbe coluntur, publiés par les RR. PP. Jésuites Bollandistes.
Actes notariés, principalement quelques-uns de ceux qui sont conservés dans l'étude de M° Bary, notaire à Boulogne.
Albéric des Trois-Fontaines. — Sa chronique, dans Dom Bouquet.
Almanachs de Calais, publication in-12, Calais, 1843-1896.
Almanachs de Picardie, publication in-24, Amiens, 1769 et autres années.
Ammien Marcellin, son histoire, dans Dom Bouquet.
Annonces judiciaires, publiées à la 4° page des journaux de Boulogne.
Annuaire départemental, publication annuelle faite au chef-lieu du département.
Archives communales de Boulogne. — Registres et liasses faisant partie du fonds municipal, de 1550 à 1790.
Archives de l'abbaye de Saint-Wulmer de Boulogne, dans le fonds ecclésiastique des archives communales.
Archives de l'abbaye de Samer. — Même dépôt.
Archives de l'Evêché de Boulogne, en partie à Arras, dans les archives du département et de l'évêché, en partie à Boulogne dans le fonds ecclésiastique des archives communales et dans la bibliothèque de Mgr Haffreingue.
Archives de Notre-Dame de Boulogne (abbaye et chapitre), dans le fonds ecclésiastique des archives communales de Boulogne.
Archives des Annonciades ; — même dépôt.
— *des Minimes ;* — id.

Archives des Ursulines; — dans le fonds ecclésiastique des archives communales de Boulogne.

— *du Prieuré du Wast;* — même dépôt.

Archives du château de Bellebrune, dit de la Villeneuve, titres de famille.

Archives Nationales, à Paris, où se trouvent aujourd'hui les documents provenant des anciennes archives des comtes de Boulogne, autrefois conservés dans les châteaux de Vic et de Mercurol, puis réunis au trésor des chartes de France, par suite de l'annexion du Boulonnais à la couronne.

Aveu d'Aelis le Barbière. — Aveu et dénombrement des fiefs qu'Aelis le Barbière tenait du comte de Boulogne, 8 septembre 1388 (arch. nat., trésor des ch., J 1125, n° 18); indiqué dans Cocheris, notices et extraits, t. I", Boulogne, n° 88.

Aveu d'Enguerrand Malet. — 10 février 1388, même dépôt, J 1125, n° 43; Cocheris, n° 86.

Aveu d'Enlart Paindarene. — 20 juillet 1401, même dépôt, J 1125, n° 27; Cocheris, n° 106.

Aveu d'Honneré Foliot. — 7 janvier 1393, J 1124, n° 16; Cocheris, n° 95.

Aveu de Hugues du Pirc. — 9 novembre 1395, J 1124, n° 18; Cocheris, n° 96.

Aveu de Jehan Bollart. — 19 mai 1396, J 1124, n° 19; Cocheris, n° 99.

Aveu de Jehan de le Becque. — 16 novembre 1389, J 1124, n° 15; Cocheris, n° 87.

Aveu du même. — 1er octobre 1393, J 1124, n° 21; Cocheris, n° 102.

Aveu de Jehan du Fayel. — 24 novembre 1399, J 1124, n° 22; Cocheris, n° 104.

Aveu de Jehan de Launoy. — XIVe s., J 1124, n° 33; Cocheris, n° 139.

Aveu de Jehenne des Prés. — 2 octobre 1398, J 1125, n° 26; Cocheris, n° 103.

Aveu de Philippes de Laronville. — 22 avril 1384, J 1124, n° 12; Cocheris, n° 83.

Aveu de Pierre d'Ordre. — 28 janvier 1395, J 1124, n° 17; Cocheris, n° 98.

Aveu de Pierres le Kien. — 25 septembre 1402, J 1125, n° 98; Cocheris, n° 108.

Aveu de Porrus de Biaucauroy. — 15 octobre 1390, J 1125, n° 19; Cocheris, n° 91.

Aveu de Robert d'Achicourt. — 8 octobre 1402, J 1124, n° 23; Cocheris, n° 107.

Aveu de Willame du Moulin de Cormont. — 3 mai 1391, J 1124, n° 8; Cocheris, n° 58.

Aveu de Willame du Moustier. — 31 août 1389, J 1124, n° 14; Cocheris, n° 89.

Mém. XI.

Aveu de Lacres. — Aveu servi par Mahieu de Houppelande à Guy de Brimeu, seigneur de Dalles et de Séquières, à cause de la terre et seigneurie de Lacres, 10 mai 1439 (rouleau en parchemin, titre de famille).

Aveux divers, dans les sections P et Q des archives nationales, indiqués à chaque article avec les cotes et les références nécessaires.

Bède le vénérable, Historia ecclesiastica gentis Anglorum.

Bignon. — Généalogie des familles de Picardie qui ont obtenu la maintenue de noblesse, de 1696 à 1716, par les soins de MM. Bignon et de Bernage, intendants de la généralité d'Amiens; recueil imprimé en placards gr. in-f° par le sieur de Rousseville (Biblioth. du château de Bellebrune).

Bouquet. — Rerum gallicarum et francicarum scriptores, ou Recueil des historiens des Gaules et de la France, publié par Dom Bouquet et ses continuateurs.

Bulletin de la Société Académique de Boulogne: — Publication trimestrielle in-8, depuis 1864.

Cadastre, plans et matrices cadastrales de diverses communes, aux archives de leur municipalité.

César (Caius Julius), Commentarii de bello gallico libri VIII.

Carte de l'État-major, ou du dépôt de la guerre, feuilles 1, 2, 3, 4, 6 et 7.

Cartes de Josse Hondius, ou *cartes du XVII° siècle*, dans les Atlas de Blaeu, de Mercator et d'Ortelius, où les noms des villages boulonnais sont altérés de la manière la plus invraisemblable.

Cartularium Beatæ Mariæ Boloniensis. — Recueil des chartes de l'abbaye de Notre-Dame de Boulogne, manuscrit présenté par l'auteur à la Société Académique de l'arrondissement.

Cartulaire de Beaulieu, recueil manuscrit des chartes de cette abbaye, la plupart inédites, présenté par l'auteur à la Société Académique.

Cartularium Capellæ, recueil des chartes de l'abbaye de La Capelle-en-Calaisis, manuscrit présenté par l'auteur à la Société Académique.

Cartulaire de Crémarest. — Che est le Kartulaire de l'esglise Nostre-Dame de Crémarès, où sont contenues les rentes appartenantes à le dicte esglise, faict et transcript en l'an de grâce mil cccc et xxxvi (actes de 1352 à 1754).

Cartularium Liskense, recueil de chartes des XII° et XIII° siècles, provenant de l'abbaye de Notre-Dame de Licques, analysées d'après les anciens inventaires, restituées d'après des copies authentiques, ou transcrites d'après les originaux, pour être offertes à la Société Académique par l'auteur.

Cartularium Morinense. — Cartulaire de l'église Notre-Dame de Thérouanne, transcrit sur les manuscrits de l'évêché de Bruges par M. L. Duchet ; maintenant en cours d'impression, aux frais de la Société des Antiquaires de la Morinie, sous la direction de M. A. Giry, répétiteur à l'Ecole des hautes Etudes, secrétaire-professeur-suppléant à l'Ecole des chartes.

N. B. Sous le titre de *Cartularium Morinense* j'ai compris les citations topographiques des deux bulles privilèges de Calixte II (1120) et d'Adrien IV (1157), que j'ai publiées dans le tome XII des Mémoires de la Société Académique.

Cartularium sancti Bertini. — Cartulaire de l'abbaye de Saint-Bertin, publié par M. Guérard dans la collection des documents inédits sur l'histoire de France publiés par les soins du ministère de l'Instruction publique, in-4, 1841.

Cartularium sancti Judoci. — Cartulaire de l'abbaye de Saint-Josse-sur-mer, manuscrit du XIII° siècle, aux archives du département.

Cartulaire de Saint-Wulmer. — Chartes de l'abbaye de Saint-Wulmer de Boulogne, publiées dans le Bulletin de la Société Académique, t. I°, 1868, p. 372.

Cartulaire de Samer. — Quelques chartes de l'abbaye de Samer (Mémoires de la Société Académique, t. XII).

Cassini. — Carte de la France, levée par ordre du roi, feuilles 6, 16, 17, 19, dressées au milieu du XVIII° siècle.

Charte communale d'Ambleteuse, publiée par M. Ern. Hamy dans le t. I°, p. 140, des Bulletins de la Société Académique.

Chartes communales de Boulogne, publiées par M. Ern. Deseille dans les Mémoires de la Société Académique, t. IX, 2° partie.

Charte communale de Desvres, publiée dans les Bulletins de la Société des Antiquaires de la Morinie, t. VI, p. 130.

Chartes d'Ardres, c'est-à-dire chartes de l'abbaye de Saint-Léonard de Guines, conservées dans les archives des religieuses bénédictines d'Ardres, la plupart inédites, dans la collection Moreau et dans les papiers de Dom Grenier, à la Bibliothèque nationale.

Chartes d'Artois. Trésor des chartes des comtes d'Artois, formant la série A des archives du département du Pas-de-Cal., à Arras.

Charte de Notre-Dame de Boulogne, du 20 janvier 1315 (archives nationales, J 1128, n° 3).

Chartes de l'abbaye de Sainte-Austreberthe de Montreuil, dans les papiers de Dom Grenier, et dans les *Annales boulonnaises*, t. I°, p. 135.

Chopin. — De domanio Franciae libri tres, in-4°, Paris, 1674.

Chronicon Andrense, seu An... nsis monasterii, auctore Guillelmo abbate ; publié dans le Sp... ilège de Dom Luc d'Achery, t. II, in-f°, et t. IX, in-4.

Chroniques d'Adon, de Centule ou de Saint-Riquier, de Gervais de Canterbury, de Benoit de Peterborough, et autres, citées une fois ou deux d'après Dom Bouquet.

Compte de Jeanne de Boulogne, 1339, vieux style, c'est-à-dire du 7 janvier 1340 au 7 janvier 1341, publié, d'après une copie tirée des archives de la Côte-d'Or, dans le t. IX des Mémoires de la Société Académique, par M. Ern. Deseille.

Compte de la ville de Boulogne, 1415-1416, publié d'après l'original des Archives nationales (KK, 280) dans le t. V des Mémoires de la Société Académique, par M. Edmond Dupont.

Compte de Marguerite d'Erreur, comtesse douairière de Boulogne, du 28 septembre 1338 au 7 janvier 1339, publié avec celui de la comtesse Jeanne, sa fille, comme ci-dessus.

Compte des baillis de Calais: Compte de recette et dépense des chevaliers baillis de Calais, années 1307, 1308, 1309, 1312, 1313, 1315 et 1326, publié d'après le manuscrit original de la Bibliothèque de cette ville par M. H. J. de Rheims; in-4° de 31 pp., Calais, A. Leleux, s. d.

Compte de Tingry. — Comptes Jaques de la Broye, chastelain et receveur de la chastellenie de Tingri et Hucqueliers et des appartenances, pour mon très grand et très redoublé seigneur monsieur le comte de Saint-Pol, des rentes et revenues de ladite chastellenie, depuis le 1er jour d'octobre l'an mil iiiic et lviii includ, jusques au 1er jour d'octobre l'an mil iiiic et lix, manuscrit original sur parchemin, en la possession de M. Legrix-Rose, pharmacien à Desvres.

Comptes du Domaine de Boulogne, du 2 février 1345, vieux style, au 2 février 1350, publiés d'après les originaux du trésor des chartes d'Artois, dans le t. IX, des Mémoires de la Société Académique, par M. Ern. Deseille.

Courtois. — Dictionnaire géographique de l'arrondissement de Saint-Omer, publié dans le tome XIII des Mémoires de la Société des Antiquaires de la Morinie, in-8°, Saint-Omer, 1864-1869.

Cousin, Louis. — Le monastère de Steneland, étude sur le nom actuel des communes où ce monastère et ses nombreux domaines étaient situés; in-8°, Dunkerque, 1870.

Coutumes. — Procès-verbal de la réformation des coutumes du Boulonnais, en 1550, imprimé à la fin des diverses éditions de la coutume, et cité ordinairement d'après l'orthographe du manuscrit original, conservé dans les archives de la Sénéchaussée.

Cueilloir de Beuvrequen. — Compte des revenus de la terre et seigneurie de Beuvrequen pour l'année 1491; registre II, n° 230, du fond de l'abbaye de Saint-Bertin, aux archives du département.

Cueilloir de Costé. — Cueilloir servant à Costé, sieur de la Vallée, pour les fiefs et terres qu'il possédait en 1582 (archives de la Sénéchaussée de Boulogne).

Cueilloir de Longvilliers, registre du XVIIIe siècle, dans le fonds ecclésiastique des archives communales de Boulogne.

Cueilloirs de Notre-Dame de Boulogne : — 1., de 1525, lequel, en réalité, est un ancien cueilloir du domaine, coté G, n. 23 ; 2., de 1550-1555, provenant du fond de l'abbaye, coté G, n° 21 ; 3., de 1562-1564, même provenance, coté G, n. 76 ; 4°, de 1566, même provenance, coté G, n° 77 ; le tout conservé dans le fond ecclésiastique des archives communales.

Cueilloir de Samer. — Cueilloir des rentes dues à l'abbaye de Samer en 1690, dans le fonds ecclésiastique des archives communales.

Cueilloir de Sanghen. — Ceuiltoir (sic) ou terrier appartenant à l'église de Saint-Martin de Sanghem, secours d'Alembon, 1770 (extraits communiqués par M. le Dr Ern. Hamy, pendant l'impression du dictionnaire).

Déclaration des fiefs. — Déclaration des fiefs et arrière-fiefs du Boullenois, registre de 1553, dans les archives de la Sénéchaussée.

Déclaration des fiefs du duc de Brabant en Boulonnais; — XVe siècle, copie en papier, aux archives nationales, dans le carton J 792.

Délibérations Capitulaires. — Registres aux délibérations capitulaires de messieurs les vénérables doyen, chanoines et chapitre de l'église Notre-Dame de Boulogne, série G du fonds ecclésiastique des archives communales.

Desplanque. — Recherches sur l'abbaye de la Capelle-en-Calaisis, par A. Desplanque, archiviste du Nord; extrait du tome IX des Annales du comité flamand, Lille, 1859, in-8°.

Diplomata Bertiniana. — Manuscrit n° 144, du XIIIe siècle, sur parchemin, conservé dans la Bibliothèque communale de Boulogne.

Diplômes divers, cités d'après Dom Bouquet, Aubert Le Mire, et autres recueils.

Domaines. — Registre 31, ou Sommier de découvertes des domaines et droits domaniaux du 1er juin 1785 au 7 août 1791;
— Registre 43, Sommier des découvertes du domaine corporel, 1772-1785;
— Registre 50, table des Aveux, de 1688 à 1753 ;
— Registre 53, Sommier des découvertes du droit de franc-fief, du 18 janvier 1769 au 25 mai 1770;
— Registre 56, Actes et Aveux des fiefs, du 4 novembre 1763 au 9 octobre 1773;
— Registre 56bis, table des Aveux, de 1720 à 1789;
— Registre 57, Sommier des déclarations des fiefs, du 6 mai 1753 au 1er décembre 1768 ;
— Registre 58, Sommier des contraintes de franc-fief, du 25 mai 1778 au 26 janvier 1789;
— Registre 63, Cueilloir du domaine du Roy à Boulogne, pour 1651 ; — autre, pour 1654 ; — autre, pour 1745.

Les registres 41, 43 et 50 font partie des archives du bureau des domaines et de l'enregistrement des actes judiciaires de Boulogne; les autres du bureau de l'enregistrement des actes civils de la même ville.

Du Bos. — Histoire critique de l'établissement de la monarchie françoise dans les Gaules, 3 vol. in-12, Amsterdam, 1735.

Du Chesne. — Histoire généalogique de la maison de Guines, d'Ardres, de Gand et de Couci, in-f°, Paris 1631; citée principalement pour les *preuves*.

Eadmer. — Historia novorum, de 1066 à 1122, dans Dom Bouquet.

Ebrard. — Chronicon Wastanense (Migne, Patrologie latine, t. CXLIX).

Eginhard. — Annales Francorum, continuées par divers chroniqueurs (dans Dom Bouquet).

Establies de Picardie. — Compte de Jean le Mercier, trésorier des guerres, commençant au 1ᵉʳ jour de mars 1371 (1372) et finissant le 1ᵉʳ janvier 1372 (1373); — autre compte, du 1ᵉʳ janvier 1372 (1373) au 1ᵉʳ janvier 1373 (1374); — d'après une copie conservée à la Bibliothèque nationale, dans les manuscrits de Dom Grenier (t. CCXXX, fol. 210, 211).

Eumène. — Eumenii panegyricus Constantino Cæsari, recepta Britannia, dictus; — Ejusdem panegyricus Constantino Augusto; — dans les Panegyrici veteres de Schwartz et des frères Arntzenius, Londres, Valpy, t. III, in-8°, 1828.

Eutrope. — Eutopii, v. c., Breviarium historiæ romanæ, Amsterdam, G. Jansson, 1625, in-32.

Flodoard. — Historia Remensis (Migne, Patrol. lat., t. CXXXV).

Florus. — (Lucius Annæus), Epitome rerum romanarum, Mannheim, 1779, in-12.

Francs-fiefs de Desvres. — Registre aux déclarations faites au bureau de Desvres, pour le paiement des droits de francs fiefs, du 2 mars 1751 au 4 mars 1772; conservé parmi les fonds divers des archives communales de Boulogne.

Gages des officiers du comte d'Artois. — Registre de la fin du XIIIᵉ siècle, conservé dans le trésor des chartes d'Artois, sous la cote A 143.

Galfridus Monumetensis. — Chronique de Geoffroi de Monmouth, dans le recueil intitulé: Rerum Britannicarum scriptores vetustiores et præcipui, Heidelberg, 1587, in-f°.

Gallia Christiana, in provincias ecclesiasticas distributa, opere et studio Domni Dionysii Sammarthani et aliorum monachorum O. S. B., Paris, 1716 et ann. suiv., in-f°; — citée principalement pour les chartes insérées dans les *Instrumenta* du tome X (diocèse de Boulogne).

Généalogie des comtes de Boulogne, dans le manuscrit français n° 315 de la Bibliothèque nationale. Elle a été publiée par M. P., Paris, dans les Notices et extraits des manuscrits français de la Bibliothèque du Roi (t. III, p. 201 et suiv.). M. Ern. Deseille l'a insérée dans le t. IX des Mém. de la Société Académique, p. 287 et suiv.

Généalogies Bignon : voyez Bignon.

Gesta Francorum, Hierusalem expugnantium, ancienne chronique de la Croisade, publiée par Bongars.

Gotscelinus, moine de Cantorbéry, Historia translationis S. Augustini, dans le recueil des Bollandistes, au 26 mai.

Grenier (Dom). — Collection de matériaux divers, recueillis pour la composition d'une histoire de Picardie et conservés dans la Bibliothèque nationale.

Guillaume de Tyr. — Dans le Recueil des Historiens des Croisades.

Guillaume le Breton (Guillelmus Armoricanus), auteur de la Philippide et des Gesta Philippi magnanimi.

Guillelmus Pictaviensis (Guillaume de Poitiers), Gestes de Guillaume le conquérant, dans Migne, Patrologie latine, t. CL.

Henry (Jacques-François). — Essai historique, topographique et statistique sur l'arrondissement communal de Boulogne, in-4°, Boulogne, Leroy-Berger, 1810.

Henry de Huntingdon, son Historia Anglorum (Migne, Patrologie latine, t. CXCV).

Hermannus Laudunensis, ou Hermann de Laon, sa chronique, dans le recueil de Dom Bouquet.

Inventaire d'Alembon. — Inventaire notarié des biens, titres et papiers de la famille de Roussé d'Alembon, en 1743, conservé dans les fonds divers des archives communales de Boulogne.

Inventaire d'Isques. — Inventaire des titres et papiers de la famille d'Isques et de Sainte-Aldegonde, dressé en l'an III (1795), et conservé dans les archives communales de Boulogne, série moderne, D 31, A n° 10.

Inventaire de Licques. — Inventaire, ou état des papiers de l'abbaye de Licques, dressé en 1776 et conservé dans la Bibliothèque communale de Calais.

Iperius. — Chronicon Sancti Bertini, dans le t. III du Thesaurus novus anecdotorum de Martene et Durand, Paris, 1717, in-f°.

Itinéraires. — Recueil des Itinéraires anciens, comprenant l'itinéraire d'Antonin, la table de Peutinger, etc., par M. de Fortia d'Urban, in-4°, Paris, 1845. — Les mêmes documents, dans le t. I" de Dom Bouquet.

Lambertus Ardensis. — Chronique de Guines et d'Ardre, par Lambert, curé d'Ardre, édition de M. le Marquis de Godefroy-Ménilglaise, in-8°, Paris, Renouard, 1855.

Longnon (Auguste). — Etudes sur les Pagi de la Gaule, — le Boulonnais et le Ternois — deuxième fascicule de la Bibliothèque de l'école des hautes études, Paris, Franck, in-8°, 1869.

Luto (Philippe). — Mémoire sur l'histoire de la ville de Boulogne et de son comté, t. I", in-4°, manuscrit de la Bibliothèque communale de Boulogne.

Vaillart. — Coutumes générales d'Artois, in-4°, Paris, 1756.

Malbrancq. — De Morinis et Morinorum rebus, 3 vol. in-4, Tournai, 1634.

Martyrologium Morinense. — Manuscrit des archives du chapitre de Boulogne, conservé dans le fonds ecclésiastique des archives communales, sous la cote G n° 11, et publié par M. Lipsin dans le t. VI des Mémoires de la Société Académique.

Matthieu Paris. — Historia major, Londres, 1640, in-f°.

Matreloge d'Outreau. — Registre et Matreloge de l'église et paroisse de Saint-Wandrille en l'Isle d'Oultreawe, faict et extraict nouvellement en l'an de grâce 1542, selon le contenu de l'ancien; — document conservé dans les archives de la commune d'Outreau.

Mémoires de la Société Académique de l'arrondissement de Boulogne, douze volumes in-8°, 1866-1881.

Miracula Sancti Wandregisilii. — Histoire de la translation des SS. abbés de Fontenelle pendant les invasions Normandes, publiée dans les Bollandistes, au 22 juillet, et dans les Act. SS. Ordinis S. Benedicti de Dom Mabillon.

Miracula Sancti Bertini, appendice à la vie de ce saint personnage, dans les Bollandistes, au 5 septembre.

Miræus. — Opera diplomatica, seconde édition publiée par Foppens, 4 vol. in-f°, Louvain, 1723, et Bruxelles, 1734-1748.

Miroir de la Mer. — Du nouveau et grand miroir de la mer, ou colonne flamboyante de la navigation occidentale et septentrionale, traduit du hollandois, par Paul Yvounet, Amsterdam, 1699, in-4.

Notitia dignitatum Imperii romani, dans le t. I" du recueil de Dom Bouquet; dans du Bos (Hist. critique de l'établissement de la mon. fr., t. I" p. 67), etc.

Notitia provinciarum et civitatum Galliæ, ibid.

Olympiodore. — Son Histoire, dans le recueil de Dom Bouquet.

Orderic Vital. — Son Histoire ecclésiastique, publication de la Société de l'Histoire de France, 5 vol. in-8°.

Partition de Thérouanne. — Traité fait à Aire, en 1559, entre les Commissaires du roi de France et ceux de l'Empereur, concernant le partage et la division du diocèse de Thérouanne en deux portions, égales sous le rapport du territoire, des dîmes, des bénéfices, des revenus et des privilèges; — document conservé en minute originale dans le fonds ecclésiastique des archives communales de Boulogne, sous la cote G n° 24, imprimé avec des lacunes dans le t. IV, p. 661, du recueil d'Aubert Le Mire (supplément de Foppens), et intégralement par M. Lipsin, dans le t. VI des Mémoires de la Société Académique.

Plan anglais du Calaisis, dressé vers l'an 1556, comprenant toute la côte de Gravelines à Wissant, avec le Calaisis et le comté de Guines, — en la possession de M. Matis, à Calais.

Pline l'ancien. — Son Histoire naturelle, pour la partie géographique, dans Dom Bouquet et dans l'édition Panckoucke.
Pomponius Mela. — De situ orbis, dans Dom Bouquet.
Ptolémée. — Sa Géographie, dans Dom Bouquet.
Radulfus de Diceto. — Raoul de Dicet, sa chronique, dans Twysden (Historiæ anglicanæ scriptores decem, Londres, 1652, in-f°).
Rapport du Curé. — Questionnaires adressés aux curés du diocèse par les évêques de Boulogne en 1725 et en 1756, avec les réponses qui ont été faites pour chaque article; Recueil en trois volumes in-f° conservés dans les archives de l'Évêché.
Registre d'Alembon. — Registre pour servir aux curés et marguilliers de la fabrique de l'église de Saint-Pierre d'Alembon, contenant ce qui concerne le revenu temporel de ladite fabrique, ses charges et les usages de la paroisse dudit Alembon et de Sanghem son secours, 1748-1772; — extraits communiqués par M. le Dr Ern. Hamy.
Registres Capitulaires, voyez Délibérations.
Richer. — Histoire de son temps, publication de la Société de l'Histoire de France, 2 vol. in-8°.
Roman de Brut, par Wace, poète du XII° siècle, publié par M. Leroux de Liney, 2 vol. in-8°.
Roman de Garin le Lohérain, publié par M. Paulin Paris, 2 vol. in-12.
Roman d'Eustache le moine, publié par M. Francisque Michel, in-8°, Paris, Silvestre, 1835. — Les citations faites ont été revues sur le manuscrit de la Bibliothèque nationale, Fr. 1553.
Rymer. — Fœdera, conventiones, etc., 10 vol. in-f°, La Haye, 1745.
Sennes de Thérouanne. — Compte des sommes reçues pour le droit de Sennes (synodes) et non-résidences par les curés du diocèse de Thérouanne, en 1557-1558 et en 1560-1561, conservés dans le fonds ecclésiastique des archives communales de Boulogne, sous la cote G 488 et 489.
Sozomène. — Son Histoire, dans Dom Bouquet.
Spicilège. — Spicilegium de Dom Luc d'Achery, édité par de La Barre, 3 vol. in-f°, Paris 1723. — La première édition, que je n'ai pas consultée est de 1669, in-4°. La chronique d'Andres y est au tome IX.
Stowe. — Annals, or a general Chronicle of England begun by John Stowe, continued by Edmund Howes, Londres, 1631, in-f°.
Strabon. — Sa Géographie, dans Dom Bouquet et dans l'édition de l'Institut.
Suétone. — C. Suetonii Tranquilli duodecim Cæsares, dans Dom Bouquet.
Tableau des fiefs de Desvres. — Etat dressé au XVIII° siècle pour les fiefs dépendant du bureau des Domaines de Desvres, con-

servés dans les fonds divers des archives communales de Boulogne.

Tabula Peutingeriana. — Carte de Peutinger, fin du IV° siècle, dans le tome I*er* du recueil de Dom Bouquet.

Tailliar. — Recueil d'actes des XII° et XIII° siècles en langue romane wallonne du Nord de la France, publié avec une introduction et des notes, 1849, in-8°.

Tassard. — Pouillé du diocèse de Thérouanne, dans le recueil intitulé : A Tassaro chronica episcoporum et ablatum, 4 vol. in-4°, manuscrit de la Bibliothèque de Saint-Omer, n° 732.

Terrier Anglais. — Manuscrit de l'an 1556, dont l'original est conservé à la Tour de Londres ; — copie dans la Bibliothèque communale de Calais et dans celle de M. le Dr Cuisinier.

Terrier d'Andres. — Manuscrit de l'an 1480, dans la Bibliothèque communale de Calais, copie de M. le Dr Cuisinier.

Terrier de Beaulieu. — Che sunt les tenanches ke li tenant de le église de Biauliu tienent, et les rentes et les droitures ke il en doivent, enquis et fait par Enguéran par l'otroianche de Diu adont abé de Biauliu, en l'an de grace M.CC.LXXX. et VI. — Rouleau en parchemin dans la Bibliothèque de Saint-Omer, et copie de M. le Dr Cuisinier.

Terrier de Miraulmont. — Papier terrier du domaine du Roi en la ville de Calais et Pays reconquis, fait en 1584 par Pierre de Miraulmont, suivant lettres patentes de 1582 ; — original aux archives nationales, copies dans la Bibliothèque de Calais, et chez divers particuliers.

Terrier de Notre-Dame de Boulogne. — Registre et terrier des biens du chapitre de Boulogne, provenant du chapitre de Notre-Dame, écrit au milieu du XVII° siècle, avec additions postérieures, conservé dans le fonds ecclésiastique des archives communales. G n° 75.

Terrier de Roussel de Préville. — Répertoire des titres et terrier général des biens et seigneuries de Messire J.-L.-F. de Roussel, escuier sieur de Préville, d'Escames, de Tourlincthun d'Hallinghem, d'Ostove, du Bois, de Noirmattre et autres lieux, 1740 (archives de la famille de Roussel de Préville).

Terrier de Saint-Wulmer. — C'est le registre et terrier de l'église et abbeye de sainct Wlmer en Boullongne, des rentes et revenus que ladite église a droit de prendre et avoir chescun an ez paroisse de Notre-Dame, S. Nicolay, S. Martin, Oultreyawe, Sainct-Estienne, Sainct-Liennard, Bainghetun, Wymille, Eschinghen, Pernes, Loeullinghen, Wissant et Odresselle et plusieurs lieux, etc.; — Manuscrit in-folio en papier, commencé en 1505 et terminé en 1506, conservé dans le fonds ecclésiastique des archives communales. H n° 1.

Terrier de Samer, ou cueilloir déclaratif de tous les immeubles scitués dans les seigneuries de Menneville, Campagnette, Le

Chesquel et Saint-Martin, dépendantes de la mense abbatiale, dressé en 1763; H n° 121 du fonds ecclésiastique des archives de Boulogne.

Terrier de Sanghen. — Terrier ou Cueilloir (sic) des censives et rentes annuelles qui étoient deûs à la fabrique de l'église de Sanghem, dit Mort-Camp, en l'année 1662, fait par Gabriel de Ponthieux, greffier d'Alembon et dudit Sanghem, extraits communiqués par M. le Dr Ern. Hamy, durant le cours de l'impression du dictionnaire.

Terrier de Thérouanne. — Manuscrit sur papier, in-4°, de 1380 à 1429, dans la Bibliothèque de l'évêché de Bruges.

Terrier de Turbinghen. — Terrier (sans titre) des rentes dues à la seigneurie de Turbinghen, sur les paroisses d'Outreau, le Portel, Saint-Étienne et Saint-Léonard, rédigé vers la fin du XV° siècle, et conservé dans le fonds de Saint-Wulmer des archives ecclésiastiques de Boulogne.

Titres de l'abbaye de Samer. — Pièces diverses, dans le fonds ecclésiastique des archives communales de Boulogne.

Titres de Mouflon. — Liasse de pièces concernant le fief de Monflon ou de Mouflon (commune de Caffiers), mouvant de Fiennes; — dans les archives de la Sénéchaussée de Boulogne.

Vita Bernardi pœnitentis, dans les Bollandistes, au 11 avril.

Vita Constantini. — Fragment publié par Adrien de Valois, et inséré dans le t. 1er du recueil de Dom Bouquet.

Vita Sancti Audomari, dans les Bollandistes, au 9 septembre, et dans les Acta Sanctorum Belgii de Ghesquiere, t. III.

Vita Sancti Bernardi, dans l'édition des œuvres de ce saint docteur, publiée par les Bénédictins.

Vita Sancti Bertulphi, dans les Bollandistes, au 5 février.

Vita Sancti Eustasii, dans les Bollandistes, au 29 mars.

Vita Sancti Folquini, dans les Acta sanctorum ordinis Sancti Benedicti, de Mabillon.

Vita S. Thomæ Cantuariensis, par Guillaume de Cantorbéry, dans Dom Bouquet, t. XVI.

Willelmus Gemeticensis. Guillaume de Jumiéges, sa Chronique, dans Dom Bouquet et dans les Anglica, Hibernica, Normannica, etc., a veteribus scripta de Camden. Francfort, 1602, in-f°.

Willelmus Malmesberiensis, Guillaume de Malmesbury, son Histoire des rois d'Angleterre, dans Dom Bouquet et dans Migne, Patrologie latine, t. 179.

Zee Spiegel, ou Nieuw' en groot Lootsmans Zee Spiegel, Amsterdam, Theunisz, 1699, in-f°, textes et cartes, dont la traduction est indiquée ci-dessus sous le titre de Miroir de la mer.

Zozime. — Son Histoire, dans le recueil de Dom Bouquet.

EXPLICATION

des Abréviations employées dans ce Dictionnaire.

---

abb.	abbaye.	châ	château.
acad.	académique.	chron.	chronicon, ou chronique.
act.	acta, ou acte.	c^{ne}	commune.
alm.	almanach.	col.	colonne.
anc.	ancien	com. ou comm	communale.
And.	Andrense, Andres.		
ann.	annonces, ou annuaire.	Compend.	Compendiensis.
ap.	apud, dans.	c^{on}	canton.
arch.	archives.	Corn.	Cornelius.
Ard.	Ardensis, Ardres.	cout.	coutumes.
arr.	arrière.	Crém.	Crémarest.
arr.	arrondissement.	cueil.	cueilloir.
Art.	Artois.	décl. ou déclar.	déclaration.
art.	article.		
auj.	aujourd'hui.	delib.	délibération.
av.	aveu.	dict.	dictionnaire.
B.	Boulogne.	dioc.	diocèse.
Bert.	Bertin.	dipl.	diploma, ou diplôme.
bibl.	bibliothèque.	Dom.	Domaines.
B M.	Beatæ Mariæ.	f.	ferme.
Bol.	Boloniensis.	fam.	famille
Boll.	Bollandistes.	f°.	folio.
c.	chapitre.	fr.	franc. ou français.
Cap.	Capella (La Capelle).	Gall. christ.	Gallia christiana.
cap.	capitulum.	gén., ou généal.	généalogie.
cart.	carta ou cartularium.		
Cass.	Cassini.	géog.	géographique.
cf.	Confer, ou comparez.	Guil.	Guillelmus ou Guillaume.
ch.	charte.	h.	hameau.
chap.	chapitre.	hist.	historia, histoire, historique.
chart.	charte, ou chartes.		

hom.	hommage.	O. S. B.	Ordre de saint Be- [noît.
ibid.	ibidem, là même.	p.	page.
imp.	imperium, impé-	part.	partition.
inv.	inventaire. [rial.	pl.	plan, ou planche.
Jud., ou	S. Judocus (S.	pr.	preuves
Judoc. (S),		proc.-verb.	procès-verbal.
jud.	judiciaire. [Josse.	rapp.	rapport.
Lamb.	Lambert.	reg.	registre.
lib.	liber.	S.	Saint, ou Sancti.
Lisk.	Liskensis.	S. B.	Saint-Bertin.
liv.	livre.	SS.	Sanctorum.
Lud.	Ludovicus.	S. W.	Saint-Wulmer.
matrel.	matreloge.	s.	siècle.
mém.	mémoires	s.	supplément.
mirac.	miracula.	s.	sur.
Mir.	Mireus.	sect.	section.
m⁽ⁿ⁾	maison	senn.	sennes (synodes).
Mor.	Morinensis.	spicil.	spicilegium, ou spi- [cilége.
	moulin.		
mouv.	mouvant.	suppl.	supplément.
ms, mste,	manuscrit, manus-	tabl.	tableau.
nat.	national. [crite.	Tass.	Tassard.
not.	notarié.	terr.	terrier.
N.-D.	Notre-Dame.	Thér.	Thérouanne.
n°	numéro.	tit.	titre, ou titres.
off.	officiers.	t.	tome. [graphique.
O. Cart.	Ordinis Carthu- [siensis.	top.	topographie, topo-
		Turb.	Turbinghen.
O. Cist.	Ordinis Cistercien- [sis.	Urs. ou Ursul.	Ursulines.
O. Pr.	Ordre de Prémon- [tré.	v.	vers.
		v.	voyez.
O. S. A.	Ordre de saint [Augustin.	vit.	vita. [lelmus.
		Will.	Willame, ou Wil-

DICTIONNAIRE TOPOGRAPHIQUE

DE

L'ARRONDISSEMENT DE BOULOGNE-SUR-MER.

DICTIONNAIRE TOPOGRAPHIQUE
DE
LA FRANCE.

ARRONDISSEMENT
DE BOULOGNE-SUR-MER.

A

Abbaye (L'), f., c^{ne} de Doudeauville. — *AB. de Doudeauville ruinée* (Cassini). V. DOUDEAUVILLE et SAINT-ANTOINE.

Abbaye (L'), terre, c^{ne} de Le Wast, sur l'emplacement de l'ancien prieuré de ce nom. V. WAST.

Abbaye (L'), h., c^{ne} de Saint-Inglevert, vulgairement *l'Abbie*, sur l'emplacement de l'ancien prieuré-hôpital, fondé en 1101 par Oilard de Wimille, détruit en 1347, et dont les biens ont été réunis à l'hôpital de Boulogne-s-mer en 1693.

Abbie (L'), dénomination populaire de l'Enclos de l'Évêché, dans la haute-ville de Boulogne, rappelant l'existence de l'ancienne abbaye de Notre-Dame de Boulogne, transformée en palais épiscopal en 1570.

Abbiette (L'), anc. h., c^{ne} d'Outreau. - *Labbiette, Mém.* XI.

v. 1480 (matreloge d'Outreau). — *L'abbiette d'Enquin-ghen*, 1525 (cueill. de N.-D. de B.).

Abbiette (L'), h., cne de Bainghen. — *La Biette* (Cassini). — Un ruisseau de même nom va se joindre à d'autres affluents de la Hem, près du ham. de Clay.

Abbiette (L'), lieu-dit, cne de Marquise. — *La Biette*.

Abeau, fief mouv. de la seigneurie de Wierre-au-Bois (aveu du XVIIIe s.).

Abime (L'), rivière, cne de Saint-Pierre.

Acquettes (Les), Bois, cne d'Alembon.

Agacheulles (Les), lieu-dit, cne d'Outreau ou de Saint-Étienne. — *Terre gisans as Agacheules*, 1390 (aveu de Porrus de Beaucorroy).

Aigle (L'), lieu-dit, cne du Portel. — *Heghe*, XVe s. (terr. de Turb.). — *Hegue*, 1506 (terr. S. W.). — *La côte de Heyle*, 1777 (arch. S. W. Boul.).

Ainghes, anc. lieu-dit, cne du Portel. — *Terroir d'Aingues*, 1396 (aveu de Jehan Bollart). — *Mont d'Ainghes*, (terr. de Turb. XVe s.). — *Terre appelée le Couverstet ou Ainghes*, 1506 (terr. S. W.).

Aittre (L'), h., cne de Neufchâtel. — C'est le centre du village, *Atrium*, ou *Atre*, désignant l'emplacement occupé par le cimetière et l'église.

Albinthon, fief, cne de Wierre-au-Bois, mouvant de la seigneurie dudit, 1769 (Dom., reg. 56 bis). *Le Camus d'Albinthon* ou *d'Albincthon*.

ALEMBON, c{on} de Guines. *Ecclesia de Elambon*, 1120, *de Ellembon*, 1156, *de Elembon*, 1179 et 1212 (cart. Mor.). — *Hellembon*, 1173, *Hellenboun*, 1179 (cart. de Samer). — *Wido de Elembom*, 1084, 1119, 1196 (chron. Andr. 785. 1, 788. 2, 833. 1,) 1170 (cart. Lisk.), 1224 (dipl. Bert.). — *Wido de Erembon*, 1160 (chron. Andr. 811. 2.). — *Wido Elemboniensis* et

Elembonensis (Lamb. Ard., p. 235.) — *El travers d'Elembon*, 1280 (Du Chesne, preuves de Guines, p. 295.) — *Alembom*, v. 1400 (terr. de Thér.). — *Allembon*, 1515 (Tass.) et 1559 (part. de Thér.) — *Alembon*, 1559 (sennes de Thér.). — *Elembon* et *Allembonium*, sur la carte de Malbrancq.

Paroisse du gouvernement d'Ardres, ressortissant pour la justice au bailliage souverain de cette ville, sauf le hameau du Bas-Mont. V. ce mot.— Pairie et baronnie du comté de Guines, érigée en marquisat par Louis XIV en 1651 (Famille de Roussé).

Cure du diocèse de Thérouanne, au doyenné d'Alquines, puis du diocèse de Boulogne, au doyenné de Guines, avec Sanghen comme secours : *Parochialis Ecclesia [sancti Petri] d'Allembon, cum suo succursu [sancti Martini] de Sanghen*, 1673 (arch. de l'Evêché). — Présentateur, le chapitre de Boulogne. — Décimateurs, le chapitre, le curé et un propriétaire laïque, chacun pour un tiers.— Maintenant succursale dans le diocèse d'Arras.

Alenthun, h., c^{ne} de Pihen. — *Villa Ellingatum. Allingatum, Eustachius de Allingatun, Ellingetum.* 1084 (chron. And. 785. 2, 788. 2, 795. 2, 793. 1). — *Terram de Elingatun*, v. 1120 (ibid. 797. 1). — *Ellembertus de Ellingentun*, XIIe s. (chl. Bert.). — *Elingtoune, the parish of Dalingtou..., alias Darlingtoune, now to the said parish of Pittam annexed*, 1556 (terr. Angl.) — *Allantun* (Cassini). — Plusieurs ont écrit à tort *Alincthun*.

Seigneurie, mouvant de la châtellenie de Guines.— Fam. Raoult, S^r d'*Alenthun*, dans les généalogies de Bignon, 1697.

ALINCTHUN, c^{on} de Desvres. — *Decima de Alinthun*,

de Alinghetun, 1173, 1199 (cart. de Samer). — *Altare de Alingetuna,* 1208 (cart. B. M. Bol.). — *Gilles d'Alinghetun,* 1297 (gages des off. du comte d'Artois). — *Le moustier d'Alinguetun,* 1431 (cart. de Crém.). — Alinguethun, 1515 (Tass.). — *Alingthun,* 1559 (part. de Thér.). — Allingthun, 1566 (cueill. N.-D. de B.).

Paroisse du Boulonnais, ressortissant pour la justice au bailliage de Londefort. — Fief et seigneurie mouv. du Roi, d'après la déclaration de 1553 ; mouvant de Selles, dans l'aveu de 1731.

Cure du diocèse de Thérouanne, puis de Boulogne, au doyenné de Boulogne, avec Bellebrune comme secours : *Parochialis Ecclesia sancti Richarii d'Alincthun cum suo succursu [sancti Stephani] de Bellebrune ;* 1579, 1585 (arch. de l'Evêché). — Présentateur, l'évêque, aux droits de l'abbé de N.-D. de Boulogne. — Décimateurs, l'abbaye de Samer pour les deux tiers, et le curé pour l'autre tiers. — Maintenant, succursale dans le diocèse d'Arras.

Allery, fief, c^{ne} de Fiennes. — *Allery,* 1553. — *Vallée Allier,* 1654 (tit. Monfl.). Mouvant de Fiennes.

Alleux (Les), h., c^{ne} de Fréthun. — *Les Aleux* (Cassini).

Alouette (L'), f., c^{ne} de Doudeauville. — *La Louette,* sur la carte de Cassini et sur celle de l'Etat-Major.

Alpreck, cap, c^{ne} du Portel. — *Halleperette,* 1506 (terr. S. W.). — *Cap de Helleprec,* 1640 (rapp. et cartes, Bibl. Nat., supp. fr. n° 87). — *Happrec,* 1779 (arch. S. W. Boul.). — Représente ce qui reste de l'Ἰκιον ἄκρον, ou Promontoire Icius, que Ptolémée place à l'O. de Boulogne, sans avoir été contredit par aucun auteur ancien (Bouquet Rer. gall. et fr. script. t. I, p. 75).

Alsaux, fief, c^{ne} de **Wierre-Effroy**, section d'Hesdres, tenu de Boulogne, aveu de 1748 (arch. nat., sect. dom. Q 900).

AMBLETEUSE, c^{on} de Marquise, au fond d'une baie du même nom. — *Sinus maris qui vocatur Amfleat*, v. 606 (Bedæ Hist. Eccl., I, 33). — *Amblitolium* (chron. Flodoard, ap. Bouquet VIII p. 192). — *Amblethewa*, 1209 (charte communale). — *In mareschis de Ambletoue*, 1214 (dipl. Bert.). — *Ambletue*, 1208 (cart. B. M. Bol.). — *Ambletewe* et *Ambleteuwe*, 1338 (compte de Marg. d'Evreux). — *Ambleteue*, 1480 (terr. d'Andres) et 1566 (cueill. N. D. de B.). — *Ambletenne* (mauvaise lecture des documents cités). — *Ambleteul*, XVIIe s. (Miroir de la Mer.). — *Ampleat*, *Ambleteau*, *Ambletacum*, XVIIe s. (Malbrancq, de Morinis, t. I, p. 62, t. II, p. 287 et 558).

Ville de loi du Boulonnais, avec charte communale de 1209 (bull. de la Soc. Acad., t. I, p. 140), ressortissant pour la justice au bailliage de Wissant.

Cure du diocèse de Thérouanne, puis de Boulogne, au doyenné de Wissant : *Parochialis Ecclesia sancti Nicolai*, alias *sancti Michaelis de Ambleteue*, 1577, alias *d'Ambleteuse*, 1679 (arch. de l'Evêché). — Présentateur, d'abord l'abbé de Samer, qui cède son patronage, *patronatus parrochie de Ambletewe*, à l'Evêque de Thérouanne en 1247 (cart. Mor.); plus tard, jusqu'en 1790, l'abbé d'Andres. — Décimateur, le curé. — Maintenant succursale dans le diocèse d'Arras.

ANDRES, c^{on} de Guines. — *Altare villæ quæ vulgo Andernes dicitur*, 1084 (chron. Andr. 782. 2, 789. 1, 797. 1, 845. 2). — *Andrensis pagus* (ibid., 782. 1). — *Ecclesia sanctæ Rotrudis Andrennensis*, 1159 (cart. Mor.). — *Andria*, *Anderna* (Lamb. Ard., p. 63, et alibi passim). — *Ecclesia sancti Medardi Andrensis* (ibid., p. 73). — *Andrenes*, 1313 (compte des baillis de Calais), 1515 (Tass.), 1559 (sennes de Thér.). — *Andarne*, 1556 (plan anglais).

Paroisse du Pays-Reconquis dans le ressort de la Justice royale de Calais. — Baronnie du comté de Guines.

Cure du diocèse de Thérouanne, puis de Boulogne, au doyenné de Guines : *Parochialis Ecclesia* [*sancti Joannis Baptistæ*] *loci d'Andres*, 1697 (arch. de l'Evêché). — Présentateur, l'abbé d'Andres. — Décimateur, le Roi, ou ses engagistes ; la dime du lin et colza et la dime de sang, au curé. — Maintenant, succursale dans le diocèse d'Arras.

Abbaye de Bénédictins, fondée en 1084, ruinée en 1317 et détruite en 1544. *Abbaye de Anderne*, 1556 (plan anglais). — Les revenus sont restés en commende, avec refuge à Ardres, jusqu'en 1790.

Anguerguettes (Les), lieu-dit, c^{ne} de Cou... ...

Anguilles (ruisseau des), c^{ne} de Wiss... — *Ru des Anguilles* (Cassini).

Annettes (Les), f., c^{ne} d'Hardinghen (Cassini).

Antifer (La côte d'), depuis la pointe de la Courte-Dune, jusqu'à Audresselles, d'après la carte de l'Académie (Henry, Essai hist., p. 127).

Argencourt, f., c^{ne} de Ferques, section d'El... hen (Cassini).

Arquendal, lieu-dit, c^{ne} d'Audinghen. — *La côtière d'Arquendal*, 1614 (terr. N.-D. de B.).

Arraques (Les), ruisseau, c^{ne} d'Ambleteuse, affluent de la Slack.

Arronville, v. LARRONVILLE.

Arssendal, lieu-dit, c^ne de Maninghen, 1393 (aveu d'Honoré Foliot).

Assonval, fief et lieu-dit, c^ne d'Hesdin-l'Abbé. — *La dîme d'Assonval*, 1725 (arch. de l'Evêché). — *Achilet d'Isque, s^r d'Assonval*, 1623 (généal. Bignon). — *D'Arsonval* (reg. capit.).

ATTAQUES (Les), c^on de Calais, section de la commune de Marck, séparée par ordonnance royale du 18 août 1835. — *Parochia de Capella*, 1173 et 1199 (cart. de Samer). — Henri, évêque des Morins, permet de transporter la *paroisse de l'abbaye de la Capelle* hors du monastère, 1277 (Dom Grenier, t. CCXLI, f° 162). — *Caple parish, Capell parish*, 1556 (terr. angl.). — Suivant M. Courtois (dict. géog. de l'arr. de Saint-Omer, p. 57), la dénomination actuelle dérive d'un pont, dit *d'Estaques* ou *des Estaques*, c'est-à-dire pont en bois sur pilotis, établi sur la rivière, aujourd'hui le canal de Calais : *apud Cokewade prope pontem d'Estachies*, 1319 (cart. des Chartreux de St-O., p. 68). v. l'art. CAUCHOISE dans le dict. cité. v. aussi plus loin les art. CAPELLE et LES CAPPES.

Pour la juridiction civile ancienne, v. MARCK.

Simple chapelle, fondée en 1718 comme annexe de Marck, avec un vicaire. — Erigée en succursale du diocèse d'Arras, par ordonnance royale du 2 février 1820.

Attinghen, f., c^ne de Tardinghen. — *Yolent d'Atinghem*, 1415 (compte de la ville de B., p. 4). — *Williame d'Atinghem*, 1480 (terr. d'Andres). — *Guillemme d'Athinguehem*, 1487 (arch. S. W. Boul.). — Fief *d'Atinghen*, mouvant de la seigneurie de Bazinghen, aveu de 1694 (Dom., reg. 50).

Aubanie (L'), f., c^he de Coulogne. — *Watergand de l'Aubanie.*

Aubersacqs (Les), lieu-dit, c^ne de Questrecques (aveu de la seigneurie d'Escames, XVIIIe s.), probablement le même qui est appelé *Lobessart,* 1506 (terr. S. W.).

Aubin, fief à Wierre-au-Bois, mouvant dudit.

AUDEMBERT, c^on de Marquise.—*Altare de Hundesberch,* 1183, 1205 (cart. Mor.).—*Hondembergh,* 1422 (ibid.). —*Hondembercq,* 1480 (terr. d'Andres).—*Hondesberc,* 1515 (Tass.).— *Houdemberch,* 1559 (part. de Thér.). —*Haudembert* et *Audembercq,* 1584 (terr. de Miraulmont). — Malbrancq sur sa carte l'appelle *Hedenesberg,* v. ce mot. — *Humdenbergh,* 1556 (terr. angl.).

Paroisse du Boulonnais ressortissant pour la justice au bailliage de Wissant. — Seigneurie incorporée en celle de Fiennes.

Cure du diocèse de Thérouanne, puis de Boulogne, au doyenné de Wissant : *Ecclesia parochialis* [*sancti Martini*] *loci d'Audembert,* 1696, 1704 (arch. de l'Évêché). — Présentateur, le chapitre de Boulogne. — Décimateurs, le prieur de Beussent, quatre gerbes, le chapitre, deux, le curé, trois ; menue dîme, ou dîme de sang : le chapitre, deux tiers, le curé, un tiers.— Maintenant succursale dans le diocèse d'Arras.

Audeland, v. HODELANT.

Audemfort, fief, c^ne d'Audinghen, au chapitre de Boulogne.

Audincthun, anc. h. et fief, c^ne d'Audinghen.

AUDINGHEN, c^on de Marquise. — *Villa Otidinghem,* aliàs *Otidigem,* Xe siècle (hist. transl. S. Bertulphi, ap. Boll. Act. SS. Feb., t. I, p. 683). — *Parochia de Odingehem,* aliàs *Odingohem,* 1084 (chron. Andr. 785. 2, 803. 2). — *Willelmus de Odingehem dedit* *decimam in eadem villa*, 1084 (ibid., 781. 2). — *Haket de Odinghem*, v. 1186 (ibid., 820. 1). — *de Hondingehem*, 1183 (cart. Lisk.). — *Parochia de Hodingehem*, 1223 (ibid.). — *Ecclesia de Odingehem*, 1226 (cart. Mor.). — *Le Paroche de Odinghehem*, 1314 (cart. N.-D. de B.).— *Hodinghem*, 1515 (Tass.). — *Audinghen*, 1559 (part. de Thér.). — *Audinghuen, Odinghen, Audinguen*, 1550-1566 (cueill. N.-D. de B.).

Paroisse du Boulonnais, ressortissant pour la justice au bailliage de Wissant. — Seigneurie.

Cure du diocèse de Thérouanne, puis de Boulogne, au doyenné de Wissant : *Parochialis Ecclesia sancti Petri d'Audinghen*, 1581 (arch. de l'Evêché). — Présentateur, l'évêque, aux droits de l'abbé de N.-D. de B. — Décimateurs, le chapitre, le seigneur de la paroisse, ceux de La Loge et de Floringuezelle, les curés de Tardinghen, d'Audresselles et de la paroisse. — Maintenant, succursale dans le diocèse d'Arras.

Audingue, f., c^{ne} de Bazinghen.

Audisque, h., c^{ne} de St-Etienne. — *Audisque* (Cassini). — *Haut-d'Isques*, carte de l'Etat-major. — *Rentes deues ès villes de Isque et Audisque*, 1458 (compte de Tingry). — *Odisque*, 1484 (hommage de la terre et seigneurie, arch. nat. P 15, n° 239). — *Audisque*, 1506 (terr. S. W.). — Fief et seigneurie tenus du Roi, à cause de son bailliage du Choquel, 1769 (aveu. Dom., reg. 56, et aveu de 1770, arch. nat. Q 901). — *Moulin d'Audisque*, fief mouvant de la dite seigneurie.

AUDRESSELLES, c^{on} de Marquise. — *Viculum Odersele dictum et in interiori parte Boloniensis comitatus quasi in corde maris situm, cum capella in honorem S. Trinitatis consecrata*, 1150 (chron. Andr., 809. 2).

— *Villa Odersele dicta*, 1208 (ibid., 846. 1).— *Le vile d'Odresselle*, 1314 (cart. N.-D. de B.) et 1506 (terr. S. W.). — *Audresselle*, 1559 (part. de Thér.).

Paroisse du Boulonnais, ressortissant pour la justice au bailliage de Wissant. — Fief et seigneurie, dont le nom est souvent dénaturé sous la forme *Andreseilles* ou *Andrescelles*, dans les généal. Bignon (fam. Acary).

Cure, autrefois annexée comme secours à celle d'Audinghen, dont elle a été séparée par ordonnance épiscopale du 30 juin 1651, dans le doyenné de Wissant : *Parochialis Ecclesia [sancti Joannis Baptistæ] loci d'Audresselles* (arch. de l'Evêché). — Présentateur, l'évêque de Boulogne. — Décimateurs, le curé, pour un tiers, différents particuliers laïques, pour le reste. — Maintenant, succursale dans le diocèse d'Arras.

Aumônerie (L'), f., c^{ne} de Vieil-Moutier, appartenant au Bureau de Bienfaisance de Samer.

Ausque, h., c^{ne} de Tardinghen. — (Cassini).— *Capellam de Halkeca*, 1208 (cart. B. M. Bol.). — *Decima de Elceke juxtà Witzant*, 1215 (cart. Cap.). — *Chapelle d'Ausque, Croix d'Ausque*, etc., 1506 (terr. S. W.).— *Moullin d'Ausque*, 1599 (act. not.). — Fief et seigneurie, tenus du Roi, à cause du bailliage de Wissant. — Bénéfice, avec titre de chapellenie, et la dime du lieu pour le chapelain. *Capella sancti Johannis d'Ausque*, 1576 (arch. de l'Evêché). — Présentateur, l'évêque.

Austruy, f., c^{ne} de Réty. — *Balduinus de Ostruich*, 1112 (cart. de Samer). — *Ostrewic*, 1286 (terr. de Beaulieu). — Siége de la connétablie, pairie du Boulonnais: *de l'Aulnoy, S^r d'Austruicq, connestablie de*

Boulonnoys, 1550 (procès-verb. de la Cout.). — *Pairie d'Austruic, en titre de connestablie*, 1553 (déclar. des fiefs). — *Ferme et terres d'Austruicq*, 1569 (act. not.). — Aveu *d'Austruy*, servi au Roi, en 1741 (arch. nat. Q 900).

Autinghem, anc. lieu-dit, c^{ne} de Guines, vers Fiennes. — *Decimam silvæ communis apud Lo, juxta Hauthinghem*, 1198 (chron. Andr., 830. 1). — *Lapidicina inter montem de Fielnes et Antengehem sita*, 1172 (ibid., 813. 1). — *Terram de Hantenghem, Hantingahem, Antingalem, Antegehem, Antengahem, Antingchem, Antinghem, Hotinghem*, 1084 et ann. suiv. (ibid., 783. 1. 2, 785. 1, 789. 1, 792. 2, 845. 2, 846. 1. — *Balduinus de Atlingahem, Antingahem* (ibid., 787. 2). — *Un bois appelé Boihedic, estans près de Hautinghem en costé le bois de l'hôpital des malades Espelleke*, 1264 (Tailliar, Recueil d'actes en langue romane, p. 262). — Il existe un autre lieu *d'Hottinghem* sur Andres. Je ne crois pas que celui qui fait l'objet de cet article soit le *Haute-ville* de Saint-Inglevert, comme l'a pensé M. Courtois, dans sa topographie de Lambert d'Ardres, p. 509.

Auvringhen, h., c^{ne} de Wimille. — *Hauvringhen* (Cassini). — *Terram ad Overingahem, villa Ouringahem*, 1084 (chron. Andr., 785. 2, 789. 1). — *Ouringchem*, 1208 (cart. B. M. Bol.). — *Terre séant à Ovringhen*, 1506 (terr. S. W.). — *Jehan de Bournonville, S^r d'Ouvringhen*, 1550 (proc.-verb. de la Cout.). — *Auvringhen*, 1577 (act. not.). — Fief et seigneurie, tenus de Bazinghen, 1694 (aveu, Dom., reg. 50); tenus du Roi, d'après aveu de 1765 (Dom., reg. 53), et aveu de 1766 (arch. nat. Q 894).

Aux-Toffes, v. HAUTES TOUFFES.

Avalanches, ruisseau, c^ne de Hames-Boucres.

Avancée (L'), pointe en mer, c^ne de Wimille ; aussi maison dite de l'*Avancée*.

Avantage (L'), vallon, c^ne de Wissant. — *La vallée d'Avantaige*, 1525 (cueill. N.-D. de B.).

Ave Maria (L'), h., c^ne du Portel.

Averlot (Mont d'), c^ne de Wissant. — *Terre séant au Mont d'Avrelot*, 1525 (cueill. N.-D. de B.).

Axles, lieu-dit, situation inconnue, peut-être c^ne de Coquelles. — *Apud Axlas, juxtà calcatam quæ ducit ad Nivennam* (Lamb. Ard., p. 385). — *Robertus de Asles*, 1116 ; *Walterus de Axla*, 1136 ; *Simon de Alles*, v. 1179 ; *Robertus de Ales*, 1223 (chron. Andr., 796. 1, 798. 2, 814. 2, 862. 1, 2). — *Decima Alulfi* ou *Adulfi de Ales, quæ est in parochia de Salquele*, lisez *Calquele*, 1179 (ibid., 815. 1). — *En Sangatte et à Ales*, 1280 (Du Chesne, preuv. de Guines, p. 295). — *Duas partes decimæ de Westaxla*, 1223 (cart. Lisk). — *Le Serjanterie d'Ales, dans le baillie de Wissant*, 1338 (compte de Marg. d'Evreux). — M. Courtois l'identifie aux *Callimottes*, dans sa topogr. de Guines (Lamb. Ard., p. 509).

Azuingue, v. Hazuingue.

B

Baas, banc en mer, d'Ambleteuse à Dannes. — *Le grand Baas ; la bassure de Baas.*

Baduy, f., c^ne de Saint-Martin-Boulogne. — *Ernoul de Badewic, de Baudewic*, 1286 (terr. de Beaulieu). —

Baduich, 1338, *Laurent de Badvich, de Baduic*, 1339 (compte de Marg. d'Evreux). — *Baduicq*, 1505 (terr. S. W.). — *Baduhuicq*, 1566 (cueill. N.-D. de B.). — *Baduit* (Cassini). — *Bas-de-Wy* (carte de l'Etat-major. — Fief mouvant de Rupembert, 1756 (Dom., reg. 56 bis). — Fief du *Petit-Baduic*, au chapitre de Boulogne.

Bagatelle (La), f., c^{ne} de Wierre-au-Bois.

Bail (Le), h., c^{ne} de Bazinghen. — *Guillaume du Baile*, 1297 (gages des off. du comte d'Artois). — *Le Bail*, 1614 (act. not.). — (Cassini).

Bailliage (Le), terres, c^{ne} de Wimille. — (terr. S. W.).

Bailles, lieu-dit, c^{ne} d'Outreau. — *Chemin qui maine de Torbinghen à Bailles*, 1489 (matreloge d'Outreau).

Baillon, lieu-dit, c^{ne} de Wirwignes. — *Le fond de Baillon* (cadastre). — *Baillon*, f. (Cassini).

Baillons (Les), anc. f., c^{ne} d'Echinghen. — *Pierre de Baillon, aliàs de Baiellon*, 1285 (chart. d'Artois). — *De Caboche, sieur de Baillon*, 1591 (gén. Bignon). — *Baillon* (Cassini). — Fief des *Baillons*, mouvant de la seigneurie de Selles 1731 (aveu de Selles).

BAINCTHUN, c^{on} sud de Boulogne-sur-mer. — *Actum in Bagingatun*, avril 811 (cart. S. Bertin, p. 72). — *Altare de Budingetuna*, 1208 (cart. B. M. Bol.). — *Robert de Bainghetun*, 1308 (arch. nat. J 415, n° 34). — *Jehenne de Baincghethun*, 1398 (aveu de Jeanne des Prés). — *Bainghetun*, 1506 (terr. S. W.). — *Baincguetun*, 1559 (sennes de Thér.). — *Baincthun*, 1559 (part. de Thér.).

Paroisse du Boulonnais, ressortissant pour la justice au bailliage de Boulogne. — Baronnie du Boulonnais, tenue du Roi, à cause du comté de Boulogne, 1607 (hommage *de Binquetun*, arch. nat., P 17, n° 80).

Cure du diocèse de Thérouanne, puis de Boulogne, au doyenné de Boulogne : *Parochialis Ecclesia [sancti Martini] loci de Bainethun, cum suo succursu [sancti Audomari] de Questinghen*, 1577 (arch. de l'Evêché). — Présentateur, l'évêque. — Décimateurs, le chapitre de Boulogne pour huit gerbes de douze, le seigneur laïque, une, le curé, trois. — Maintenant succursale dans le diocèse d'Arras.

Un ruisseau de Bainethun, formé de divers affluents, devient la rivière d'Echinghen, qui se jette dans la Liane au Pont-Feuillet.

Bainembourg, lieu-dit, c^{ne} d'Outreau. — 1505 (Terr. S. W.).

BAINGHEN, c^{on} de Desvres. — *Bainghen-le-Comte* (Cassini). — *Villam de Bainghem*, 1121 (cart. S. W. Boul.). — *Parochia de Baingehem*, 1223 (cart. Lisk). — *Bahinghem*, v. 1380 (terr. de Thér.). — *Bainghen-au-Mont*, 1559 (sennes de Th.). — Les formes *Beingahem* de Saint-Bertin, *Baingahem* et autres similaires de la chronique d'Andres, concernent les deux *Bayenghem* de l'arr. de Saint-Omer.

Paroisse du Boulonnais, ressortissant pour la justice au bailliage de Desvres. — Seigneurie, tenue du Roi, aux PP. de l'Oratoire de Boulogne. — Les hameaux de Beaurietz et de La Haie faisaient partie de l'Artois et ressortissaient au bailliage de Saint-Omer. — Une autre petite partie du territoire faisait partie de la Picardie et ressortissait au bailliage souverain d'Ardres, 1756 (Rapport du curé).

Cure du diocèse de Thérouanne, puis de Boulogne, au doyenné d'Alquines : *Parochialis Ecclesia [sancti Martini] de Bainghen-le-Comte* (arch. de l'Evêché). — Présentateur, le Supérieur des PP. de l'Oratoire de Boulogne, aux droits de l'abbé de Saint-Wulmer. — Décimateurs, les PP. de l'Oratoire, seuls sur la partie boulonnaise, et en tiers avec le seigneur laïque et les chanoines de Douriez sur le reste du territoire. — Maintenant succursale dans le diocèse d'Arras.

Bainghen, h., c^{ne} de Leubringhen. — (Cassini). — *Beingehem, Bernardus de Baingehem*, 1156 (cart. de Beaulieu). — *Le molin de Beinghem*, 1286 (terr. de Beaulieu). — *Bainghen*, 1584 (actes not.). — Fief et seigneurie tenus du bailliage de Wissant, 1553 (déclaration des fiefs).

Bal (Le), c^{ne} de Quesques, section du Verval. Ruines d'un château-fort.

Balonnée (La), f., c^{ne} de Nabringhen.

Balvert, lieu-dit, c^{ne} de Maninghen (aveu de 1774). — *Bardevelt*, 1393 (aveu d'Honoré Foliot).

Banc-à-Laine, banc en mer, en face de l'anse de Wissant.

Banc-aux-Chiens (Le), lieu-dit, c^{ne} des Attaques.

Bancres, h., c^{ne} de Pittefaux. — (Cassini). — *Bankenes*, 1286 (terr. de Beaulieu). — *Rue qui maine de Hennes à Banques, alias Banquenes*, 1393 (aveu d'Honoré Foliot). — *Banques*, 1594 (act. not.). — Fief et seigneurie, mouvant de Souverain-Moulin (aveu de 1765, Dom., reg. 57).

Bandicq (Le), canal, c^{ne} de Marck. — *Banc de Mardick*, 1584 (terr. de Miraulmont).

Baraterie (La), f., c^{ne} de Colembert. — (Cassini). — Arr.-fief de la baronnie de Colembert, 1553 (déclaration des fiefs).

Barbarie (La), anc. f., c^{ne} de Bellebrune. — *La Barberie*, 1564 (cueil. N.-D. de B.). — *Haute et basse Barbarie, à présent le courtil au flos*, 1767 (Dom., reg. n° 53).

— Détruite et incorporée au domaine de La Villeneuve. — Fief mouvant de la châtellenie de Belle.

Barberousse, lieu-dit, c^{ne} de Réty, section de Locquinghen.

Bardelet, lieu-dit, c^{ne} d'Alincthun. — 1760 (francs-fiefs de Desvres).

Bardes (Les), lieu-dit, c^{ne} de Ferques. — (Cassini). — *Fontaine de Liebarne*, 1480 (terr. d'Andres).

Barisellerie (La), anc. f., c^{ne} de Crémarest. — 1429 (cart. de Crém., n° 14).

Barkingstede, lieu-dit, c^{ne} d'Hervelinghen, d'après le terrier anglais de 1556.

Baron, ruisseau, c^{nes} d'Ambleteuse et de Bazinghen, affluent de la Slack.

Baronnerie (La), lieu-dit, c^{ne} de Bainethun, sur la Bouverie.

Baronnerie (La), f., c^{ne} d'Henneveux.

Baronnerie (La), f., c^{ne} de Leubringhen. — *La Baronnie* (Cassini). — C'est le siége de la baronnie de Disacre. v. ce mot.

Barraques (Les), h., c^{ne} de Sangatte. — Erigé en succursale par décret impérial du 18 mars 1865.

Barre (La), f., c^{ne} de Fiennes, 1484 (tit. de Monflon).

Barreaux (Les), ch^{au} et f., c^{ne} de Réty. — (Cassini). — *Les Barreaulx*, 1550 (proc.-verb. de la Cout.). — *Famille de Guizelin, seigneur des Barreaux*, 1513-1697 (gén. Bignon). — Fief mouvant d'Austruy, 1553 (déclaration des fiefs).

Barrière (La), anc. h., c^{ne} de Hames-Boucres. — *La Barrière de Hames*, 1584 (terr. de Miraulmont).

Barrière-du-Bois (La), h., c^{ne} de Fiennes. — *La Barrière* (Cassini). — *Maison nommée la Barrière*, 1733 (act. not.).

Basincourt, v. QUENELETS.

Bas-Marck (Le), h., c^{ne} des Attaques.— (Cassini).

Bas-Mont (Le), h., c^{ne} d'Alembon.— *Haut et Bas Mont* (Cassini). — *Vicus de Herewoch in Pedemonte*, v. 1400 (terr. de Thér.). — Quelquefois *Bas du Haut-Mont*. — Cette section de la commune d'Alembon faisait autrefois partie du Boulonnais, et se trouve annexée à la communauté civile de Boursin dans un acte de 1657.

Bas-Ruisseau (Le), f., c^{ne} de Saint-Martin-Choquel. — *Thumas Baruchaut*, 1415 (compte de la ville de Boulogne, p. 15).

Basse-Cour (La), f., c^{ne} de Samer.

Basse-Cour (La), f., c^{ne} de Wirwignes.

Basse-Falize (La), h., c^{ne} de Rinxent, section d'Hydrequent. — *Haute et basse Falize* (Cassini).

Basse-Flaque (La), h., c^{ne} de Neufchâtel. — *La Flaque* (Cassini).

Basse-Forêt (La), h., c^{ne} de Desvres.

Basse-Nielles, h., c^{ne} de Nielles.

Basse-Normandie (La), h., c^{ne} de Coquelles.

Basse-Normandie (La), h., c^{ne} de Rinxent, section d'Hydrequent. — (Cassini).

Basse-Rue (La), section de la c^{ne} d'Alembon.

Basses-Communes (Les), h., c^{ne} de Marck.

Basse-Vallée (La), f., c^{ne} d'Alincthun, dans la mouvance du fief de Le Court.— (Cassini).

Basse-Vallée (La), h., c^{ne} de Baincthun. — (Cassini). — Un ruisseau dit de la Basse-Vallée, sortant de la forêt, se réunit à celui du Pont-Pierreux.

Basse-Ville (La), h., c^{ne} de Carly.—(Cassini).

Bastret (Le), h., c^{ne} de Caffiers. — (Cassini). — *Bastrait* et *Bastrecq*, 1654 (tit. de Mouflon).

Bataille (La), lieu-dit, c^ne d'Echinghen.

Bataille (La), lieu-dit, c^ne de Nesles.

Battelage (Le), f., c^ne d'Henneveux.

Batterie (La), lieu-dit, c^ne d'Escalles.

Batterie (La), lieu-dit, c^ne de Dannes.

Battinghen, f., c^ne d'Outreau, section de Manihen. — *Rue qui maisne de l'Attre à Bathinghen*, 1506 (Terr. S. W.).

Baudrethun, h., c^ne de Marquise. — *Boudertun*, 1286 (terr. de Beaulieu). — *Baudrethun*, 1525 (cueil. N.-D. de B.). — *Bedretun* (Cassini). — Fief et seigneurie au chapitre de Boulogne.

Baymandes, mont sur Escalles, dans le plan anglais du Calaisis, de 1556.

BAZINGHEN, c^on de Marquise.—*Parochia de Odingahem et de Basingahem*, v. 1127 (chron. Andr., 803 2).— *Rogerus de Basingeham*, 1173 (cart. de St-Josse).— *Rogeris de Basinghem*, 1189 (chart. de Samer). — *Rogerus de Basinghem*, 1220 (Diplom. Bert.). — *Occis fu lès Basinguehans*, XIIIe s. (Roman d'Eustache le Moine, vers 310, p. 12). — *Bazinghen*, 1515 (Tass.) et 1559 (part. et sennes de Thér.). — *Basinghen en Boulonois* (Cassini).

Paroisse du Boulonnais, ressortissant pour la justice au bailliage de Wissant. — Seigneurie, tenue du Roi, 1694 (aveu, Dom., reg. 50).

Cure du diocèse de Thérouanne, puis de Boulogne, au doyenné de Wissant : *Parochialis Ecclesia sancti Eligii de Basinghen*, 1558 (arch. de l'Evêché). — Présentateur, l'évêque, en vertu d'une cession faite par l'abbé de Samer, *Patronatus parrochiæ de Basinghem*, 1247 (cart. Mor.). — Décimateur, l'abbaye de

Samer et le curé. — Maintenant succursale dans le diocèse d'Arras.

Beaucamp, f., c^{ne} de Wierre-Effroy. — (Cassini). — Fief mouvant de la seigneurie de Londefort (aveu 1765, Dom., reg. 56, et aveu 1782, arch. nat.).

Beaucorroy, h., c^{ne} de Doudeauville. — *Beaucoroy* (Cassini). — *Mauricius de Belcauroi*, 1203 (cart. Mor.). — *Pierre de Biaucouroy*, 1293 (chart. d'Artois). — *Porrus de Beaucorroy*, 1392 (compte des aides). — *Beaucauroy*, 1553 (déclaration des fiefs). — Arr. fief de la baronnie de Doudeauville.

Beaulieu, f. et bois, c^{ne} de Ferques. — Abbaye de chanoines réguliers, congrégation d'Arrouaise, fondée vers l'an 1136 par Eustache de Fiennes, et détruite en 1390. — *Ecclesia sancte Marie de Bello loco*, 1157 (cart. de Beaulieu). — *Biauliu*, 1286 (terr. de Beaulieu) — *Bauduins, abbé de l'église N.-D. de Biaulieu*, 1320 Dom Grenier, t. CXCIV, p. 196). — *Monasterium de Belloloco*, 1515 (Tass.). — *Beaulyeu*, 1556 (plan anglais).—*Bellolocus*, Malbrancq, carte.— *A B. de Beaulieu ruinée* (Cassini).— Les biens et revenus sont restés en commende jusqu'en 1790.

Beaumarais, f., c^{ne} de Marck. — (Cassini).

Beaumarais, h., c^{ne} de Saint-Pierre.

Beaumont, lieu-dit, c^{ne} de Saint-Martin-Boulogne. — *Bellomonte*, 1208 (cart. B. M. Bol.). — *Terre entre le Cocaigne et Beaumont*, 1389 (aveu d'Aelis le Barbière). — *La grande Marlière de Beaumont*, XVIIe s. (terr. N.-D. de B.).

Beaumont, f., c^{ne} de Selles, mouvant de la seigneurie de Brunembert, 1553 (déclar. des fiefs).

Beaurain, lieu-dit, c^{ne} de Wierre-Effroy. — 1704 (terr. N.-D. de B.).

Beauregard, h., c^{ne} de Pihen. — (Cassini).

Beauregard, lieu-dit, c^{ne} de Wierre-Effroy. — *Lieu, manoir et tenement, nommé Beauregard*, 1525 (cueil. N.-D. de B.).

Beaurepaire, f., c^{ne} de Saint-Martin-Boulogne. — (Cassini). — *Jake de Biaurepair*, 1353 (accord tiré des arch. nat., mém. Soc. Acad., IX, p. 281). — *Biaurepair*, 1506 (terr. S. W.). — Section de la c^{ne} de Saint-Martin, réunie à la ville de Boulogne par arrêté du 9 nivôse an XII, et rendue à ladite c^{ne} par ord. roy. du 26 juin 1821.

Beaurepaire, fontaine, c^{ne} de Neufchâtel. — *La fontaine du Borne, ou de Beaurepaire*, 1720 (cueill. de Longvilliers).

Beaurietz, f., c^{ne} de Bainghen. — *Beaurié* (Cassini). — Faisait partie de la province d'Artois et ressortissait au bailliage de Saint-Omer (Maillard, cout. d'Artois).

Beauvallon, château, c^{ne} de Bouquehaut.

Beauvoir, f., c^{ne} de Lacres. — (Cassini).

Beauvois, f., c^{ne} de Selles. — *Beauvoir* (Cassini). — *Maison, lieu et manoir, nommé Beaurois*, XVIIe s., fief mouvant de la pairie du Boutillier (aveux du Boutillier).

Becque (Le), moulin et ruisseau, c^{ne} de Condette. — *Moulin du Becque* (Cassini). — *Moulin de Lebecq, alias du Becque*, 1654 (Dom., reg. 53). Démoli en 1850.

Becque (Le), lieu-dit, c^{ne} d'Outreau. — *L'enclos de le Becque, le manoir de le Becque*, 1389 (aveu de Jehan de le Becque).

Becque (Le), ancien nom du ruisseau qui passe à Beaulieu. — *Aqua de Lebecca*, 1157 (cart. de Beaulieu).

Becquerie (La), lieu-dit, c^{ne} d'Alincthun, vers le Plouy de Colembert.

Béda (Le), h., c^ne de Bazinghen. — (Cassini). — (Act. not., 1635).

Bédouatre, h., c^ne de Saint-Martin-Boulogne.—(Cassini). — *Laurent de Bedewatre*, 1392 (compte des aides). — *Jehan de Bedouatre*, 1480 (terr. d'Andres). — *Bédouattre*, 1505 (terr. S. W.), 1550 (cueill. N.-D. de B.). — Fief tenu du bailliage de Boulogne, 1696 (hommage au Roi, arch. nat. P 15, n° 458).

Chapelle de Bédouatre, *Capella, seu Capellania perpetua ad altare seu sub invocatione sanctorum Apostolorum Jacobi majoris et Jacobi minoris in castello de Bedoastre*, 1676 (archives de l'Evêché). Titre de bénéfice érigé par Mgr de Perrochel, avec 150 livres de revenus à prendre sur la ferme de l'Ecuelle-trouée. — Présentateur, le seigneur de Bédouatre.

Un ruisseau de Bédouatre, naissant au pied du Mont-Lambert, se réunit à celui du Blanc-Pignon, vers Cluses.

Béguerie (La), f., c^ne de Wierre-Effroy. — (Cassini).

Béguinerie (La), anc. f., c^ne d'Henneveux. — (Cassini).

Belbert, mont, c^ne de Licques. — *Nemus de Berteberg*, 1223 (cart. Lisk.). — *Berteberch*, v. 1400 (terr. de Thér.).

Belbet, h., c^ne d'Henneveux. — *Le Belbecq* (Cassini). — *Belbecq*, 1484 (arch. des Ursul.). — *Leurens de Belbet, sieur dudit lieu*, 1462 (cart. de Crém., n° 25). — *De Ricault, sieur de Belbecq, aliàs Belbet*, 1694 (arch. de famille). — Fief de *Bellebecq*, mouvant du Roi, 1553 (déclar. des fiefs). — L'abbaye de Longvilliers y possédait une dîme.

Bélina, f., c^ne de Tardinghen.

Belinghem, lieu inconnu, situé près de Wissant. — *Belinghem juxta Witsandum* (Lamb. Ard., p. 221).

Bellannoy, f., c^{ne} de Wirwignes. — *Belanoy* (Cassini).

BELLE-ET-HOULLEFORT, c^{on} de Desvres. — *Henricus de Bello*, 1183 (cart. Lisk.). — *Willelmus de Bello*, 1193 (chron. Andr., 823. 2). —*Gonfridus de Bello vel Bealloce* (Lamb. Ard., p. 315).—*Ecclesia de Belle*, 1226 (cart. Mor.). — *Bertin de Belle*, 1339 (compte de Marg. d'Evreux). — *Belle*, 1515, 1559 (Tass., part. de Thér.. sennes).— v. HOULLEFORT.

Paroisse du Boulonnais, ressortissant pour la justice au bailliage de Londefort. — Châtellenie du comté de Boulogne ; seigneurie mouvant du roi, à cause du comté de Boulogne, 1477 (hommage, arch. nat. P 15, n° 224).

Cure du diocèse de Thérouanne, puis de Boulogne, au doyenné de Boulogne : *Parochialis Ecclesia sancti Audomari de Belle, cum suo succursu de Houllefort*, 1582 (arch. de l'Evêché). — Présentateur, l'évêque. —Décimateurs, le prieur du Wast pour deux tiers, et le curé pour l'autre tiers. — Maintenant succursale dans le diocèse d'Arras.

Chapelle de Saint-Antoine, dans l'église de Belle. avec titre de bénéfice, sans revenus. — Présentateur, l'évêque.

Bellebonne, f., c^{ne} de Pernes.

Bellebronne, lieu-dit, c^{ne} de Verlincthun.

BELLEBRUNE, c^{ne} de Desvres. — *Johannes de Bereborna* (Lamb. Ard., p. 249). — *Robertus de Berebronna*, 1116 (chron. Andr., 796. 1) ;— *de Bellebronna*, 1121 (cart. S. W. Boul.). — *Wido de Belebruna*, 1173 (cart. de St-Josse). — *Altare de Belebrone*, 1208 (cart. B. M. Bol.). — *Guido de Bellebronne*, 1209 (charte d'Ambleteuse). — *Baldewinus de Belebrone*, 1223 (cart. Lisk.). — *Baudouin de Bellebroane*, aliàs *Bellebourne*, 1347 (Froissart). — *Robert de Bellebreune*, 1412 (P. Varin, arch. adm. de la ville de Reims). — Vulgairement : *Bellebronne*.

Paroisse du Boulonnais, ressortissant pour la justice au bailliage de Londefort. — Baronnie du comté de Boulogne, dont hommage au roi le 5 avril 1639 (arch. nat. P 18, n° 154 ; aveu de 1774, dans l'aveu général de Fiennes, ibid. P 861 bis).

Cure, annexée comme secours à celle d'Alincthun, dans le doyenné de Boulogne.— Décimateurs, le chapitre de Boulogne et le curé. — Erigée en succursale avec Le Wast pour annexe, en 1803 ; réunie de nouveau à la succursale d'Alincthun, diocèse d'Arras, en 1808.

Belle-Croix (La), h., c^{nes} de Desvres et de Longfossé.— (Cassini).

Belledalle, h., c^{ne} de Tardinghen. — *Belledale* (Cassini). — *Belledalle*, 1506 (terr. S. W.). — Fief tenu du bailliage de Wissant.

Belle-Etoile (La), h., c^{ne} de Tardinghen.

Belle-Fontaine, anc. village, c^{ne} de Condette, enseveli sous les sables. — *Belefontene*, 1285 (chart. d'Artois). — *Manoir de Bellefontainne*, 1292 (acte orig., arch. nat. J 1125, n° 10). — *Garennes de Belefontene ; Jehan Marc, castelain de Belefontene*, 1338 (compte de Marg. d'Evreux). — Bailliage et prévôté royale de Bellefontaine, réuni avant 1550 à celui d'Etaples avec celui du Choquel, et supprimé par l'édit de juin 1745.

Belle-Fontaine (La), h., c^{ne} de Leulinghen.

Belle-Fontaine, f., c^{ne} de Saint-Martin-Boulogne.

Bellefosse, lieu-dit, c^{ne} d'Outreau. — 1494 (matrelogᵉ d'Outreau, art. 100).

Bellegambe, fief et bois, c^{ne} de Nabringhen.

Bellegasse, lieu-dit, c^{ne} d'Outreau, v. 1480 (matrelogᵉ d'Outreau, art. 41).

Belle-Ile, h., c^{ne} d'Echinghen. — *Belle-Isle* (Cassini). — *Jean du Blaisel, sieur de Belle-Isle*, 1634 (gén. Bignon). — *Belle-Ille*, 1725 (rapp. du curé).

Bellemere, fief, c^{ne} de Nabringhen, mouvant de la baronnie de Colembert. — XVIIe s. (arch. des Minimes).

Bellerue, f., c^{ne} de Vieil-Moutier. — *Barthélemy Croquelois, écuyer, sieur de Bellerue, prévot de la maréchaussée*, 1701 (arch. locales).

Bellevalle (Le), lieu-dit, c^{ne} de Crémarest, section de Reclinghen. — (Aveu de 1782).

Bellevue (La), f., c^{ne} d'Alinethun.

Bellevue, anc. maison, c^{ne} de Belle-et-Houllefort, sur la rive gauche du ruisseau de la Villeneuve, près le Tappecul. — (Cassini).

Bellevue, h., c^{ne} de Marck.

Bellezart (Le), anc. maison, c^{ne} de Guines. — *Le grand Bellezart*, 1584 (terr. de Miraulmont).

Bellinguerie (La), h., c^{nes} d'Henneveux et de Longueville. — *La Bellingrie* (Cassini).

Bellozanne, h., c^{ne} de Samer. — *Bellozane* (Cassini). — *Bellozanne et Bellozenne*, 1690 (cueill. de Samer.) — Un ruisseau de ce nom, affluent de la Liane, audit lieu.

Bemmes (Les), lieu-dit, c^{ne} de Condette.

Berck, h., c^{ne} de Campagne. — *Berk* (Cassini). — *Le Bercq*, 1480 (terr. d'Andres). — *Dîme de Berck en Campagne*, 1728 (arch. de l'Evêché). — Fief et seigneurie tenus de la châtellenie de Guines.

Le hameau de Berck-en-Campagne dépendait du Bailliage souverain d'Ardres. La dime appartenait pour cinq neuvièmes à l'abbaye d'Andres, deux neuvièmes au chapitre de Boulogne, un au baron de Nielles et un au curé.

Berck, f., c^{ne} de Coulogne. — *Le Petit Bercq.*

Berck, anc. f., c^{ne} de Pihen.

Berck, f., c^{ne} de Saint-Tricat. — *Le Berk* (Cassini). — *Fief de Bercq* (Beaurain, cart. du gouvernement de Calais).

Berdolle (La), anc. f., c^{ne} d'Hardinghen.

Bergerie (La), f., c^{ne} d'Alincthun.

Bergerie (La), f., c^{ne} de Marck.

Bergeries (Les), f., c^{ne} de Saint-Martin-Boulogne.

Berg-op-zoom (Le), f., c^{ne} de Coulogne.

Bergues (Le), lieu-dit, c^{ne} de Wirwignes.

Bergues, fief, c^{ne} de Selles. — (Aveu de 1731).

Berguettes, h., c^{ne} de Wacquinghen. — (Cassini). — *Bauduin de Bergetes*, 1286 (terr. de Beaulieu). — *Michel de Berghetes*, 1298 (chartes d'Artois). — *Monsieur de Berguettes*, 1392 (compte des Aides). — *Berguettes*, 1506 (terr. S. W.). — Fief mouvant de la châtellenie de Fiennes (Dom., reg. 50); de la baronnie de Bellebrune (aveu de 1774).

Bernamont, anc. f., c^{ne} de Baincthun, section de Questinghen. — Fief tenu du Roi, 1553 (déclaration des fiefs).

Bernamont, fief, c^{ne} de Ferques, mouvant de la châtellenie de Fiennes (Dom., reg. 50).

Bernard, lieu-dit, c^{ne} d'Outreau. — *Chemin qui maisne de Capescure à Bernard*, v. 1480 (matreloge d'Outreau, art. 25 et 70). — Probablement sur le terrain rongé par la mer et dont les enrochements subsistent sur la côte de Châtillon ; — *les roches Bernard ; Bernard découvre aux basses mers de vive eau.*

Bernard, ruisseau, c^{nes} de Brunembert et d'Henneveux.

Bernes, h., c^{ne} de Leulinghen. — (Cassini). — *Item à Lonlinghem et à Bernes, xxv lib. xv s. x d.*, XIIIe s. (chartes d'Artois, revenus de Fiennes, A 118). — *Mikiel de Bernes,* 1415 (compte de la ville de Boulogne). — *Fam. de Bernes,* dont généalogie de 1535 à 1697 dans Bignon. — Fief mouvant de Selles (aveu 1731).

Chapelle de Bernes, *Capella sive Capellania sanctæ Barbaræ de Bernes in pago de Leulinghen,* 1681 (arch. de l'Evêché) ; titre de bénéfice. — Présentateur, le seigneur du lieu.

Bernieulles, h., c^{ne} de Lottinghen.

Berquen, anc. f., c^{ne} d'Outreau.— *Le Renard ou Berquen* (Cassini). — *Berkem,* 1112 (cart. de Samer). — *Berchem,* 1173, 1199 (ibid). — *Jehan de Berkem,* 1392 (compte des Aides) — *Robert de Bercquen,* v. 1480 (matreloge d'Outreau, n° 7). — *Chemin de Berquen,* 1506 (terr. S. W.).

Berqueries (Les), h., c^{ne} de Tingry. — *Les Berqueries* (Cassini). — *La cense des Berqueries,* 1458 (compte de Tingry).

Bertenlaire, h., c^{ne} de Bainethun. — *Bertanlaire* (Cassini). — *Jehan de Bertellare,* 1339 (compte de Marg. d'Evreux). — *Bertenlaire,* 1458 (compte de Tingry). — *La Bertenlaye,* 1535 (cueil. de N.-D. de B.). — *J. de la Fresnoye, sieur de Berthenlaires,* 1550 (procès-verb. des coutumes). — Fief tenu du Roi, à cause de son bailliage de Wissant, 1553 (déclaration des fiefs).— Ruisseau de Bertenlaire, affluent de la rivière de Bainethun.

Bertinghen, f., c^{ne} de Bazinghen. — (Cassini). — *Li molins de Bertinghen*, XIIIe s. (chartes d'Artois, A 118). — *Fief de Bertinguen*, 1553, tenu du Roi, à cause du bailliage de Wissant (déclar. des fiefs).

Bertinghen, f., c^{ne} de Saint-Martin-Boulogne. — (Cassini).— *Maroie de Bertinguehen*, 1389 (aveu d'Aelis le Barbière). — *Bertinghen*, 1506 (terr. S. W.). — Fief tenu du Roi, aveu de 1775 (arch. nat. Q 894).

Bessingue (La), f., c^{ne} de Peuplingues. — *Beussingue* (Cassini).—Villa *Bissingehem, Bissinghehem, Bissingahem, Bessingahem*, 1084 (chron. Andr., 783. 1. 2 ; 782. 2. ; 789. 1). *Stacius, sacerdos de Bessinges*, 1208 (chart. d'Ardres). — *Terres en Bessinghes*, 1280 (Duchesne, preuves de Guines, p. 295). — *Besings*, 1556 (plan anglais).

Bestien (Le), lieu-dit, c^{ne} de Wacquinghen.

Beugin, fief, c^{ne} de Brunembert. — 1763 (francs-fiefs de Desvres).

Beuque, h., c^{ne} de Fiennes. — Quelquefois *Beucre*. — *Beucrene* (Cassini). — *Buekenes*, 1286 (terr. de Beaulieu). — *Buequenes*, XIIIe s. (chartes d'Artois, A 118). — *Bœuques, Bœucques, Beucques*, 1582-1684 (tit. de Monflon). — M. Courtois y place par erreur le *Bocretes* de sa topographie de Guines : c'est Boucres.

BEUVREQUEN, c^{on} de Marquise. — *De altare in villa Bovorkem persona est Hetlandus*, 1043 (charte de Drogon, év. de Thér., pour Saint-Bertin).— *Ecclesiam de Boveringhem*, 1107 (cart. S. Bert., p. 218, 315).— *Bovrinkehem*, 1139 (ibid., p. 311). — *Curtem S. Bertini de Boverchem*, 1210 (diplom. Bert., n° 51). — *Parrochiani de Beuverghem*, 1214 (ibid., n° 50). — *Villa de Bovremghem*, 1253 (charte de Mahaut, Dom

Grenier, t. CCLXI, p. 20). — *Bœuvrinchem,* 1253 (chartes d'Artois). — *Buvrekem, Buvrehem, Buevrehem, Buevreghem, Burikem, Bœuverkem, Bruevrehem* et *Buevringhem,* 1293-1298 (ibid.). — *Bœuvreken,* 1515 (Tass.).—*Beuvreken,* 1559 (part. de Thér.). — *Beuvreghen,* 1560 (sennes de Thér.). — *Burequin* (cartes du xviie s.).

Paroisse du Boulonnais, ressortissant pour la justice au bailliage de Londefort. — Seigneurie, aux mains de l'abbé de Saint-Bertin.

Cure du diocèse de Thérouanne, puis de Boulogne, au doyenné de Boulogne, avec Wacquinghen comme secours : *Parochialis Ecclesia sancti Maximi de Beuvrequen cum suo succursu sancti Antonii de Wacquinghen* (arch. de l'Evêché). — Présentateur, l'abbé de Saint-Bertin. — Décimateur, le même.— Maintenant succursale dans le diocèse d'Arras, avec Offrethun pour annexe.

Bien-Assise (La), f., c[ne] de Guines. — (Cassini).

Biette (La), voyez ABBIETTE.

Billarderie (La), f. c[ne] de Crémarest. — (Cassini). — *Terres et preys de la Billarderie,* 1418. 1429 (cart. de Cremarest, n[cs] 13 et 14). — *Fief de la Billarderye,* 1553 (déclaration des fiefs). — Famille de Flahaut, sieur de la Billarderie, dont généalogie de 1554 à 1697 dans Bignon.

Billiauville, h., c[ne] de Wimille. — *Bilioville* (Cassini). — *Terre gisant deseure Billauville,* 1506 (terr. S. W.). — *Billeauville,* 1525 (cueil. de N.-D. de B.). — Fief érigé en 1788, mouvant de la baronnie de Bellebrune, formé de toutes les censives, fiefs et arrière-fiefs qui relevaient de cette baronnie dans la paroisse de

Wimille (Dom., reg. n° 31). — Ruisseau, affluent du Wimereux.

Biseque (Le), lieu-dit, c^{ne} de Maninghen. — 1393 (aveu d'Honoré Foliot).

Bisme (Le), lieu dit, c^{ne} d'Outreau. — *Quemin de le Bisme*, 1389 (aveu de Jehan de le Becque).

Bissenneries (Les), terres, c^{ne} de Marquise.

Blacourt, f., c^{ne} de Leubringhen. — *Disque, sieur de Blacourt*, 1616 (act. not.). — Un ruisseau de ce nom descend à Leulinghen et se dirige vers Witrethun, où il se joint à d'autres petits cours d'eau qui forment la rivière de Rougeberne, affluent de la Slack.

Blaisel (Le), h., c^{ne} de Longfossé. — *Haut et Bas Blaisel* (Cassini). — *Jacques du Blaisel*, 1472. — Famille *du Blaisel*, dont généalogie, de 1506 à 1697, dans Bignon. — Fiefs du Haut-Blaisel et du Bas-Blaisel, tenus du Roi à cause de son château de Desvres (aveu de 1766, arch. nat. Q 898). Dans l'aveu de Longfossé de 1748, le Haut-Blaisel est un fief distinct, tenu de Boulogne.

Blanchard, ruisseau dit, c^{ne} d'Isques, affluent de la Liane.

Blanche (La), ruisseau, c^{ne} de Wirwignes.

Blanche-Maison (La), fief, c^{ne} d'Alembon, mouvant de la seigneurie d'Alembon, 1774 (Dom., reg. 56 bis).

Blanc-Mont, lieu-dit, c^{ne} de Sanghen.

Blanc-Nez (Le), cap, entre Wissant et Sangatte. — *Cap de Blancnez* (Cassini). — *Blanconestum*, (Malbrancq, t. I, cap. III). — *Le Blannest* (cartes du xviie s.).

Blanc-Pignon (Le), lieu-dit, c^{ne} des Attaques.

Blanc-Pignon (Le), f., c^{ne} de Fiennes. — (Cassini). — *Chemin de Beucre à Blanc-Pignon*, 1654 (tit. de Monflon).

Blanc-Pignon (Le), h., c^{ne} de Saint-Martin-Boulogne.

— (Cassini).— Ruisseau, coulant vers Cluses, affluent de la rivière du Denacre.

Blanc-Pignon (Le), h., c^{ne} de Verlincthun.

Blanc-Rietz, f., c^{ne} de Réty.

Blancs-Rietz (Les), lieu-dit, c^{ne} de Lottinghen.

Blanc-Trou (Le), écart, c^{ne} de Wirwignes.

Blanque-Jument (La), mont, c^{ne} de Samer. — *Les mons de le blancque jument*, 1504 (arch. de Samer).

Bléquenecque, h., c^{ne} de Marquise. — *Brecneque* (Cassini). — *Blekenaker*, 1286 (terr. de Beaulieu). — *Brecquenecque*, 1562-1564 (cueil. de N.-D. de B.). — *Blecquenecque*, 1584 (Bail notarié). — Fief de *Bléquenecque* ou de *Bréquenet*, consistant en censives à percevoir dans la paroisse de Wimille. (Dom., reg. 58).

Bléquin-Boissart, fief, c^{ne} de Crémarest, consistant en censives sur Reclinghen, 1768. (Dom., reg. 57).

Blinghem, terre, c^{ne} d'Echinghen, 1401 (aveu d'Enlard Paindavene).

Blocqueries (Les), terres, c^{ne} de Le Wast. -- 1457 ; — *Blocries*, 1573 ; — *Bloqueries*, 1642 (arch. du Prieuré du Wast).

Blocques, lieu-dit, c^{ne} d'Outreau.— *Terroir de Blocques*, 1500 (matreloge d'Outreau, art. 114). — *Blocque* (terr. de Turbinghen).

Bocquet (Le), f., c^{ne} de Réty.— (Cassini).

Boctier, ruisseau du, c^{ne} de Samer.

Bodericke, anc. paroisse du Calaisis, que le terrier anglais de 1556 place au nord de Nielles-lès-Calais et de Fréthun, dont elle était séparée par un chemin nommé *Bodericke Street*, conduisant de la Leulene aux marais ; au sud de Coquelle, à laquelle on l'avait annexée (*and to the said parish of Calkewell is annexed and joyned the parish of Bowdericke*). Elle touchait aussi à la paroisse de Bonningues et à celle de Sangatte. — *Parochia de Budreke* (chron. Andr., 803. 2) — *Bodericke* (Ibid., 823. 2). — *Quamdam ecclesiam quæ Budrich dicitur*, 1183 (cart. Lisk.). — *Altare de Boderich*, 1223 (Ibid.). — *La disme de Bordercke*, aliàs *Bordereke* à Jehan de Cauquelle, 1338-1339 (compte de Marg. d'Evreux, pp. 322-356).

Iois (Le), f., c^{ne} de Marquise. — (Cassini). — *Le Bos*, 1577 (Act. not.). — Fief tenu du Roi, 1553 (déclar. des fiefs).

— **Allais** (Les), bois, c^{ne} d'Alincthun. — *Bois Allées* sur la carte de l'état-major.

— **à Loups**, bois, c^{ne} de Lottinghen (cadastre).

— **Barcleux**, bois, c^{ne} de Tingry.

— **Bernard** (Le) f., c^{ne} de Longfossé. — (Cassini). — Famille Roze, sieur de Bois-Bernard, dont généalogie, 1558-1572, dans Bignon. — Fief tenu du Roi, à cause du château de Desvres, 1785 (aveu aux Arch. nat. Q 898).

— **Bertrand**, bois et lieu-dit, c^{ne} de Wierre-Effroy.

— **Buleau** (Le), ou Bois-Bulot, bois, c^{ne} de Saint-Martin-Choquel.

— **Caillier** (Le), bois, c^{ne} de Brunembert.

— **Caron** (Le), bois, c^{ne} de Colembert.

— **d'Alembon** (Le), bois, c^{ne} d'Alembon.

— **Dame-Jeanne** (Le), bois, c^{ne} de Rinxent.

— **Dardu**, bois et lieu-dit, c^{ne} de Selles (cadastre).

— **de Bainghen** (Le), bois, c^{ne} de Bainghen.

— **de Beaulieu** (Le), bois, c^{ne} de Ferques, section d'Elinghen.

— **de Bellebrune** (Le), bois, c^{ne} de Bellebrune.

— **de Blacourt** (Le), bois, c^{ne} d'Hesdin-l'Abbé, au hameau de Brucquedale.

Bois de Bourgogne, bois, c^{ne} de Campagne, 1480 (terr. d'Ardres).

— de **Bournonville**, bois, et ruisseau dit, c^{ne} de Bournonville, affluent de la Liane.

— d'**Ecault** (Le), bois, c^{ne} de Questrecques.

— de **Colembert** (Les), bois, c^{ne} de Colembert, en deux sections, dites du Haut et du Bas-Colembert.

— de **Comté** (Le), bois, c^{ne} de Réty. — *Monsieur de Contay*, 1480 (terr. d'Andres). — *Rieu qui flue du bois de Contay à Hellebronne*, 1569 (act. not.).

— de **Course** (Le), bois, c^{ne} de Doudeauville.

— de **Fiennes** (Le), bois, c^{ne} de Fiennes.

— de **Gamelin** (Le), bois, c^{ne} de Sanghen.

— de l'**Aby**, bois, c^{ne} de Wirwignes (cadastre).

— de la **Cloye**, bois, c^{ne} de Wierre-Effroy. — (Cassini).

— de la **Croix** (Le), bois, c^{ne} de Quesques, section du Verval.

— de la **Derrière** (Le), bois, c^{ne} de Fiennes. — 1774 (aveu de Fiennes).

— de la **Fine-Haye** (Le), bois, c^{ne} de Fiennes. — 1774 (aveu de Fiennes).

— de la **Garenne** (Le), bois, c^{ne} d'Herbinghen. — (Titres de 1651 à 1740, dans l'inventaire d'Alembon, et Cassini).

— de l'**Enclos** (Le), bois, c^{ne} d'Alembon.

— de **Lengagne** (Le), bois, c^{ne} de Quesques.

— de l'**Eperche** (Le), bois, c^{ne} de Samer.

— de l'**Hôtellerie**, bois, c^{ne} de Baincthun.

— de **Liembrune** (Le), bois, c^{ne} de Tingry.

— de **Montbrun** (Le), bois, c^{ne} d'Herbinghen.

— de **Quesques** (Le), bois, c^{ne} de Quesques.

— de **Renty** (Le), bois, c^{ne} de Colembert.

Bois de Saint-Inglevert (Le), bois, c^{ne} de Saint-Inglevert.
— de Saint-Inglevert (Le), bois, c^{ne} de Rinxent.
— de Sars, bois et ruisseau, c^{ne} de Tingry.
— des Aulnes (Le), bois, c^{ne} de Réty.
— des Bouillets (Le), bois, c^{ne} d'Henneveux.
— des Côtes (Les), bois, c^{nes} de Menneville, Saint-Martin-Choquel, Vieil-Moutier, Lottinghen, etc.
— de Selles (Le), lieu-dit (bois défriché), c^{ne} de Selles.
— de Senlecques, h., c^{ne} de Senlecques. — *Le Bois de Senlecque* (Cassini).
— des Garennes (Le), bois, c^{ne} de Saint-Martin-Choquel.— 1680 (arch. de l'abb. de Samer).
— des Monts (Le), bois, c^{nes} de Courset et de Longfossé. —(Aveu de 1748).
— des Mottes (Le), bois, c^{ne} d'Henneveux.
— de Souverain-Moulin (Le), bois, c^{ne} de Pernes.
— des Pierres, ruisseau dit du, c^{ne} de Bournonville.
— des Réveleux (Le), bois, c^{nes} de Courset et de Longfossé.— (Aveu de 1748).
— des Roches (Le), bois, c^{ne} de Réty.
— des Saules (Le), bois, c^{ne} de Réty.— (Aveu d'Austruy, 1741). — *Bois à le Sauch* ou *Bois de Bainghetun*, 1480 (terr. d'Andres).
— des Trois-Coins (Le), bois, c^{ne} de Lottinghen.
— d'Hermelinghen (Le), bois, c^{ne} d'Hermelinghen.
— Dorot (Le), bois, c^{ne} de Bazinghen.
— du Baron (Le), bois, c^{ne} de Courset.
— du Breuil (Le), lieu-dit, c^{nes} d'Hardinghen et d'Hermelinghen.— anc. f. (Cassini).— 1774 (aveu de Fiennes). Aliàs *le Rout des Breux*.
— du Château (Le), bois, c^{ne} de Rinxent.
— du Cloy (Le), bois, c^{ne} de Saint-Martin-Choquel.

Bois du Coq (Le), h., c^{ne} d'Alincthun. — *Bois du Cocq* (Cassini). — Seigneurie.

— **du Coq**, f., c^{ne} de Lottinghen. — Fief tenu du Roi, dont aveux de 1768 et de 1785. (Arch. nat. Q 898).

— **du Crebert** (Le), bois, c^{nes} de Carly et Verlincthun, v. CREBERT.

— **du Deffoys** (Le), bois, c^{ne} de Carly. — Fief au duc de Brabant, tenu de Saint-Pol, xve s. — *Le Bos du Deffoys* (déclaration des fiefs du duc de Brabant en Boulonnais, arch. nat.)

— **du Fayel** (Le), ou du Fay, bois, c^{ne} de Longfossé (aveu de 1748).

— **du Flot** (Le), bois, c^{ne} d'Hermelinghen.

— **du Herbaut** (Le), bois, c^{ns} de Saint-Martin-Choquel.

— **du Hotelet** (Le), bois défriché, c^{ne} de Menneville.

— **du Lot** (Le), bois, c^{ne} de Tingry. — Ruisseau.

— **du Miroir** (Le), bois, c^{ne} de Courset.

— **du Mont** (Le), bois, c^{ne} de Fiennes (aveu de 1774).

— **du Moyen-Mont**, bois, c^{ne} de Quesques, section du Verval.

— **du Plant** (Le), bois, c^{ne} d'Alembon.

— **du Quesne** (Le), lieu-dit, c^{ne} de Bellebrune. — 1525 (cueill. de N.-D. de B.)

— **du Quesne**, bois, c^{ne} de Quesques (cadastre).

— **du Quesnoy** (Le), bois, c^{ne} de Carly. — *Le Bos du Quesnoy*, xve s. (décl. des fiefs du duc de Brabant).

— **du Quesnoy** (Le), bois, c^{ne} d'Henneveux.

— **du Tertre** (Le), bois, c^{ne} de Boursin.

— **du Turez**, bois, c^{ne} de Wirwignes (cadastre).

— **du Vidoré** (Le), bois, c^{ne} de Courset.

— **Fannette** (Le), bois, c^{ne} de Bellebrune.

— **Germillon**, bois, c^{ne} de Wirwignes.

Bois Gibaux (Le), bois, c^ne de Belle-et-Houllefort. — (Annonces jud.) on dit aussi *Bois Sibaux* ou *Chibaux*.

— **Haut** (Le), bois, c^ne d'Alembon et de Colembert.

— **Hennebut** (Le), bois, c^ne de Fiennes. — *Bois du Hennebut*, 1774 (aveu de Fiennes).

— **Herbelle** (Le), bois, c^ne de Nabringhen.

— **Huon**, fief, c^ne de Verlincthun, dont aveu, servi au Roi, avec celui de Basse-Cluse, en 1752.

— **Isaac** (Le), bois, c^ne de Wierre-Effroy. — *Bois Isach* (carte de l'état-major). — *Bois Isaac*, 1774 (dans l'aveu de Bellebrune).

— **Julien** (Le), terres, c^ne de Bellebrune et de Belle-et-Houllefort. — 1525 (cueill. de N.-D. de B.). — Fief tenu du Roi, à cause du château de Boulogne, 1659 (arch. du chât. de Bellebrune).

— **Julien** (Le), h., c^ne de Courset, de Doudeauville et de Longfossé. — (Cassini). — Famille de la Barre, sieur de *Bois-Julien*, dont généalogie de 1532 à 1697, dans Bignon. — Arr. fief de la baronnie de Courset, 1400 (arch. du château de Courset).

— **l'Abbé** (Le), bois, c^ne de Samer. — 1728 (arch. de l'abb. de Samer).

— **l'Abbé** (Le), bois et terres, c^ne de Wimille. — 1506 (terr. S. W.) — 1629 (arch. N.-D. de B.).

— **Laurette**, fief, c^ne de Bouquehaut. — 1781 (Dom., reg. 56 bis).

— **Moyecque** (Le), bois, c^ne de Rinxent.

— **Quehen**, bois, c^ne de Wirwignes.

— **Quenet** (Le), bois, c^ne de Selles.

— **Robé**, lieu-dit, c^ne de Wirwignes. — *Boisrabe* (Cassini). — *Bois Rabbé*, XVIIe s. (terr. N.-D. de B.).

— **Roblin** (Le), bois, c^ne de Quesques (cadastre).

Bois-Rond (Le), ancien bois, lieu-dit, c^{ne} de Quesques (cadastre).
— **Rosselin** (Le), anc. lieu-dit, c^{ne} de Hames-Boucres.
— *Le Roussel, le Buisson Rosselin, le Bois Russelin,* 1584 (terr. de Miraulmont).
— **Rosselin**, bois, c^{ne} de Tingry.
— **Saudourel** (Le), bois, c^{ne} de Doudeauville.
— **Sergent** (Le), h., c^{ne} de Ferques. — (Cassini).
— **Tirant**, bois, c^{ne} de Wirwignes.
— **Tryon** (Le), bois, c^{ne} de Wirwignes.

Bonne-Pierre, fief, c^{ne} d'Isques, au h. d'Hermerengue, mouvant de la vicomté d'Isques, 1777 (Dom., reg. 53).

Bonningues-lez-Calais, c^{on} de Calais. — *Altare de Boninghes,* 1153, 1173, 1199 (cart. de Samer). — *Ecclesia de Boninghes.* 1199 (Ibid.). — *Boninghes,* 1515 (Tass.). — *Bonninghes,* 1557 (sennes de Thér.) — *Boninges,* 1556 (plan anglais). — *Bonnynges* ou *Bounyngs* (terr. anglais). — *Bonogue* (cartes du XVIIe s.). — Le dict. géog. du cartulaire de Folquin attribue à Bonningues-lez-Calais le *Boningahem* des chartes de Saint-Bertin : c'est *Boisdinghem,* arr. de Saint-Omer).

Paroisse du gouvernement de Calais, y ressortissant pour la justice. — Point de seigneurie locale.

Cure du diocèse de Thérouanne, au doyenné de Guines et Ardres, puis du diocèse de Boulogne, au doyenné de Marck. — *Parochialis Ecclesia [Sancti Petri] loci de Boninghes,* 1584 (arch. de l'Evêché). — Présentateurs, l'abbé de Samer et l'abbé de la Capelle, *ad turnum.* — Décimateurs, le Roi, pour la grande dîme, et le curé pour la dîme verte et pour celle de sang, de laine et d'agneaux. — Maintenant, annexe de la succursale de Pihen.

Bon-Secours (Le), h., c^{ne} de Wimille.

Bordet (Le), m^{on}, c^{ne} de Wimille.—(Cassini).

Bosquets-Muselet (Les), ruisseau dit, de Verlincthun à Hesdigneul, traversant la forêt d'Hardelot.

Boucheterie (La), f., c^{ne} de Wirwignes.— (Cassini).

Boucres, village, c^{ne} de Hames-Boucres, réuni à la c^{ne} de Hames, le 24 novembre 1819, auparavant commune. — *Bochordæ, Bukerdes, Bucretes, Bolcerdœ* (Lambert d'Ardres).—*Villa Bocretes, Bobardes* pour *Bokardes, Bockerdes Bocherdes, Rockardes* pour *Bockardes* et *Bochardes*, 1084, 1107 et ann. suiv. (chron. Andr., 784. 2, 785. 2, 787. 1, 2, 789. 1, et alibi passim).—*Parrochia de Bucretes*, v. 1127 (Ibid., 803. 2).— *Buckridis, Bokerdes, Rokerdes, Bukerdes* (Ibid., 790. 2, 801. 1, 845. 1, 857. 2). — Plusieurs de ces variantes sont des fautes de copistes que le lecteur distinguera facilement. — *Bukerdes*, 1208 (cart. B. M. Bol.). — *Boukerdes*, 1307 (comptes des Baillis de Calais). — *Boucres*, v. 1400 (terr. de Thér.) — *Boncordes*, 1515 (Tass.) et 1559 (sennes de Thér.) — *Buckerd* et *Buckarde*, 1556 (plan et terr. anglais). — *Bouviere* (cartes du XVIIe s.)

Paroisse du gouvernement de Calais, y ressortissant pour la justice.— Point de seigneurie locale.

Cure du diocèse de Thérouanne, puis de Boulogne, au doyenné de Guines.—*Parochialis Ecclesia [sanctæ Crucis] loci de Boucres* (arch. de l'Evêché).—Présentateur, l'abbé d'Andres. — Décimateur, le Roi, ou ses engagistes, pour la grande dime, et le curé pour la dime verte, c'est-à-dire celle de navette, colza, lin et chanvre. — Maintenant chef-lieu de la succursale de Hames-Boucres, depuis le concordat, avec l'église de Hames comme annexe.

Boudoir (Le), m^{on}, c^{ne} de Baincthun.

Bougards (Les), lieu-dit, c^{ne} de Wissant. — *La Butte des Bougards.*

Boulevart (Le), anc. m^{on}, c^{ne} de Saint-Tricat. — 1584 (terr. de Miraulmont).

Boulevart d'Andres (Le), lieu-dit, c^{ne} d'Andres, sur le Polvert, ancienne forteresse, dont la motte a été rasée. —*Anderne Bulwark*, 1556 (plan anglais).

Boulinguerie (La), f., c^{ne} de Colembert.— (Cassini).

Boulembert, h., c^{ne} de Saint-Martin-Boulogne, ancienne forme, encore populaire, du nom de Montlambert, voyez ce mot.

BOULOGNE-SUR-MER, ville, chef-lieu d'arrondissement, port de la Manche. — *Omnes ad portum Itium convenire jubet ; quo ex portu commodissimum in Britanniam transjectum esse cognoverat, circiter millia passuum* xxx *à continenti,* 52 av. J.-C. (Cæsar, de Bello Gallico, V, 2.) — Τὸ Ἴτιον ᾧ ἐχρήσατο ναυσταθμῷ Καῖσαρ ὁ θεός, 1er siècle (Strabon, lib. IV). — *Nec portu quem Gesoriacum vocant quicquam habet notius,* 1er s. (Pomponius Mela, de situ orbis, lib. III, 2). [*Ab Alpibus*] *per Lugdunum ad portum Morinorum Britannicum XIII M. XVIII. P.*, 1er s. (Pline, Hist. nat., IV, 37, al. 23). — *Britannia abest a Gesoriaco Morinorum littore, proximo trajectu, L. M. P.* (Id., IV, 30, al. 16).— *Quippe qui (Cæsar) tertia vigilia Morino solvisset a portu*, 1er s. (Florus, Epit. rer. rom., III, 10). — *Idem Fregellæ quod Gesoriacum* (Id., I, 11). — *A Massilia Gesoriacum usque, pedestri itinere confecto* [*Claudius*] *inde transmisit*, 1er s. (Suétone, in Claud., 17). — Γεσορίακον ἐπίνειον Μορινῶν, 2e s. (Ptolémée, II, 9). — Γησοριακον (Ibid., VIII, 2). — [*Iter à Durocortoro*] *Gessoriacum M.P. CLXXIV* *quœ sunt leugœ* CXVI ; — *Pontes ad Gessoriacum M. P.* XXXIX, *leugœ* XXV ;—*Iter à Portu Gessoriacensi Bagacum usque M. P. LXXXIII;* —*Taruennam, M.P* XVIII, 2° s. (Itinéraires d'Antonin, ap. Bouquet, t. I, pp. 105, 106, 107).—*Iter à portu Gessoriacensi ad Ritupium* [stadia] CCCCL (Itin. div.).

— *Cepit* [*Constantius*] *oppressam Gesoriacensibus muris pertinacem tunc errore misero manum piraticæ factionis*, IIIe s. (Eumène, Paneg. Const. Cæs., VI, 1).— *Omnem sinum illum portus quem statis vicibus æstus alternat, defixis in aditu trabibus ingestisque saxis invium navibus reddidisti* (Ibid., II).—*A Gesoriacensi littore quamvis fervidum ingressus oceanum* (Ibid., XIV, 4).— *Exercitum qui Bononiensis oppidi littus insederat terra pariter ac mari sepsit* (Paneg. Const. Aug., V, 2).— *Constantinus ad patrem Constantium venit apud Bononiam quam Galli prius Gesoriacum vocabant,* IVe s. (vit. Constantini ap. Bouquet, I, 563.) — *Quum apud Bononiam per tractum Belgicæ et Armoricæ pacandum mare* [*Carausius*] *accepisset* (Eutrope, lib. IX). — *Dux antedictus* [*Lupicinus*] *Bononiam venit* (Amm. Marcell., XX, 2). *Notarius Bononiam mittitur* (Ibid., 9).— *Lex Constantii data Bononiœ anno* 343 (Bouquet, I, 747).
— BONONIA. OCEANEN. (Médaillon de l'emp. Constant). — *Cum venisset* [*Theodosius*] *ad Bononiœ littus, defertur Rutupias,* 368 (Amm. Marcell., XXVIII, 8). — *Constantinus relicta Britannia cum suis trajecit venitque Bononiam, maritimam urbem sic dictam, primam in Galliœ finibus positam* : Βονωνίαν, πόλιν... παραθαλασσίαν καὶ πρώτην ἐν τοῖς τῶν Γαλατῶν ὅροις κειμένην, 408 (Olympiodore, ap. Bouquet, I, 599). — *Quum Bononiam venisset* (ea primo mari

adjacet inferioris Germaniæ civitas) : ἐλθὼν δὲ εἰς Βονωνίαν κ. τ. λ., 408 (Zozime, ap. Bouquet, I, 585). —
*Constantinus cùm ex Britannia trajecisset Bono-
niam quæ est urbs Galliæ ad mare sita* : ἐπὶ Βουδωνίαν
πόλιν τῆς Γαλατίας κ. τ. λ., *p. e.* pour Βουλωνίαν, 408
(Sozomène, lib. IX, ap. Bouquet, I, 605).

Gesogiaco quod nunc Bononia, ve s. (Tab. Peutinger, ap. Bouquet, I, 105). — *Civitas Bononiensium*,
ve s. (Notitia provinc. et civ. Gall., ibid., p. 123). —
Portu Aepatiaci, lisez *Gesoriaci*, *Tribunus militum
Nerviorum*, ve s. (Notitia dignit. Imp., ibid., p. 128).

La forme *Bolonia* apparaît au milieu du viie siècle
pour devenir la plus usuelle au moyen âge : *Au-
domarus [episcopus] Boloniæ et Tervanensis oppidi*
(Jonas, mort en 665, vie de S. Eustase, ap. Bouquet,
III, p. 500). — *Pharus magna quæ ad navigantium
cursus constituta non longe a Bolonia civitate cons-
tructa fuerat, restauratur ibique nocturnus ignis accenditur*, 811 (chronic. d'Adon, ap. Bouquet, V, p. 323).
— *Ipse [Carolus Magnus] propter classem quam anno
superiore fieri imperavit videndam ad Bononiam
civitatem maritimam ubi eædem naves congregatæ
erant accessit*, 811 (ann. franc., ibid., V, p. 61). —
Bononia ex cujus territorio es nativus, 873 (Hincmar
de Reims, Epist. VI). — *Dani iter agentes Bononiam
veniunt*, 884 (annal Vedast., ap. Bouquet, IX, 83). —
*Erat quippe Bononia sui juris, munita tunc tempo-
ris civitas, mari Morinorum propinqua, mercibusque
marinis præcipua, sede insuper episcopali et bene-
dictione consecrata*, xe s. (vit. S. Bertulphi, n° 25).
— *Apud Boloniæ maritimæ portum de navi susci-
pientes egressum [Ludovicum Regem]*, xe s. (Albéric
de Trois-Font, ap. Bouquet, IX, p. 65). — *Adalolphus*

civitatem Bononiam et regionem Taruennicam suscepit, 918 (Cart S. Bert., p. 140). — *Urbium exterior Flandriæ Bolonia*, XII° s. (gesta Francorum, cap. XXXV, ap. Bongars, I, 579). — *Contigit ut [Beatus Anselmus] Comitissæ Idæ locuturus Bononiam iret .... libera via per Bononiam iter assumpsit*, 1092-1103 (Eadmer, hist. nov.) — *Quum, veniente [sancto Bernardo] Boloniam, extra urbem cum populo [Mathildis regina] occurreret*, XII° s. (vit. S. Bern., IV, 6). *Venit rex Philippus magnanimus cum immenso exercitu Boloniam*, 1213 (Guill. armoric. de gest. Philip. Aug., XVII, 88). *Oppidum populosum quippe et celebre, agro et annona fæcundum commeatuque commodum, in civitatem deinceps Boloniam nuncupandam erigimus et instituimus*, 1567 (Bulla S. Pii V de erectione episcopatus Bol., Mém. Soc. Acad., VI, 235-239).

Formes françaises du nom : *Boulogne* et *Bouloingne*, mai 1210 (charte imprimée dans Tailliar, rec. d'actes des XII° et XIII° s. en langue romane, p. 32). — Les Mss de Guillaume de Tyr du XIII° au XV° siècle, à la Bibliothèque nationale, donnent les variantes ordinaires du nom de Boulogne pendant cette période. On y lit, à propos de Godefroi de Bouillon : *Il fu nez à Boulongne seur la mer, qui fu jadis citez or est chastiaux en l'éveschié de Téroanne*, XIII° s. (recueil des hist. des croisades, t. I, 1844). — *Il fu nez à Boloigne sor la mer* (Ms Fr. Colb., n° $\frac{8.409}{5, 5. A}$). — *Il fut nez à Boloingne sur la mer* (Sup. fr., n° 104) — *Il fu nez à Bologne sor la mer* (Ms. fr. $\frac{8.404}{5..5}$). — *Bouloine*, 1319 (chartes d'Artois, A 374). — Les formes qui prévalent dans les actes locaux du XVI° et du XVII° siècles sont : *Boulongne* et *Boullongne*. Au XVIII°

siècle s'établit la forme actuelle, *Boulogne-sur-mer.*

Les documents anglais du xvi° siècle emploient le plus souvent les formes *Bulleyn, Bulleyne, Bulloigne, Bulloingne,* que l'on trouve *passim* dans Holinshed, dans les Fœdera de Rymer et dans les Records. — *Beunen,* dans les pilotes hollandais : *De Grinés à la rivière de Beunen ou Bouloigne,* xvii° s. (Miroir de la mer, 1660, liv. I⁺, f° 16, dans le texte et sur les cartes.)

Nom fabuleux : *Hautemure,* dans les généalogies romanesques des comtes de Boulogne : *Legiers fu li premiers quens de Bouloigne, liquele estoit appelée Hautemure* (Mém. Soc. Acad., IX, 287). — Le P. Michel Lequien a signé sa " Panoplia contra schisma Græcorum " du pseudonyme de *Stephanus de Altimura.*

Boulogne, ville de loi, avec institutions municipales qui paraissent remonter à l'époque romaine. C'est ce que les bourgeois de Boulogne firent plaider au Parlement contre l'édit de Moulins, en 1566 : *Experti sunt judicio Bononiæ Belgicæ cives de sua jurisdictione, cujus nempe creationem jactitent monarchia francica antiquiorem* (Chopin, de Dom. Franc., lib. III, tit. 20 ; Loyseau, des Seigneuries, XVI, 82 ; Du Bos, Hist. crit. de la monarchie françoise, lib. VI, chap. 11, p. 515). — *Erat Bononia sui juris,* ix° s. (vit. s. Bertulphi). — *Juratorum Boloniæ,* 1165 (charte citée par Malbrancq de Morinis, t. III, p. 266). — Chartes confirmatives de la commune, de 1203, 1269, 1278, 1330, etc. (Mém. Soc. Acad., t. IX).—*Major Bolonie,* 1201 (charte du comte Renaud, Arch. nat. J 238, n° 1). — *Nous li maire li eskevin et toute li communités de la ville de Bouloigne sour la mer,* etc., 1278 (chartes d'Artois, Mém. Soc. Acad., IX, p. 222). — En 1790, les offices municipaux se composaient d'un maïeur, ou maire, avec un vice-maïeur, ou lieutenant de maire, quatre échevins, six conseillers de ville, un avocat fiscal, un procureur fiscal, un garde-scel, un commissaire-voyer, un argentier, ou trésorier, un secrétaire greffier et quatre sergents à verge. — Jusqu'à la fin du xvi° siècle le nombre des échevins s'élevait à douze.

Haute-ville : *Bolonia, intra muros*, 1208 (cart. B. M. Bol.). *Bolonia superior* (Malbrancq, I, lib., I, p. 39).

Basse-ville : *Bolonia, extra muros*, 1208 (Ibid). — *Bolonia inferior* (Malbrancq, ibid). — *Nienburc*, pour *Nieuburc* (Nouveau bourg), 1208 (Ibid). — *Niebourc*, 1285 (chart. d'Artois, Mém. Soc. Acad., IX, p. 251). — *Le Bourg*, dénomination communément adoptée durant les trois derniers siècles. — On a lu à tort *Membourg*, *Menu bourcq* et autres fantaisies. La distinction que plusieurs ont voulu faire entre *Bononia*, qui aurait été la haute-ville, et *Gesoriacum*, la basse-ville, n'est fondée que sur des conjectures toutes gratuites, corroborées jadis par un faux texte de Florus.

Banlieue de Boulogne, à la fin du xiii° siècle, s'étendant, à l'Est, depuis le pont de Wimereux, en remontant la rivière de ce nom jusqu'auprès de Souverain-Moulin, suivant ensuite une ligne droite, perpendiculaire au cours de cette rivière, longeant la lizière de la forêt de Boulogne, en passant par la Capelle, ou Huplandre, jusqu'au pont de la Bouverie à Baincthun, descendant ensuite la rivière d'Echinghen jusque vers le Pont-Feuillet, de là remontant au Pont-de-Briques, puis à l'église de Saint-Etienne, et rejoignant en droite ligne le rivage de la mer, vers Equihen, le long

du " rion de Minendalle ", point extrême à l'ouest. (chartes d'Artois, Mém. Soc. Acad., V, p. 272-273 et IX, 235).—Aux xvii° et xviii° siècles, la banlieue, qui était la paroisse de Saint-Martin, ne comprenait plus
« que le hameau de Montlambert, jusques et compris
« la maison procédant de Le Hocq, appartenant à
« M. de Tourlincthun (chateau actuel de M. de
« Préville) proche de la maison de la Verdure, la mai-
« son de la Guilbeudrie (La Cocherie), le hameau de
« Rotembert, le hameau de Bédouastre, Bertinghen, la
« Waroquerie, le hameau d'Ostrohove, Bréquerecque,
« la Madeline, Honvault, le hameau d'Odre, Trelinc-
« thun, le hameau de la Potterie en deçà du chemin de
« Boulogne, la Raterie, le hameau du Denacre, Wi-
« cardenne et Beaurepaire, » (ancien document).

Commune de Boulogne, d'après l'arrêté du 9 nivôse an XII, délimitée par le Chemin-vert qui va de la Tour-d'Ordre à Wicardenne ; de Wicardenne à la route nationale n° 142 de Boulogne à Lille, en suivant la rue qui aboutit vis-à-vis du cimetière de Saint-Martin ; puis de la route nationale, en suivant la route départementale de Boulogne à Saint-Pol, jusqu'au chemin de la Cocherie ; du chemin de la Cocherie à Ostrohove, et d'Ostrohove à la Liane. — Ces limites ont été modifiées par ordonnance royale du 26 juin 1821, suivant une ligne qui rend à la commune de Saint-Martin les hameaux de Beaurepaire, de Maquétra, de Dringhen, du Val-Saint-Martin, de la Waroquerie, de Bertinghen et d'Ostrohove, coupant à travers diverses parcelles cadastrales dont elle suit les divisions, vers le haut de la colline, jusqu'à la rencontre du chemin d'Ostrohove à la Madeleine, et de là à la Liane. — Le hameau de Capécure, dépendant d'Outreau, a été incorporé au territoire de Boulogne par ordonnance royale du 26 février 1835.

Cantons de Boulogne : La ville de Boulogne a été divisée en deux cantons, en vertu d'une loi promulguée le 15 avril 1869. Le canton Nord comprend la partie de la ville située à gauche (numéros impairs) des rues de la Lampe, Grande-Rue, Prince-Albert, Tour-Notre-Dame (à partir de l'extrémité de celle du Prince-Albert), Porte-Neuve, Saint-Omer, Maquétra, avec les communes de Wimille, de Pittefaux, de Pernes et de Conteville. — Le canton Sud comprend Capécure et la partie de la ville située à droite (numéros pairs) des rues sus-énoncées, avec les communes de Saint-Martin, d'Echinghen et de Baincthun.

Paroisses de Boulogne : 1° Notre-Dame, *sancta Maria Bolonie*, 1515 (Tass.), érigée dans l'église cathédrale à un autel secondaire de la nef, devint paroisse de Saint-Joseph par sa translation à l'autel de ce nom, *altare antiquitus fundatum sub invocatione sancti Joseph*, 19 août 1580 (délib. capit.). — Présentateur, le chapitre, aux droits des religieux de Notre-Dame. — Aucune dîme ;

2° Saint-Nicolas, *Capella sancti Nicolai de Nienburc*, 1208 (cart. B. M. Bol.). — *Curatus sancti Nicolai Boloniensis*, 1388 (cart. Mor.). — Présentateur, l'évêque, aux droits de l'abbé de Notre-Dame. — Une petite dîme au curé ;

3° Saint-Jean, ancien baptistère, au haut de la rue Saint-Jean, dans l'enceinte de l'ancienne abbaye, *Infra muros ejusdem civitatis, ecclesiam sancti Joannis Baptistæ*, 1208 (cart. B. M. Bol.), détruite au XVII° siècle ;

4° Saint-Pierre, *Capellam sancti Petri de Nienburc*, 1208 (cart. B. M. Bol.) ; située entre l'impasse de la rue des Pipots et celle de l'Ancien-Rivage, détruite au XVII° siècle ;

5° Saint-Martin, v. ce nom.

Aujourd'hui : Paroisse de Notre-Dame et Saint-Joseph, succursale érigée en vertu du concordat ; déclarée église paroissiale et royale par ordonnance royale du 1ᵉʳ septembre 1814, cure de seconde classe, 29 janvier 1826, érigée en basilique mineure par un bref du pape Léon XIII, du 14 avril 1879.—Paroisse de Saint-Nicolas, cure de 1ʳᵉ classe, en exécution du concordat. — Cure de Saint-Pierre, succursale du 4 juin 1853, érigée en cure de 1ʳᵉ classe par décret impérial du 14 août 1869. — Cure de Saint-Vincent de Paul (Capécure), érigée en cure de 2° classe par décret impérial du 18 octobre 1854.— Cure de Saint-François de Sales (Bréquerecque), érigée en succursale par décret impérial du 13 octobre 1867. — Cure de Saint-Michel (Tintelleries), érigée en succursale par décret du 23 mars 1875.

Doyenné de Boulogne : *Milonem quemdam Boloniæ decanum prospexit* [*S. Thomas Cantuariensis*]. 1170 (Willelm. Cantuar., lib. III, 3, ap. Bouquet, XVI, 613). — *Ricardus decanus cristianitatis Boloniensis*, 1245 (cart. Mor.). — Comprenait sous les évêques de Thérouanne les paroisses d'Alincthun, Baincthun, Belle, Beuvrequen, Boulogne, Bournonville, Carly, Colembert, Condette, Crémarest, Echinghen, Hesdin-l'Abbé, Isques, Maninghen, Offrethun, Outreau, Pernes, Réty, Rinxent, Samer, Saint-Etienne, Saint-Martin, Wierre-au-Bois, Wierre-Effroy, Wimille, Wirwignes et leurs secours. — Démembré sous les évêques de Boulogne, il a cédé au doyenné d'Alquines les paroisses de Bournonville et de Colembert, et au doyenné de Samer, de nouvelle création, les paroisses de Carly, Condette, Crémarest, Hesdin-l'Abbé, Isques, Samer, Wierre-au-Bois et Wirwignes. — Il s'est accru en 1661, de la paroisse de Saint-Léonard, séparée de Saint-Etienne et nouvellement érigée en cure indépendante. — Depuis le concordat de 1801, l'arrondissement de Boulogne a formé d'abord un des six doyennés de chrétienté primitivement érigés dans son diocèse par Mgr de La Tour d'Auvergne (Annuaire de l'An XIII, p. 125), avec résidence du titulaire à la haute-ville. Une ordonnance épiscopale du 29 août 1813, a élevé ce titre au rang de grand-doyenné, attribué à des titulaires révocables *ad nutum*, sans affectation à une église déterminée. — Outre le grand-doyenné, il y eut à Boulogne, depuis 1811 jusqu'en 1838, un doyenné de canton, dont les titulaires ont été les curés de Saint-Nicolas.

Archidiaconé de Boulogne, créé en 1803, dans le diocèse d'Arras, comprenant dans sa circonscription les deux arrondissements de Boulogne et de Montreuil.

Diocèse de Boulogne : érigé par le pape saint Pie V le 3 mars 1567, et formé d'un démembrement de l'évêché de Thérouanne, dans la métropole de Reims. Il comprenait, en 1790, deux archidiaconés, dix-sept doyennés, deux cent quatre-vingts cures, cent quarante-quatre secours, dix-neuf annexes ou chapelles vicariales, seize aumôneries de communautés, ou dessertes de bénéfices, cent quarante-deux vicariats de paroisses ou de secours, et environ cent onze chapelles foraines ayant titre de bénéfices. — V.

l'état général qui en est donné dans l'introduction.

Les deux archidiaconés partageaient le diocèse en deux sections, l'une dite d'*Artois*, possédée par l'archidiacre qui siégeait *à droite* dans le chœur de la cathédrale, l'autre, dite de *Flandres*, possédée par l'archidiacre à gauche. — L'archidiaconé d'Artois comprenait les doyennés d'Alette, Bomy, Boulogne, Fauquembergue, Fillèvres, Frencq, Samer, Vieil-Hesdin, et Wissant, avec trois paroisses et quatre secours du doyenné d'Alquines, deux paroisses et un secours du doyenné de Guines, soit, en 1790, cent quarante-trois paroisses et soixante-dix-sept secours. — L'archidiaconé de Flandres comprenait, sauf la réserve indiquée dans l'article précédent, les doyennés d'Alquines, Auchy-au-bois, Bléquin, Frévent, Guines, Marck, Saint-Pol et Tournehen, soit, en 1790, cent trente-sept paroisses et soixante-sept secours.

La cathédrale était desservie par un chapitre canonial où l'on comptait : 1° six dignités, savoir : un doyen, un archidiacre à droite, un archidiacre à gauche, un chantre, un trésorier et un pénitencier ; — 2° vingt et une prébendes, dont six possédées ordinairement par les dignités, une par le théologal, une par le précepteur ou écolâtre (prébende affectée depuis le 4 juillet 1629 au supérieur de l'Oratoire), et treize par de simples chanoines ; — 3° deux grandes chapellenies, ou demi-prébendes, sous le titre de la Blanche-Mère-Dieu et du Saint-Esprit ; — 4° treize chapelles de Thérouanne, les unes affectées aux vicaires et employés de l'église, les autres possédées comme simples bénéfices. En voici la nomenclature par ordre alphabétique : Saint-André, Saint-Antoine, Petit-Crucifix, Saint-Denis, Saint-Eloi, Saint-

Etienne, Saint-Jean du Lucquet, La Madeleine, Saint-Matthieu, Saint-Maur, Saint-Nicolas, Saint-Pierre-Saint-Jean, Sainte-Trinité. — Les titres de ces chapelles ont été éteints par ordonnance épiscopale du 10 juillet 1778, et les biens incorporés à ceux de la fabrique, à la condition d'entretenir cinq vicaires chargés de seconder le chapitre dans la célébration de l'office divin ; — 5° deux cantuaires, dits de Saint-Adrien et du Dossal ; — 6° neuf chapelles de l'ancienne abbaye de Notre-Dame, savoir : deux chapelles royales, la chapelle de Nielles, celles de Saint-Jean évêque de Thérouanne, de Saint-Pierre, de Sainte-Catherine, de Saint-Nicolas, de Saint-Eloi et de Notre-Dame. — A l'exception des deux chapelles royales et de celle de Nielles, on ne voit pas qu'il y ait eu de collation faite dans les deux derniers siècles, sans doute faute de revenus.

La juridiction spirituelle de l'Evêché s'exerçait par *l'Officialité diocésaine*, composé d'un official, d'un vice-gérant, d'un promoteur et d'un greffier, nommés par l'évêque et révocables *ad nutum*.

Le chapitre avait son *Officialité* propre, composée d'un official, d'un promoteur et d'un secrétaire, nommés à l'élection.

Une *Chambre ecclésiastique*, composée des représentants du chapitre, des abbés, des prieurs et des curés du diocèse, sous la présidence de l'évêque, délibérait sur les impositions qu'on levait sur le clergé, soit en faveur de l'Etat, soit pour les besoins particuliers des établissements diocésains. Son trésorier, ou receveur des décimes, était nommé directement par le roi. Elle avait, en outre, un huissier, dit des décimes, et un greffier des insinuations ecclésiastiques.

Communautés régulières: 1° Collégiale, ou Abbatiale Notre-Dame de Boulogne, fondée au VII° siècle, suivant la tradition, par le roi Clotaire II, sur les ruines d'un temple païen de construction romaine. — *Bononiæ in Ecclesia* vers 606 (Bède, Hist. eccl., I, 33). — *Requiescit [Petrus Cantuariensis] celebriter Bononiæ in ecclesia Canonicorum*, XI° s. (Gotscelin, de translat. S. Aug., II, 28).— *Dilectis in Christo filiis sancte Boloniensis ecclesie canonicis*, 1129 (intitulé d'une charte de l'évêque Jean de Commines). — Affiliée, vers l'an 1131 ou 1132, à la congrégation d'Arrouaise O. S. A., elle fut gouvernée par des abbés qui portaient la crosse et la mitre, et qui occupaient le troisième rang dans les chapitres généraux de cette congrégation : *Abbas Beatæ Mariæ Boloniensis*, ou *de Bolonia*. — Détachée d'Arrouaise, l'abbaye de Notre-Dame s'unit plus tard à la congrégation de Saint-Victor de Paris (XIV° s.) ; elle fut éteinte et supprimée par la bulle d'érection de l'évêché de Boulogne, en 1567 ;

2° Collégiale, ou Abbatiale de Saint-Wulmer, fondée, suivant la tradition, par les comtes de Boulogne, sous le titre de Saint-Jean l'Evangéliste, à une époque incertaine, *Ecclesie sancti Wlmari in Bolonia et in ea Deo servientibus canonicis*, 1121 (cart. S. W. Bol.).— Plus tard affiliée à la congrégation d'Arrouaise, sous la conduite d'un abbé régulier : *Abbas sancti Wulmari de Bolonia*; *Saint-Umer de Boulogne*, XIII° s. ; — *Saint-Saumer en Bouloigne*, 1308; *saint Wlmer en Bouloigne*, 1339 (Chart. d'Artois, A 182, n° 2 et Mém. Soc. Acad., t. IX., p. 264 et 268. — Dépeuplée et réduite en commende au XVI° siècle, elle subsista à ce titre jusqu'en 1790. L'église, les lieux claustraux et une partie des revenus et prérogatives furent attribués en 1629 à la congrégation de l'Oratoire, sous la condition de tenir les classes du Collège de la ville ;

3° Couvent des Cordeliers, fondé en 1443, au coin des rues Siblequin et Neuve-Chaussée, dans la basse-ville, avec une église sous le vocable de Saint-Laurent, et de vastes jardins sur lesquels a été bâti le théâtre municipal et ouverte la rue Monsigny. Supprimé en 1790 ;

4° Couvent des Capucins, fondé en 1619, vers le bas de la rue de la Lampe, avec de vastes jardins établis le long du bassin de la Liane sur l'emplacement du fort de l'Eperon. L'église, dédiée à Saint-Sauveur, s'appelle aujourd'hui *Trinity Church* et sert au culte anglican. Le Couvent des Capucins a été supprimé en 1790 ;

5° La maison de l'Oratoire, fondée en 1629, dans les bâtiments de l'ancienne abbaye de Saint-Wulmer, rue du Compenaige, aujourd'hui de l'Oratoire, dans la haute-ville. Elle a subsisté jusqu'en 1790 ;

6° Couvent des Minimes, fondé en 1642, au bas de la rue des Vieillards, entre l'ancienne rue du Cul-de-sac et la rue Neuve-Chaussée. Supprimé en 1790 ;

7° Couvent des religieuses Ursulines, fondé en 1624 sur le terrain aujourd'hui occupé par le haut de la rue de l'Oratoire, depuis la rue de la Balance jusqu'à celles du Château et de Saint-Martin. Supprimé en 1790 ;

8° Couvent des religieuses Annonciades, établi en 1628 dans les bâtiments de l'ancien hôpital de Sainte-Catherine. Supprimé en 1790.

Autres établissements religieux : 1° L'Hôtel-Dieu et Sainte-Catherine, hôpital, fondé au commencement du XIII° siècle dans la haute-ville, sous l'administration des maire et échevins, *Capellam hospitalis sanctæ Catherinæ infra muros*, 1208 (cart. B. M. Bol.), desservi d'abord par des frères et des sœurs laïques, puis, à partir de 1468, par des tertiaires franciscaines, ou sœurs grises, qui se cloîtrèrent sous la règle de l'Annonciade en 1628 ;

2° L'Hôpital Saint-Louis, ou hôpital général, fondé par lettres patentes du mois de décembre 1692 sur l'emplacement d'un ancien hôpital de la basse-ville, avec réunion des revenus de l'Hôtellerie de Sainte-Catherine, de la maison de la Madeleine, de l'hôpital de Saint-Inglevert (23 octobre 1693), de la maladrerie de Pittendal (13 novembre 1693), des maladreries de Fiennes et Tingry et des hôpitaux et maladreries de Wissant et de Frencq (13 août 1696). — L'administration en fut confiée à une commission spéciale dont firent partie l'évêque de Boulogne, les maïeur et échevins, etc. Il fut desservi par les sœurs de la charité de Saint-Vincent de Paul, avec une église dédiée à saint Louis, roi de France, à laquelle fut assigné un chapelain, nommé par l'évêque. L'Hôpital Saint-Louis formait une communauté civile, dont le représentant prit part en 1789, à l'élection des députés du tiers-état envoyés à l'Assemblée nationale ;

3° La Maladrerie de la Madeleine : *Capellam leprosorum*, 1208 (cart. B. M. Bol.), fondée au XII° siècle, sous l'administration des maïeur et échevins, réunie en 1692 à l'hôpital général ;

4° Le grand Séminaire : fondé par lettres patentes de novembre 1668 et de mars 1681, par Mgr de Perrochel et Mgr Ladvocat-Billiad, successivement évêques de Boulogne, et établi dans la Grande-Rue, avec une église sous le vocable de Saint-François de Sales. Il était dirigé par les prêtres de la mission de Saint-Vincent de Paul. Au grand Séminaire était annexée une communauté de prêtres de la même congrégation, chargés de prêcher des missions dans le diocèse. — Le grand Séminaire, ouvert le 19 novembre 1682, vit accroître ses revenus par la réunion qui lui fut faite du personnat de Fléchin, de la chapelle du Saint-Sépulcre de Saint-Pol (1ᵉʳ juin 1707) et du prieuré d'Herly (31 mars 1776). Il fut supprimé en 1790 ;

5° Le petit Séminaire, dit de la Sainte-Famille : internat fondé par Mgr de Pressy, pour l'éducation des jeunes gens qui se destinaient à la carrière ecclésiastique, par lettres patentes de juillet 1786. Les élèves suivaient les classes du collège de l'Oratoire. Ouvert le 23 octobre 1786, le petit Séminaire se vit annexer les revenus du prieuré de Notre-Dame d'Ardres (4 avril 1787). Il avait été établi sur le terrain de l'ancien cimetière de la haute-ville, entre la nef de la Cathédrale et la rue de Lille. Supprimé en 1790 ;

Boulonnais (Le), Pays, comté et sénéchaussée. — *Pagus Gesoriacus : Oromansaci juncti Pago qui Gesoriacus vocatur*, 1ᵉʳ siècle (Pline, Hist. nat., IV, 31, al. 37). — *Pagus Bononiensis*, 776 (cart. S. Bert., p. 61). — *Pagus Bononensis*, 807, 831, 853, 864, 867, (ibid., p. 70, 156, 93, 94, 111, 113). — *Bolensis*, 831 (Præcept. Lud. imp. de div. regni sui). — *Territorium Bononiense*, 868 (Mirac. S. Wandregisili, in Act. SS. jul., t. V, p. 285). — *Pagus Bolinensis*, 877 (Dipl. Caroli calvi ap. Bouquet, VIII, p. 659-661). — *Pagus Bolonensis*, 917 (cart. S. Cornel. Compend.) — *Pagus Bononensis*, 962 (cart. S. Bert., p. 148). — *Pagus Bononiæ*, 1075 (ibid., p. 196).

Comté de Boulogne : *Comitatus Boloniæ*, 1112 (chart. de Samer). — *Boloniensis patria*, 1116 (cart. S. Judoci, Gall. christ., X, inst., p. 303). — Origine fabuleuse, ou légendaire, à l'an 457. Origine historique inconnue, placée approximativement vers la fin du IX⁰ siècle. Mouvances successives et souvent contestées, de Flandre, d'Artois et de la couronne (v. Baluze, Hist. de la Maison d'Auvergne, passim). Réuni à la couronne en 1477.

Dépendances féodales : 1° Douze baronnies, savoir : Odre, ou Ordre, sur Wimille, Engoudesent (sur Longvilliers, arrondissement de Montreuil), Lianne, sur Alincthun, Doudeauville, Thiembronne (arr. de Saint-Omer), Bainethun, Bellebrune, Colembert, Courset, Hesdigneul, Disacre, sur Leubringhen, Bernieulles (arr. de Montreuil) ; — 2° Quatre pairies, savoir : la Connétablie, à Austruy, sur Réty, la Gonfalonnerie, à Londefort, sur Wierre-Effroy, la Bouteillerie, à Selles, la Maréchalerie, à Neufchâtel ; — 3° Quatre châtellenies, savoir : Fiennes, Tingry, Longvilliers (arr. de Montreuil) et Belle.

Boulonnais, Boulenois, pays de coutume, avec titre de sénéchaussée, dépendant pour les finances de l'intendance d'Amiens qui y possédait une subdélégation : *Boulenois*, 1202 (Tailliar, rec. d'actes en langue romane, p. 15. *Bolenois*, 1239 (ibid., p. 104), *Boulenois*, *Boulonnois*, ou *Boullenois* (actes divers des trois derniers siècles). — *Bolonesium*, 1515 (Tassart, pouillé de Thérouanne).

Sénéchaussée de Boulogne, *seneschalatus Boloniensis*, ressort judiciaire institué le 18 avril 1478, sous la présidence d'un lieutenant-général, rendant la justice au nom d'un sénéchal héréditaire qui représentait nominalement le pouvoir royal, et dont les sentences allaient en appel au parlement de Paris.

Le personnel de la sénéchaussée, comme corps judiciaire, se composait en 1789 d'un président lieutenant-général, d'un lieutenant particulier, d'un autre lieutenant particulier assesseur criminel, d'un lieutenant criminel et de quatre conseillers, d'un avocat du roi, d'un procureur du roi, d'un greffier, de deux commis jurés du greffe, d'un commissaire aux saisies réelles, d'un receveur des consignations et de trois huissiers audienciers (alm. de Picardie).

La sénéchaussée de Boulogne comprenait tout le Boulonnais proprement dit, composé, en 1789, de cent trente communautés civiles, jouissant du droit d'envoyer des députés aux assemblées politiques du pays. On y comptait cinq villes, trois bourgs, cent seize villages, ayant titre de paroisses ou de secours, et six hameaux indépendants, situés dans les cantons actuels de Boulogne, Desvres, Guines, Marquise et Samer de l'arrondissement de Boulogne, dans les cantons de Campagne-lès-Hesdin, Etaples, Hucqueliers et Montreuil, de l'arrondissement de Montreuil-sur-mer, et dans le canton de Fauquembergue de l'arrondissement de Saint-Omer. L'hôpital de Boulogne, les villages de Nédonchel (canton d'Henchin), de Ligny-lez-Aire et de Westrehem (canton de Norrent-Fontes), appelés esclaves d'Artois, formaient quatre autres communautés députantes. Le tout représente actuellement cent vingt-quatre communes.

Voir le tableau inséré dans l'introduction.

Bailliage de Boulogne : créé en 1071, suivant l'historien Henry. Réuni plus tard au baillage d'Outreau, avec ceux de Wissant et Londefort (1477 ?), il comprenait dans son ressort la ville de Boulogne avec sa banlieue, Wimille en deçà de la rivière, Bainethun et Macquinghen, Echinghen et Tournes, Questinghen, Saint-Léonard, Isques et Quehen, Hesdin-l'Abbé, Carly en deçà de la rivière, et enfin Mont-Lambert hors banlieue, avec les hameaux de le Loe et de Bertenlaire. — *Jehan March, baillis de Bouloingne*, en 1315 comptes d'Artois, Mém. Soc. Acad., t. IX, p. 393). Supprimé en 1745.

Administration provinciale du Boulonnais : créée par lettres patentes du 6 mai 1766, pour la régie de l'octroi et des autres affaires communes du comté et gouvernement de Boulonnois, elle fut supprimée en 1790 avec toutes les autres institutions de l'ancien régime. Elle se composait d'un président, de huit administrateurs et de douze conseillers, nommés à l'élection par les membres du clergé, de la noblesse et du tiers-état du pays.

Vicomté de Boulogne : institution fiscale, établie sous les comtes, pour la perception de différents droits sur le commerce et la navigation : *Jaques li Barbiers, a done visquens de Bouloingne*, 1315 (comptes d'Artois, Mém. Soc. Acad., IX, p. 393). L'administration provinciale en a voté le rachat le 6 avril 1776.

Amirauté de Boulogne : juridiction spéciale à la marine, établie, dit-on, dès le XI siècle, et comprenant dans sa circonscription Boulogne, Etaples, Dannes, Camiers, Le Portel, Ambleteuse et Wissant. Elle était présidée par un lieutenant-général, commissionné par l'Amiral de France, assisté d'un procureur du roi, d'un greffier et de deux huissiers audienciers.

Bureau des classes : composé d'un commissaire, d'un maître de quai et d'un commis.

Maîtrise des Eaux et Forêts : Tribunal jugeant en première instance tous les procès civils et criminels concernant directement le fonds et la propriété des forêts, îles et rivières, et prononçant, en outre, sur les délits de chasse et de pêche. On y comptait un maître particulier, un lieutenant, un garde-marteau, un procureur du roi, son substitut, et un greffier.

Juridiction des traites : Tribunal chargé de poursuivre et de réprimer les fraudes et les contraventions relatives à la régie. Il se composait d'un président, d'un lieutenant, d'un procureur du roi et d'un greffier.

Chambre prévôtale, ou Maréchaussée de Boulogne : Juridiction spéciale, chargée de la répression des crimes et délits commis contre les personnes ou contre les propriétés, représentée à Boulogne par un lieutenant, juge unique et souverain, dont l'autorité s'exerçait en même temps sur les villes de Montreuil, Calais et Ardres. On y comptait, en outre, un assesseur, un procureur du roi et un greffier.

Etat militaire : Un gouverneur général du Boulonnais et de Boulogne, un commandant du Boulonnais ;

État-major, composé d'un lieutenant de roi, d'un major, d'un aide-major, d'un commandant de la Tour-d'Ambleteuse, d'un commissaire des guerres, d'un ingénieur en chef, d'un commandant d'artillerie avec deux gardes d'artillerie, l'un pour Boulogne, l'autre pour Ambleteuse. Il s'y joignait, à la fin du XVIIIe siècle, un entrepreneur des lits militaires du château.

Le lieutenant de Maréchaussée, avec son exempt et quatre cavaliers faisaient aussi partie de l'état militaire de la place.

Finances : Boulogne était la résidence des employés dont suit la désignation : Un contrôleur général du département, un receveur, un commis aux expéditions, un visiteur du port, une entreposeuse du tabac, un directeur des aides, un contrôleur des actes, un médecin conseiller du roi pensionnaire de la ville et de l'hôpital, et un directeur du bureau des postes (alm. de Picardie).

Boulonnois (Le), fief à Rougefort, c[on] de Réty, mouvant d'Austruy (aveu 1741).

Bouloy (Le), f., c^{ne} de Wirwignes.— (Cassini).

BOUQUEHAULT, c^{on} de Guines. — *Parrochia de Campanies et de Buchout*, v. 1127 (chron. Andr., 803, 1). — *Villa Buchont, Borholt, Bucolt* (ibid, 786, 1 ; 789, 2 ; 797, 2).— *Altare de Bouchout*, 1224 (cart. Lisk.). —*Le comtée de Boucout*, 1280 (Duchesne, preuves de Guines, p. 295). — *Dixmage de Bochhout, Bouchaut* v. 1420 (terr. de Thér.). — *Bouquehault*, 1559 (part. de Thér.).—*Buckeholte et Bucholte*, 1556 (terr. Angl.). — *Boke-holte* (plan anglais). — *Claude de Hames, baron de Bouquehault*, 1550 (Coutumes). — *Bouci-hault* (cartes du XVIIe s.).

Paroisse du gouvernement d'Ardres, resortissant pour la justice au bailliage souverain de cette ville.— Baronnie du comté de Guines, dont hommage au roi le 19 août 1606 (arch. nat., P 15, n° 469).

Cure du diocèse de Thérouanne, puis de Boulogne, au doyenné de Guines : *Parochialis ecclesia sancti Audomari de Bouquehaut*, 1675 (arch. de l'Evêché). —Présentateur, l'abbé de Lieques.— Décimateur, le curé.— Maintenant succursale dans le diocèse d'Arras, avec Campagne pour annexe.

Bouqueterie (La), lieu-dit, c^{ne} de Selles (aveu de 1731).

Bouquinghen, h., c^{ne} de Marquise. — (Cassini.) — *Willame de Bouquinghem*, 1415 (compte de la ville de B.) — *Bouquinhem*, v. 1420 (terr. de Thér). — *Bouquinghuen*, 1566 (cueil. N. D. de B.) — Ruisseau de Bouquinghen, affluent de la Slack.

Bourbettes, h., c^{ne} de Bellebrune, vers Possart.

Bourbettes, f., c^{ne} de Wimille, section d'Olinethun, 1763 (Dom., reg. 63).

Bourdonnerie (La), lieu-dit, c^{ne} de Colembert. — 1569 (act. not.).

Bourewouch (Le), terre, c^{ne} de Campagne. — 1418 (terr. d'Andres).

Bourgonnerie (La), fief, c^{ne} d'Isques, mouvant de la vicomté (Dom., reg. 53).

Bourleseque (La), lieu-dit, c^{ne} de Guines.

BOURNONVILLE, c^{on} de Desvres. — *Gerardus de Burnulvilla*, 1081 (chron. Andr., 781, 2). — *Petro de Burnumvilla presbitero*, 1203 (cart. mor.) — *Decimas de Burnevilla*, 1224 (cart. Lisk.). — *Bornoville* (inscription sur une boiserie du XVe s. dans l'église). — *Bournoville*, 1515, 1559 (Tass., part. et senn. de Thér.).

Paroisse du Boulonnais, ressortissant pour la justice au bailliage de Desvres. — Seigneurie tenue du roi, érigée en duché par Henri IV, en faveur de la noble famille de ce nom, avec réunion d'autres fiefs ; d'où (15 déc. 1607) hommage au roi des seigneuries de Bournonville, Courteville, Pernes, Hupelande, Havenkerque, tenues en deux fiefs, à cause du château de Boulogne et du bailliage de Suresnes (sic) *lisez* Desvrenes (arch. nat., P 15, n° 487).

Cure du diocèse de Thérouanne, au doyenné de Boulogne, puis du diocèse de Boulogne, au doyenné d'Alquines : *Parochialis Ecclesia sancti Laurentii loci de Bournoville, cum suo succursu sancti Folquini loci de Henneveux*, 1581 (arch. de l'Evêché.) — Présentateur, le chapitre de Boulogne, aux droits des chanoines de Thérouanne qui jouissaient déjà de ce patronage en 1264. — Décimateurs : le seigneur du lieu et deux autres particuliers laïques. — Réunie comme annexe à la succursale d'Henneveux, après le concordat, elle a été érigée en succursale indépendante par ordonnance royale du 12 octobre 1828.

Bourquet (Le), h., c^{ne} de Wierre-au-Bois.

BOURSIN, c^on de Guines. — *Apud Boxim, Boxi, Boxin* 1084-1208 (chron. And., 784, 1 ; 812, 2 ; 815, 2 ; etc.) — *Parrochia de Liskes et de Buxin*, v. 1127 (ibid. 803, 2). — *Decima de Bossin*, 1199 (cart. de Samer). — *Boussin*, 1515-1559 (Tass., part. et sennes de Thér.).

Paroisse du Boulonnais, ressortissant pour la justice au bailliage de Londefort. — Seigneurie, tenue du roi.

Cure du diocèse de Thérouanne, puis de Boulogne, au doyenné de Wissant : *Parochialis ecclesia beatæ Mariæ* (aliàs *sancti Lamberti*) *de Boursin cum sua succursu sancti Michaelis* aliàs *sancti Eligii du Wast* 1577-1789 (arch. de l'Évêché). — Présentateur : le prieur du Wast. — Décimateurs : le prieur du Wast, les abbés d'Andres et de Longvilliers, le seigneur de Boursin, etc. — Maintenant réunie comme annexe à la succursale d'Hermelinghen, du diocèse d'Arras.

Rivière de Boursin, formée de trois branches qui prennent naissance aux lieux-dits le Trait, le Breuil et le Bois-du-Tertre, et qui se réunissent vers la Planque-à-Mortier, pour devenir a rivière dite de Grigny. Après sa jonction avec la rivière du Wast, ou de Colembert, sur la commune de Belle, elle est communément désignée sous le nom de rivière de Wimereux.

Bout-de-Bas (Le), h., c^ne de Pihen.

Bout-d'en-Bas (Le), h., c^ne de Sangatte.

Bout-de-Haut (Le), h., c^ne de Pihen.

Bout-d'en-Haut (Le), h., c^ne d'Hervelinghen. — (Cassini).

Bout-d'en-Haut (Le), h., c^ne de Fiennes.

Bout-du-Monde (Le), h., c^nes de Bournonville et de Crémarest. — Ruisseau, affluent de la Liane.

Boutillier (Le), f., c^ne de Selles. — *Place du Boutillier*, (Cassini). — Siège de la Bouteillerie, pairie du Boulonnais. V. SELLES. — *Terre séant au lieu dit le*

Boutillier, 1586 (arch. de famille). — *Jacques le Françoys, sieur Bouteillier de Boulongnoys*, 1550 (coutumes). — Famille de Campagne, sieur du Boutillier, dont généalogie de 1556 à 1697 dans les généalogies Bignon. — Hommage au roi des fiefs et seigneuries **de la pairerye** et **Boutillerie** de Boullenois, 1607 (arch. nat., P 17, n° 79).

Boutillier (Le), bois, c^{ne} de Selles (aveux du XVIIe s.).

Boutillier, ruisseau, c^{ne} de Questrecques, affluent de la Liane.

Boutun (Le), lieu-dit, c^{ne} d'Outreau. — *Les Bouteuns* (terr. de Turbinghen, XVe s.). — *Masure appelée le Boutun*, 1506 (terr. S. W.).

Bouverie (La), h., c^{ne} de Bainethun. — *Haute et Basse Bouverie*, (Cassini). — *Le pont de le Bouverie*, 1278 (chartes d'Artois, Mém. Soc. Acad., IX, p. 225, 226). — *Jacques de le Bouverie*, 1466 (arch. comm. de Boulogne, anc. doc., n° 561, Mém. Soc. Acad., IX, p. 177). — La haute Bouverie est le siège de l'ancienne baronnie de Bainethun, (Dom., reg. 53 et 58). — Fief tenu du roi.

Bouverie (La), fief, c^{ne} de Belle-et-Houllefort. — mouvant de la châtellenie de Belle, 1777 (Dom., reg. 56 bis).

Bovemberg, lieu dont la situation est indéterminée, où l'abbaye de N. D. de B. possédait une terre : *in Boremberg terram et hospites*, 1208 (cart. B. M. Bol.). — Peut-être est-ce une altération du mot Boulemberg (Montlambert).

Bragardière (La), fief, c^{ne} de Tardinghen. — 1765 (Dom., reg. 56 bis).

Braines-Quendes, terres, c^{ne} de Bazinghen. — *Brendequentres*, 1774 (aveu de Fiennes).

Brames, lieu-dit, c^{ne} de Wimille, vers Maninghen.

Brasserie (La), f., c^{ne} d'Alincthun, près la fontaine de Saint-Riquier.

Brasserie (La), fief, c^{ne} de Bazinghen, mouv. de la seigneurie de Rinxent, 1775 (Dom., reg. 53).

Brasserie (La), lieu-dit, emplacement d'une ancienne ferme, c^{ne} d'Hermelinghen. — 1774 (aveu de Fiennes).

Brasserie (La), lieu dit, c^{ne} d'Isques ; fief mouvant de la vicomté, 1718 (Dom. reg. 53).

Brasserie (La), f., c^{ne} de Marck. — 1584 (terr. de Miraulmont).

Brasserie (La), f., c^{ne} de Wierre-Effroy. — (Cassini).

Brasserie (La), f., c^{ne} de Wimille.

Brecqbarbier (Le), lieu-dit, c^{ne} d'Audinghen, au h. de Waringuezelle, 1625 (titre not.). — Peut-être est-ce le *Cren Barbier*.

Brecquaque, lieu-dit, c^{ne} d'Outreau. — *Terre gisant à Brecquaque, à Brequaque, à Brequacre*, 1506 (terr. S. W.) et 1525 (cueil. N.-D. de B.).

Bredenarde, bois de, c^{ne} de Wierre-Effroy, 1765 (Dom., reg. 56).

Brelincq (Le), lieu-dit, c^{ne} d'Outreau. — *Terre gisant au Brelincq*, 1506 (terr. S. W.) et 1525 (cueil. N. D. de B.).

Brême, f., c^{ne} de Brunembert. — *Brem* (Cassini). — *Braime*, 1562-1564 (cueil. N.-D. de B.) — Fief mouvant de la seigneurie de Brunembert (aveux du XVIIe s.)

Bréquerecque, faubourg de Boulogne-sur-mer, jadis hameau de la c^{ne} de Saint-Martin-Boulogne, réuni à la ville par arrêté du 9 nivôse an XII. — *Bracquerecque*, 1415 (compte de la ville de B.). — *Grand pont et Cauchie de Bracquerecque*, 1506 (terr. S. W.). — *Brecreque* (Cassini).

Bresdalle, lieu-dit, c^{ne} du Portel. — (terr. de Turlingheu, XVe s.).

Bresmes, lieu-dit, c^{ne} d'Outreau. — *Terroir de Bresmes*, 1492 (matreloge d'Outr., art. 90 et 92). — *Terre gisant à Bresmes*, 1506 (terr. S. W.). — *Terroir du Crocq de Bresmes*, 1525 (cueil. N. D. de B.).

Bresmes, fontaine, c^{ne} de Menneville, au nord du Monthulin, l'une des sources du ruisseau de la Poterie, affluent de la Lène.

Bresty, lieu-dit, c^{ne} de Tardinghen (aveu de 1694, Dom., reg. 50).

Breucq (Le), ou *les Breucqs*. Il est difficile de distinguer nettement la forme ancienne, véritablement étymologique, des noms de lieux qui portent cette dénomination et qui dérivent, soit de *Broc* ou *Bruc*, signifiant marécage, ou de *Broilum*, *Breuil*, signifiant un lieu planté de broussailles ou de jeunes bois. Les anciens documents écrivent indifféremment ces mots l'un pour l'autre.

Breucq (Le), f., c^{ne} de Belle-et-Houllefort, vers Conteville. — *Rivière qui queurt des Brocs au molin de Conteville*, 1393 (aveu d'Honoré Foliot). — *Le Breuil* (Cassini).

Breucqs (Les), f., c^{ne} de Boursin. — *Aelis du Broec de Boussin*, fin du XIIIe s. (chartes d'Artois, A 47, n° 7). — *Le Bruec, au terroir d'Estelles*, 1286. (Terr. de Beaulieu). — *Breucq*, 1480 (terr. d'Andres). — *Haut et Bas Breuil* (Cassini).

Breucqs (Les), h., c^{ne} de Crémarest, dans la mouvance de Reclinghen. — *Terre nommée le Breuc : la ruelle du Breuc*, 1429 (cart. de Crém., n° 13). — *Les Brœux*, 1782 (aveu de Reclinghen), — vulgairement : *la Commune des Brœucqs*.

Breucqs (Les), f. et m^{in}, c^{ne} d'Hardinghen (bail de 1564).

Breucqs (Les), lieu-dit, c^ne de Maninghen. — 1774 (aveu de Maninghen).

Breucqs (Les), lieu-dit, c^ne d'Outreau. — *Rue qui maigne aux Broucz, rue des Broulx*, 1481-1499 (matreloge d'Outreau, art. 65 et 102). -- *Le Broucq*, XVe s. terr. de Turb). — *Quemin des Broes*, 1389 (aveu de Jehan de le Becque).

Breucqs (Les), lieu-dit, c^ne de Verlincthun, section de Menty. — 1587 (tit. de l'Abb. de Samer).

Breuil (Le), Bois du, c^ne d'Hardinghen.

Breuil (Le), h., c^ne de Lieques. — *Breuil de Lieques* (Cassini).

Breuil (Le), h., c^ne de Samer. — *Le Breuille*, 1725 (rapport du curé). — Ruisseau du Breuil, tributaire d'un affluent de la Liane.

Breuil (Le), f., c^ne de Vieil-Moutier, autrefois de Saint-Martin-Choquel.—*Le Breuil* (Cassini).—*Le Breucq*, 1763 (cueil. de Samer). — Fief mouvant de Desvres, 1756 (fr. fiefs de Desvres).

Breuil (Le), lieu-dit, c^ne de Wimille. — *Terre gisant au buisson du Broec*, 1506 (terr. S. W.) — *Breuille*, 1569 (act. not.).

Breuil (Le), f., c^ne de Wissant. — *Breuil* (Cassini).

Breux (Les), h., c^ne de Selles (cadastre).

Briamerie (La), f., c^ne de Wierre-Effroy. — (Cassini). — *La Braimerie*, 1525 (cueil. N. D. de B.) — *La Bricamerye* (carte de l'état-major).

Bridre, lieu-dit, c^ne de Samer (cadastre).

Briel (Le), lieu-dit, c^ne d'Outreau. — *Terre séant au Briel*, 1506 (terr. S. W.), 1525 (cueill. N.-D. de B.).

Briel (Le), lieu-dit, c^ne de Saint-Léonard, dans le Val Saint-Martin. — *Terre appelée le Briel, gisans es terrous dessous Robertville*, 1389 (aveu d'Aelis le Barbière).

ringhem, fontaine, c^{ne} de Belle-et-Houllefort, au lieu-dit la Cour-Guise.

Brique (La), f., c^{ne} de Brunembert. — *Les Bricques* (Cassini). — Fief mouvant de la seigneurie de Brunembert, 1553 (déclar. des fiefs).

Brique (La), f., c^{ne} de Colembert. — (Cassini). — 1572 et 1582 (tit. de Monflon ; cueil. de Costé).

Briquecheul, lieu-dit, c^{ne} d'Outreau. — *Terrour de Briquechoel*, 1389 (aveu de Jehan de le Becque). — *Bricquechœul*, 1506 (terr. S. W.).

Briqueterie (La), f., c^{ne} d'Andres.

Briqueterie (La), h., c^{ne} de Coquelles.

Briqueterie (La), lieu-dit, c^{ne} de Crémarest, dans la mouvance de Reclinghen, 1782.

Briqueteries (Les), f., c^{ne} de Bainethun, section de Questinghen, 1572 (tit. de Monflon). — *Crendalle, sieur des Bricqueteries ou des Brictries*, 1582 (act. not.). — Fief mouvant de la chatellenie de Belle, 1786 (Dom., reg. 53).

Brocodin, f., c^{ne} de Longfossé. — *Grand et Petit Broccodin* (Cassini.) — Défiguré sur la carte de l'état-major et sur le cadastre, sous la forme *le Gros et le Petit Codin*. — *Simon de Brughedem*, chevalier, 1381 (chart. d'Art., A 123). — *Le sieur de Brugaudin*, 1550 (coutumes). — Fief tenu du roi, dont aveu de 1747 (arch. nat., Q 898).

Ruisseau du gros Codin, se réunissant à d'autres petits cours d'eaux, tributaires de la Liane.

Bronne, ruisseau de, c^{ne} de Dannes. Fait la limite de l'arrondissement de Boulogne-sur-mer, vulgairement *le Riu de Bronne* ; sur quelques cartes : *Ruisseau Saint-Frieux*.

Bronnes (Les), lieu-dit, c^{ne} de Catliers.

Broqueterie (La), f., c^{ne} de Belle-et-Houllefort.

Brouissoire (La), ruisseau, c^ne de Verlincthun, tributaire des affluents de la Liane.

Bruchan, ancien lieu-dit, de la c^ne de Marck, aujourd'hui des Attaques, *villa* située sur l'emplacement où fut fondée l'abbaye de la Capelle : 1100 (cart. Cap.)—On lit à tort dans Aubert Le Mire, Dipl. Belg., t. II. p. 1311, *Burchain*.

Brucquedalle, h., c^ne d'Hesdin-l'Abbé. — *Brucquedal* (Cassini). — *Brokeldale*, 1210 (cart. de Samer). — *Blokendale*, 1208 (cart. B. M. Bol.). — *Bloucqudalle*, 1588 (procès-verbal des Etats). — *Brucqudalle, Broudalle, Brougdalle*, dans la généalogie de la famille d'Isques (Bignon).

Brunelle (La), rivière d'Alembon à Licques, par Sanghen.

BRUNEMBERT, c^ou de Desvres. — *Altare de Brunnesbercha*, vers 1183 (cart. Mor.). — *Stephanus de Brunesbec*, 1194 (chron. Andr., 825, 2) ; — *Brunesbergensium Dominus* (Lamb. Ard., p. 249).—*Ingelramus de Brunesbergh* ibid., p. 211. — *Decimas in Brunesberg*, 1224 (cart. Lisk.). — Testament de *Willame de Brunesbergh*, 1244 (Duchesne, Preuves de Guines, p. 284).—*Barthelemy de Brunemberch*, 1298 (chartes d'Artois).— *Jehan du Cloy, escuier, capitaine de Brunemberg*, 1373 (establies de Picardie). — *Chastel et ville de Brunembec*, 1392 (aides de Bourgogne). — *Brememberch*, 1559 (part. de Thér.). — *Bruneberga, Brunenberghe* (Malbrancq. de Morinis, I, p. 62, II, p. 296, et *Helechbruna* sur sa carte). Voir l'art. consacré à ce dernier mot.

Paroisse du Boulonnais, ressortissant pour la justice au bailliage de Desvres. — Seigneurie concédée par Louis XI, au XVe s., à l'abbé de N.-D., et passée ensuite aux mains des évêques de Boulogne.

Cure, annexée comme secours à l'église paroissiale de Selles, dans le doyenné d'Alquines. — Décimateurs : l'évêque de Boulogne, les abbayes de Liesques et de Longvilliers, le curé du lieu, pour un tiers, avec les novales, et un particulier laïque. — Maintenant annexe de Selles, dans le diocèse d'Arras.

Ruisseau de Brunembert, affluent de la Liane.

Brunquet (Le), lieu-dit, c^{ne} d'Hesdin-l'Abbé.

Brunquet (Le), f., c^{ne} de Wirwignes. — (Cassini). — *Le fond du Brunquet* (cadastre).

Brunquet (Le), h., c^{ne} de Wierre-au-Bois.

Bruquet (Le), f. et mⁱⁿ, c^{ne} de Selles.

Bruquet, fontaine du, c^{ne} de Brunembert.

Bruquet (Le), h., c^{ne} de Wierre-au-Bois. — *Le Bruquet Hamel* et le *Hamel-Bruquet*, fief mouvant de la seigneurie de Wierre-au-Bois, 1766 (Dom., reg. 56).

Bucq (Le), h., c^{ne} de Bellebrune. — *Le Bucque* (Cassini). — *Maheu du Buc*, 1345 (arch. de la Côte-d'Or). — *Adde du Bucq*, 1506 (terr. S. W.) — *Suzanne le Barbée, dame du Bucq*, 1677 (Bignon, gén. Le Thieur). — Fief mouvant de la baronnie de Bellebrune, 1750 (aveu, Dom., reg. 50 et 53.) — *Fontaine du Bucq : le grand et le petit Bucq*.

Bucquet (Le), lieu-dit, c^{ne} d'Outreau, 1525 (recueil de N.-D. de B.)

Bucqueuse (La), h., c^{nes} de Nesles et de Neufchâtel. — (Cassini). — 1651 (Dom., reg. 63).

Bucquoi (Le), lieu-dit, c^{ne} d'Isques. — 1795 (inventaire d'Isques).

Budrekem, lieu-dit, cité à la fin du XIIIe s., dans « li escriz des revenues de Fiennes. » (chartes d'Artois, A 118, n° 5). Paraît situé à Réty ou à Wierre-Effroy.

Buis (Le), f., c^{ne} de Selles, vers le Cantinart. — Cassini met le *Buis* entre l'Ecalype et Coquerel, sur Brunembert. Je ne sais laquelle de ces deux localités représente l'ancienne ferme du *Buir* ou du *Buis*, fief mouvant du Boutillier, possédé de 1628 à 1697 par la famille de Caury (Bignon).

Buisson (Le), h., c^{ne} de Bonningues-lez-Calais : c'est le Bas-Buisson, vulgairement l'*Anglaise.*

Buisson (Le), h., c^{ne} de Brunembert. — (Cassini).

Buisson (Le), f., c^{ne} de Quesques, au h. de Lengagne.

Buisson (Le), h., c^{ne} de Rinxent. — *Haut et Bas-Buisson*, arrière-fief de la baronnie d'Engoudesent, 1553 (déclaration des fiefs).

Buisson (Le), h., c^{ne} de Saint-Inglevert (Cassini). — C'est le Haut-Buisson, 1534 (terr. de Miraulmont), 1592 (act. not.).

Buisson (Le), h., c^{ne} de Wierre-Effroy (cadastre).

Buisson de Hames (Le), lieu-dit, c^{ne} de Hames-Boucres. *Hamps-Torn*, 1556 (plan anglais).

Buisson de l'Eglise (Le), f., c^{ne} de Conteville. — (Cassini).

Buisson-de-Mai (Le), lieu-dit, c^{ne} de Lottinghen.

Buisson-des-Croisés (Le), lieu-dit, c^{ne} de Campagne, 1584 (terr. de Miraulmont).

Buisson-des-Ligueurs (Le), lieu-dit, c^{ne} de Fiennes (aveu de 1774).

Buisson-Lagache (Le), lieu-dit, c^{ne} d'Hardinghen.

Buisson-Mallart (Le), lieu-dit, c^{ne} de Neufchâtel. — *Le blanque voie qui maine du Buisson-Mallart à Dannes*, 1391 (aveu de Willame du Molin).

Buissonnoye (La), f., c^{ne} de Brunembert. — *Buissonnoy* (Cassini). — *Le Buissonnoye*, 1562-1564 (cueil. N. D. de B.).

Bullecamps (Les), h., c^{ne} de Quesques, dénomination empruntée aux Bullecamps d'Alquines, à cause du voisinage. — *Les Etroits des Bullecamps.*

Buregal, ou **Buregel**, fief, c[ne] de Wirwignes, mouvant de la seigneurie de Wirwignes, 1765 (Dom., reg. 56).
Burets (Les), h., c[nes] d'Henneveux et de Longueville.
Butel (Le), fief, c[ne] d'Isques. — *Seigneurie du Butel*. 1718 (Dom., reg. 53).

C

Cabocherie (La), f., c[ne] de Colembert. — (Cassini).
Cabocherie (La), f., c[ne] de Wierre-Effroy. — (Cassini).
Cadet, ruisseau, c[ne] de Pittefaux, affluent du Wimereux.
Caffiers, c[n] de Guines. — *Ecclesia de Katfers*, 1119; *de Catefiers*, 1157; *de Catfers*, 1179 (cart. Mor.). — *Otgrun et Berennoldus de Catfers*, 1117 (chron. Andr., 787, 1). — *Jordanus de Cathphis*, (ibid., 848, 1). — *Caffiés*, 1286 (terr. de Beaulieu). — *Caffiers*, fin du xiiie s. (chartes d'Artois, A 118). — *Caphyers*, 1556 (plan anglais). — Le Dict. géog. du cart. de Folquin y place le *Cafitmere* des chartes de Saint-Bertin de l'an 854 (p. 93 et 393); mais je penche plutôt pour Camiers, canton d'Etaples, à cause de l'association qui est faite du lieu-dit *Cafitmere* avec celui qu'on appelait *Mighem*. Ce dernier nom se retrouve, en effet, dans le voisinage de Camiers, sous la forme *Le Minghem*, dans le plan de la ville d'Etaples publié par la Soc. des Antiq. de la Mor., à l'occasion des fouilles exécutées sur le territoire de cette commune en 1811; (Mém., t. VI, atlas). M. Longnon, dans ses études sur les pagi de la Gaule se prononce également pour Caffiers (Biblioth. de l'école des hautes études, 2e fascic. Paris, Franck, 1869, p. 31); mais lui-mêm

nous fait remarquer qu'il contredit sur ce point l'opinion de Malbrancq et celle, bien autrement grave, d'Yperius qui traduit *Cafitmere* par *Camera* (chron. Sith., col. 515).— Il n'est pas sans intérêt de faire remarquer ici que Camiers figure encore dans le cartulaire de Simon sous la forme *Casmera* en 1026 (p. 175) ; que la chronique d'Andres le mentionne sous la forme *Catmiers* (on a imprimé à tort *Cutiniers*) en 1084 (Spicil., II, 784 ; et qu'enfin les chartes de Samer en traduisent le nom par *Caput maris*, en 1199.

Paroisse du Boulonnais, ressortissant pour la justice au bailliage de Wissant. — Seigneurie incorporée en celle de Fiennes.

Cure, annexée comme secours à celle de Landrethun-le-Nord, dans le doyenné de Wissant. — Décimateurs, l'abbé de Beaulieu, pour deux tiers, le chapitre de Boulogne et le curé du lieu pour l'autre tiers. Réunie comme annexe à la succursale de Fiennes, après le Concordat ; érigée en succursale indépendante par décret impérial du 5 avril 1862.

Cahen, h., c^{ne} de Licques. — (Cassini). — *Quadhemensia prædia*, (Lamb. d'Ardres, p. 27). — *Sichardus de Calhem, alias Caldhem,* 1117 (chron. And., 787, 2). — *Quathem,* 1145 ; *Quahem,* 1198 (Duchesne, pr. de G., p. 96 et 128).

Fief et seigneurie, mouvant de la châtellenie de Guines. — Hameau, ressortissant pour la justice au bailliage de Saint-Omer.

Caïel, fief, c^{ne} de Nabringhen, alias *Cannel*, mouvant de la baronnie de Colembert, XVIIe s. (arch. des Minimes de B.).

Caïeu, lieu inconnu, situé dans les environs de Boulogne. — *Odrenses, Caiocensibus sibi associatis* (Lamb. d'Ard., p. 59). — *Ernulphus de Caïeu* (ibid., p. 85). — *Balduinus, nominatus de Caïocho* (ibid., p. 171).

— *Arnulfus de Kaieu* (chron., Andr., 826, 2; 867, 1). — *Rogerius de Cajeu*, 1112 :— *Stephanus de Kaieu*, 1161; — *Rogerus de Caieu*, 1173 et 1193 : — *Rogerus de Kaieu*, 1199 (cart. de Samer). — *Ansellus de Keu* 1201 (charte de Renaud, comte de B., arch. nat., J 238, n° 1).— Voir l'index géogr. de Lambert d'Ardres, au mot *Caiochum*, p. 492.

CALAIS, chef-lieu de canton. — D'abord hameau de la paroisse de Petresse (aujourd'hui Saint-Pierre), Calais est cité par Lambert d'Ardres à propos d'un fait qui se rapporte à la fin du IX° siècle : *apud Calaisiacum* (p. 55).— *Burgenses de Kalcis, Gelo de Kalcis*, v. 1180 (charte communale, accordée par Gérard de Gueldres, deuxième mari de la comtesse Ide de Boulogne, fille de Matthieu d'Alsace, chartes d'Artois, A 4, n° 7). — *Illos de Calesio et Petressa*, v. 1180 (cart. S. Bert., p. 349, 350). — *Burgenses de Calais*, 1190 (chartes d'Artois, A 5, n° 2). — *Castrum de Calais*, v. 1194 (chron. Andr., 824, 1). — *Villa de Kaleis*, 1196 (chirographe de Renaud, comte de Boulogne, établissant à frais communs une guiballe à Calais, ch. d'Art., A 5, n° 5).— *Scabini de Kalès et de Merque*, 1201 (chart. de Renaud, comte de Boulogne, arch. nat., J 238, n° 1). — *Omnes infra banleucam de Kaleis habitantes*, 1210 (ch. du même, séparant la juridiction des échevins de Calais de celle des échevins de Merc, ch. d'Artois, A 5, n° 15).— *Ecclesiam de Kalais cum capellis suis*, 1217 (bulle d'Honorius III). — *Oppidum de Calays, in terminis parochiæ de Petresse* : érection des églises de Notre-Dame et de Saint-Nicolas de *Calays*, en paroisses indépendantes, séparées de celle de Pétresse, 1224 (charte d'Adam, évêque des Morins, Mir., III, p. 235).— *Burgenses nostri et villa nostra de Calesio*, 1228 (charte de

Philippe Hurepel, relative à la construction des fortifications de Calais, ch. d'Art., A 6, n° 16). — *Scabini et universa communitas de Calesio*, 1228 (charte des échevins, relative au même objet, ch. d'Artois, A 6, n° 18). — *Eodem tempore Philippus, comes Boloniensis, Calesium, burgum maritimum, castro munivit*, 1228 (chron. Andr., 867). — *Portum Calesio* (Matthieu Paris). — *Calésum* (Guillaume le Breton, Philippide).—*Calès*, 1300 (compte des chevaliers baillis de Calais, p. 13). — Dans les documents anglais du XIV° au XVI° s. : *Calys, Calays* et *Calais*. — *Callice* 1556 (terrier anglais). — Malbrancq, qui sur sa carte y place l'*Itius Cæsaris* (ce en quoi il a été suivi par différents auteurs), confond ailleurs Calais avec Escalles : *in Scala .i. Calais* (t. II, p. 275).

En mouvance féodale, Calais suivit les diverses vicissitudes de la terre de Merc, dont il fit partie jusqu'en 1210. et releva successivement des comtes de Flandre, de Boulogne et d'Artois. Ces derniers le conservèrent depuis l'an 1260 jusqu'à l'an 1347, en l'administrant au moyen d'un bailli, *ballivus Calesii* 1256 (chartes d'Artois, A 13, n° 6 cf. A 43). — Les Anglais ayant pris Calais le 3 août 1347, occupèrent cette ville jusqu'au 8 janvier 1558, en étendant leur domination sur une partie des campagnes environnantes.

Commune de Calais: Rentré par droit de conquête sous l'autorité de la couronne de France, Calais obtint par lettres patentes de février 1559, le droit d'élire, chaque année, le 1ᵉʳ janvier, un maïeur et quatre échevins, pour administrer les affaires de la communauté. Cette ville fut le siège de :

1° **La justice royale de Calais**, instituée en 1568 par le roi Charles IX, et présidée par un président-juge général, civil et criminel, assisté d'un lieutenant particulier, de deux conseillers, d'un avocat du roi, d'un procureur du roi, d'un substitut, d'un greffier, d'un receveur des consignations et commissaire aux saisies réelles et de quatre huissiers audienciers.

2° La **Maîtrise des Eaux-et-Forêts**, composée d'un maître particulier, d'un garde-marteau, d'un receveur, d'un garde général et de deux huissiers.

3° **L'Amirauté**, juridiction exercée sous l'autorité d'un lieutenant, d'un procureur du roi, d'un greffier avec commis-greffier, de quatre huissiers, d'un receveur, d'un maître des quais et d'un hydrographe. — A ce tribunal étaient adjoints des courtiers pour les capitaines de navires, savoir : trois pour les Français, un pour les Hollandais et un pour les Anglais.

4° **La juridiction des Traites**, de la voirie et de la subdélégation du Conseil, s'exerçant, pour les traites et la voirie, sur les villes et gouvernements de Calais, d'Ardres et de Guines, et pour la subdélégation du Conseil, sur les provinces de Picardie, Boulonnais et Pays-reconquis. Ce tribunal était présidé par un président-juge des traites, juge-voyer et subdélégué du Conseil, assisté d'un lieutenant, de deux procureurs du roi, de trois greffiers et de cinq huissiers répartis suivant les diverses branches de la juridiction ;

5° **La juridiction consulaire**, établie en 1566, composée d'un juge-consul, de deux consuls, d'un greffier et d'un huissier.

6° **La subdélégation de l'intendance**, composée d'un subdélégué et d'un greffier.

7° **Les finances du roi**, comprenant un inspecteur des manufactures, des officiers de traites, un visiteur du port, un entreposeur des tabacs avec un receveur et un contrôleur, un directeur et un contrôleur des

Aides, un receveur des domaines, lods et ventes, des receveurs des impositions et un contrôleur des vingtièmes.

8° Enfin, le Bureau des Postes, composé d'un directeur et d'un contrôleur (Alm. de Picardie).

Etablissements religieux (avant l'occupation anglaise) : — Paroisse de Notre-Dame, *Ecclesia sancte Marie* 1224 (Mir., III, 386) ; Paroisse de Saint-Nicolas, *Ecclesia sancti Nicolai*, 1224 (ibid.). — Cette dernière fut détruite en 1560, pour l'établissement de la nouvelle citadelle. — Doyenné de Marck, dans le diocèse de Thérouanne.

Léproserie de Calais; une charte de Saint-Bertin de l'an 1200, y relative (Dom Grenier, t. CLXVII, f° 243).

Un *hôpital Notre-Dame de Calais* existait en 1321, avec des *tables des pauvres*, pour les paroisses de Calais et de Saint-Pierre (ch. d'Artois, A 399 et 407).

Couvent de frères de N.-D. du Mont-Carmel, *Conventus Calasii*, 1312 (lettre du provincial à la comtesse d'Artois, ch. d'Art., A 58, n° 25).

Couvent de frères mineurs, ou franciscains, dont le gardien, Nicole, est cité en 1325 dans les chartes d'Artois (A 443).

Chapellenie du château de Calais, *Capellerie dou Chastel de Calais*, 1308 (compte du bailliage de Merck, ch. d'Art., A 239, n° 4).

Etablissements religieux, (postérieurement à l'occupation anglaise) : — 1° Paroisse unique de Notre-Dame, cure du diocèse de Boulogne, au doyenné de Marck, *Parochialis Ecclesia Beatæ Mariæ urbis Caletensis*, (arch. de l'Evêché). — Présentateur, l'évêque. — Décimateur, le roi.

Après le Concordat, cure de première classe dans

le doyenné de Boulogne, érigée en doyenné particulier pour les cantons de Calais et Guines dès 1812, avec restriction au canton de Calais en 1844.

Cure de Saint-Pierre et Saint-Paul du Courgain, érigée en succursale par décret impérial du 13 avril 1864 ;

2° L'hôpital général, ou chambre des pauvres, fondé en 1559, réorganisé par lettres patentes de novembre 1660, et transporté sur le territoire de Saint-Pierre en 1689. L'administration en était confiée à une commission composée des représentants des diverses juridictions. — Un aumônier ;

3° L'hôpital militaire, sous l'autorité de l'Etat-major de la place. — Un aumônier, nommé par l'évêque, sur la présentation qui lui en était faite au nom du roi ;

4° La chapelle du fort Risbanc ; un aumônier nommé dans les mêmes conditions;

5° La chapelle du fort Nieulay ; un aumônier nommé dans les mêmes conditions.

6° La chapelle de la citadelle ; un aumônier nommé dans les mêmes conditions ;

Communautés d'hommes :

1° Les Minimes, établis en 1611, dans la rue qu'on appelle aujourd'hui la rue Leveux. Les magistrats de Calais furent autorisés en 1718, à leur confier la direction du collège que les Anglais avaient fondé dans la ville en 1551, et dont l'administration avait été jusque-là donnée à un prêtre qui ne réunissait plus que très-peu d'écoliers. Un contrat passé, à cet effet, avec les PP. Minimes le 17 mai 1725, fut approuvé par l'évêque le 12 juillet suivant (arch. comm. de Calais, antérieures à 1790, sous la cote H 36, n° 3, liasse 48). Le couvent des Minimes fut supprimé en 1790 ;

2° Les Capucins, établis par lettres patentes du 16 mai 1618. Supprimés en 1790 ;

3° Les Frères de la Doctrine chrétienne, établis en 1700. Supprimés en 1790.

Communautés de femmes :

1° Les Dominicaines, établies par lettres patentes du 13 avril 1664 avec mission de diriger l'hôpital de la ville. Supprimées en 1790 ;

2° Les Bénédictines, essaim de la communauté d'Ardres, établies dans la rue de Guise, en 1641, avec un aumônier, ou chapelain, nommé par l'évêque. Supprimées en 1790 ;

3° Les Sœurs de la Providence, dites de Rouen, établies par délibération communale du 14 avril 1712 pour tenir une école de charité en faveur des jeunes filles pauvres de la ville et des environs. Supprimées en 1790.

Etat militaire : Un gouverneur, commandant dans la province ; un lieutenant de roi, un major et deux aides-majors de la ville ; un lieutenant de roi, un major et un aide-major de la citadelle ; un lieutenant de roi, commandant du fort Nieulay, avec un major ; un capitaine commandant le fort Risbanc ; un capitaine commandant le bastion du Courgain ; un directeur, un commandant, un capitaine et trois gardes d'artillerie ; un ingénieur en chef au corps du génie, assisté de six ingénieurs ordinaires ; un capitaine général garde-côte, avec un major et un capitaine aide-major ; un brigadier et quatre cavaliers de maréchaussée ; un commissaire des guerres, un trésorier des troupes et un commissaire au bureau des classes du roi (*Almanachs de Picardie*).

CALAISIS, voyez **PAYS RECONQUIS.**

Calaudes (Les), h., cⁿᵉ de Marquise. — *Les Callehaudes*

1566 (cueil. de N. D. de B.). — *Callehodde*, 1577 (act. not.).

Calendrie (La), f., c^ne de Marck.

Calimottes (Les), h., c^ne de Sangatte. — (Cassini). — Terre et seigneurie données par Henri II à Jean de Monchy de Senarpont, en récompense de la prise de Calais, 25 août 1558. — *Caillemote, l'Escaillemotte*; aveu de 1788, servi au roi (arch. nat., Q 897). — *Galimot*, 1556 (plan anglais). — Voyez **Axles**.

Calinges (Les), f., c^ne de Bellebrune. — (Cassini).

Calinges (Les), lieu-dit, c^ne de Courset.

Calique (La), lieu-dit, c^ne de Saint-Martin-Boulogne. — *Calicque*, 1505 (terr. S. W.).

Calique (La), section de la c^ne de Vieil-Moutier. — (Cassini). — *Kalika*, 1112; *Calica*, 1141; *Calica villa* 1193; *Calika*, 1210 (cart. de Samer). — *Le vile de le Kalike*, 1287 (charte de Robert VI, pour l'abbaye de Ham, arch. du Pas-de-Calais). — *Le Calique*, 1690 (cueil. de Samer.) — Fief et seigneurie tenue du roi, aux mains de l'abbé de Samer, 1754 (francs-fiefs de Desvres).

Calleuse (La), f., c^ne de Bazinghen. — *Calheuse* (Cassini). — *Calleheuze*, 1583 (act. not.).

Calotterie (La), anc. f., c^ne de Alincthun. — (Cassini). — Aujourd'hui, *les Calotteries*, terres, vers le Plouy de Colembert.

Calottier (Le), lieu-dit, c^ne de Selles. — Fief mouvant du Boutillier, 1765 (Dom., reg. 56).

Camberlin (Le), pointe en mer, c^ne d'Audinghen. — (Cassini).

Cambours (Les), terres, c^ne de Wirwignes. — 1750 (arch. de N.-D. de B., anc. cote J 4, n° 477).

Cambre (Le), rivière des marais de Guines. — *Le Vivier de Cambres, de la Cambre*, 1581 (terr. de Miraulmont).

Cambre (Le), anc. lieu-dit, c^{ne} de Wissant.—1525 (cueil. de N.-D. de B.).

Cambreseque, h., c^{ne} de Landrethun-le-Nord.— *Gerardus de Kimbresaca*, 1087 (cart. S. Bert., p. 203).— *Cabreseque*, 1654 ; *Callebrezecque*, ou *Calebrezeque*, 1591 (tit. de Monflon). — Arr. fief de la châtellenie de Fiennes, 1553 (déclar. des fiefs).

Cambronne, fief, c^{ne} d'Outreau ou de Saint-Etienne. tenu du roi, 1553 (déclar. des fiefs).

Camois, bois, c^{ne} de Selles.

Camoisson, f., c^{ne} d'Isques.—*Terre séant à Camousson, paroisse d'Isques*, 1610 (terr. N.-D. de B.).—Famille de *Camoisson, Camouchon, Camoischon, Camichon*, dont généal. de 1510 à 1697 dans Bignon.

Camotterie (La), f., c^{ne} d'Alincthun, au ham. de Lianne. — Fief, 1754 (fr. fiefs de Desvres). — *Ernous de la Calamot'erie*, 1297 (ch. d'Artois, A 143).

Camp (Le), f., c^{ne} de Belle-et-Houllefort, au ham. d'Houllefort. — (Cassini).

Camp (Le), f., c^{ne} de Vieil-Moutier.— (Cassini).

Camp (Le), f., c^{ne} de Wirwignes. — (Cassini).

CAMPAGNE, c^{on} de Guines. — *Campaniæ, Campanies* 1084 ; *Campaines, Campainnes et Campaignes*, 1127 (chron. Andr., 783, 1, 2 ; 787, 1 ; 848, 1 ; 856, 2). — *Campaniæ parochia, Campaniæ villa, Campaniam* (ibid., 688, 2 ; 797, 2 ; 812, 2). — *Campaniensis comitatus* (ibid., 818, 1). — *Parrochia de Campanies et de Buchout*, v. 1127 (ibid., 803, 1). — *Henricus de Campania, de Campaniis* (Lamb. d'Ard., pp. 95 et 205). — *Henricus de Campenes*, XIIe s. (Duchesne, pr. de Guines, p. 95). — *Ecclesia de Campaignes*, 1119 ; *de Campaynes*, 1157 ; *de Campanis*, 1179 (cart. Mor.). — *Vivianus sacerdos de Campaniis*, v. 1170 (chart. d'Ardres). — *Campaingnes emprès Guisnes*, v. 1400 (terr. de Thér.). — *Campen*, (traité de 1546, dans Rymer). — *Campe*, 1556 (terr. angl.). — *Camp*, 1556 (plan angl.). — *Hapaigne* (cartes du xviie s.)

Paroisse du Pays reconquis, dans le ressort de la justice royale de Calais. — Voyez **Berck en Campagne**. — Pairie du comté de Guines (alman. de Picardie), seigneurie mouvant du château d'Ardres et du comté de Guines, dont hommage au roi le 4 mars 1604 (arch. nat., P 15, n° 445).

Cure du diocèse de Thérouanne, puis de Boulogne, au doyenné de Guines : *Parochialis Ecclesia sancti Martini de Campagne juxta Ardream*, 1721 (arch. de l'Evêché). — Présentateur, le chapitre de Boulogne. — Décimateur, le roi, sauf pour la dime de sang qui restait au curé. — Maintenant réunie comme annexe à la succursale de Bouquehault.

Campagne, h., c^{ne} de Doudeauville. — *Campagne-lès-Doudeauville* (Cassini).

Campagnette, h., c^{ne} de Saint-Martin-Choquel. — (Cassini). — *Campania*, 1210 (cart. de Samer). — Je ne sais si l'on ne doit pas attribuer à cette localité l'*altare de Boucampagnia* alias *Boncampagnia* du même cartulaire, sous l'an 1173. — *Campaignette*, 1590 (cueil. de Samer). — Fief et seigneurie tenus du roi, aux mains de l'abbé de Samer.

Camp-Commun (Le), anc. f., c^{ne} de Bellebrune. — Démolie en 1733 et réunie au domaine de la Villeneuve (arch. du château de Belleb.).

Camp-Coquery (Le), anc. f., c^{ne} de Lottinghen. — 1561 à 1765 (tit. de l'abb. de Samer).

Camp-Dauphin (Le), partie de la garenne de Neufchâtel.

Camp-de-le-Barre (Le), lieu-dit, c^{ne} de Questrecques.

Camp-de-le-glenne (Le), fief, assis en partie sur le hameau de Saint-Riquier, c^{ne} de Courset, et en partie sur les communes de Zoteux et de Bécourt, de l'arr. de Montreuil. — *Camp de le geline*, 1553 (décl. des fiefs).

Camp de Lianne (Le), terres, c^{ne} d'Alincthun. — Fief, mouvant de la Pépinerie (arch. des Ursul. de B.).

Camp-de-Saint-Martin (Le), lieu-dit, c^{ne} de Dannes. — 1784 (ensaisissement du Bureau des Dom. d'Etaples).

Camp des Lansquenets (Le), lieu-dit, c^{ne} de Hames-Boucres, au village de Boucres, 1584 (terr. de Miraulmont).

Camp Dollen (Le), lieu-dit, c^{ne} d'Echinghen, dans l'aveu de Tournes.

Camp-du-drap-d'or (Le), lieu-dit, c^{ne} de Campagne. — (Cassini). — Emplacement du camp où eut lieu en 1520 la célèbre entrevue d'Henri VIII et de François Ier. — Le plan anglais du Calaisis, dressé en 1556, indique le lieu occupé par les Français : *Here the french lordes were wont* ; c'est entre Bouquehault et Campagne, au pied d'une colline, en deçà de la voie qui conduit de Bouquehaut à l'abbaye d'Andres, à l'extrémité du territoire de Campagne.

Camp-du-Moutier (Le), lieu-dit, c^{ne} de Longfossé. — 1748 (aveu de Longfossé).

Camp Haut (Le), lieu-dit, c^{ne} de Quesques (cadastre).

Camp-Hénaut (Le), lieu-dit, c^{ne} de Selles. — 1765 (francs-fiefs de Desvres).

Camp-Roi (Le), lieu-dit, sur le plateau de Saint-Etienne.

Camps Grelins (Les), f., c^{ne} de Questrecques.

Camps majors (Les), terres, c^{ne} de Réty. — 1774 (aveu de Fiennes).

Canal de Calais à Saint-Omer (Le), commencé en 1680, alimenté par la rivière d'Aa, entre dans l'arrondissement de Boulogne par le pont-à-quatre branches, autrement dit le Pont-sans-pareil, où il se croise avec le canal d'Ardres et celui des Trois Cornets, traverse les communes des Attaques, de Coulogne et de Saint-Pierre, pour aller se joindre à la mer, dans le port de Calais.

Canarderie (La), anc. f., c^{ne} de Hardinghen.

Canbrique, lieu-dit, c^{ne} de Saint-Léonard. — 1651-1654 (Dom., reg. 67). — *Cambrique*, 1767 (ibid.).

Canchy, h., c^{ne} de Licques. — (Cassini). — *Radulphus de Canci*, 1116 (chron. Andr., 796, 1). — Seigneurie mouvant de la châtellenie de Guines.

Canet, h., c^{ne} de Marquise. — (Cassini).

Cannesterc, lieu-dit, c^{ne} d'Outreau. — 1492 (matreloge d'Outr., art. 87). — *Cannestercq*, xv^e s. (terr. de Turb.).

Cantelot (Le), voyez Secq-Enclos.

Canteraine, h., c^{ne} d'Audembert. — *Cantreine* (Cassini). — Vulg. *Cantragne*.

Canteraine, h., c^{ne} de Carly. — *Cantreine* (Cassini).

Canteraine, h., c^{ne} de Courset. — *Chantereine* (Cassini). — *La maison de Chanteraigne*, 1582 cueil. de Costel. — Fief écléché de la Salle, mouv. de Courset.

Canteraine, f., c^{ne} d'Offrethun.

Canteraine, f., c^{ne} de Wierre-Effroy. — *Cantreine* (Cassini). — *Canterayne*, 1583 (act. not.). — Fief, 1767 (Dom., reg. 57).

Canteraine, anc. f., c^{ne} de Wimille, entre Auvringhen et la Poterie, 1766 (aveu d'Auvringhen).

Cantinart (Le), f., c^{ne} de Bournonville. — *Cantinar* (Cassini). — *Camptinart*, 1553. — *Cantinard*, 1744 (act. not.). — *Cantinart*, 1731 (aveu de Selles). — Fief mouvant de la seigneurie de Brunembert.

Cantinart (Le), h., c^{ne} de Selles, dans le voisinage du précédent. — Un ruisseau du *Cantinart* (l'annuaire dép. de 1863, p. 221, l'appelle *Coutinal*), se jette dans la Liane sur le terr. de Selles.

Caparderie (La), anc. f., c^{ne} d'Alincthun. — *Quemin qui maine d'Alinguetun à le Caparderie*, 1431 (cart. de Crém., n° 19).

Capécure, quartier de la ville de Boulogne, sur la rive gauche de la Liane et du Port ; — ancien hameau de la c^{ne} d'Outreau, réuni à la c^{ne} de Boulogne par ord. roy. du 26 fév. 1835. — *Manoir de Cappescure*, 1292 (accord entre le comte de Boul. et le comte de Dammartin, arch. nat., J 1125, n° 10).— *Le four de Capescure*, 1338 (compte de Marg. d'Evreux, Mém. Soc. Acad., IX p. 308).— *Quemin qui maine de Cappescure au moustier d'Oultreawe*, 1396 (aveu de Jehan de le Bouverie). — *Capescure*, 1480 matréloge d'Outreau, art. 3. — *Cappescure*, 1506 (terr. S. W.).

Capelette (La), lieu-dit, c^{ne} de Boulogne-sur-mer, au pied de la colline d'Ostrohove. — (Cassini). — Tire son nom de la chapelle de N.-D. de Saint-Sang, construite, dit-on, en 1101, reconstruite en 1859.

Capelette (La), h., c^{ne} de Coquelles, près des ruines de l'ancienne église paroissiale.

Capelette (La), lieu-dit, c^{ne} d'Alincthun, emplacement de l'ancienne chapelle de Lianne.

Capelle (La), h., c^{ne} de Bainethun.— *La Chapelle haute et basse* (Cassini). — *Decima Capellæ*, 1208 (cart. B. M. Bol.). — *Dusques as crois de le Capele*, 1278 (chart. d'Art., Mém. Soc. Acad., IX, p. 225). — *Le Cappelle* et *le Chappelle*, 1525, 1566 (cueil. N.-D. de B.). — Fief, compris dans les mouvances de celui de La Chapelle, de Wierre-Effroy, 1553 (déclar. des fiefs).

Paroisse séparée de celle de Bainethun et érigée en succursale par décret impérial du 14 janvier 1857.

Capelle (La), f., c^{ne} de Leubringhen. — (Cassini). —

Locus qui dicitur Bella Capella, 1157 (cart. de Beaulieu). — *La Capelle*, 1773 (act. not.).

Capelle (La), abbaye de Bénédictins, fondée vers 1080, par sainte Ide, comtesse de Boulogne, dans le hameau de Brucham, aujourd'hui les Capples, paroisse des Attaques, et détruite vers l'an 1346. Ses revenus, réunis dans le siècle suivant à ceux de l'abbaye de Saint-Jean-au-Mont, restèrent en commende jusqu'à la suppression des maisons religieuses en 1790. — *Capella Beatæ Mariæ* (Lamb. d'Ard., p. 77, 101, 329). — *Ecclesia Beatæ Mariæ de Capella*, 1159 (cart. Mor.). — *Une demie poise de bure sour l'abie de le Capele*, 1280 (Tailliar, rec. d'act. en lang. rom., p. 382). — *L'Eglise de le Capele*, 1308 (compte du bailliage de Merch, chart. d'Art., A 239, n° 4). — *Li rois ot compaignie biele, cele nuit jut à la Capiele*, XIII° s. (roman d'Eustache le moine, v. 1299 et 1300, p. 47); — *Au roi l'envoie à la Chapiele* (ibid., v. 1310, p. 48). — *Abbas et conventus monasterii Beatæ Mariæ de Capella, ordinis sancti Benedicti*, 1363 (bull. d'Urb. V, dans les recherches sur l'abbaye de la Capelle en Calaisis, par A. Desplanque, archiviste du Nord, p. 50). — *Capell*, 1556 (plan anglais). — Voyez *Les Attaques* et *les Capples*.

Il y a lieu de rectifier ici ce que j'ai dit plus haut p. 7, où la citation *Parochia de Capella*, 1173 et 1199 du cartulaire de Samer, est attribuée à tort à la paroisse des Attaques, tandis qu'elle appartient à Capelle-sur-La Lys, de l'arr. de Saint-Omer. — La paroisse des Attaques s'appelait, en 1306, *La paroisse de Couchewade, l'église de Couchewade* (ch. d'Artois, A 212).

Capelle (La), lieu-dit, c⁽ⁿᵉ⁾ de Saint-Etienne. — *La petite Capelle*, fief tenu du bailliage d'Outreau.

Capelle (La), f., c⁽ⁿᵉ⁾ de Wierre-Effroy. — *Le Chapelle*.

1285 (chart. d'Art., Mém. S... cad., IX, p. 246 et 250). — *Gosse de le Capiele*, 12.. (terr. de Beaulieu). — *Me sires Goses de le Capelle sergans le conte de Boulvigne*, 1298 (ch. d'Artois, A 43, n° 9). — *La Chapelle*, 1533 (arch. N.-D. de B., I 4, n° 436). — Fief de *la Chapelle*, tenu du roi, 1553 (décl. des fiefs).

Capelle (La), lieu-dit, cne de Wirwignes, au h. de Valenglin. — *La chapelle de Valenglin*, XVIe s. et 1750 (arch. de N.-D. de B., I 4, n° 477). voyez Valenglin.

Capellerie (La), lieu-dit, cne de Lottinghen. — *Les prés de la Capellerie; terres à la Capellerie*, 1567 (act. not.). — *La Chapellerie*, 1620 (cueil. de Samer).

Cap-Cohu (Le), lieu-dit, cne de Coulogne

Cap-Guillemain, lieu-dit, cne de Coulogne.

Cappe (Mont de), cne de Marquise, sur la route de Calais, vers Uzelot. — *Le mont de Capples*, 1562-1564 (cueil. N.-D. de B.).

Capples (Les), ou les Cappes, f., cne des Attaques, sur l'emplacement de l'ancienne abbaye de la Capelle. — *Ipsa villa Capellæ* 1110 (bull. de Pascal II, dans Desplanque). — *Grande et petite Cappe* 1584 (terr. de Miraulmont). — (Cassini).

Cappres, fief de, cne de Boursin, mouvant de la seigneurie dudit. — 1750 (Dom., reg. n° 50).

Capre, f., cne de Tingry. — (Cassini). — *Balduinus de Caperneiz*, 1113; — *Mabilia de Caprenes*, 1193 (cart. de Samer). — *Pol de Caprenes*, 1458 (compte de Tingry). — *Cappe* (cadastre).

Caraquet (Le), h., cne de Boursin. — *Crunquet* (Cassini).

Caraquet (Le), h., cne de Desvres.

Carbon (Le), f., cne de Fiennes.

Carbon (Le), lieu-dit, cne de Ferques, au h. d'Argencourt, sur Elinghen (Cassini).

CARLY, c{on} de Samer. — *In loco nuncupante Querlliaco*, cel Broma (Liembronne). sive Minthiaco (Menty), in pago Bononensi super fluvio Elna, 867 (cart. S. Bert., p. 113). — In ecclesia dicta Karli, noviter consecrata, 1133 (charte de l'év. Milon, pour Andres, Dom Grenier, t. CXCVII, f. 80). — Caroli (chron. And., 804, 2). — Altare de Carly 1173 ; ecclesia de Carly, 1193 ; Quarti pour Quarly, 1199 (cart. de Samer). — Perron de Quarli, 1338 (compte de Marg. d'Evreux, Mém. Soc. Acad., IX, p. 314). — Querli, 1515 (Tass.) — Quarli, 1559 part. de Thér. — Carli, 1559 (semes de Thér.). — Quertliaco, nunc Quarly, Malbrancq, t. II, p. 296. — Quertliacus (id., carte). — Quertiliacus (J.-F. Henry, carte, pl. 6 de l'Essai hist.) — Caux (cartes du XVII° s.). — M. le Prevost (dict. géog. du cartulaire de Folquin, p. 399) et M. Longnon (étude sur le pagus Bon., p. 32), se sont donné le tort de mettre Quertliacus à Clerques, dans le canton d'Ardres. Le Fluvius Elna étant incontestablement la Liane, il n'y a pas lieu de s'arrêter à une plus ample réfutation de cette opinion erronée.

Paroisse du Boulonnais, ressortissant pour la justice, partie au bailliage de Boulogne, partie aux bailliages réunis d'Etaples, Choquel et Bellefontaine, la rivière de Liane formant la séparation des deux juridictions. — Seigneurie aux barons de Lianne

Cure du diocèse de Thérouanne, au doyenné de Boulogne, puis du diocèse de Boulogne, au doyenné de Samer : *parochialis Ecclesia sancti Martini de Carli*, alias *Carly*, avec Verlincthun comme secours, 1557 (archiv. de l'Evêché). — Présentateur, l'abbé de Samer. — Décimateurs, l'abb. de Samer et le curé, par moitié. — Aujourd'hui succursale, dans le diocèse d'Arras, avec Verlincthun, comme annexe jusqu'en 1850, et maintenant avec Hesdigneul.

Carnes (Les), f., c^{ne} de Brunembert.

Carnoy (La), h., c^{ne} de Brunembert. — 1550 (cueil. de N.-D. de B.).

Carnoy (La), f., c^{ne} de Crémarest.

Carnoy (La), f., c^{ne} de Longfossé. — (Cassini). — Fief mouvant de la seig. de Longfossé (aveu de 1748).

Carottes (Les), fief, c^{ne} d'Echinghen, au h. de Wainethun, 1772 (Dom., reg. 53), mouv. de la seigneurie d'Isques.

Carreaux (Les), quartier de la ville de Boulogne, aujourd'hui représenté par la rue de ce nom. — *Kariaulx* (compte de 1415). — *Les Cariaulx*, 1505 (terr. S. W.).

Carrière Noire (La), ruisseau de, c^{te} de Réty, affluent de la Slack.

Carrières (Les), f., c^{ne} d'Alinethun. — (Cassini). — 1743 (arch. des Ursul. de B.).

Carrières (Les), h., c^{ne} de Fiennes. — *Lapidicina inter montem de Fielnes et Antinghem sita*, v. 1172 (chron. Andr., 813, 1, 2).

Carrières (Les), lieu-dit, c^{ne} de Peuplingues. — *Les Blancs*. — *Chalkpitts*, 1556 (plan anglais). — *Carrières*, 1584 (terr. de Miraulm.). — *Anciennes carrières* (carte de l'Etat-major).

Carrières (Les), f., c^{ne} de Réty. — *Carrière* (Cassini). — 1743 (aveu d'Austruy). — Famille Noël, sieur des Carrières, XVIIe et XVIIIe s.

Cascarets (Les), lieu-dit, c^{ne} de Wimille. — Dépendance de la ferme de la Raterie, 1608 (act. not.).

Cassaigne (La), f., c^{ne} de Saint-Etienne. — *La Cassine* (Cassini). — *Cachaine* (cart. de l'état-maj.). — Fief mouvant de la seigneurie d'Audisque, 1769 (Dom., reg. 56 et aveu de 1770). — Un ruisseau, dit de la Cssaigne, se jette dans la Liane, au hameau d'Audisque ; — *Cassaine*, dans l'ann. dép. de 1863, p. 219.

Cat (Le), lieu-dit, c^{ne} d'Outreau. — *Terre séant au rieu le Cat*, 1525 (matreloge d'Outr., art. 140). — Vulg. *le riu du Cat, le ruisseau du Cat.*

Cat-Cornu (Le), h., c^{ne} de Verlincthun. — Un ruisseau de ce nom, *l'acornu*, se jette dans la Liane, à Samer.

Caté (Le), ruisseau, c^{ne} d'Ambleteuse (Henry, essai hist., p. 128).

Catelet (Le), h., c^{ne} de Doudeauville. — (Cassini). — 1786 (act. not.).

Catelet (Le), f., c^{ne} de Nabringhen.

Cateleux (Les), voyez Ecarteleux.

Caterville, lieu-dit, c^{ne} de Maninghen, 1393 aveu d'Honoré Foliot.

Catèvre, lieu-dit, c^{ne} de Campagne.

Catgrève, anc. nom de la f. de l'Hermitage, c^{ne} de Wimille. — *L'hermitage de Catgreve*, 1653 (arch. de N.-D. de B., anc. cote, M 3, n° 3).

Cathebreulles (Les), lieu-dit, c^{ne} de Fiennes. — *Terre gisant à Cathebroeulles*, 1654 (tit. de Monflon).

Cathelet (Le), f., c^{ne} de Selle (cadastre).

Catove (La), f., c^{ne} de Belle-et-Houllefort. — (Cassini). — *Cathoüe, Catthoüe, Catoüe, Chatavoüe, Catheoüe*, 1634-1640 (gén. Acary, dans les gén. Bignon).

Catove, lieu-dit, c^{ne} d'Hardinghen.

Catrie, lieu-dit, c^{ne} de Bouquehault.

Cauchie (La), h., c^{ne} d'Isques. — *Jehan de le Cauchie de Yseke*, 1293 (ch. d'Art., A 38, n° 51). — *Oudart Roussel, sieur de la Cauchye*, 1550 (proc. verb. des contumes).

Caudebronne, anc. lieu-dit, c^{ne} d'Outreau. — *Lieu que l'on nommoit anchiennement Caudebronne*, 1525 (cueil. N.-D. de B.).

Caumartin, fief, c^{ne} d'Audresselles, en censives. — Fam. Cazin de Caumartin, 1766 (Dom., reg. 57).

Caurie (La), f., c^ne de Crémarest. — *La grande Corie* (Cassini).—*Baudin Hagneré, dit de le Cawerie*, 1439 (cart. de Crém., n° 17). — *Le Courrye*, 1458 (compte de Tingry) — *Famille de Caurie, Caurye, Caurrye*, dont généalogie de 1519 à 1697 dans les gén. Bignon.

Cavaldunum, lieu inconnu, situé sur le territoire de Marck, cité dans la bulle de Pascal II, de 1110, en fav. de l'abbaye de la Capelle (Desplanque, rech. sur l'abb. de la Capelle, pp. 10 et 39) ; peut-être est-ce l'ancienne forme du nom de Waldan, sur Oye, arr. de Saint-Omer.

Cavalerie (La), lieu-dit, c^ne d'Hardinghen.

Cay (Le), lieu-dit, c^ne d'Henneveux. — *Maison séant au Cay de Hennepreu*, 1608 (arch. des Ursul. de B.).

Cazan (Le), lieu-dit, c^ne de Menneville, vers Desvres.

Cédule, h., c^ne de Landrethun-le-Nord. — *Cédur* (Cassini). — *Cédule*, 1772 (act. not.).

Cédru (Le), f., c^ne de Wirwignes. — (Cassini).

Cense (La), f., c^ne de Belle-et-Houllefort. — *La petite Cense* (Cassini). — *La cense d'Houllefort*.

Cense (La), f., c^ne de Boursin.

Cense (La), f., c^ne de Pittefaux. — *Petite et grande Cense* (Cassini). — Un ruisseau de *la Cense*, que l'ann. dép. de 1863 appelle de *la Sauce*, p. 222, se jette dans le Wimereux.

Chailly, f., c^ne de Bainethun, vers le ham. de la Capelle. *Suilly* (Cassini). — Fam. de Chinoi, sieur de *Chailly*.

Chapelle (La), lieu-dit, c^ne de Selles.

Chapelle (La), le champ de, lieu-dit, c^ne de Crémarest, emplacement de l'anc. chapelle de Reclinghen.

Chapelle-de-l'Ecoute (La), fief, c^ne de Samer. — Mouvant de l'abbaye, suivant un bail de 1715 (arch. de la sénéchaussée).

Charlieu, anc. f., c^ne de Marck, 1584 (terr. de Miraumont).

CHA

Château (Le), f., c^{ne} d'Alembon.

Château (Le), f., c^{ne} de Bainghen.

Château (Le), f., c^{ne} de Fiennes. — *Fisnes Castell*, 1556 (plan anglais). — *Ch. de Fiennes* (Cassini).

Château (Le), lieu-dit, c^{ne} d'Hervelinghen.

Château (Le), f., c^{ne} de Rinxent. — *F. du Château* (Cassini).

Château-Bricon (Le), h., c^{ne} de Réty. — (Cassini). — Arr.-fief de la châtellenie de Fiennes, 1553 (déclar. des fiefs). — Fief mouvant d'Austruy, 1741 (aveu d'Austruy).

Château d'Isques, f., c^{ne} d'Isques.

Château-Gris (Le), f., c^{ne} de Tingry : voyez Macquinghen.

Château-Mollacq (Le), f., c^{ne} de Marquise.

Château-Muhlberque, h., c^{ne} de Saint-Léonard.

Château-Rouge (Le), m^{on}, c^{ne} de Tingry.

Châtelet (Le), h., c^{ne} de Tardinghen. — (Cassini). — Fief du Châtelet, ou de Guiptun, arr.-fief de Fiennes, 1739 (aveu de Vaillant du Châtelet, Dom., reg. 50).

Châtillon (Le), fort, construit par l'amiral de Coligny en 1546 et démoli en 1554, au h. de Capécure, alors c^{ne} d'Outreau, maintenant c^{ne} de Boulogne-sur-mer, resté comme lieu-dit.

Châtillon, fief, c^{ne} de Carly, mouv. de la seigneurie de Honrecq, 1782 (Domaines, reg. 56 bis).

Chauchoy (Le), lieu-dit, c^{ne} d'Audembert. — *Rieu qui flué de le Chauchoy à Noirberne*, 1654 (tit. de Monflon).

Chaufour (Le), lieu-dit, c^{ne} de Fiennes. — (Cassini). — *Chalkepit*, 1556 (plan anglais).

Chaussée (La), h., c^{nes} de Desvres et de Longfossé. — (Cassini). — *Ung lieu séant sur le chemin de le Cauchie*, 1458 (compte de Tingry). — Rapp. du curé

Mém. XI. 8

1725 ; act. not. 1770. — Tire son nom de la chaussée, ou voie romaine de Thérouanne à Boulogne, dont le parcours fait la séparation entre les c^{nes} de Desvres et de Longfossé.

Chaussée (La), ..., c^{ne} de Coquelles, où est aujourd'hui l'église et le centre de la commune. — (Cassini). — *Simon de Calcata*, XIIIe s. (Lamb. d'Ardr., pp. 317, 375). — *Cawcie, Cawcey*, 1556 (terr. et plan anglais). — Fief et seigneurie, mouv. de la chatellenie de Guines.

Chaussée-Brunehaut (La), chemin, c^{ne} de Lacres. — *Le Cauchie Brunehault*, 1439 (aveu de Lacres).

Chaussée-Brunehaut (La), h., c^{ne} de Senlecques, sur la voie romaine de Thérouanne à Boulogne.

Chemin (Le), h., c^{ne} de Neufchâtel.

Chemin-des-Experts (Le), chemin, c^{ne} d'Audembert.

Chemin-des-Poissonniers (Le), chemin, c^{ne} de Wissant et d'Audembert, embranchement du chemin de Leulingue.

Chemin-du-Bois (Le), h., c^{ne} d'Isques.

Chemin-Vert, ruisseau dit du, c^{ne} d'Alincthun, affluent de la Liane.

Chemin-Vert (Le), h., c^{ne} de Boulogne-sur-mer, sur le chemin qui conduit de la Tour-d'Ordre à Wicardenne : — *Le Verde Voie qui moet de le Tour de Odre et vient à le crois Galopin*, 1315 (ch. de N.-D. de B.).

Chêne, ruisseau du, c^{ne} de Wirwignes.

Chestrez, v. Setrez.

Chevalerie (La), fief, c^{ne} de Pernes : — vendu à Antoine de Lastre, en 1573 (gén. de Lastre, dans Bi... ...on).

Chevalerie (La), f., c^{ne} de Samer. — *La Q...valeri...* (Cassini). — *La Chevalerie*, 1722 (arch. de Samer..

Chillefer, lieu-dit, c^{ne} de Guines. — *Le Boquet de Chillefer, la fontaine de Chillefer, aliàs Chuillefer*, 1584 (terr. de Miraulmont).

Choquel (Le), h., c^{ne} de Belle-et-Houllefort, section d'Houllefort. — *Choquet* (Cassini).

Choquel (Le), lieu-dit, c^{ne} de Campagne. — *La rue du Chocquel*, 1480 (terr. d'Andres).

Choquel (Le), h., c^{ne} de Condette. — (Cassini). — *Le four du Chokel*, 1339 (compte de Jeanne de Boul., Mém. Soc. Acad., IX, p. 339). — *Le Choquel*, 1550 (cueill. N.-D. de B.). — Bailliage et prévôté royale, réunie avant 1550 à ceux d'Étaples et de Bellefontaine, supprimé par l'édit de 1745; — *Baillie de Chokel*, 1339 (compte de Jeanne de Boul., ibid., p. 339).

Choquel (Le), h., c^{ne} de Saint-Martin-Choquel. — (Cassini). — 1763 (cueil de Samer). — Seigneurie, aux mains de l'abbé de Samer.

Choquel (Le), h., c^{ne} de Wirwignes. — (Cassini). — *Le Choquet*, 1525 (cueil. N.-D. de B.). — *Chemin qui maisne au Chocquel*, XVIe s. (arch. N.-D. de B., anc. cote, I 4, n° 447).

Cimetière (Le), m^{on}, c^{ne} de Samer.

Cinq-Cheminées (Les), h., c^{ne} de Wimille.

Claire-Eau (La), étang, c^{ne} de Condette, près du château d'Hardelot.

Claire-Mare (La), h., c^{ne} de Dondeauville.

Clairson, h., c^{ne} d'Andres et de Guines. — *Clairsoux* (Cassini). — *Le vivier de Clersou, le boulevard de Clersou, hameau de Clersou*, 1584 (terr. de Miraulmont). — *Claes wood* et *Claies wood*, 1556 (plan et terr. ang.).

Clairvillers, lieu-dit, c^{ne} de Guines (ann. jud.).

Clavinghen, lieu-dit, c^{ne} d'Henneveux. — *Le courtil Clavinghen* (ann. jud.).

Clay, h., c^{ne} de Licques — (Cassini).

Clemevault, lieu-dit, c^{ne} d'Outreau. — *Clamevault*, XVe s. (terr. de Turbinghen). — *Terre séant à Clemevault*, 1506 (terr. S. W.).

Clinghen, voyez **Reclinghen**.

Clinquemeulle, lieu-dit, c^{ne} d'Andres. — *Le courtil Clinquemeulle* (ann. jud.).

Clique (La), lieu-dit, c^{ne} de Wierre-Effroy (cadastre).

Cliquet (Le), lieu-dit, c^{ne} d'Outreau. — *Le Clicquet*, XVe s. (terr. de Turb.).

Clocheville, f., c^{ne} de Marquise, vers Hardenthun.—(Cassini).— *Willame de Clocheville*, 1415 (compte de la ville de B.).— Famille du Quesne, seigneur de Clocheville.

Cloy (Le), lieu-dit, c^{ne} du Portel. — *Terre appelée le Cloy*, 1396 (aveu de Jehan Bollart). — *Terre séant au Cloy du Portel*, 1493 (matreloge d'Outreau, art. 93).

Cloye (La), lieu-dit, c^{ne} d'Hardinghen.

Cloye (La), f., c^{ne} de Wierre-Effroy, vers Belle. — (Cassini). — *Baudin de le Cloye*, 1286 (terr. de Beaulieu). — *Jehan de le Cloye*, 1393 (aveu d'Honoré Foliot). — *Adrian de la Cloye, sieur de Wierre*, 1550 (proc.-verb. de la Coutume). — Seigneurie mouvant de la baronnie de Bellebrune, 1747 (Dom., reg. 50 et aveu, dans l'aveu de Fiennes de 1774).

Cluses, h., c^{nes} de Saint-Martin-Boulogne et de Wimille. — *Haute et Basse Ecluse* (Cassini). — *Terras et hospites apud Cluses*, 1112, 1141, 1145, 1161 (cart. de Samer). — *Li quens Eustasses as grenons dona [à Samer-u-bos] le terre l'Ecluses* (lisez de Cluses) *au luminaire des lampes*, XIIIe s. (gén. des comtes de B., Mém. Soc. Acad., IX, p. 295). — *Monsieur de Bernieules, pour sen fief de Cluses*, 1392 (compte des aides de Bourgogne). — *Cluses*, 1506 (terr. S. W.). — *François de Ruberghes, sieur de Cluses*, 1550 (proc.-verb. de la Cout.). — Aveu au Roi de la terre et seigneurie de Basse-Cluse, 1752 (arch. nat., Q 900). — Ruisseau de la Basse-Cluse, affluent du Wimereux, par le Denacre et Billioville.

Cobrique, h., c^{ne} de Bellebrune. — *Jacquemin de Quodbrigge*, 1286 (terr. de Beaulieu). — *Jehan de Quabrigkel*, 1339 (compte de Jeanne de B., Mém. Soc. Acad., IX, p. 354). — *Alleaume de Lannel, manouvrier, demeurant à Cobricque, paroisse de Bellebrune*, 1577 (act. not.). — Famille du Tertre, dont plusieurs membres ont été seigneurs de Cobrique, au XVIIIe s. (Saint-Allais, Nobil. univ. de Fr.). — *La Brique* (carte de l'Etat-major).

Cocarderie (La), voyez **Coquarderie**.

Cocherie (La), ch^{au} et f., c^{ne} de Saint-Martin-Boulogne. — Famille Abot de la Cocherie, XVIIIe s. — Anciennement *la Grebenderie*.

Cocqs-Sang (Les), lieu-dit, c^{ne} d'Isques. — 1795 (invent. d'Isques).

Cocquel, lieu-dit, c^{ne} de Saint-Etienne. — 1788 (Dom., reg. 53).

Code-Crème, h., c^{ne} d'Offrethun.

Codellerie (La), f., c^{ne} de Bellebrune. — *Maison et place de la Caudallerie*, 1655 (arch. des Ursulines de B.). — *Coudellerie* (aveu de 1679).

Codin (Le), voyez **Brocodin**.

Coffrée (La), v. **Gouffrée**.

Cognée (La), lieu-dit, c^{ne} d'Outreau.

Coharte (La), f., c^{nes} de Nesles et de Neufchâtel. — *Chemin de Cohen à la Couarte, aliàs Coharte*, 1765 (Dom., reg. 56). — *Coarte* (Cassini). — *Quouatre* (cadastre).

Cohen, f., c^{ne} de Neufchâtel. — *Wistasses de Kohem*, 1365 (chart. d'Artois). — *De Campaigno, sieur de Cohen*, 1627 (gén. de Caboche, dans Bignon). — Fief de *Cuhen*, 1553 (déclar. des fiefs), tenu du roi dans le bailliage du Choquel.

Cohu (Le), h., c^{ne} de Coulogne, en partie sur Hames. — (Cassini). — 1584 (terr. de Miraulmont).

COLEMBERT, c⁻⁵ de Desvres. — *Hugo de Colesberge*, 1107 (cart. de Samer); — *de Colesberc*, 1121 (cart. S. W. Bol.). — *Hugo de Coleberc*, 1150 (Mir. I. 536, et chron. Andr., 810, 1). — *Balduinus de Coslesberc*, 1172 (cart. S. Judoc.). — *Hugo de Collesberc*, 1199 (cart. de Samer). — *Apud Colsbergium*, traduction *Colberge*, XIIIᵉ s. (Lamb. d'Andr., p. 319). — *Capella de Colesberc*, 1208 (cart. B. M. Bol). — *Collemberch*, 1515 (Tass.). — *Colemberch* et *Colembercq*, 1559 (part. et sennes de Th.).

Paroisse du Boulonnais, ressortissant pour la justice au bailliage de Londefort. — Baronnie du Boulonnais, comprenant les paroisses réunies de Colembert et de Nabringhen, 1553 (déclar. des fiefs) ; — Pierre de Maulde fait hommage au roi de la *Seigneurie de Colembercq*, tenue du château de Desvres, 4 mars 1538 (arch. nat., P 15, n° 300). — Terre érigée en marquisat pour la famille de Maulde, en 1691.

Cure du diocèse de Thérouanne, dans le doyenné de Boulogne, puis du diocèse de Boulogne, dans le doyenné d'Alquines et l'archidiaconé d'Artois, avec Nabringhen comme secours : *Parochialis Ecclesia Sancti Nicolai de Colembert et succursus ejus [sanctæ Margaritæ] de Nabringhen*, 1708 (arch. de l'Evêché). Il semble que le chef-lieu curial ait été autrefois, temporairement du moins, à Nabringhen : *Les marguilliers de Nabringhen et Collembercq, son secours*, 1560 (procès-verbal de l'élection aux états généraux, reg. du Roi de la Sénéch. de B., n° 2, f° 165 v°). — L'église de *Colesberc*, ou *Colesbierc*, donne au comte d'Artois la déclaration de ses nouveaux acquêts, XIIIᵉ s. (chartes d'Artois, A 47, n° 9). — Présentateur, l'évêque de Boulogne, aux droits de l'abbé de Notre-Dame. — Décimateurs, l'hôpital Saint-

Louis de Boulogne, le prieur du Wast, la fabrique de Nabringhen, le seigneur du lieu, pour deux tiers, le curé, pour l'autre tiers, avec la menue dîme et les novales. — Maintenant, succursale dans le diocèse d'Arras.

Rivière de Colembert, se rendant, par le Wast et Bellebrune, à Belle, où elle se réunit à la rivière de Grigny pour former le Wimereux.

Colembert, lieu-dit, c[ne] de Maningheu. — *Le Mont Colembert* (cadastre).

Colesberch, chapellenie de, citée dans le pouillé de Tassard comme appartenant au doyenné de Guines, dans le patronage de l'abbaye d'Andres, situation inconnue, distincte de Colembert en Boulonnais.

Coleux, f., c[ne] de Réty. — *Gillon de Colehout, Engueran de Colehout*, 1286 (terr. de Beaulieu). — *Fief de Colhaut*, mouv. de Selles, (aveu de 1731). — *Lardé, sieur de Collehault*, XVIIe s. (act. not.).

Colhaut, lieu-dit, c[ne] de Bainghen.

Colhaut (Le), lieu-dit, c[ne] de Menneville.

Colincthun, f., c[ne] de Bazinghen. — *Colinctun* (Cassini). — *Thoumas de Collingetun*, tit. du XIVe s. (arch. nat., J 1125, n° 26). — Fief de *Collincthun*, au chapitre de Boulogne.

Collarderie (La), lieu-dit, c[ne] de Verlincthun, au ham. de Menty, 1609 (arch. de l'abb. de Samer).

Colliervois, chemin de, lieu-dit, c[ne] de Saint-Etienne.

Collindy (Le), lieu-dit, c[ne] de Tardinghen.

Colombier (Le), f., c[ne] de Bazinghen (Cassini).

Colombier (Le), lieu-dit, c[ne] de Carly.

Colombier (Le), h., c[ne] de Marck. — (Cassini). — *Mazure nommée le Coullombier; le Pont du Coullombier*, 1584 (terr. de Miraulmont).

Colombier (Le), h., c[ne] d'Hardinghen. — (Cassini). — *Le Coullombier*, 1582 (cueil. de Costé).

Colombier (Le), Fief, c^{ne} d'Outreau, 1780 (Dom., reg. 53 et 58).

Colombier (Le), h., c^{ne} de Wissant, en partie sur Audembert. — (Cassini). — *Maison, plache et terres du Coulombier, nommée Evrebreucq* (voyez ce mot). *size en la paroisse de Sombres*, 1577 ; *Maison, cense, bastiments et terre en dommainne, nommée Œuvrebreucq, ou aultrement le Colombier*, 1625 ; *ladite maison nommée anciennement le Coullombier*, 1597 (titres de propriété de la famille Dupont, du Colombier).

Colonne (La), h., c^{ne} de Wimille. Tire son nom de la colonne Napoléone, votée en 1804 à Napoléon Ier par la Grande-Armée.

Colwide, lieu-dit, c^{ne} de Pihen. — M. Courtois, dans son dict. géog. de l'arr. de Saint-Omer, p. 64, a revendiqué pour la commune de Rodelinghen, l'emplacement de la forteresse de Colewide *(Colvida)*, construite, au XIIe siècle, par Arnold, seigneur d'Ardres, et détruite en 1214. Je ne sais pas si cette attribution n'est pas un peu hasardée ; en tous cas, un terrier de Fiennes de 1432, dont j'ai rencontré quelques extraits, mentionne une terre située *emprès les communes nommées Collewede, tenant du lès devers Santinguevelt ausdites communes*; et le terrier anglais de 1556 parle aussi de *Collwey*, ou *Collwey wood*, sur la commune de Pihen.

Combeauville, lieu-dit, c^{ne} de Saint-Etienne. — *Masure et gardin séant à Combauville*, 1506 (terr. S. W.).— *Disme de Combeauville*, XVIIIe s. (déclar. des revenus de Samer). — Fief de Combeauville, 1780 (Dom., reg. 53 et 58).

Combles (Les), lieu-dit, c^{nes} d'Audinghen et d'Audresselles. — 1534 (matreloge d'Outreau, art. 152).

Combles (Les), lieu-dit, c^ne de Courset. — 1713 (Dom., reg. 63).

Combles (Les), lieu-dit, c^ne d'Outreau. — *Pré de Combes*, v. 1480 (matrcl. d'Outreau, art. 45). — *Terroir de Combles*, 1653 (ibid., suppl.).

Combles (Les), f., c^ne de Rinxent, section d'Hydrequent. — (Cassini). — Fief de *Combres*, paroisse d'Hydrequent, arr.-fief de la baronnie d'Engoudsent, 1553 (déclar. des fiefs).

Combles (Les), lieu-dit, c^ne de Wierre-Effroy (cadastre).

Combles (Les), lieu-dit, c^ne de Wissant.

Commandance (La), lieu-dit, c^ne de Guines.

Commune (La), h., c^ne de Caffiers.

Commune (La), h., c^ne de Licques.

Commune-Brulée (La), m^on, c^ne d'Hesdin-l'Abbé (Cassini).

Commune de Broches (La), lieu-dit, c^ne de Longfossé (aveu de 1748).

Commune de Fouhen (La), voyez Fouhen.

Commune de Haute Fontaine (La), voyez Haute-Fontaine.

Commune de Quesnel (La), lieu-dit, c^ne de Desvres. (Concession domaniale du 29 octobre 1781, arch. nat., Q 898). — *Le Quennel*, 1383 (chart. comm. de Desvres, art. 35).

Commune de Rignon (La), lieu-dit, c^ne de Longfossé. (Aveu de 1748).

Commune des Breucqs (La), h., c^ne de Crémarest. — *La Commune d'Ebreux* (carte de l'état-major).

Commune des Cauries (La), lieu-dit, c^ne de Longfossé (aveu de 1748).

Commune de Tombes (La), lieu-dit, c^ne de Longfossé (aveu de 1748).

Commune l'Eauette, ou Loette (La), h., c^ne de Boursin.

Communes (Les), h., c^ne de Bellebrune et de Crémarest.

Communes (Les), h., c^ne de Brunembert.

Communes (Les), h., c^{ne} de Carly.
Communes (Les), h., c^{ne} de Conteville.
Communes (Les), h., c^{ne} de Ferques.
Communes (Les,) h., c^{ne} d'Henneveux.
Communes (Les), h., c^{ne} de Longfossé (Cassini).
Communes (Les), lieu-dit, c^{ne} de Réty.
Communes (Les), h., c^{ne} de Rinxent.
Communes (Les), h., c^{ne} de Saint-Inglevert.
Communes de l'Etang (Les), lieu-dit, c^{ne} de Crémarest (Cassini).
Communes de Saint-Bergues (Les), voyez Simberg.
Communette (La), h., c^{ne} de Beuvrequen.
Communette (La), h., c^{ne} de Doudeauville.
Communette (La), h., c^{ne} d'Herbinghen.
Communette (La), h., c^{ne} d'Hesdin-l'Abbé.
Communette (La), h., c^{ne} de Rinxent, section d'Hydrequent.
Communettes, ruisseau des, c^{ne} d'Henneveux.
Compredat (Le), lieu-dit, c^{ne} de Bouquehaut. — *Compredal*, 1480 (terr. d'Ardres).
CONDETTE, c^{on} de Samer. — *Condeta*, 1112, 1161, 1173, 1210 (cart. de Samer). — *Cundeta*, 1199 (ibid.). — *Gerbertus de Condet*, v. 1135 (cart. Saint-Josse). — *Altare de Condeta*, 1208 (cart. B. M. Bol.). — *Condeta*, 1515 (Tass.). — *Condette*, 1559 (part. et sennes de Thér.). — *Condehever*, (Malbrancq, lib. XI, cap. XXX et carte; Henry, Essai hist., pl. 6).

Paroisse du Boulonnais, ressortissant pour la justice aux bailliages réunis d'Etaples, Choquel et Bellefontaine. -- Seigneurie, dont Pierre de Maulde fait hommage au roi, comme mouvant du bailliage du Choquel, le 4 mars 1538 (arch. nat., P 15, n° 360): aveu de la même, 1770 (ibid., Q 901).

Cure du diocèse de Thérouanne, au doyenné de

Boulogne, puis du diocèse de Boulogne, au doyenné de Samer, avec Hesdigneul, comme secours : *Parochialis ecclesia Sancti Martini loci de Condette, cum suo succursu [Sancti Eligii] loci de Hesdineulx*, 1579 (arch. de l'Evêché). — Présentateur, l'évêque de Boulogne, aux droits de l'abbé de Notre-Dame. — Décimateurs, l'abbaye de Samer, le curé du lieu et le seigneur de Grand-Moulin. — Aujourd'hui, succursale dans le dioc. d'Arras.

Ruisseau de Condette, naissant à Verlincthun, traversant la forêt d'Hardelot, et se jetant dans la rivière de Nesles, sur Hesdigneul.

Condil, lieu-dit, c^{ne} de Fiennes. — Vulgairement *le mont de Condil* ou *Condit*. — *Connehil*, 1654 (tit. de Monflon). — *Mont de Conhy*, 1774 (aveu de F.).

Connincthun, h., c^{ne} de Beuvrequen. — *Colincthun* (Cassini). — *Coninghetun*, 1298 (ch. d'Artois, A 43, n° 9). — *La terre de Conninghtun*, 1491 (cueilloir de Beuvrequen). — *Conninghetun*, ou *Conninquethun*, 1525, 1569 (act. not.).

Conterie, h., c^{ne} de Carly. — (Cassini). — *Jehan de Conterry*, 1415 (compte de la ville de B., p. 65). — *Contery*, 1647 (arch. de l'abb. de Samer).

Conteval, *aliàs* Condeval, fief, c^{ne} de Samer, associé au fief d'Œuf, dans les cueilloirs de l'abbaye, de 1550 à 1704.

CONTEVILLE, c^{on} de Boulogne-nord. — *Ecclesiam de Comitis villa*, 1121 (cart. S.-W.). — *Adelidis de Cont. villa*, 1161 (chron. Andr., 810, 2, et Lamb. d'Ard., p. 95). — *Conteville*, 1285 (ch. d'Artois, Mém. Soc. Acad., IX, p. 250). — 1559 (part. de Thér.). — *Corteville*, XVIIe s. (cartes de J. Hondius).

Paroisse du Boulonnais, ressortissant pour la

justice au bailliage de Londefort. — Seigneurie incorporée à celle de Bournonville.

Cure du diocèse de Thérouanne, puis de Boulogne, dans le doyenné de Boulogne, annexée comme secours à celle de Pernes, *Ecclesia [sanctæ Magdalenæ] de Conteville* (arch. de l'évêché). — Présentateur, inconnu. — Décimateurs, les chanoines de Boulogne, pour deux tiers, et le curé pour l'autre tiers. Cette dime, *omnes decimas bladi et avene, lini et anserum quas habebamus apud Conteville*, 1249 (cart. Mor.), avait été cédée par l'abbé de Saint-Wulmer à l'évêque de Thérouanne, au mois de mai 1249, et ce dernier l'avait ensuite probablement rétrocédée au chapitre. — Conteville est resté jusqu'aujourd'hui annexé à la succursale de Pernes.

Contredit, lieu-dit, c^{ne} d'Outreau — *Terre gisant à Contredit*, 1389 (aveu de Jehan de le Becque). — *Ung lieu nommé Contredict*, v. 1480 (matrcl. d'Outreau, art. 12).

Converserie, (La), h., c^{ne} de Longueville. — (Cassini). — Famille Musnier, sieur de la Converserie, dont gén. de 1579 à 1697, dans Bignon.

Converserie (La), f., c^{ne} de Saint-Etienne, section d'Ecaux. — (Cassini). — *Jehan de Haffrenghes, dit de le Converserye*, v. 1480 (matrcl. d'Outreau, art. 4). — *La Converserie*, 1583 (act. not.). — Fief mouv. de la Seigneurie d'Audisque, 1774 (Dom., reg. 53).

Copen (Le), lieu-dit, c^{ne} de Sanghen.

Coppedoye, fief, c^{ne} de Maninghen, 1766 (Dom., reg. 53).

Coppegueulle, le rieu de, dans le cueilloir de Beuvrequen, de 1491, aux archives du P.-de-C.

Coquarderie (La), f., c^{ne} de Baincthun, section de Questinghen. — *La Cocarderie* (Cassini). — *Coquarderie*, 1582 (cueil. de Costé).

COQUELLES, c⁽ⁿ⁾ de Calais. — *Eustacius de Calquella* (Lamb. d'Ardr., p. 95) : — *Pepelingha juxta Calquellam* (ibid., p. 231) ; — *Iwanus de Calquella* (ibid., p. 317) ; — La traduction française qui est du XIVᵉ s., dit *Calquelle, Calikelle* et *Qualquele.* — *Ecclesiam de Qualquella cam decima segetum, allecium et aliarum rerum, ad eam spectante*, 1145 (Mir., dipl. belg., IV., p. 377). — *Altare de Qualquella*, 1147 (ibid.). — *Parochia de Salquele*, lisez *Calquele*, 1179 (chron. Andr., 815, 1). — *Eustachius de Kalquella*, 1183 (cart. Lisk.). — *Eustachius de Calquilla*, 1193 ; *Willelmus de Calcwilla*, 1194 (chron. Andr., 823, 2 et 825, 2) ; — *De Calcuilla*, 1194 (Mir., I, p. 390). — Jean Strekelcoup, bailli de la dame de *Canquette*, lisez *Cauquelle*, 1286 (chartes d'Artois. A 32, inventaire de M. Richard, p. 50). — *Canquelle*, 1339 (compte de Marg. d'Evreux, Mém. Soc. Acad., IX, p. 350). — *Quauquelle*, 1515 (Tassard). — *Cauquelle*, 1559 (sennes de Thér.). — *Calkwell* et *Callkewel*, 1556 (terr. et plan anglais). — *Conquelle*, XVIIᵉ s. (cart. de J. Hondius).

Paroisse du Pays-reconquis, dans le ressort de la Justice royale de Calais. — Seigneurie au roi, cédée par engagement à la noble famille d'Estrées.

Cure du diocèse de Thérouanne, au doyenné de Guines, puis de Boulogne, au doyenné de Marck : *Parochialis ecclesia Beatæ Mariæ [Virginis Assumptæ] de Cauquelle, aliás Coqvelle*, 1681 (archives de l'évêché). — Présentateur, l'abbé de Saint-Augustin-lez-Thérouanne. — Décimateur, le roi, ou ses engagistes à vie. — Maintenant, succursale dans le dioc. d'Arras, avec église à La Chaussée.

Cours d'eau : la rivière de Hames ; la riviérette de Coquelles, qui se jette dans la précédente ; le watergand de Sangatte, qui parcourt toutes les terres basses, depuis le hameau de la Tourelle jusqu'au territoire de Sangatte (almanach de Calais, 1844, pp. 51 et 52).

Coquelle, fontaine et ruisseau de, c^{ne} d'Hardinghen, affluent de la Slack.

Coquerel, h., c^{ne} de Brunembert. — (Cassini). — *Cocquerel*, 1553 (déclar. des fiefs). — 1562-1564 (cueil. N.-D. de B.). — Fief mouv. de la seigneurie de Brunembert.

Corbet (Le), pointe en mer, c^{ne} d'Audinghen, vers Audresselles. — *Pte du nid de Corbet* (Cassini).

Corette (La), f., c^{ne} de Baincthun. — Un bois. — Un ruisseau qui se jette dans la rivière de Baincthun, autrement dite d'Echinghen.

Cormorans (Les), f., c^{ne} de Condette.

Cornée (La), f., c^{ne} de Nabringhen.

Cornihotte (La), lieu-dit, c^{ne} de Crémarest, dans la mouvance du fief de Reclinghen, 1782. — *Cornotte*, dans la liste des hameaux de l'ann. dép. pour 1859.

Cornilière (La), lieu-dit, emplacement de l'ancien château, chef-lieu de la baronnie de Dondeauville (plaids de la baronnie, mss. de la Bibl. de B.).

Corroy (Le), f., c^{ne} de Nabringhen. — *Le grand Corroy* sur Nabringhen, et *le Petit Corroy* sur Colembert (Cassini). — Arr.-fief de la baronnie de Colembert. 1553 (déclar. des fiefs).

Cottart, fief, c^{ne} de Wierre-Effroy, au chapitre de Boulogne.

Cotte (La), f., c^{ne} de Leulinghen. — *La Côte* (Cassini).

Cotte du Bois (La), lieu-dit, c^{ne} de Longueville. — 1795 (invent. d'Isques).

Cottebronne, lieu-dit, c^{ne} de Saint-Martin-Boulogne, 1626 (terr. de la fam. de Roussel de Préville).

Cottebrune, f., c^ne de Wierre-Effroy. — (Cassini). — *Cautebrune*, 1555 (gén. de Chinot). — *Cautebronne*, 1556, 1580 (gén. de Campagne, dans les gén. Bignon). — *Cottebrune*, 1595 et 1617 (act. not).

Cotten, h., c^ne de Beuvrequen. — *Cautehen*, 1525 (cueil. N.-D. de B.). — Jacques Lardé, *sieur de Cottehen*, maïeur de Boulogne en 1550.

Cottes-penches (Le-), lieu-dit, c^ne de Landrethun-le-Nord. — *Scorepanche*, 1286 (terr. de Beaulieu).

Cottière (La), h., c^ne de Selles.

Cottière du Buc (La), lieu-dit, c^ne de Sangatte.

Couderousse, h., c^ne de Landrethun-le-Nord. — *Caderousse* (Cassini). — *Couderuske*, 1286 (terr. de Beaulieu).

Coulerie (La), f., c^ne de Menneville. — *Corry* (Cassini).

COULOGNE, c^on de Calais. — *Colonia Sancti Wulmari*, xe s. (mirac. S. Bert., cap. III, § 25). — *Colonia villa* 1112, 1141, 1145, 1161, 1173, 1210 (cart. de Samer). — *Altare de Colonia*, 1153, 1173; *Ecclesia de Colonia*, 1193; *villa Coloniæ*, 1199 (ibid.). — *Lambertus de Colonia*, 1194 (cart. Capell.). — *Jehan de Couloigne, chevalier*, 1276 (chart. d'Artois, A 23, inv. de M. Richard, p. 39). — *Couloingne*, 1309 (compte des baillis de Calais, p. 13). — *Colonia*, 1515 (Tass). — *Calonne*, 1559 (sennes de Thér.). — *Haute et Basse Coulogne*, 1584 (terr. de Miraulmont). — *The isle of Collam*, ou *Colham*, 1556 (terr. angl.). — *Collam*, 1556 (plan anglais). — *Coulene* (cartes du xviie s.).

Paroisse du Pays-reconquis, dans le ressort de la justice royale de Calais. — Seigneurie, aux mains du roi.

Cure du diocèse de Thérouanne, au doyenné de Guines, puis de Boulogne, au doyenné de Marck : *Parochialis ecclesia Beatæ Mariæ Virginis et Sancti*

Jodoci de Coulongne, 1585 ; aliàs, *sancti Jacobi de Coulogne,* 1725 archives de l'Evêché).—Présentateur, l'abbé de Samer.— Décimateur, le roi.—Maintenant, succursale dans le diocèse d'Arras.

Cours d'eau : Canal navigable de Saint-Omer à Calais, depuis le Pont-de-Briques, jusqu'au Grand-Duc (limite de Saint-Pierre) ; un embranchement, qui prend à la tourrée d'Ardres jusqu'à l'écluse carrée de Hames, remonte jusqu'à Guînes et sert également à la navigation. Deux grands watergands, celui du Sud et celui du Grand-Duc, se jettent dans le canal de Calais à Saint-Omer (alm. de Calais, 1844).

Coulombier (Le), voyez Colombier.

Coupedebelle, fief à Marquise, dont aveu au roi en 1761 (arch. nat., Q 900).

Coupedelle, arrière-fief de Marquise (aveu de 1764).

Coupe-Doigt (Le), lieu-dit, c^{ne} de Wierre-Effroy (cadastre). — Fief de *Coppedoye,* assis sur Maninghen, 1766 (Dom., reg. 53).

Coupe-Gorge (Le), m^{on}, c^{ne} d'Hardinghen.

Coupe-Gorge (Le), lieu-dit, c^{ne} de Leubringhen.

Coupe-Gorge (Le), h., c^{ne} de Réty, sur les limites de Rinxent.

Couple, mont de, c^{nes} d'Audembert et d'Hervelinghen.— *Mont-de-Couppes,* v. 1400 (terr. de Thér.).

Couple, mont de, c^{nes} d'Outreau et du Portel. — *Terre séant desoubz Couple,* v. 1480 (matrel. d'Outreau, art. 40.) — *Coupple,* 1525 (cueil de N.-D. de B.). — *Terre gisant deriere Couple,* 1506 (terr. S. W.).

Couppes, mont de, c^{ne} de Lottinghen. — *Couspes,* 1300 (cueil. de Samer). — *Moulin de Couppe,* 1567 (act. not.). — *Couppe,* 1759 (aveu de Velinghen) ; 1764 (francs-fiefs de Desvres).

Couppes, fief de, c^{ne} d'Outreau, dont hommage au roi.

à cause du bailliage de Boulogne, le 30 déc. 1606 (arch. nat., P 15, n° 470). — Réuni en 1675 à la vicomté d'Isques (Dom., reg. 31).

Cour (La), f., cⁿᵉ d'Alincthun (Cassini). — *Cense nommée la Cour d'Alincthun*, 1608 (arch. des Urs. de B.). — *F^e Moleux* (carte de l'Etat-Maj.). — Fief de *la Cour*, ou *d'Elcourt*, pour *de le Court*, tenu du roi (fiefs de Desvres, et aveu aux arch. nat., Q 898).

Cour (La), fief, cⁿᵉ d'Outreau. — *Manoir de le Court*, 1389 (aveu de Will. du Moustier). — 1784 (Dom., reg. 53).

Courant (Le), nom d'un cours d'eau, affluent du port de Calais. Le *Grand Courant* est compris entre la digue Bodart, sur Saint-Pierre, la digue des Salines, sur Sangatte, et la digue des Jardins du h. des Barraques. La marée y remonte jusqu'à l'écluse du fort Gloriette (alm. de Calais).

Cour-en-Hesdenne (La), lieu-dit, cⁿᵉ de Wierre-Effroy, section d'Hesdres (cadastre). — Fief mouvant d'Austruy, XVIIIe s. (Dom., reg. 50, et aveu de 1741).

Cour-en-Sequières (La), fief, cⁿᵉ de Lacres, section de Sequières. — *Le sieur de le Court en Sequières*, 1550 (procès-verb. de la coutume).

Courbos (Le), h., cⁿᵉ de Quesques.

Cour-Colette (La), f., cⁿᵉ de Bainethun.

Courgain (Le), h., cⁿᵉ d'Audembert. — *Courguise* (Cassini).

Courgain (Le), h., cⁿᵉ de Bainethun.

Courgain (Le), h., cⁿᵉ de Belle-et-Houllefort.

Courgain (Le), quartier de la ville de Calais, habité par les marins. — 1640 (ms. Bib. nat., S. F., n° 87). — Érigé en succursale, *voyez* Calais.

Courgain (Le), h., cⁿᵉ de Campagne.

Courgain (Le), anc. h., cⁿᵉ d'Hardinghen ; dépeuplé.

Courgain (Le), h., c^ne de Licques.

Courgain (Le), h., c^ne de Rinxent, section d'Hydrequent (Cassini).

Courgain (Le), anc. h., c^ne de Saint-Martin-lez-Boulogne. — *Courguain*, 1725 (rapp. du curé).

Courgain (Le), h., c^ne de Wierre-Effroy (Cassini).

Courgain (Le), h., c^ne de Wimille.

Courguise (La), h., c^ne de Belle-et-Houllefort.

Course, h., c^ne de Doudeauville. — *Course et Château de Course* (Cassini). — *Gunfridus de Curs*, xiie s. (Duchesne, pr. de Guines, p. 97). — *Lambertus de Curs*, 1170 (cart. S. Jud.). — *Lambertus de Cors*, 1199 (cart. de Samer). — *Parochia de Curs*, 1252 (cart. Mor.). — *Wistasces dont parler m'oés, A Cors en Boulenois fu nés*, xiiie s. (roman d'Eustache le Moine, v. 304, 305). — Fief de *Cours*, arr.-fief de Doudeauville, 1553 (déclaration des fiefs). — *Cour* (cartes de Hondius).

Rivière de Course, se dirigeant vers la Canche, dans laquelle elle se jette à Attin (arr. de Montreuil), après avoir reçu plusieurs autres cours d'eaux dans son parcours.

COURSET, c^on de Desvres. — *Eustachius de Curset, miles, baillivus*, 1203 (cart. Mor.). — *Parochia de Curs, decimas de Curs*, 1207 (Mir. III, p. 371). — *Altare de Curs*, 1208 (cart. B. M. Bol.). — *Courset*, 1515 (Tass.), 1550 (cout.), 1559 (part. et senn. de Thér.). — *Courses* (cart. de Hondius).

Paroisse du Boulonnais, ressortissant pour la justice au bailliage de Desvres. — Baronnie du Boulonnais, tenue du roi.

Cure du dioc. de Thérouanne, au doyenné de Frencq; du diocèse de Boulogne, au doyenné d'Alette: *Parochialis Ecclesia sancti Mauricii loci de Courset*.

1584 (arch. de l'évêché. — Présentateur, l'évêque de Boulogne, aux droits de l'abbé de N.-D. — Décimateurs, l'abbé de Samer, l'abbé de Doudeauville et le curé, chacun pour un tiers. Annexée comme secours à la succursale de Longfossé, après le Concordat. Erigée en succursale indépendante par décret du 19 mai 1872.

Courteaux (Les), h., c^{ne} de Courset. — *Courtaux* (Cassini).

Courtebourne, h., c^{ne} de Licques. — *Prædium de Curtebona*, 1084 (chron. d'And., 785, 1.). — *Everardus de Cortebronna*, 1107 ; *Eustachius de Curtabronna, Curtebronna, Curteburne,* 1097 (Mir. 1, p. 367, et chron. And. 787, 1 ; 788, 1, etc.).— *Curtburna* (Malbr., t. II, p. 482). — *Courtbourne* et *Courtebourne* (gén. de Calonne, sieur de, de 1516 à 1697, dans Bignon).— *Courtebourn* (Cassini). — *Courtembronne, ville et baronnie du Comté de Guines,* XVIIe s. (Hondius, carte).

Baronnie, et selon quelques-uns pairie, du Comté de Guines, tenue du roi. Erigée en marquisat par Louis XIV, juin 1671, dans la fam. de Calonne.

Courtebronne, lieu-dit, c^{ne} de Saint-Martin-Boulogne.— (Contrat de 1594. dans les arch. de la fam. de Roussel de Préville).

Courte-Dune (La), pointe en mer, c^{ne} d'Audinghen, à l'extrémité occidentale de l'anse de Wissant. — (Cass.).

Courtil-Balin, fief, c^{ne} de Crémarest, mouv. de Réclinghen, 1767 (fr.-fiefs de Desvres).

Courtil-des-Heures, fief, c^{ne} de Leubringhen, dont aveu avec celui de Disacre (arch. nat., Q 900).

Courtil-Moffet, fief, c^{ne} de Longfossé, 1748 (aveu de Longfossé).

Couterie (La), fief, c^{ne} de Crémarest, 1782 (mouvance de Réclinghen).

Couture (La), lieu-dit, c^{ne} d'Audinghen, XVIIe s. (terr.

N.-D. de B.); — p. e. le fief de ce nom, tenu du bailliage de Wissant, 1553 (déclar. des fiefs).

Couture (La), fief, c^{ne} de Bournonville, mouv. de la seigneurie dudit, 1781 (Dom., reg. 56 bis).

Couture (La), f., c^{ne} de Conteville (Cassini).

Couture (La), lieu-dit, c^{ne} de Wierre-Effroy. — *Terres séant à la Cousture*, 1569 (act. not.).

Couvelard, canal, c^{nes} de Fréthun et de Saint-Pierre-lez-Calais, 1584 (terr. de Miraulmont).

Couvent (Le), lieu-dit, c^{ne} de Samer (cadastre).

Couverstet (Le), lieu-dit, c^{ne} d'Outreau. — *Le Couverstet ou Ainghes*, 1506 (terr. S. W.).

Couvestrik (Le), lieu-dit, c^{ne} d'Outreau. — *Terre gisant au Couvestrik, Covestrik, Cavestrik*, 1506 (terr. S. W.). — *Cavestry*, 1525 (cueil. N.-D. de B.).

Cralot (Le), h., c^{ne} de Longfossé. — (Cassini).

Crambreucqs (Les), lieu-dit, c^{ne} de Ferques.

Crambreucqs, lieu-dit, c^{ne} de Fiennes. — *Les prés Crambreucqs*, 1774 (aveu de Fiennes).

Crambroucq, anc. lieu-dit, c^{ne} de Marck, au h. du Blanc-Pignon. — *Crembonne, Quembronne, Kerambroucq, Querambourg, Quérambroucq*; — *chemin de, cense de*, 1584 (terr. de Miraulmont). — *Crane brooke, Crane streat*, 1556 (plan anglais).

Cran (Le), h., c^{ne} de Sangatte. — Voyez *Cren*.

Crébecq, fontaine, au h. du Denacre, c^{ne} de Wimille. — *Fontaine de Crebecq, qui flue vers l'Espagnerie*, 1741 (aveu d'Austruy).

Crébert (Le), ruisseau qui fait la séparation du territoire de Samer d'avec celui de Verlincthun : — *Rivus Crosbercq*, 1193; *Cresbere*, 1199 (cart. de Samer).

Crébert, bois du, c^{ne} de Verlincthun. — *Les bos du Crebert*, XVe s. (déclar. des fiefs du duc de Brabant). — *Bois du Quelbert* (carte de l'Etat-Major).

Crebert (Le), f., c⁻ᵉ de Carly. — *Crebert*, 1690; *Crebercq*, 1695; *Kerbert*, 1747 (tit. de l'abb. de Samer).

Crèche (La), pointe en mer, fort et hameau, c⁻ᵉ de Wimille.

CRÉMAREST, c⁻ⁿ de Desvres. — *Ecclesia de Biscopem*, 1119, 1157, 1179 (cart. Mor.). — *Villam Biscopem*, 1159 ibid.. — *Altare de Bischopem* 1203 (ibid.). — *Decima de Karnemaresc*, 1207 (Mir., t. III, p. 371). — *Martin de Crennemarès*, 1369 (ch. d'Art., A 734). — *L'église N.-D. de Cremarés, ou Cremarez*, 1385 (cart. de Crémarest, n° 2). — *Kernemarés*, v. 1400 (terr. de Thér.). — *Kesnemarés*, 1515 (Tass.) — *Cremarés*, 1559, (part. de Thér.). — *Cremaretz*, 1559 (sennes de Thér.). — *Cremar* (cartes du XVIIᵉ s.).

Paroisse du Boulonnais, ressortissant pour la justice au bailliage de Desvres, quant à la partie située au midi de la Liane, et au bailliage de Londefort pour la partie située au nord de cette rivière. — Seigneurie aux mains des princes de Tingry.

Cure du diocèse de Thérouanne, au doyenné de Boulogne, puis du diocèse de Boulogne, au doyenné de Samer : *Parochialis ecclesia Beatæ Mariæ de Cremaretz, cum suo succursu de Requelinghen*, 1579 (arch. de l'Evêché). — Présentateur, l'évêque d'Ypres, au droit des chanoines de Thérouanne. — Décimateur, le curé du lieu. — Maintenant succursale dans le diocèse d'Arras.

Cren-aux-Demoiselles (Le), petite gorge dans la falaise d'Audinghen, vulgairement *Cren Mamzelle*. — *Cren Mademoiselle* (Cassini).

Cren-aux-Œufs (Le), crique dans la falaise du Grinez, S-Nez c⁻ᵉ d'Audinghen, et hameau de ladite commune, vulgairement *Cren-az-œufs*. — *Cren à œufs* (Cassini).

Cren-Barbier (Le), crique dans la falaise d'Audinghen (Cassini).

Crendalle, h., c^{ne} de Doudeauville. — Famille de *Crendalle* sieur du Hert, XVIIe s.

    Riviérette de Crendalle, affluent de la Course.

Cren de Quette (Le), voyez Quette.

Cren de Sangatte (Le, h., c^{ne} de Sangatte, *alias* Cran.

Cren d'Escalles (Le, crique dans la falaise du Blanez, et ham. de la commune d'Escalles. — *Cren d'Ecale* (Cassini).

Cren-Monsieur (Le), petite gorge dans la falaise du Grinez, c^{ne} d'Audinghen.

Cren-Poulet (Le), petite gorge dans la falaise du Grinez, c^{ne} d'Audinghen (Cassini).

Cren-Sillier (Le), crique dans la falaise d'Audinghen. — *Ance des Silliers* (Cassini).

Crépieulles, fief, c^{ne} de Longueville. — 1772 (Dom., reg. 56 bis).

Crene-Peelde (The), lieu-dit, près de Guines, sur le plan anglais du Calaisis, 1556.

Cressonnière (La), lieu-dit, c^{ne} de Hames-Boucres, 1584 (terr. de Miraulmont).

Cressonnière (La), lieu-dit, c^{ne} de Menneville. — Fief mouv. de la seigneurie de Menneville, 1764 (fr.-tiefs de Desvres) dans la famille de Monsigny.

Creuse (La), fief, c^{ne} d'Alembon. — *La Creuse-en-Alembon*, mouvant de Colembert, 1747 (Dom., reg. 56 bis).

Creuse (La), h., c^{ne} de Quesques. — *Haute et Basse Creuse* (Cassini). — Fief tenu du roi (tableau des fiefs de Desvres).

    Ruisseau de la Haute-Creuse, affluent de la Liane, à Selles.

Creuse (La), lieu-dit, c^{ne} de Saint-Martin-Boulogne, près de Rotembert, 1506 (terr. S. W.).

Creuse (La), lieu-dit, c^ne de Tingry (cadastre).
Creuses (Les), h., c^ne de Bainethun (Cassini).
Creuses (Les), lieu-dit, c^ne d'Outreau. — *Les Creuses* 1534 (matreloge, art. 164).
Crèvecœur, terroir de, dans la garenne de Neufchâtel.
Crignon (Le), ruisseau, c^ne d'Offrethun.
Crique, *le grand Crique*, watergand qui prend à l'extrémité des salines de Sangatte, et verse dans le grand Courant par l'écluse Gloriette.
Crocant (Le), lieu-dit, c^ne de Courset.
Crocq (Le), anc. lieu-dit, c^ne de Boulogne, autrefois sur la paroisse de Saint-Martin, près la porte *de le Gaiole*, 1505 (terr. S. W.).
Crocq (Le), h., c^ne de Crémarest. — (Cassini). — *Rue qui maisne du Crok à Possart*, 1429 (cart. de Crém., n° 15)
Crocq (Le), lieu-dit, c^ne d'Echinghen, xviiie s. (terr. d'Herquelingue).
Crocq (Le), h., c^ne de Fiennes, 1654 (tit. de Mouflon et aveu de 1774).
Crocq (Le), lieu-dit, c^ne d'Halinghen, 1741 (terr. Roussel de Préville).
Crocq (Le), lieu-dit, c^ne de Longfossé, section de Beaucorroy, arr.-fief de la baronnie de Dondeauville, 1553 (déclar. des fiefs). — Un fief du *Crocq*, mouvant de Longfossé, cité dans l'aveu de 1748.
Crocq (Le), section de la c^ne de Menneville. —(Cassini). — 1763 (cueill. de Samer).
Crocq (Le), lieu-dit, c^ne d'Outreau 1480 (matreloge, art. 12). — *La rue du Crocq, terre gisant d'en costé le Crocq*, 1506 (terr. S. W.).
Crocq (Le), h., c^ne de Samer. — (Cassini). — *Le petit Crocq*, 1609 (tit. de l'abb.). — *Le Crocq et le petit Crocq*, 1725 (rapp. du curé).

Crocq (Le), lieu-dit, c^{ne} de Selles (cadastre).
Crocq (Le), lieu-dit, c^{ne} de Vieil-Moutier.
Crocq (Le), lieu-dit, c^{ne} de Wierre-Effroy (cadastre).
Crocq (Le), h., c^{ne} de Wirwignes. — *Grand et petit Crocq* (Cassini). — Fief nommé le *Grand Crocq*, relevant du chapitre de Boulogne, 1763 (Dom., reg. 57). — Un fief du *Crocq*, mouv. de Wirwignes, 1553 (déclar. des fiefs). — Toutes ces formes ont pour équivalent ancien celle qui est citée dans les ch. d'Artois, A 143, où se lit le nom de *Raouls du Croc*, qui faisait partie de la sixième compagnie des gens de pied du comte d'Artois en 1297.
Crocq-Becquelin (Le), fief, c^{ne} de Menneville, 1765 (tr.-fiefs de Desvres, et Dom., reg. 57).
Crocquaugier, fief, c^{ne} de Nabringhen, mouvant de Colembert, XVIIe s. (tit. des Minimes de B.).
Crocques (Les), anc. lieu-dit, c^{ne} de Wimille. — *Terre gisant à Londespoul, desoubz les Croques*, 1506 (terr. S. W.).
Crocques (Les), lieu-dit, c^{ne} de Wissant. — *Terres de l'ospital de Wissant que l'on dit les Crocques*, 1506 (terr. S. W.).
Crocquets (Les), anc. f., c^{ne} de Colembert, dont il ne reste que la grange, réunie à la f. de la Salle.
Crocquets (Les), fief, c^{ne} de Wimille, mouvant de Coppedoye, 1785 (Dom., reg. 53).
Croisette (La), f., c^{ne} de Bainethun. — *Croiselle* (Cassini).
Croisette (La), lieu-dit, c^{ne} de Saint-Martin-Boulogne.
Croisettes (Les), h., c^{ne} d'Offrethun. — *Croisette* (Cassini).
Croix (La), h., c^{ne} de Caffiers. — (Cassini). — *La Croix de Caffiers*, 1654 (tit. de Montlon), 1774 (aveu de Fien.).
Croix (La), f., c^{ne} de Fiennes (Cassini).
Croix (La), anc. h., c^{ne} d'Hardinghen, 1582 (cueil. de Costé).

Croix (La), lieu-dit, c^{ne} d'Outreau.

Croix (La), f., c^{ne} de Wimille (Cassini), aussi nommée *Hurtevent*. — *Hanon de le Crois*, 1298 (ch. d'Artois, A 43, n° 9). — Fief mouv. de Wimille, 1727 (Dom., reg. 53 et 58).

Croix (Les), h., c^{ne} de Conteville. — *La Croix* (Cassini). — *Le Crois*, 1725 (rapp. du curé).

Croix-Blanche (La), lieu-dit, c^{ne} de Wierre-Effroy (cadastre).

Croix-Bourgois (La), lieu-dit, c^{ne} d'Outreau, 1493 (matreloge, art. 99); 1506 (terr. S. W.).

Croix-des-Leux (La), f., c^{ne} de Verlincthun, et h., c^{ne} d'Hesdigneul. — *Croix des Loups* (Cassini).

Croix-Galopin (La), anc. lieu-dit de la banlieue de Boulogne, sur la commune de Saint-Martin ou de Wimille, vers le lieu nommé aujourd'hui *Marlborough*. — Voyez Chemin-Vert.

Croix-Vérugue (La), h., c^{ne} de Boursin.

Crombert (Le), mont, c^{ne} d'Herbinghen ; — h. dudit et de Bainghen.

Cromondet (Le), lieu-dit, c^{ne} de Quesques, 1759 (aveu de Velinghen).

Cronquelet (Le), f., c^{ne} de Fiennes. — *Le Cronquelet*, 1744 (act. not.).

Cronquelet (Le), f., c^{ne} de Réty.

Croquebos, anc. f., c^{ne} d'Hermelinghen.

Croquelins (Les), h., c^{ne} de Bournonville.

Croquet (Le), h., c^{ne} de Conteville (Cassini).

Croquet (Le), h., c^{ne} de Longfossé, vers Mauroy (Cassini).

Croutes, f., c^{ne} de Rinxent. — *Croute* (Cassini). — *Boendeaus de Croustes*, 1297 (ch. d'Artois, A 143, n° 9). — *Jehan de Croustes*, 1480 (terr. d'Andres). — *Terroir de Crouttes*, 1623 (act. not.).

Croy, fort en mer, c^{ne} de Wimille (Cassini). — *Tour Croy* ou *Crouy*.

Cugny (La), h., c^{ne} de Condette. — *La Cugnie* (Cassini). — 1765 (Dom., reg. 56).

Cugny (La), lieu-dit, c^{ne} de Saint-Etienne, 1745 (Dom., reg. 63).

Cuhem, v. Cohen.

Cuinghem, anc. lieu-dit, c^{ne} de Wierre-Effroy. — *Fief de la Chappelle, assis à Cuinghen, paroisse de Wierre-Effroy*.

Cunes, villa des environs de Guines, citée dans une charte de Saint-Bertin du XIe siècle.

Cuverville, h., c^{ne} de Wimille, vers Souverain-Moulin. — (Cassini). — 1566 (cueil de N.-D. de B.) — Gui de Campagne était seigneur de *Cuverville* en 1621 (généal. Bignon).

D

Daigne (La), f., c^{ne} de Rinxent (Cassini), aliàs *la Denne*.

Dalles, h., c^{ne} de Lacres. — *Dalle* (Cassini). — *Decima de Dalles*, *de Dales*, 1173, 1199 ; — *feodum de Dales*, 1199 (cart. de Samer). — *Guy de Brimeu, seigneur de Dalles*, 1439 (aveu de Lacres). — *Pierre de Hémont, sieur de Dalles*, 1506 (terr. S. W.); et famille de sieurs de *Dalles*, dont généal. de 1546 à 1697, dans Bignon.

Dampnacre, anc. lieu-dit, c^{ne} d'Outreau, 1506 (terr. S. W.).

DANNES, c^{on} de Samer. — *Villa Dalnas*, 1026 (cart. de Saint-Bertin (édit. Guérard, p. 175, où on lit à tort

Dalvas).— *Villa Dalnas*, 1043 (charte de Drogon, év. de Thér.)— *Wistasse de Dansnes*, 1293 (ch. d'Art., A 38).— *Robert de Dannes*, al. *de Dansnes*, 1323 (arrentement orig.).— *Dannes*, 1559 (part. et senn. de Thér.).

Paroisse du Boulonnais, ressortissant pour la justice aux bailliages réunis d'Etaples, Choquel et Bellefontaine. — Seigneurie.

Cure du diocèse de Thérouanne, au doyenné de Frencq, et du diocèse de Boulogne, au doyenné de Samer, avec Widehem (canton d'Etaples), comme secours : *Parochialis ecclesia [sancti Martini] loci de Dannes, cum suo succursu [sancti Vulmari] de Widehen*, 1579 (arch. de l'Evêché). — Présentateurs, les maire et échevins de Boulogne, comme administrateurs de la léproserie de la Madeleine ; puis les administrateurs de l'hôpital Saint-Louis. — Décimateurs, les mêmes, avec quelque portion de dîme au curé. — Maintenant annexe de la succursale de Camiers, du doyenné d'Etaples.

Danube (Le), f., c^{ne} d'Offrethun, section d'Ecault.

Daras (Le), h., c^{ne} des Attaques.

Darrée (La), f., c^{ne} de Doudeauville et de Samer.

Daulendrie (La), fief, c^{ne} d'Alincthun, mouv. de le Court.

Davidsart, lieu-dit, dans les environs de l'abbaye de Beaulieu, 1157 (cart. de Beaulieu).

Denacre (Le), h., c^{ne} de Wimille. — (Cassini). — *Audenacre*, v. 1400 (terr. de Thér.). — *Fontene d'Odenacre* 1415 (compte de la ville de B., p. 11). — *Audenacre*, 1506 (terr. S. W.).

Ruisseau du Denacre, affluent du Wimereux.

Denne (La), voyez Daigne.

Dernier-Sou (Le), faubourg de Boulogne, à la jonction des rues de Calais et de Saint-Omer. — *Dernier sol* (carte mste de Boulogne au XVIIIe s.).

Ruisseau du Dernier-Sou, ou de la Porte-Neuve, affluent du ruisseau des Tintelleries.

Désert (Le), h., c[ne] de Desvres, sur le mont. — 1420 (terr. de Thér.). — *Le Grand-Désert*, 1690 (cueil. de Samer). — *Le Petit-Désert*, maisons, c[ne] de Courset et de Menneville, dans le voisinage du hameau.

DESVRES, chef-lieu de canton. — *Deverne* (Lamb. Ard., p. 55, 209). — *Deverna*, v. 1135 (cart. S. Jud.). — *Devene*, 1172 (ibid.). — *Manasses de Diverna*, 1173 (cart. Mor.). — *Ecclesia de Deverna*, 1119; *de Diverna*, 1179; *ecclesia Salvatoris apud Devernam*, 1209 (ibid.). — *Major de Davre*, 1201 (ch. de Renaud de Dammartin, arch. nat., J 238, n° 1). — *Libertus* ou *Lebertus, major de Deverna*, 1203; — *Stephanus major et scabini de Deverna*, 1209; — *Thomas de Deverna*, 1220 (cart. Mor.). — *Nicholaus de Diurnia*, 1215 (ch. de Sainte-Austreberthe de Montreuil). — *Jakemon le Moisne, chastelain de le Deverne*, 1300 (ch. d'Artois). — *Le Deverne*, 1309 (comptes des baillis de Calais, p. 11). — *Desvrene*, 1413 (cart. de Crémarest, n° 6). — *Desverne*, v. 1420 (terr. de Thér.). — *Divernia*, 1515 (Tass.); 1559, (part. de Thér.); Malbrancq (t. I, p. 62 et carte). — *Desvres*, 1550 (coutumes). — *Desvrennes*, actes divers des XVIIe et XVIIIe siècles, souvent écrit par mauvaise lecture, avec confusion de l'*u* pour *v*, *Désurennes* et même *Desvres-sur-Enne*. On trouve aussi quelquefois, comme dans la traduction de Lambert d'Ardres, faite au XIVe siècle, *la ville de Surene*, autre genre de mauvaise lecture (p. 208). — *Desurene* (Hondius).

Ville de loi du Boulonnais, avec institutions municipales antérieures à l'an 1201. — Charte communale du 30 août 1385, délivrée par le comte de Boulogne Jean Ier (bulletin de la Soc. des Antiq. de la Mor., nouv. série, 104ᵉ livraison, 1877, p. 130-143; cf. Mém. de la Soc. Acad., t. VIII, p. 63).

Château de Desvres, *Castellum Devresium* (Rumet de Buscamp, Hist. mste de Picardie).

Bailliage et prévoté royale de Desvres, instituée, dit-on, en 1071 (Henry, Essai hist., p. 276) : — *Balduinus præpositus de Deverna*, 1183 (cart. Lisk). — *Eustachius Paliot, baillivus domini Comitis*, 1299 (cart. Mor.). — *Baillie de Deverne* 1338 (comptes de Marg. d'Evreux). — *Le prevost de Deverne* (ibid). — *Desvrene*, 1345 (comptes des officiers du comte de Boulogne, dans les ch. d'Artois, Mém., Soc. Acad., t. IX, p. 394 et 395). — Juridiction supprimée par l'édit de juin 1745.

Le Bailliage de Desvres comprenait dans son ressort les comm. de Bainghen, Bournonville, Brunembert, Courset, Crémarest en partie, Desvres, Longfossé, Longueville, Lottinghen, Menneville, Quesques, Saint-Martin-Choquel, Selles, Senlecques et Vieil-Moutier, avec la partie du hameau de Lianne, commune d'Alincthun, située au midi de la rivière, (canton de Desvres) ; la commune de Doudeauville et une partie de celle de Questrecques, du canton de Samer ; les communes d'Aix-en-Ergny, Alette, Avesnes, Bécourt, Beussent, Bezinghen, Bimont, Bourthes, Clenleu, Enquin, Ergny, Herly, Hucqueliers, Maninghem, Parenty, Preures, Quilen, Verchocq, Wicquinghen et Zoteux, du canton d'Hucqueliers ; celle d'Aix-en-Issart, du canton de Campagne ; celle de Nielles-lez-Bléquin, du canton de Lumbres ; celle de Thiembronne, du canton de Fauquembergues ; et enfin celles qui faisaient partie des enclaves du Boulonnais en Artois.

Cure du diocèse de Thérouanne au doyenné de Frencq, puis du diocèse de Boulogne au doyenné d'Alette : *Parochialis ecclesia sancti Salvatoris loci de Divernia*, 1582 (arch. de l'Evêché). — Présentateurs, les chanoines gradués d'Ypres, aux droits du chapitre de Thérouanne. — Décimateurs, le chapitre diocésain et l'abbaye de Samer. — Cure de seconde classe, depuis le Concordat, d'abord dans le doyenné de Boulogne, puis à partir du 29 août 1813 dans le doyenné de Marquise, et enfin érigée en doyenné spécial pour les paroisses du canton, en 1844.

Dindenne, rue et fontaine, c^{ne} de Wirwignes, sur le parcours de la voie romaine, ou chaussée Brunehaut.

Dippendal, h., c^{ne} de Bouquehault.—*Dipendal* (Cassini). — *Silva apud Dippendalam*, 1084 (chron. And., 784, 1). — *Boscum Dypandalæ*, 1084 (ibid., 789, 2). — *Apud Diependalle*, 1196 (ibid., 826, 1).—*Dippendale*, 1480 (terr. d'Andres). — Seigneurie.

Dirlinguetun, lieu inconnu, que Philippe Luto place sur la paroisse de Boucres (Mém. mss, t. I, p. 425). *Hugo de Dirlingatun*, 1107 (chron. Andr., 787, 1). — *Decimam de Dirlinghetun*, 1208 ; — *Capella de Dirlinghetun, infra ambitum parochiæ de Bukerdes*, 1216 (ibid., 857, 1).

Disacre, f., c^{ne} de Leubringhen. — *Grand et Petit Dyac* (Cassini et carte de l'état-major). — *Frethesendis de Dite sacra, Hugo de Didesacra, de Dedesacra*, 1084 (chron. And., 784, 2 ; 789, 2 ; 790, 2 ; 820, 1).—*Village de Dizacre*, 1525 (cueil. N.-D. de B.). — *Baronnye de Disacre*, 1550 (coutumes).

La baronnie de Disacre était depuis longtemps réunie au domaine des comtes de Boulogne, 1553 (déclar. des fiefs). — Il y a néanmoins aux archives nationales, Q 900, un aveu de Disacre et du Courtildes-Heures, servi au roi, en 1786.— Un fief du même nom était mouvant de Fiennes en 1750 (Dom., reg. 50).

bordonne (La), rivière, qui se jette dans la Canche à Enocq (carton d'Etaples), après avoir traversé les communes de Brexent, Longvilliers et Cormont, *Curmontium in pago Bononensi super fluvium Edivinia*, 831 (cart. S.-Bert., p. 156), prend sa source à Lacres. — Les états dressés par le service des agents-voyers l'appellent aussi *Dordogne* (annuaire 1863, p. 214).

Douce-Herbette (La), f., c^{ne} de Wierre-Effroy (Cassini).

DOUDEAUVILLE, c^{ne} de Samer. — *Elias de Dudeavilla*, 1172, *de Dodeville*, 1173 (cart. S. Judoc.). — *Feodum de Dudelli villa*, 1199 (cart. de Samer). — *Balduinus de Dodeavilla*, 1201 (ch. de Renaud de Dommartin, arch. nat. J 238, n° 1). — *Apud Dodeauville*, 1196 (chron. And., 820, 1). — *Doudiaville*, v. 1400 (terr. de Thér.). — *Doudiauville*, 1559 (part. de Thér.). — Les paysans prononcent encore généralement aujourd'hui *Tudiauville*.

Paroisse du Boulonnais, ressortissant pour la justice au bailliage de Desvres. — Baronnie du Boulonnais, dont hommage par Charles de Créseeques, en 1308 (arch. nat., P 15, n° 134) autre hommage de 1483 (ibid., n° 234).

Cure du diocèse de Thérouanne, au doyenné de Frencq, et du diocèse de Boulogne, au doyenné d'Alette : *Parochialis ecclesia sancti Bertulphi de Doudeauville*, 1706 (arch. de l'Evêché). — Présentateur, l'abbé du lieu. — Décimateur, l'abbé. — Maintenant, succursale dans le diocèse d'Arras.

Abbaye de Doudeauville, ordre de Saint-Augustin, congrégation d'Arrouaise, fondée, dit-on, vers l'an 1099, par les seigneurs du lieu, sous l'invocation de Saint-Jean l'Evangéliste : — *Abbas de Dudeauville*, v. 1171 (chron. And., 826, 2). — *Simon abbas de*

Doudellivilla, 1245, *de Doudelville*, 1249 (cart. Mor.). — *Ecclesia beati Johannis [Baptiste] de Doudelvila*, 1256 (ch. de Mahaud de Boulogne, ch. d'Artois, A 13, n° 6.). — *Hues, abbés de l'églize de Saint-Jehan de Doudiehville, de l'ordene de Saint-Augustin, du diocèse de Terewagne*, 1293 (ch. d'Artois, A 38, n° 69). — Ruinée au moyen âge, elle a subsisté en commende jusqu'en 1790.

Douere, lieu inconnu, dépendant, suivant toute apparence, de la commune de Pihen. — *Inter Witzand et Donra*, v. 1114 (chron. And., 787, 1). — *Radulphus de Doure*, 1118, *de Douara*, v. 1118, *de Dondra*, 1130, *de Dovere*, v. 1136 (ibid., 795, 1 ; 801, 1 ; 2, 798, 2 ; 802, 1) ; — *de Dovera*, 1130 (Mir., I, p. 381).

Douriez-l'Ille, lieu-dit, c^{ne} de Dannes (ensaisissement de 1784).

Drève (La), lieu-dit, c^{ne} d'Audinghen, 1733 (terr. de N.-D. de B.).

Drève (La), nom d'un chemin, c^{ne} de Bouquehault. — *Le drève qui maine de Boucquehault à le commune des Brebis*, 1420 (terr. d'Ardres).

Drève (La), f., c^{ne} d'Hardinghen. — *Grand et Petit Drève* (Cassini). — *Hue de le Drève*, 1480 (terr. d'Ardres). — Famille *de le Drève*, ou *Deldrève*.

Dringhen, lieu-dit, ancien hameau, c^{ne} de Saint-Martin-lez-Boulogne, à l'endroit où se trouve aujourd'hui l'église. — *Deningehem*, 1208 (cart. B. M. Bol.). — *Moulin de Deninghehem*, 1315 (charte de N.-D. de B.). — *Fief gisant à Deninghen*, 1392 (aides de Bourgogne). — *Dringuehen*, 1506 (terr. S. W.). — Famille du Wicquet, sieur de *Dringhen*, dont généalogie dans Bignon. — *Sentier Dringhen*, nom du chemin qui conduit de la rue du Cimetière, de Boulogne à la grande route de Saint-Omer, vers Saint-Martin.

Drogwal, lieu-inconnu, c^{ne} de Campagne. — *In parrochia de Campaignes, juxta locum qui dicitur Drogwal*, 1259 (Duchesne, pr. de Guines, p. 138).

Droret (Le), h., c^{ne} de Questrecques (Cassini). — *Fief de Drorec*, mouv. de Courset.

Drouille (La), h., c^{ne} de Bournonville (Cassini).

Drouy (Le), lieu-dit, c^{ne} de Selles (cadastre).

Dubut, fief, c^{nes} de Desvres et de Longfossé, au h. du Caraquet, 1775 (Dom., reg. 53).

Dune, ruisseau de la, c^{ne} d'Audresselles. — *Ru de la Dune* (Cassini). — *Ru del Dune* (Henry).

Dune-blanche (La), lieu-dit, c^{ne} de Marck.

Dyebrighes, lieu inconnu, voisin de Marquise.—*Manoir séant à Dyebrighes, joignant au quemin qui maine de Marquise à Boulogne*, 1388 (aveu d'Enguerran Malet). — *Ernoul de Tiebrighe*, 1339 (compte de Jeanne de Boulogne).

E

Eau-courte (L'), h., c^{ne} d'Hardinghen (Cassini). — *Liecorde*, 1286 (terr. de Beaulieu).

Eau-du-Bois (L'), lieu-dit, c^{ne} de Desvres, dans la charte communale de 1383.

Eauette (L'), h., c^{ne} de Boursin.

Eaux-Rousses, ruisseau des, c^{nes} de Desvres et de Longfossé, se réunissant à celui du Gros Codin.

Eberquerie (L'), h., c^{ne} de Tingry. V. Les Berqueries.

Ecalype (L'), h., c^{ne} de Brunembert. — *Les Calippes* (Cassini). — *L'Escalippe*, 1740 (aveu de Brême).

Ecames, voyez Escames.

Écarteleux (Les), terres, c⁵⁰ de Lacres, section de Dalles. — *Commune ou rietz nommée les Cateleux* (tit. de l'abb. de Samer). — *La commune de Lescateleur*, 1504 ; *Les Cadeleux*, 1583 ; *Les Cateleur*, 1686 et 1748 ; *Ecateleux*, 1715 (ibid). — Fief aux mains de l'abbé de Samer.

Écarteries (Les), terres, c⁵⁰ d'Hardinghen, 1774 (aveu de Fiennes).

Écaut, h., c⁵⁰ d'Offrethun. — *Ecaux* (Cassini). — *Hecolt*, 1208 (cart. B. M. B.). — *Le mont d'Ecault*, 1491 (cueill. de Beuvrequen). — *Le sieur d'Ecault*, 1550 (coutumes).

Ruisseau d'Écaut, né à Wierre-Effroy, se réunit à la rivière d'Hardenthun.

Écaut, h., c⁵⁰ de Saint-Etienne. — *Ecaux* (Cassini). — *Hecout*, 1199 (cart. de Samer). — *Quemin qui maine d'Eceut à Enquinghen*, 1390 (aveu de Porrus de Biaucoroy). — *Le seigneur d'Ecault*, v. 1480 (matreloge d'Outreau, n° 19). — *Ecquault*, XV° s. (terr. de Turb.). — *Ecault*, 1506 (terr. S. W.). — *Escault*, 1525 (cueil. N.-D. de B.). — *Eleau* (cartes du XVII° s.).

Fief d'*Ecault*, tenu du bailliage de Boulogne, 1553 (déclar. des fiefs).

ÉCHINGHEN, c⁵⁰ de Boulogne-sud. — *Essingehem*, 1112, *Hessinghem*, 1145, *Hessinghehem*, 1161 (cart. de Samer). — *Altare de Hissingehem, decima de Issingehem*, 1208 (cart. B. M. B.). — *Le pont de Ysingehem*, 1278 (chart. d'Artois, A 25, n° 5, Mém., Soc. Acad., IX, p. 226). — *Quemin qui maine d'Essinguehem as prés, Essinghem*, 1401 (aveu d'Enlart Paindavene). — *Essinghen*, 1506 (terr. S. W.). — *Yssinghem*, 1515 (Tass.). — *Yssinghem*, 1559 (part. et senn. de Thér.). — *Eschinghen* et *Eschinguen*, 1550-1556 (cueil. N.-D. de B.).

Paroisse du Boulonnais, ressortissant pour la justice au bailliage de Boulogne. — Seigneurie, tenue du roi, à cause du comté de Boulogne, dont hommage du 30 déc. 1606 (arch. nat., P 15, n° 470 ; réunie en 1675 à la vicomté d'Isques (Dom., reg. 31). — Une seigneurie d'Echinghen, était aussi dans le domaine féodal de l'abbaye de Samer.

Cure du diocèse de Thérouanne, puis de Boulogne, au doyenné de Boulogne : *Parochialis ecclesia sancti Martini d'Eschinghuen*, 1582 (arch. de l'Evêché). — Présentateur, l'évêque de Boulogne, aux droits de l'abbé de N.-D. — Décimateurs, l'hôpital de Boulogne et le curé, chacun pour la moitié de la grande dîme ; la fabrique du lieu, pour un canton nommé Saint-Martin, et le seigneur d'Herquelingue, pour les terres du hameau de ce nom. — Réunie, après le Concordat, comme annexe, à la succursale de Baincthun, et depuis 1843 à celle de Saint-Léonard, du canton de Samer.

Rivière d'Echinghen, venant de Baincthun, se jette dans la Liane à Saint-Léonard.

Ecluse-à-quatre faces (L'), lieu-dit, c[ne] de Coulogne et de Hames-Boucres.

Ecluse d'Asfeld (L'), lieu-dit, c[ne] de Calais.

Ecluse du Crucifix (L'), lieu-dit, c[ne] de Calais.

Ecombois, f., c[ne] de Colembert, au hameau du Plouy (Cassini). — *Noël des Combois*, 1777 (act. not.).

Ecorbette (L'), f., c[ne] d'Audembert.

Ecottes, h., c[ne] de Licques (Cassini). — *Terram et sylvam in Aicota*, 1170 (cart. Lisk.). — *Curtem de Aicota*, 1224 (ibid.). — *Sichardus Descoches, de Scothes, ou d'Escothes*, 1173 (Malbr., t. II, p. 826). — *Eustachius de Cotes*, pour *d'Ecotes?*, 1203 (chron. And., 832, 1 ; 833, 1). — Seigneurie.

Chapelle d'Ecottes, érigée au XVIII siècle (la permission d'y établir des fonts baptismaux et un cimetière est du 16 novembre 1776), annexe de la paroisse de Licques. — Devenue chapelle vicariale après le Concordat, elle a été érigée en succursale par ordonnance royale du 3 mai 1846.

Ecoute (L'), pointe en mer, c^{ne} d'Audinghen. — *Pointe du Rideau les Coudes* (Cassini).

Ecoute (L'), voyez **Chapelle de l'Ecoute**.

Ecuelle trouée (L'), f., c^{ne} de Saint-Martin-lez-Boulogne (Cassini). — *L'Escuelle trouée*, XVIIIe s. (terr. N.-D. de B.).

Eglonne (L'), h., c^{ne} de Wirwignes. — *Les Clognes* (Cassini et carte de l'Etat-major). — *Le Bas Eglonne*.

Ekelbergh, ancien hameau de la c^{ne} des Attaques, dont le plan anglais du Calaisis marque l'emplacement entre Coulogne et les Capples: c'est peut-être le Coulombier. — *Le disme d'Eskelberghe*, 1308 (ch. d'Artois, A 239).

Elinghen, village, c^{ne} de Ferques. — *Altare de Elingahem*, 1084 (chron. And., 789, 1); — *de Eilingehem* 1122 (Mir. I, p. 373). — *Walterus de Elingahem* (chron. And., 785, 2). — *Terra de Elingeham, teneura de Elingeham*, 1157 (cart. de Beaulieu). — *Jehan de Elinghem*, 1308 (comptes des baillis de Calais, p. 7).

Paroisse du Boulonnais, ressortissant pour la justice au bailliage de Wissant. — Maintenant réunie à la commune de Ferques.

Cure, annexée comme secours à celle de Ferques, dont l'église dépend encore aujourd'hui.

Ruisseau d'Elinghen, tête de celui de Bouquinghen, affluent de la Slack.

Enfer (L'), h., c^{ne} de Carly (Cassini). — Ruisseau devenant de Verlincthun, affluent de la Liane.

Enfer (L'), lieu-dit, c^{ne} de Maninghen. — *Les Fontis ou l'Enfer* (aveu de 1774).

Enfourches (Les), nom de la rivière de Bazinghen, qui se jette dans la Slack après avoir traversé les communes de Bazinghen, Marquise et Ambleteuse (Annuaire de 1855).

Epaulards (Les), rochers en mer, sur la plage, au pied de la falaise d'Audinghen.

Eperche (L'), f., c^{ne} de Samer. — (Cassini). — *Cense de l'Eperche*, 1504 (arch. de l'abbaye).

Eperchette (L'), lieu-dit, c^{ne} de Courset.

Eperlèque (L'), lieu-dit, c^{ne} de Desvres, dans le voisinage de l'ancien château.

Epilotterie, fief, c^{ne} de Fiennes, ou d'Hardinghen (aveu de 1774).

Epine (L'), f., c^{ne} de Crémarest (Cassini).

Epine-Marande (L'), lieu-dit, c^{ne} de Wierre-Effroy (Cassini). — *Fief des Epines-Marandes*, à Hesdres, dont aveu avec celui du fief d'Alsaux, en 1748 (arch. nat., Q 900).

Epinette, lieu-dit, c^{ne} de Selles (cadastre).

Epinettes (Les), h., c^{ne} de Wimille, XVIIe s. (terr. N.-D. de B.).

Epinoy (L'), h., c^{ne} de Menneville (Cassini). — *Communette que on dit l'Espinoy*, 1383, (chart. comm. de Desvres, art. 35). — *L'Espinoye*, 1629; *L'Espinoy*, 1763 (titres de l'abbaye de Samer).

Ruisseau de l'Epinoy, ou de la Fontaine-Bresmes, affluent de celui de la Poterie.

Epinoy (L'), h., c^{ne} de Samer (Cassini). — *L'Espinoye*, 1629 (arch. de l'abbaye).

Ruisseau de l'Epinoy, affluent de la Liane.

Epitre, h., c^{ne} de Beuvrequen. — *Haute et Basse Epitre* (Cassini). — *Robert de Diepites*, 1298 (ch. d'Artois,

A 43, n° 9) ; — *de Dieppitte*, xiii° s. (ibid., A 47. n° 9). — *Dépittes* 1491 (cueil. de Beuvrequen). — *Le lieu de Despitres*, 1553 (décl. des fiefs). — *Epittres*, 1569 (act. not.).

Eprés, h., c^{ne} d'Echinghen. — *Jehenne des Prés*, 1398 (aveu, aux arch. nat.). — *Terre et moulin des Preys, terroy des Priez*, 1506 (terr. S. W.). — *Jehan de Lespault, sieur d'Esprez*, 1550 (coutumes). — Famille de Lespault, *sieur des Prés*, dont généal. de 1550 à 1697 dans Bignon.

Fief mouvant de la seigneurie d'Echinghen.

Equihen, h., c^{ne} d'Outreau ; on disait autrefois *Enquihen*. — *Quemin qui maine d'Ecaut à Enquinguehem*, 1390 (aveu de Porrus de Biaucauroy). — *Esquinghen*, 1480 (matreloge d'Outreau, n° 5). — *Encquinguehen*, xve (terr. de Turb.). — *Enquinghen*, 1506 (terr. S.W.).

Fief d'*Equihen*, ou d'*Esquinghen*, tenu du roi. — Un autre fief d'Equihen, dans la mouvance de l'abbaye de Samer.

Section de commune érigée en succursale par décret impérial du 16 août 1854.

Erables (Les), lieu-dit, rue des, c^{ne} de Bainethun.

Erigny (L'), lieu-dit, c^{ne} de Verlinethun, au hameau de Menty (aveu de 1683, tit. de l'abb. de Samer).

Eriville, h., c^{ne} du Portel. — *Henryville*, 1506 (terr. S. W.). — *Henriville*, 1536 (matreloge d'Outreau).

Ermitage (L'), ruisseau de, c^{ne} de Wimille, affluent du Wimereux.

Ermite (L'), ruisseau de, l'une des sources de la rivière de Bainethun, sortant de la forêt de Boulogne.

Erquendal (L'), lieu-dit, c^{ne} d'Alembon.

Ertebecque, ruisseau de, l'un des affluents de la rivière de Noirberne, sur Audembert. — *Le ruissel d'Estrebeke*, v. 1400 (terr. de Thér.).

ESCALLES, c^{on} de Calais. — *Scala*, v. 850 (cart. S. Bert., p. 101). — *De altare in villa Scalas persona est Rodulphus*, 1043 (cart. Drog. episc., grand cartulaire de S. B.). — *Ecclesia de Scales*, 1107 (cart. S. Bert., p. 218). — *Escales*, 1145, 1165 (grand cart. de S. B.). — *Scalæ Bertiniacæ* (Lamb. Ard., p. 21, 25, 179). — *La signeurie de Scales*, 1265 (Tailliar, recueil d'actes, p. 277). — *Li hoste ki sont demourant à Escales*, 1272 (Duchesne, pr. de Guines, p. 292). — *Bauduins d'Escales*, 1297 (ch. d'Artois, A 143). — *Les faucons de le falisse d'Estales*, pour *Escales*, 1339 (comptes de Jeanne de Boulogne, Mém. Soc. Acad., IX, p. 366). — *Escales*, 1515 (Tass.). — *Haute et Basse Escalles*, 1584 (terr. de Miraulmont). — *Scales*, 1556 (terr. ang.).

Paroisse du Pays-reconquis, dans le ressort de la justice royale de Calais. — Seigneurie au duc d'Havré, par concession royale.

Cure du diocèse de Thérouanne au doyenné de Guines, puis du diocèse de Boulogne, au doyenné de Marck : *Parochialis ecclesia d'Eskale*, 1558; — [*sancti Maximi*] *loci d'Escalles*, 1675 (arch. de l'Evêché). — Présentateur, l'évêque de Boulogne. — Décimateur, le seigneur du lieu pour la grosse dîme, et le curé pour la dîme de sang et la dîme verte. — Annexée depuis le Concordat, à la succursale de Peuplingues.

Escames, h., c^{ne} de Condette (Cassini). — *Berennoldus de Scames*, 1108 ; *Hugo et Robinus de Scames*, 1195 (chron. And., 787, 2; 833, 1). — *Escames*, 1352 (arch. de la fam. de Roussel de Préville). — Fief mouvant de la principauté de Tingry.

Escarpenesse, anc. lieu-dit, c^{ne} de Wimille. — *Terre appelée Escarpenesse, jesant au terroy de Thelinghetun, vers la mer*, 1506 (terr. S. W.).

Esclémy, h., c^{ne} de Sanghen. — M. Aug. Longnon, dans son étude sur le *Pagus Bononensis* (Bibl. des hautes études, fascic. 2, 1869, p. 30), place à Esclémy le lieu-dit *Ecloum in ipso Bononensi* des chartes de S. Bertin, 807 (cart. S. B., p. 70). — Malbrancq (t. II, p. 482), l'appelle *Esclemyum*. — Les almanachs de Picardie en font une pairie du comté de Guines. — C'était un fief mouvant de la baronnie d'Alembon, 1772 (Dom., reg. 56 bis) et 1743 (inventaire d'Alembon).

Escrebus (Les), lieu-dit, c^{ne} d'Alincthun. — *Fief de la Rue, ou des Escrebus*, mouv. d'Alincthun, 1731 (aveu de Selles).

Espagnerie (L'), h., c^{ne} de Wimille, section du Denacre. — *Lespagnerie* (Cassini). — *L'Espaignerie*, v. 1525 (cueil. N.-D. de B.). — Carpentier, sieur de l'Espagnerie, XVIIe s.

Ruisseau de l'Espagnerie, affluent de celui du Denacre.

Espelleke, anc. h., c^{ne} de Guines. — *Decima de Spelleke, Sperleca*, 1084 (chron. And., 793, 1 ; 785, 2). — *In parochia de Spelleca*, v. 1127 ; *parochia de Spellecas*, 1208 ; *parrochia de Spelleca*, v. 1228 (ibid., 803, 2 ; 815, 2 ; 863, 2). — *Guifridus sacerdos de Spelleke*, 1194 (cart. Cap.). — *Willelmus de Espelleke*, 1194 (chron. And., 825, 2). — *Decimam de Spellekis* (Lamb. Ard., p. 71). — *Parish of Saint-Quintynes called Spellacke*, 1556 (terr. ang.).

Maladrerie et Hôpital : *Domum leprosorum de Spelleke*, 1208 (chron. And., 846, 1). — *Pauperum xenodochium et leprosorum extra Ghisnas, apud Spellecas*, (Lamb. Ard., p. 155). — *L'hospital des malades Espelleke*, 1264 (Tailliar, recueil d'act., p. 262). — *Maladerie de Spelleke*, v. 1400 (terr. de Thér.).

Esperlecque, fief, c^{ne} d'Andembert, en censives, partie sur Audembert et partie sur Bazinghen, mouvant de Fiennes. — *Esprelecque*, 1432 (aveu de Fiennes). — *Esperlecque*, 1590, 1592, 1654 (tit. de Mouflon). — *Le Prelecq* (Domaines).

Essart (L'), lieu-dit, c^{ne} de Longfossé (Cassini).

Essarts (Les), lieu-dit, c^{ne} de Bainghen.

Essonville, h., c^{ne} de Neufchâtel. — *Assonville* (Cassini).

Estabonne, fief, c^{ne} de Quesques, 1766 (fr.-fiefs de Desvres).

Estelles, nom que portait au moyen âge une section de la c^{ne} de Boursin, peut-être *Le Trait* : — *Pré entre Bossin et Estelles*, 1286 (terr. de Beaulieu). — *Estelles*, XIIIe s. (ch. d'Artois, A 118, n° 5).

Estiembercq, lieu-dit, c^{ne} d'Audembert. — *Flour d'Estiemberque*, 1480 (terr. d'Andres). — *Chemin qui maine d'Estiembercq à Westrethun*, 1654 (tit. de Mouflon, et Dom., reg. 63).

Estienverts (Les), lieu-dit, c^{ne} de Saint-Martin-lez-Boulogne. — *Terre séant à Estienvert, entre Bédouattre et le Grebendrie*, 1506 (terr. S. W.).

Estierocqs (Les), lieu-dit, c^{ne} de Réty (aveu d'Austruy).

Estredicq, lieu-dit, c^{ne} d'Outreau, 1506 (terr. S. W.).

Estrelingues (Les), lieu-dit, c^{ne} de Wimille, 1720 (cueil. S. W.).

Estrouannes, h., c^{ne} de Wissant. — *Apud Stronas* (Lamb., Ard., p. 27). — *In villa Strones*, 1084 (chron. And., 789,1). — *Estronnes*, 1525 (cueil. N.-D. de B.). — *Estrones*, 1577 (act. not.). — *Estrouanne* (Cassini). — *Estrond*, 1555 (plan angl.). — Fief d'*Estroines*, tenu du roi, au Bailliage de W., 1553 (déclar. des fiefs).

Estrucq, nom d'une dime inféodée, c^{ne} d'Hardinghen, 1774 (aveu de Fiennes).

Estupes, lieu-dit, c^{ne} de Saint-Martin-lez-Boulogne. — *Terres gisant à Estupes, de lès Routtenbercq*, 1506 (terr. S. W.). — *Estuppes* (terr. de Turb.).

Etanchonnière (L'), lieu-dit, c^{ne} de Bellebrune, vers Cobrique.

Etanchonnière (L'), h., c^{ne} de Quesques. — *Lestanchonnière* (Cassini).

Etang (L'), ruisseau de, sortant de la forêt d'Hardelot, de Verlincthun à Condette, affluent de la Liane.

Etang-d'Ordre (L'), ruisseau de, affluent de la rivière de Baincthun.

Etendart (L'), lieu-dit, c^{ne} d'Alincthun. — *Le plache Estandart*, 1431 (cart. de Crémar., art. 19).

Eternelle (L'), lieu-dit, c^{ne} d'Hardinghen.

Eterpignette (L'), f., c^{ne} de Marck.

Etiembrique, f., c^{ne} de Wimille (Cassini). — *Lestiembrique*, 1491 (cueil. de Beuvrequen). — *Estiembrique* 1525 (cueil. N.-D. de B.).

Ruisseau d'Etiembrique, affluent de celui de Beuvrequen, tributaire de la Slack.

Etienfort, h., c^{ne} de Bellebrune (Cassini). — Un ruisseau d'Etienfort, affluent de la rivière de Belle.

Etienfort, h., c^{ne} de Carly. — *Pont d'Estienfort*, 1665 (arch. de l'abb. de Samer).

Etienfort h., c^{ne} de Rinxent. — *La rue d'Etienfort* (Cassini).

Etienfort, lieu-dit, c^{ne} de Wierre-Effroy. — *Morellet de le Capelle, pour un fief à Estienfort*, 1392 (aides de Bourgogne). — *Terre gisant entre la Chapelle et Estienfort*, 1533 (arch. N.-D. de B., 14, n° 436). — Aveu de 1786 (arch. nat., Q 900).

Etienville, h., c^{ne} de Leubringhen (Cassini). — *Estienville*, 1569 (act. not.).

Etoquoy (L'), h., c^{ne} de Samer. — *Létoquoy* (Cassini). — *L'Estoquoy*, 1628, 1690 (arch. de l'abbaye).

Etourniches (Les), lieu-dit, c^{ne} d'Outreau.

Etournière (L'), lieu-dit, c^{ne} de Wimille, 1727 (Dom., reg. 53).

Etronquis (Les), lieu-dit, c^{ne} d'Alincthun.

Evrebreucq, ancien nom du *Colombier* de Wissant : *Everbruech*, 1400 (terr. de Thér.). — *Estene d'Ovrebroec*, XIIIe s. (chart. d'Art., A 47, n° 11). — *Blanche d'Ovrebreuc*, ou *d'Ovrebrec*, 1449 (arch nat., reg. du Parlement, Criminel X, 8,858).

F

Falise (La), haute et basse, h., c^{ne} de Rinxent, section d'Hydrequent (Cassini). — *Pierron de le Falise*, 1256 (terr. de Beaulieu). — *Chemin qui maine de Walricove à le Falise*, 1480 (terr. d'Andres). — *Rue qui maine de la Fallize à Hidrequen*, 1631 (act. not.).

Fart (Le), f., c^{ne} d'Hardinghen. — *Wautiers du Fart*, 1286 (terr. de Beaulieu). — *Le Fard* (Cassini). — *Le Phare*, 1774 (aveu de Fiennes).

Fart (Le), h., c^{ne} de Tardinghen. — *Le Fard* (Cassini). — *Chemin qui maisne de Wissant au Fart*, 1506 (terr. S. W.). — *La maison du Fart*, 1615 (act. not.). — *Le Phare* (ouvrages divers).

Fassurne, h., c^{ne} de Lacres. — *Fasurne* (Cassini). — *Quemin qui maine de Lacres à Fassure*, 1439 (aveu de Dalles). — Un fief de la *Fassure*, près de Tingry, monv. de Brunembert, me paraît être le même lieu, 1553 (déclaration des fiefs).

Faude, voyez **Haute-Faude**.

Faverke, terre à Caffiers, au lieu nommé anciennement *Hopfove*, XIII° s. (ch. d'Artois, A 47, n° 9).

Fay (Le), f., c^ne d'Alincthun. — *Le Fai* (Cassini).

Felinnes, nom du village de Sclives, c^ne de Sangatte, dans divers documents du XVI° siècle. — On lit *Zelines*, dans les acquêts de Saint-Inglevert, au XIII° siècle (ch. d'Artois, A 47, n° 8). — Voyez **Sclives**.

Fenendalle, lieu-dit, c^ne d'Outreau. — *Terroir de Fenendalle, vallée de Fenendalle*, 1492 (matreloge d'Outreau, n° 88) : 1506 (terr. S. W.).

Ferme (La), ruisseau de, affluent de la rivière de Baincthun, né sur Saint-Martin-lez-Boulogne.

Ferme-Valois (La), ruisseau de, l'une des branches des affluents de la Liane, c^ne de Wirwignes.

Fernaville, moulin de, c^ne de Leubringhen. — *Ferrantville*, XIII° s. (ch. d'Art., A 118, n° 5).

Fernehen, h., c^ne de Wierre-Effroy. — *Pierres de Farnham*, 1286 (terr. de Beaulieu). — *Farnehem*, XIII° s. (ch. d'Art., A 118, n° 5). — *Henry de Fernehen*, 1415 (compte de la ville de B., p. 21).—Un fief de *Fernehen*, tenu du roi, 1553 (déclar. des fiefs).— Un autre, mouvant de la Chapelle-en-Wierre (Dom., reg. 50). — Un autre, mouvant du Par., 1774 (aveu de Fiennes).

Ferquen, h., c^ne d'Audresselles (Cassini). — *Terre aboutant vers Ferquem*, 1402 (aveu de Pierre Le Kien).

Ruisseau du *Fond de Ferquen*, appelé le ruisseau de *Perquente* dans l'annuaire de 1863 (p. 223), coule de Bazinghen à Audresselles, où il se réunit au ruisseau de la Dune, pour aller à la mer.

Ferquennerie (La), f., c^ne d'Audinghen (Cassini).

FERQUES, c^on de Marquise. — *Altare de Fercknes*, 1084 (chron. And., 789, 1). — *Ferenes, Fercnes* (ibid., 792, 794, 2). — *Parrochia Ferchenes*, v. 1127 (ibid.,

798, 2). — *Parrochia sanctæ Mariæ de Ferknes*, 1133 (ibid., 804, 2 . — *Trivium de Ferschenes*, 1157 (cart. de Beaulieu). — *Gusfridus de Ferkenes*, 1179 (chron. And., 817, 2). — *Ferchenes*, 1199 (cart. de Samer). — *Johannes de Freghenes*, XIIe s. (grand cart. de S. Bertin. — *Symon, presbyter de Fercnes*, 1206 (chart. d'Ardres). — *Eustachius dominus de Ferkenes*, 1220 (cart. de Beaulieu). — *Anthoine Costart, escuyer sieur de Ferquenes*, 1550 (contumes). — *Ferquenes*, 1515 (Tass.). — *Frequenes*, 1559 (part. de Thér.).

Paroisse du Boulonnais, ressortissant pour la justice au bailliage de Wissant. — Seigneurie, tenue du roi.

Cure du diocèse de Thérouanne, puis de Boulogne, au doyenné de Wissant : *Parochialis ecclesia Beatæ Mariæ de Ferques, cum suo succursu sancti Petri d'Elinghen*, 1681 (arch. de l'Evêché). — Présentateur, l'abbé d'Andres. — Décimateurs, les seigneurs du lieu, avec un tiers au curé. — Maintenant succursale dans le diocèse d'Arras.

Feuillie (La), f., c[ne] d'Henneveux, près du Plouy de Colembert.

FIENNES, c[on] de Guines. — *Altare de Flidmis* 1069 (cart. Mor.) — *Cono de Fielnes, terram Colonis de Filnes*, 1084 (chron. Andr., 785, 2; 787, 1). — *Cono de Fieules*, 1112, *de Finlleiz*, 1113, *Eustachius de Fielnes*, 1141, etc. (cart. de Samer). — *Rogerus de Foinles*, 1150 (Mir. I, p. 583). — *Ingerranus de Fenlis, de Fienlles*, 1173 (cart. S. Judoc.). — *Ecclesia de Fenles*, 1119, *de Finles*, 1157 (cart. Mor.). — *Guarinus*, ou *Warinus de Feldnes*, 1130, (Mir., I, p. 381). — *Fielnæ, Fielnenses* (Lamb. Ard., p. 87 et 95). — *C'est li escriz des revenues de Fienles*, fin du XIIIe s. (chart. d'Artois, rouleau A 118, n° 5). — *Fiennes*, 1559 (part. et sennes de Thér.). — *Fisnes* *towne*, 1556 (plan anglais). — *Fynes* et *Fines*, 1556 (terr. angl.).

Paroisse du comté de Guines, réunie au Boulonnais vers l'an 1390 et ressortissant, depuis lors, pour la justice au bailliage de Wissant. — Baronnie du comté de Guines, puis châtellenie du Boulonnais, érigée en marquisat par Louis XIII en 1643, dans la famille d'Etampes de Valençay (aveu de Fiennes, de 1774, arch. nat., P 861 bis).

Cure du diocèse de Thérouanne, au doyenné de Wissant, puis du diocèse de Boulogne, au doyenné de Guines : *Parochialis ecclesia,* [*Sancti Martini*] *loci de Fiennes*, 1682 (arch. de l'Evêché). — Présentateurs, les chanoines d'Ypres, aux droits du chapitre de Thérouanne. — Décimateurs, le seigneur du lieu, pour quatre gerbes, un autre seigneur, pour deux, le chapitre de Boulogne, aussi pour deux, et enfin le curé, pour une, avec les menues dîmes. — Maintenant succursale dans le diocèse d'Arras.

Le Château de Fiennes : — *Simon Catot escuier, capitaine du chastel de Fiennes, un escuier, cinq arbalétriers*, 1372 (establies de Picardie).

Hôpital de Fiennes, *Capella Hospitalis de Fiennes*, 1515 (Tassart), dont les revenus ont été unis à l'hôpital de Boulogne, en 1696.

Fiennes-en-Wimille, fief, c^{ne} de Wimille, composé de diverses censives, relevant du marquisat de Fiennes, 1784 (Dom., reg. 53).

Fierrie (La), lieu-dit, c^{ne} de Crémarest, dans la mouvance de Reclinghen, 1782.

Fillembourg (Le), lieu-dit, c^{ne} de Saint-Etienne, au hameau d'Ecaut. — *Filimbournes* (Dom., reg. 53). — *Filembourne*, 1741 (aveu du fief d'Ostove).

Fine-Haie (La), m^{on}, c^{ne} de Fiennes. — *Le Finehaie,*

1286 (terr. de Beaulieu). — *La Fine Haye*, 1559 (tit. de Moullon). — *La Finaie.* — Fief de *la Finne Haye*, 1774 (aveu de Fiennes).

Flabourne, anc. lieu-dit, c^{ne} de Samer. — *Le lieu de Flabourne ; terre séant au dessoubs de le Flabourne, entre Samer et Carly*, 1525 (cueil. N.-D. de B.).

Flammæ, voyez *Flemæ*.

Flapeul, anc. lieu-dit, c^{ne} de Saint-Etienne. — *Terre séant au Flapeul*, 1396 (aveu de Jehan Bollart). — *Terre gisant à Flapœul*, 1506 (terr. S. W.).

Flaque (La), m^{on}, c^{ne} de Samer (Cassini).

Flaque-à-Raines (La), ruisseau de, c^{ne} d'Henneveux.

Flaque-à-Raines (La), h., c^{ne} de Menneville.

Flaque-Dourlet (La), lieu-dit, c^{ne} de Crémarest, arrière-fief de Reclinghen, 1767 (Fr.-fiefs de Desvres).

Flaque-du-Mont (La), lieu-dit, c^{ne} de Longfossé.

Flaques (Les), lieu-dit, dans la garenne de Neufchâtel.

Flaquettes (Les), h., c^{ne} de Caffiers. — *Maison et pluche des Flaquettes*, 1582 (cueil. de Costé).

Flaquettes (Les), f., c^{ne} de Guines. — *The Flacketts*, 1556 (terr. Ang.). — (Cassini). — *Chemin qui mène de Guines aux Flaquettes*, 1584 (terr. de Miraulmont).

Flaquettes (Les), lieu-dit, c^{ne} de Menneville.

Flégard (Le), lieu-dit, c^{ne} de Guines. — *Vivier du Flégard, rivière du Flégard*, 1584 (terr. de Miraulmont).

Flégard (Le), f., c^{ne} de Wierre-Effroy (Cassini). — Famille *Courtois du Flégard*.

Flégueroy (Le), anc. lieu-dit, c^{ne} d'Outreau. — *Terre gisant au Flégueroy*, 1506 (terr. S. W.).

Flemæ, lieu inconnu, cité pour une terre appartenant à l'abbaye de Notre-Dame de Boulogne, dans le privilége de 1208, *in Flemis terram*, paraît avoir été situé dans le voisinage de Nesles et de Neufchâtel, peut-être dans les dunes qui l'auraient fait disparaître. — C'est très-probablement le *Prædio Flammis*, mentionné sous l'an 858 dans le livre des miracles de saint Wandrille (Act. SS. Jul., t. V, p. 285, n° 21).

Floquembourne, anc. lieu-dit, c^{ne} de Wimille. — *Terre gisant à Floquembourne deseure Wimille*, 1506 (terr. S. W.).

Florincthun, h., c^{ne} de Condette.— *Floringtun* (Cassini). — *Ansel de Floringhetun*, 1297 (ch. d'Artois, A 143). — *Guillaume du Blaisel, sieur de Floringuethun*, 1575 (généalogies Bignon). — Le fief de Florincthun était dans la mouvance de celui d'Escames en 1356 (terr. Roussel de Préville).

Floringueselle, h., c^{ne} d'Audinghen (Cassini). — *Florentius de Floringesele*, 1107 (chron. And., 187, 1) ; — *de Floringeseles*, alias *Florengeseles*, 1150 (Mir. I, p. 536, et chron. And., 810, 1). — *Le Capelle de Floringhezele*, v. 1400 (terr. de Thér. — *Flouringueselle*, 1491 (cueil. de Beuvrequent). — Fief tenu du roi, 1552 (déclar. des fiefs).

Florissart (Le), lieu-dit, c^{ne} de Brunembert.

Flos (Le), c^{ne} de Réty (Cassini). — *D'en costé le Flos jongant à le voie qui maine à Resti* 1286 (terr. de Beaulieu). — *Le Flos*, 1569 (act. not.). — Fief du *Flos-en-Réty*, mouv. d'Austruy (aveu de 1741 et Dom., reg. 57).

Flos (Le), f., c^{ne} de Tardinghen (Cassini).

Folomprise, f., c^{ne} d'Escalles (Cassini). — *Folempress*, 1556 (terr. angl.).— *Folemprinse, Folemprisse*, 1584 (terr. de Miraulmont).

Folemprise, f., c^{ne} de Fiennes. — *Terre séant à Folemprise, Pierre Costé, sieur de Folemprise*, 1654, tit. de Mouflon). — Vulgairement *Folemprinse*.

Folie (La), ch^au et f^e, c^ne d'Hardinghen (Cassini), aussi appelé *le Château de la Motte*.

Folie (La), fief, c^ne d'Hermelinghen. — *La Follye*, 1743 (inventaire d'Alembon).

Folie (La), anc. f., c^ne d'Isques. — *Cense de la Follye, scize en la paroisse d'Isque*, 1497 (généal. de Marle).

Follembonne, lieu-dit, c^ne de Saint-Etienne, 1506 (terr. S. W.). — *Fallembourne*, 1533 (matreloge d'Outreau, art. 144). — *Fallembenne*, 1788 (Dom., reg. 53).

Fond-bénit (Le), lieu-dit, c^ne d'Hardinghen.

Fond-de-Baillon (Le), voyez Baillon.

Fond-de-Baincthun (Le), f., c^ne de Baincthun (Cassini).

Fond-de-Larsault (Le), lieu-dit, c^ne de Wissant.

Fond-de-Lorraine (Le), h., c^ne de Rinxent, anciennement *Vallée Mirandalle*.

Fond-de-Nesles (Le), h., c^ne de Nesles.

Fond-de-Pernes (Le), h., c^ne de Pernes.

Fond-du-Brunquet (Le), voyez Brunquet.

onds-Notre-Dame (Le), lieu-dit, c^ne de Boulogne (cadastre), partie de l'emplacement occupé jadis par l'amphithéâtre de la ville gallo-romaine, et connu au moyen âge sous le nom de *Sablon Notre-Dame* dans la légende de l'arrivée de la Vierge, XVe s. ms de la bibl. de l'Arsenal, H 250). — *Mansuras quæ sunt in sabulo quod dicitur sanctæ Mariæ* 1208 (cart. B. M. B.), — *Le Savelon Notre-Dame*, 1315 (chart. N.-D. de B.).

Fontaine (La), h., c^nes d'Hardinghen et d'Hermelinghen, près des sources principales de la Slack (Cassini).

Fontaine-à-Baudets (La), ruisseau de, c^ne de Wimille, affluent du Wimereux.

Fontaine-à-Diables (La), ruisseau de, c^ne de Bellebrune. — *Fontaine du Diable*, 1788 (aveu du Bucq).

Fontaine-à-Loups (La), ruisseau de, sortant de la forêt de Boulogne, vers Questrecques, dans le bassin de la Liane.

Fontaine-Badui (La), ruisseau de, c^{ne} de Boursin, l'une des sources de la rivière de Grigny. — *Font. Faduy* (carte de l'Etat-maj.).

Fontaine-Bataille (La), lieu-dit, c^{ne} d'Hardinghen.

Fontaine-Bleue (La), ruisseau de, c^{ne} d'Andres (Cassini).

Fontaine-Caillette (La), ruisseau de, c^{ne} de Pittefaux, affluent du Wimereux.

Fontaine-de-Bout (La), source d'un petit cours d'eau, c^{ne} d'Alincthun, ham. de la Riverie.

Fontaine-de-Fer (La), source ferrugineuse et lieu-dit, c^{ne} de Boulogne-sur-mer.

Fontaine-de-Fer (La), source ferrugineuse et lieu-dit, c^{ne} de Wierre-au-Bois.

Fontaine-de-la-Vierge (La), une des principales sources des eaux de la plaine d'Odre, c^{ne} de Boulogne-sur-mer.

Fontaine-des-Fromages (La), lieu-dit, c^{ne} de Crémarest. — *Le Fontaine du Frommaige*, 1458 (compte de Tingry). — Ruisseau, qui verse dans celui du *Petit-Hasard*, affluent de la Liane. — *Le rieu du Froumage*, 1429 (cart. de Crém., art. 15).

Fontaine-des-Ladres (La), lieu-dit, c^{ne} de Saint-Martin-lez-Boulogne, au h. d'Ostrohove.

Fontaine-Dieu (La), source et cours d'eau, c^{ne} de Desvres.

Fontaine-du-Bouza (La), h., c^{ne} d'Hesdin-l'Abbé (Cassini). — *Fontaine du Bousat* 1582 (cueil. de Costé).

Fontaine-du-Bucquet (La), lieu-dit, c^{ne} d'Hesdin-l'Abbé, 1569 (act. not.).

Fontaine-du-Bucquet (La), lieu-dit, c^{ne} d'Ontreau, 1506 (terr. S. W.).

Fontaine-du-Cuvier (La), source et cours d'eau, affluent de la Lène, c^{ne} de Desvres.

Fontaine-du-Jourdain (La), c^{ne} d'Henneveux, au ham. de Bellebet.

Fontaine-du-Ranset (La), lieu-dit et cours d'eau, au lieu-dit le Cazan, c^{ne} de Menneville.

Fontaine-du-Renard (La), lieu-dit, c^{ne} de Bazinghen.

Fontaine-Grégoire (La), ruisseau de, c^{ne} de Bainethun, au hameau de Bertenlaire, affluent de la rivière de Bainethun.

Fontaine-Jaclotte (La), ruisseau de, c^{ne} de St-Léonard.

Fontaine-Leblanc (La), ruisseau de, c^{ne} de Saint-Martin-lez-Boulogne, l'un des affluents de la rivière de Bainethun, ou d'Echinghen.

Fontaine-Lotois (La), h., c^{ne} de Wirwignes.

Fontaine-Noire (La), lieu-dit, c^{ne} de Conteville.

Fontaine-Notre-Dame (La), ruisseau de, c^{ne} de Pittefaux, affluent du Wimereux.

Fontaine-Rousse (La), ruisseau de, coulant de Bainethun à Wirwignes, à travers la forêt de Boulogne.

Fontaines, ou **Fonténes**, voyez Saint-Tricat.

Fontaine Saint-Adrien (La), c^{ne} de Bainethun.

Fontaine Saint-Éloi (La), c^{ne} de Bazinghen.

Fontaine-Saint-Folquin (La), source d'un cours d'eau c^{ne} d'Henneveux.

Fontaine Saint-Frieux (La), c^{ne} de Neufchâtel.

Fontaine-Saint-Gendulfe (La), ruisseau de, c^{ne} de Wierre-au-bois.

Fontaine Saint-Jean (La), c^{ne} d'Audresselles.

Fontaine-Saint-Leu (La), ruisseau de, c^{ne} de Bellebrune, se réunit au ruisseau de la Villeneuve.

Fontaine Saint-Martin (La), c^{nes} de Bainghen, de Condette et de Sanghen.

Fontaine Saint-Nicolas (La), c^ne de Desvres.

Fontaine Saint-Pierre (La), c^ne d'Ambleteuse.

Fontaine-Saint-Pierre (La), ruisseau de, c^ne de Longfossé, tributaire de la Liane.

Fontaine-Saint-Pierre (La), source d'un petit cours d'eau, c^ne de Wierre-Effroy.

Fontaine-Saint-Riquier (La), source d'un petit cours d'eau, c^ne d'Alincthun.

Fontaine-Saint-Sylvestre (La), ruisseau de la, c^ne de Longueville, tributaire de la rivière d'Hehneveux.

Fontaine-Sainte-Godeleine (La), petite source et chapelle, au h. de Londefort, c^ne de Wierre-Effroy.

Fontaine-Sainte-Ide (La), petite source et chapelle, c^ne de Le Wast.

Fontaine-Sainte-Isbergue (La), source d'un cours d'eau, tributaire du ruisseau des Pierrettes, c^ne de Menneville.

Fontaine-Sainte-Marguerite (La), ruisseau de la, c^ne de Nabringhen, tributaire de la rivière d'Henneveux.

Fontaine Sainte-Marguerite (La), c^ne de Nielles-lez-Calais.

Fontaine-Saumer (La), lieu-dit, c^ne de Boulogne-sur-mer, ou de Saint-Martin-lez-Boulogne, entre Ostrohove et la Liane, p. e. la *Fontaine des Ladres*, 1315 (charte N.-D. de B.).

Fontainettes (Les), lieu-dit, c^ne de Bazingben.

Fontainettes (Les), lieu-dit, c^ne de Wimille, 1669 (terr. N.-D. de B.).

Fontinettes (Les), h., c^ne de Hames-Boucres, section de Hames.

Fontinettes (Les), ruisseau de, c^ne d'Hocquinghen.

Fontinettes (Les), h., c^ne de Marquise.

Fontinettes (Les), h., c^ne de Saint-Pierre.

Fontinettes (Les), ruisseau de, c^{ne} de Samer, venant de Tingry.

Fontis (Les), lieu-dit, c^{ne} de Maninghen (aveu de 1774).

Forêt de Boulogne, c^{ne} de Baincthun, était en 1660 divisée en quatre triages, savoir, de *Lespierre*, *La Quesnoy*, *Belle Watine* et *Blanques gles*, aliàs *Blanque gleaue* : Lambert d'Ardres l'appelle *Boloniæ foresta* (p. 77) ;

Forêt de Desvres, c^{nes} de Desvres, de Crémarest et de Bournonville, divisée, en 1660, en trois triages, savoir, de *Bournonville*, de la *Haute-Forêt* et de *l'Hermitage* : à ce dernier se rattachaient le *Bois-Quesnel* et le *Bois des Monts* ; elle est aujourd'hui divisée en *Haute et Basse Forêt*.

Forêt de Guines, c^{ne} de Guines, était, en 1660, divisée en trois triages, savoir, des *Flaquettes*, du *Milieu* et de *Bouquehault* ; on y distinguait les quartiers de *Gras-Rietz*, *Rietz des Anglais*, *Rietz des Nonnes* et les *Trois Cornets* ; à cette forêt se rattachent les bois de *Haribé*, ou *Bois-Henribé*, qui sont enclavés dans des terres cultivées ;

Forêt d'Hardelot, c^{ne} de Condette, était, en 1660, divisée en trois triages, savoir, du *Pont d'Aix*, du *Chemin Croisé* et de la *Claire Eau* (ms. de la Bibl. nat., S. G. fr., n° 26).

Forières, lieu-dit, c^{ne} de Saint-Martin-lez-Boulogne, 1505 (terr. S. W.).

Formanoir (Le), f., c^{ne} d'Hardinghen. — *Formanoir* (Cassini).

Formanoir (Le), f., c^{ne} de Samer. — *Fort-Manoir* (Cassini). — *Jehenne du Fourmanoir*, 1499 (matrologe d'Outreau, art. 102). — *Antoine du Fourmanoir, demeurant audit lieu, paroisse de Samer*, 1569 (act. not.). — *Formanoir*, 1690 (cueil. de Samer). — Un fief de *Formanoir* ou de la *Rablerie*, à Samer (mouv. de Quehouve, 1748).

Fort (Le), lieu-dit, c^{ne} d'Audinghen, au hameau du Grinez. — *Fort abandonné* (Cassini). — *Chasteau et fort de Blacquenay*, 1550 (reg. du Roi de la Sénéch. de B., vol. I).

Fort (Le), h., c^{ne} de Guines.

Fort (Le), h., c^{ne} d'Outreau (Cassini), emplacement du fort Montplaisir. — *Le Fort d'Ultreau*, xviie s. (cartes de J. Hondius).

Fort (Le), h., c^{ne} de Questrecques (Cassini).

Fort-à-crabes (Le), fort, c^{ne} de Calais.

Fort-à-crêpes (Le), h., c^{ne} des Attaques.

Fort-à-vaches (Le), h., c^{ne} de Bournonville (Cassini).

Fort-César (Le), ancien ouvrage de fortification, au h. de Sombres, c^{ne} de Wissant. — *Camp-de-César* (Cassini). — *Motte du Castel*, 1567 (act. not.). — *Motte du Cattez*, 1748 (aveu du fief du Vivier). — *Motte du Chatel*, 1668 (Ducange). — Voyez **Mont du Catez**.

Fort-Châtillon (Le), c^{ne} de Boulogne, voyez **Châtillon**.

Fort-Cordier (Le), h., c^{ne} des Attaques.

Fort d'Ausque ou d'**Oxe** (Le), ruisseau, c^{ne} d'Audembert.

Fort du Cerf (Le), lieu-dit, c^{ne} de Dannes, 1784 (ensaisinement des Domaines d'Etaples).

Fort-Gloriette (Le), lieu-dit et fort, c^{ne} de Sangatte.

Fort-Lapin (Le), lieu-dit et fort, c^{ne} de Sangatte (Cassini).

Fort-Montplaisir (Le), lieu-dit, c^{ne} d'Outreau.

Fort-Mahon (Le), lieu-dit et fort, c^{ne} de Sangatte.

Fort-Nieulay, fort, c^{ne} de Calais.

Fort-Risban (Le), lieu-dit, autrefois c^{ne} de Sangatte, réuni à Calais avec une partie des dunes par ordonnance royale du 24 juin 1840. — Voyez **Risban**.

Fort-Rouge (Le), fort, c^{ne} de Calais, construit en 1695 (Cassini).

Fort-Verd (Le), ancien fort, près du port de Calais (Cassini).

Fort-vert (Le), h., c^{ne} de Marck.

Fort Saint-Frieux, m^{on}, c^{ne} de Neufchâtel.

Fosse-à-Loups (La), h., c^{ne} de Selles. — *Fosse-à-leux*.

Fosse-de-Waldan (La), mouillage de la côte, c^{nes} de Marck et d'Oye (arr. de Saint-Omer).

Fosse-Gros-Jacques (La), lieu-dit, c^{ne} d'Audinghen, siège d'un fief sans nom, au chapitre de Boulogne.

Fosses, lieu-dit, c^{ne} d'Alincthun, section de Lianne. — *Fief gisant à Fosses*, 1392 (compte des aides); 1562-1564 (cueil. N.-D. de B.); tenu du roi (fiefs de Desvres).

Fosses, lieu-dit, c^{ne} d'Outreau. — *Prey des Galies, aboutant de l'un bout às Fosses*, 1389 (aveu de Jehan de le Becque).

Fosse-Tourriche (La), gouffre, c^{ne} de Bellebrune, source de la rivière souterraine qui, partant du pied des monts de Colembert, vient sortir en cet endroit pour couler à ciel ouvert, et se jeter dans la rivière de Belle, à Cobrique.

Fosseux, lieu-dit, c^{ne} d'Outreau. — *Terre aboutant à Fosseaux, derrière Schouve*, 1389 (aveu de Jehan de le Becque). — *Fauchœuilx*, v. 1480 (matrel. d'Outreau).

Foucardennes, lieu-dit, c^{ne} d'Outreau. — *Foucardengues*, 1389, (aveu de Jehan de le Becque). — *Le Fontene de Fourcadengues*, 1396 (aveu de Will. du Moustier). — *Voie qui maisne de l'église d'Outreau à Foucardenghes*, 1506 (terr. S. W.). — *Chemin de Foucardennes à le Verde Voye*, 1531 (matreloge d'Outreau, art. 148).

Foucrye (La), m^{on}, c^{ne} de Brunembert.—*Manoir nommé le Foucrye*, 1562-1564 (cueil. N.-D. de B).

Fouhen, h., c^{ne} d'Hardinghen.— *Haut et Bas Fouhen* (Cassini). — *Fouhem*, 1112, *Fouthem*, 1141, *Foukem*, 1161, *Fohen*, 1173, *Fohem*, 1199 (cart. de Samer). — *Fouhem*, XIIIe s. (ch. d'Art. A 118, n° 5), et 1286 (terr. de Beaulieu).

Fouquehove, h., c^{ne} de Pernes. — *Foucove* (Cassini). — *Fogenhove*, 1208 (cart. B. M. B.). — *Fouquehove*, 1506 (terr. S. W.). — Fief de *Foucquehove*, 1553 (décl. des fiefs). — *Antoine Chinot, sieur et pair de Fouquehove*, 1557 (aveu de 1579 servi aux baillis souverains d'Ardres, généalog. Bignon, fam. de Chinot). — Seigneurie pairie du comté de Guines, tenue du roi, à cause de son château de Guines, 1762 (Dom., reg. 53).

Four-Cloy (Le), lieu-dit, c^{ne} d'Outreau, 1396 (aveu de Will. du Moustier).

Fourcroie, f., c^{ne} de Conteville (Cassini).

Foutrye, fief au bailliage de Wissant, situation inconnue, 1553 (déclar. des fiefs).

Framezelle, h., c^{ne} d'Audinghen. — *Flamersele*, 1286 (terr. de Beaulieu). — *Engherran de Flamezele*, 1338 (compte de Marguerite d'Evreux). — *Marquet Brunet demourant à Framezele*, 1456 (arrentement origms). — *Robert de Frammezelles, escuier sieur dudit lieu*, 1550 (coutumes). — Fief mouvant du comté de Boulogne.

Chapelle de Framezelles, en titre de bénéfice : *Capellania de Framezelles*, 1515 (Tass.) ; — *Capella [sancti Sebastiani], seu Capellania sub invocatione, seu ad altare, beate Marie virginis de Framezelles, in territorio, seu parochia, de Tardinghen, fundata et deserviri solita*, 1579 (arch. de l'évêché). Cette chapelle, autrefois située sur les limites des deux paroisses d'Audinghen et de Tardinghen, était démolie en 1725, et il n'en subsistait plus que des ruines. — Présentateur, l'abbé de Beaulieu. — Revenus indéterminés, à percevoir dans la paroisse de Rinxent.

Franque-Pierre (La), terre à Outreau, dans l'aveu de Willame du Moustier, en 1396.

Franquesart, ruisseau de, c^{ne} de Wimille, 1506 (terr. S. W.).

Fresnes (Le), m^{on}, c^{ne} de Crémarest.

Fresne (Le), h., c^{ne} de Landrethun-le-Nord.

Fresnoy (Le), h., c^{ne} d'Alincthun. — *La Frenoye* (Cassini). — *Tassart de Fraisnoi, officier du comte d'Artois*, 1297 (ch. d'Artois, A 143). — Fief mouvant de la Pépinerie, XVIIIe s. (arch. des Ursulines de B.) — Famille *de la Fresnoye*, ou *de Fresnoie*, sieur de Bertenlaire, dont généalogie de 1535 à 1697, dans Bignon).

Ruisseau de Frénoy, affluent de la Liane (ann. 1863).

Fresnoye (La), f., c^{ne} de Crémarest. — *La Frenoye* (Cassini). — *Gillet de le Fresnoie*, 1339 (compte de Jeanne de Boulogne). — *Robert de le Fresnoie, demorant à le Fresnoie*, 1413-1426 (cart. de Crém., art. 6 et 11). — Famille de Flahaut, sieur de la *Fresnoye*, de 1556 à 1697 dans les gén. Bignon.

FRÉTHUN, c^{ne} de Calais. — *Terram apud Fraitum, ou Fraittum*, 1084 (chron. And., 783, 1). — *Ernulfus de Fraitun* (ibid., 790, 2). — *Parrochia de Nieles et de Fraitun*, v. 1127 (ibid., 803, 2). — *Lambertus presbyter de Frettun*, 1150 (Mir., I, p. 536). — *Ecclesia de Fratum*, 1119, *de Fraitum*, 1157, *de Fraitin*, 1179 (cart. Mor.). — *Fretun*, 1402 (aveu de

Pierre le Kien). — *Gillebert de Fretin,* 1403 (Monstrelet, édit. de M. Douet d'Arcq, liv. I, chap. XII). — *Stas de Fraitun,* 1307 (comptes des baillis de Calais, p. 5). — *Fretum,* 1515 (Tass.). — *Fretin,* 1559 (senn. de Thér.). — *Froyton,* 1559 (plan anglais). — *Froyton* et *Froytoune,* 1556 (terr. angl.). — *Fetum* (cartes du XVIIᵉ s.).

Paroisse du Pays-reconquis, dans le ressort de la Justice royale de Calais. — Seigneurie, dont aveu servi au roi, en 1769 (arch. nat., Q 897¹), était en 1273 une des douze pairies du comté de Guines.

Cure du diocèse de Thérouanne, au doyenné de Guines, puis du diocèse de Boulogne, au doyenné de Marck: *Parochialis ecclesia* [*sancti Michaelis*] *loci de Frethun,* 1577 (arch. de l'évêché). — Présentateur, le chapitre de Boulogne, aux droits des chanoines de Thérouanne. — Décimateur, le roi. — Maintenant succursale dans le diocèse d'Arras.

Un cours d'eau, nommé la *Riviérette de Fréthun,* verse dans la rivière de Hames (alm. de Calais).

Frévent, f., cⁿᵉ de Pittefaux (Cassini).

Fringhen, f., cⁿᵉ de Saint-Etienne. — *Faingehem, Froingehem,* 1208 (cart. B. M. B.). — *Terre séant sur le dos de Fringhen,* 1396 (aveu de Jehan Bollart). — *Fringhen,* 1506 (terr. S. W.). — Fief tenu du roi, 1553 (déclar. des fiefs).

Bien que la carte de Cassini écrive *Fringhen,* celle de l'Etat-major parait donner *Eringhen,* mot qui a induit en erreur M. Auguste Longnon, dans son étude sur le *Pagus Bononensis,* p. 31, note 2.

Fringhen-en-Tournes, fief, cⁿᵉ de Saint-Etienne, érigé en 1651 pour la famille Du Crocq de Fringhen, formé de diverses censives à prendre sur des terres de la commune de Saint-Etienne, qui relevaient directement de Tournes, 1788 (Dom., reg. 53.).

Froideval, lieu-dit, c^{ne} de Wimille (comptes de la Quotidienne, du chapitre de Boulogne, xviiie s.).

Fromages, voyez **Fontaine des.**

Fromages, rivière aux, nom que porte le ruisseau du Choquel, à sa jonction avec la principale branche des sources de la Liane, c^{ne} de Selles.

Fromentel, fief, c^{ne} de Pittefaux, en censives, mouvant de Souverain-Moulin, 1756 (aveu de Caron de Fromentel, Dom., reg. 56).

Froutel (Le), lieu-dit, c^{ne} d'Outreau, 1506 (terr. S. W).

G

Gadimetz (Le) f., c^{ne} de Wierre-Effroy (Cassini).

Galerie (La) lieu-dit, c^{ne} de Bazinghen, au ham. d'Ostove.

Galet (Le), m^{on}, c^{ne} de Coulogne (Cassini).

Galles, lieu-dit, c^{ne} du Portel. — *Rue qui maisne du Portel à Galles,* v. 1480 (matreloge d'Outreau). — *Les Galles du Portel,* 1506 (terr. S. W).

Gallibarde, m^{on}, c^{ne} de Fiennes. — *La maison Gallibarde, Gallebarde,* 1654 ; *la fontaine Guillebarde,* 1590 (tit. de Monflon). — *La fontaine Galibarde,* 1774 (aveu de Fiennes).

Galue (La), f., c^{ne} de Selles (cadastre).

Gambrique (Le), lieu cité dans le cueil. de Beauvrequen, de 1491.

Gapagnes, lieu-dit, c^ne de Samer. — *Maison, plache et terres de Gapagnes*, 1690 (cueil. de Samer).

Garbelant, terre à Wissant, ou dans le voisinage, 1402 (aveu de Pierre Le Kien).

Garde-de-Dieu (La), f., c^ne de Longfossé (aveu de 1748). — Vulgairement *la Wart-Dieu*.

Gardes (Les), roches en mer, sur la côte de Wissant.

Gardins (Les), f., c^ne d'Hardinghen (Cassini). — *Les Jardins*, 1582 (cueil. de Costé).

Gareinet (Le), f., c^ne de Wierre-Effroy.

Garenne (La), lieu-dit, c^ne d'Alembon. — *Le chemin de la Garenne d'Alembon*, 1770 (cueil. d'Alembon).

Garenne (La), lieu-dit, c^ne de Peuplingues, 1584 (terr. de Miraulmont).

Garennes (Les), h., c^ne de Calais. — *La Garenne de Calais*, 1291 (chartes d'Artois).

Garennes (Les), lieu-dit, c^ne de Condette.

Garennes (Les), lieu-dit, c^ne de Lottinghen (cadastre).

Garennes (Les), lieu-dit, c^ne de Neufchâtel.

Garennes (Les), h., c^ne de Wimille (Cassini). — *La Garane qui est outre l'eaue devers Bouloigne*, en parlant d'Ambleteuse, 1267 (arch. nat., J 1124, n° 3).

Garennes (Les), lieu-dit, c^ne de Wissant. — Ruisseau de la Garenne.

Gatte (La), lieu-dit, c^ne d'Outreau. — *Terroir de le Gatte*, v. 1493 (matreloge, art. 99).

Gattes (Les), lieu-dit, c^ne de Maninghen, 1774 (aveu de Fiennes).

Gaverie (La), h., c^ne de Boursin. — *Gavry* (Cassini).

Gaverie (La), h., c^ne de Courset. — *Gaveris* (Cassini). — Arr.-fief de Courset.

Gavran, f., c^ne de Maninghen (carte de l'Etat-Major).

Gazeda, h., c^{ne} de Marquise. — *Cajedacq* (tit. du xvie s.) — *Vallée nommée Gazeda*, 1740 (act. not.).

Gazemetz, h., c^{ne} de Wimille. — *Gazinet* (Cassini).

Gazette (La), h., c^{ne} d'Henneveux.—*La Gasette* (Cassini).

Gazeverd, lieu-dit, c^{ne} de Wissant (Cassini). — *Gasevelt* xiiie s. (ch. d'Artois, A 182). — *La maladerie de Gaisevelt*, 1402 (aveu de Pierre Le Kien). — *Terres de Gazevert, Gazelvert*, 1506 (terr. S. W.). — *La maladerie Gazeveld*, 1525 (cueil. N.-D. de B.).—*Les Gages verts* (cadastre).

Germont (Le), fief, c^{ne} de Carly, mouvant de Courset, 1736 (reg. 56 bis).

Gibet (Le), lieu-dit, c^{ne} de Boulogne-sur-mer, sur la côte de Bertinghen, vers Ostrohove.

Gibet-Cantiau (Le), lieu-dit, c^{ne} de Tingry (cadastre).

Gibories (Les), fief, c^{ne} de Bournonville.

Gloriette (La), f., c^{ne} de Tingry (Cassini). — Ruisseau de, l'un des affluents de la rivière de Tingry.

Gobeteries (Les), fief, c^{ne} de Saint-Etienne, mouv. d'Audisques, 1785 (Dom., reg. 53).

Godehèques (Les), fief, c^{ne} d'Isques, mouv. de la seigneurie dudit, 1772 (Dom., reg. 53).

Godelinbreucq, lieu-dit, c^{ne} de Wimille.—*Terre appelée Godelinbroek, gisant au terroy de Thelinghetun, vers Boulogne*, 1506 (terr. S. W.).

Go Delinsfelt, terre à Fiennes, citée parmi les acquêts de Beaulieu, au xiiie siècle (ch. d'Artois, A 47).

Godicherie (La), f., c^{ne} de Wirwignes.

Godimys (Les), lieu-dit, c^{ne} de Maninghen (cadastre).

Godincthun, f., c^{ne} de Pernes (Cassini). — *Godingetuna*, 1208 (cart. B. M. B.). — *Pont de Godinketun*, 1278 (ch. d'Art., A 25, n° 5, Mém. Soc. Acad., IX, p. 225). — *Godinguethun*, 1555 (cueil. N.-D. de B.). —

Famille de Campagne, sieur de Godincthun, dont généal. de 1563 à 1697, dans Bignon.

Ruisseau de Godincthun, affluent du Wimereux.

Goguenattes (Les), lieu cité dans l'aveu de Fiennes de 1774.

Goguer (Le), h., c^ne de Rinxent (Cassini). — *Goguet*, 1745 (archiv. des Annonciades de B.).

Gonterie (La), f., c^ne de Réty (Cassini).

Goudallerie (La), m^on c^ne de Brunembert, 1562-1564 (cueil N.-D. de B.).

Gouffrée (La), h., c^ne de Nabringhen, *alias* **Coffrée**.

Gouldembergh, m^on, c^ne des Attaques, vers Guemps, sur le plan anglais de 1556.

Goulvaux (Le), lieu-dit, c^ne de Longfossé.

Gouvenacre, lieu-dit, c^ne de Fiennes. — *Gommenaker* et *Gommenacre*, 1286 (terr. de Beaulieu).—*Gouvenacre*, 1576 et 1654 (tit. de Mouflon).

Gouvernement (Le), m^on, c^ne d'Ambleteuse.

Gouzebeux, lieu-dit, c^ne d'Hardinghen.

Grabreucq, anc. lieu-dit, c^ne d'Echinghen.— *Grabroucq*, XVe s. (terr. de Turbinghen).

Grand Duc (Le), h., c^ne de Coulogne.

Grand-Jardin (Le), h., c^ne de Longfossé.

Grand'Maison (La), f., c^ne de Bazinghen. — *Grande Maison* (Cassini).

Grand'Maison (La), f., c^ne de Belle-et-Houllefort (Cassini).

Grand'Maison (La), f., c^ne de Pittefaux (Cassini).

Grand'Maison (La), f., c^ne de Wierre-Effroy (Cassini).

Grand-Moulin, f., c^ne de Condette (Cassini). — *Les prés de Grant Moulin*, 1339 (tit. des arch. nation., Mém. Soc. Acad., IX, p. 284).— *Jehan de le Rivière, sieur de Grand Moullin*, 1506 (terr. S. W.). 1550 (coutumes). — Fief et seigneurie tenues du roi, 1765 (aveu de Jean Maillart, Dom., reg. 56).

Grand-Rhyden (Le), voyez **Rhyden**.

Grand-Sart (Le), lieu-dit, c^{ne} de Questrecques, 1506 (terr. S. W.).

Grand-Val (Le), f., c^{ne} de Wirwignes. — *Des Mortiers, sieur de Granval*, 1672 (archives des Ursulines de B.).

Grande-Cour (La), f., c^{ne} de Sangatte.

Grande-Flaque (La), f., c^{ne} de Tingry.

Grande-Maison (La), lieu-dit, c^{ne} de Campagne, 1584 (terr. de Miraulmont).

Grande-Pâture (La), ruisseau, c^{ne} de Tingry, l'un des affluents de la rivière de Tingry.

Grande-Route (La), m^{on}, c^{ne} de Nesles.

Grange-Bleue (La), h., c^{ne} d'Audembert.

Grange-Jacquot (La), f., c^{ne} d'Audinghen. — *Grange Jacot* (Cassini).

Grangette (La), m^{on}, c^{ne} de Wacquinghen.

Grare, le rieu Grare, c^{ne} de Conteville, 1774 (aveu de Fiennes).

Grares (Les), h., c^{ne} d'Audembert. — *La Haye Guerard* (Cassini). — *Chemin qui maisne de Coullombier aulx Hayes Guerard*, 1599 (act. not.). — *La Haye Guerard*, 1741 (aveu de Noirmattre).

Grave (La), lieu-dit, c^{ne} de Samer, 1650 (tit. de l'abb.).

Gravois, m^{on} et m^{in}, c^{ne} d'Outreau.

Grebenderie (La), anc. f., c^{ne} de Saint-Martin-lez-Boulogne, 1506 (terr. S. W.). — *Maison et terre de la Grebenderie, aujourd'hui la Cocherie* (aveu du XVIIIe s., dans les archives de S. W. de B.).

Grenelle, fief, c^{ne} de Samer, en censives, sur différentes terres près du Pont-d'Etienfort. — *Le fief Grenelle* ou *de la Houssoye*, 1629; *Houssoy-Grenel*, 1705 (arch. de l'abbaye).

Griette, lieu-dit, c^{ne} de Wierre-Effroy, 1767 (Dom., reg. 57). — *Ruisseau de la Griette* (annuaire 1807, p. 112).

Grigny, h., c^{ne} de Wierre-Effroy, vers Houllefort (Cassini). — *Grigni*, v. 1400 (terr. de Thér.). — Fief mouvant du château de Boulogne.

Rivière de Grigny, de Boursin à Belle, par la Planque-à-Mortier, l'une des deux têtes du Wimereux.

Grigny, lieu-dit, c^{ne} de Saint-Etienne, au terroir de Haffreingue, v. 1480 (matreloge d'Outreau, art. 31).

Gril (Le), lieu-dit, c^{ne} d'Outreau, section d'Equihen.

Grinez (Le), cap, c^{ne} d'Audinghen. — *Grisnez* (Cassini). *Le chef de Calais est entre Calais et Swartenes ou Grinay, alias Grisnais; — Grines, une forte sale pointe sur laquelle sont nombre de roches et escueils le long de la coste, dont quelques-uns paroissent gris et d'autres blancs, et à ce subjet sont nommez Grines* (Miroir de la mer, édit. 1699, liv. I, p. 15 et 31). Cf. l'édition hollandaise de 1660 (Zee Spiegel), où le Grinez est aussi nommé *Swartenes*. On l'appelait encore *Blacquenay*, nom que quelques auteurs ont pris à tort pour celui du Blanez. Les Anglais, durant l'occupation de Boulogne, avaient construit sur le Grinez un fort, avec un moulin et une brasserie, que le roi Henri II donna le 23 juin 1550 à Jehan de Sainte-Marye, capitaine du château et fort de *Blacquenay près Ambleteuil,* — *lesdits moulin à vent et brasserie à bière scituez au dehors, joignant et contigu ledit fort de Blacquenay* (reg. du roi de la sénéch. de Boulogne, n° 1). — *Blacquenès*, 1546 (traité de Campen, dans Rymer). — *Blacquenestz*,

1553 déclar. des fiefs. — *Munimentum Blacnestum* (act. SS. Boll., Januar. I, p. 335). — *Le fort de Blacnes* (cartes de Hondius). Voyez Fort.

Une carte de 1640 (Bibl. nat., supp. f., n° 87) donne au Cap Grinez le nom de *Cap Saint-Jean*.

Gringotteries (Les), lieu-dit, 1748 (aveu de Longfossé).

Grise-Marine (La), lieu-dit, c^{ne} de Condette, au terroir de la Garenne, ou de la Claire-Eau.

Grisendalle, h., c^{ne} de Wimille. — *Grisendal* (Cassini). — *Pierre-Etienne de la Hodde, sieur de Grisendalle* (Dom., reg. 56).

Grises-Pierres (Les), anciennement les *Trois-Faisans*, fief, c^{ne} d'Isques, au terroir d'Herquelingue, mouvant d'Isques, 1772 (Dom., reg. 50).

Groitehem, la maladrerie de, c^{ne} de Wissant, 1402 (aveu de Pierre le Kien).

Gros-Chêne (Le), h., c^{ne} de Tardinghen.

Gros-Chêne (Le), m^{en}, c^{ne} de Wimille.

Gros-Codin (Le), voyez Brocodin.

Grosse-Essault, m^{on}, c^{ne} de Crémarest (Cassini).

Grosse-Tête (La), mont de, c^{ne} de Longfossé (aveu de 1748).

Grosses-Tiennes (Les), f., c^{ne} de Leulinghen.

Groullerie (La), anc. f., c^{ne} de Bellebrune, réunie au domaine de la Villeneuve en 1733 (arch. du château de Bellebrune).

Grouloir (Le), f., c^{ne} de Maninghen (Cassini).

Guelque, f., c^{ne} de Réty (Cassini). — *Robert de Ghelleke*, 1297 (ch. d'Artois, A 143). — *Jehan de Ghelke, alias de Gelke*, 1338 (compte de Marg. d'Evreux, Mém. Soc. Acad., IX, p. 320, 321). — Famille de *Guelque*, dont généalogie sous le nom de *Quelque*, de 1550 à 1617 dans Bignon.

Guerrite (Le), lieu-dit, c^ne de Réty, XIIIe s. (acquêts de Beaulieu, ch. d'Art., A 47, n° 9).

Guerrorie (La), f., c^ne de Crémarest (Cassini). — *La Guerroierie*, 1423 (car. de Crém., n° 10). — *La Guerrorie*, 1553 (déclar. des fiefs). — Arr.-fief d'Engoudesent.

Guichard (Le), lieu-dit, c^ne de Bazinghen.

Guicherie (La), m^on, c^ne de Longfossé, fief mouv. de Quehouve.

Guidelant, fief, c^ne de Wierre-Effroy, arr.-fief de Fiennes, 1553 (décl. des fiefs).

Guihale (Le), lieu-dit, c^ne de Crémarest. — *Un petit manoir et lieuchon nommé le Guihale*, 1430 (cart. de Crém.).

Guihalle (La), lieu-dit, c^ne d'Audembert. — *Le mont de la Guihalle*, 1654 (tit. de Mouflon); 1739 (aveu de Noirmattre).

Guihalle (La), lieu-dit, c^ne de Wimille, 1506 (terr. S. W.).

Guilbauderie (La), f., c^ne d'Alinethun.

Guilbeudrie (La), lieu-dit, c^ne de Saint-Martin-lez-Boulogne, 1665 (terr. N.-D. de B.). Absorbé avec la Grebenderie dans le domaine de la Cocherie.

Guindal (Le), lieu-dit, c^ne de Marck. — *Le Guindal, la rivière du Guindal*, 1584 (terr. de Miraulm.)

Guindal (Le), lieu-dit, c^ne de Marquise.

GUINES, chef-lieu de canton. — *In loco nuncupante Gisna, in pago Bononensi : actum Gisna villa*, 807 (cart. S. Bert., p. 70). — *Ghisnæ, Ghisnenses* (Lambert d'Ard.). — *Hortos apud Gisnes ; sedem molendini cum stagno apud Gisnes*, 1084 (chron. And., 783, 1). — *Ecclesiam de Gisnes*, 1093 (cart. S.-Bert., p. 215); — *de Guisnes*, 1119, 1157, *de Ghisnes*, 1173 (cart. Mor.). — *Capellam sanctæ Mariæ apud Gisnes*, 1122 (Mir., I, 373). — *Guisnes*, 1559 (senn. de Thér.) — *Gwisnes et Guysnes*, XVIe s. (documents anglais).

Ville de loi du Pays reconquis, avec des officiers municipaux dont on fait remonter l'origine à l'an 980 (alm. de Picardie, 1769, p. 119). — Elle avait avant 1790 deux échevins, assistés de trois conseillers de ville, qu'on renouvelait chaque année, le 1er mai. On y comptait, en outre, un syndic-receveur et un secrétaire-greffier. — Le président de la Ju— e royale et le procureur du roi près de son siège p —i- daient l'assemblée des notables, composée des deux échevins, des trois conseillers de ville, du curé et de quatre membres élus.

Finances du roi : la ville de Guines était la résidence d'un receveur et d'un contrôleur des Traites, d'un contrôleur des actes, d'un receveur des aides et papier timbré, d'un receveur sédentaire et d'un receveur ambulant des droits sur les cuirs (alm. de Picardie).

Cure du diocèse de Thérouanne, puis de Boulogne, chef-lieu d'un doyenné rural : *Parochialis ecclesia [sancti Petri] loci de Guysnes*, 1582 (arch. de l'évêché). — *Eglise Saint-Pierre de Guines*, 1306 (ch. d'Artois, A 212). — Présentateurs, l'abbesse de Saint-Léonard, les Bénédictines d'Ardres au droit de ces dernières, et enfin l'évêque *pleno jure*, en vertu de la renonciation des Bénédictines, par acte du 10 janvier 1760. — Décimateur, le roi, ou ses engagistes.

Doyenné de Guines : *Decania Gisnensis*, 1153 (cart. de Samer). — *Willelmus decanus Gisnensis*, 1164 (cart. Mor.). — *Symon decanus de Gisnes*, 1196 (cart. Lisk.), comprenait, dans le diocèse de Thérouanne, les paroisses d'Ardres, Bonningues-lez-Calais, Bouquehault, Boucres, Campagne, Guines, Marken-(Hames), Pihen, du canton actuel de Guines ; celles de Coquelles, Coulogne, Escalles, Fontaines (Saint-Tricat), Fréthun, Nielles-lez-Calais, Peuplingues et Selives (Sangatte), du canton de Calais ; celles d'Ardres, Balinghem, Brêmes, Louches, Nielles-lez-Ardres et Rodelinghem, du canton d'Ardres (arr. de Saint-Omer) : le tout dans l'ancien archidiaconé d'Artois.

Dans le diocèse de Boulogne, le doyenné de Guines comprenait les paroisses d'Alembon, Andres, Boucres, Bouquehault, Campagne, Fiennes, Guines, Hames, Hardinghen, Nielles-lez-Calais, Pihen, Saint-Tricat, et leurs secours respectifs de l'arr. de Boulogne, avec celles nommées plus haut de l'arr. de Saint-Omer, le tout dans le nouvel archidiaconé de Flandre, moins Fiennes et Hardinghen, qui restèrent dans l'archidiaconé d'Artois.

Abbaye de Saint-Léonard de Guines : *S. Leonardi confessoris et episcopi ecclesiam et cœnobii claustrum* (Lamb. Ard., p. 119). — *Ecclesia sancti Leonardi Wisnensis*, 1159 (cart. Mor.) ; — Fondée en 1129 par Manassès, comte de Guines, et la comtesse Emma, sa femme, pour des religieuses de l'ordre de Saint-Benoît ; détruite, au commencement du XVᵉ siècle, par les Anglais, elle était située contre les remparts de la ville, *sub urbe*, au chemin nommé naguère le *Boulevard des Quatre Vents*, le *Couvent*, en face de la voyette des *Billettes* (éphém. de Calais, 26 janv. 1880). — Après la suppression de la maison religieuse, les biens de la communauté furent réunis au domaine des Bénédictines de Bourbourg, puis enfin à celui des

Bénédictines d'Ardres, qui les gardèrent, avec les archives, jusqu'à leur suppression en 1790.

Comté de Guînes : Détaché du Boulonnais au xe siècle, par Sifrid le Danois, et érigé en domaine indépendant sous l'autorité des comtes de Flandre, le comté de Guines, *Comitatus Gisnensis*, eut son existence propre durant la plus grande partie du moyen âge. Ses limites ordinaires — je les appelle ainsi parce qu'elles ont beaucoup varié — paraissent avoir été celles du doyenné, représentant ce qu'on appelait la *châtellenie de Guînes*. — On en trouvera le détail dans les *Usaiges et anciennes coustumes de la Conté de Guysnes*, publiées par la Société des Antiquaires de la Morinie, et dans la *Topographie du Comté de Guînes*, rédigée par M. Courtois pour l'édition de *Lambert d'Ardres* de M. de Godefroy. — Le Comté de Guines comptait douze baronnies et douze pairies qui sont différemment énumérées dans les auteurs. — Voyez *l'Introduction*.

Canal ou rivière de Guînes, *Leda* ou *Gisnenled* (XIIIe s.), *Guisnes river*, 1556 (plan anglais), se dirigeant par Hames, Coulogne et Marck, vers Saint-Pierre.

Guiptun, f., c[ne] de Tardinghen (Cassini). — *Johannes de Cubbingetun*, alias *de Gibbingetun*, *de Ghibbinghetum*, 1203 (chron. Andr., 832, 2 ; 833, 1 ; 858, 2, et Mir., I, p. 404 et 405). — *Le seigneur de Ghibethun*, 1480 (terr. d'And.). — *Le sieur de Guyppethun*, 1550 (contumes).

Fief de *Guiptun*, tenu du roi, à cause du bailliage de Wissant 1553 (déclar. des fiefs). — Un aveu aux arch. nat., Q 900.

Ruisseau, *Ru de Guiptun* (Cassini), alias ruisseau

de Watremelle, formé de divers cours d'eau qui se réunissent en ce dernier lieu, pour se jeter dans la mer.

H

Hable (Le), lieu-dit, c"° de Guines. — *Le Hable de Guines*, 1743 (invent. d'Alembon).

Hable (Le), lieu-dit, c"° de Tardinghen.

Hache (La), lieu-dit, c"° d'Outreau. — *Terre gisant as Sorois, appelée Hache*, 1398 (aveu de Jehan de le Becque).

Hacquinghen, lieu-dit, c"° de Wimille, section de Rupembert. — *Hachinghem*, 1121 (cart. S. W. Bol.). — *Aquingehem*, 1208 (cart. B. M. B.). — *Manoir amazé assis à Hacquinghen, au terroy de Rouppenberc*, 1506 (terr. S. W.).

Haffreingue, f., c"° de Saint-Etienne, au ham. de la Rue Haffreingue. — *Jehan d'Affrenghes*, 1396 (aveu de Jehan Bollart). — *Quemin qui va de Haffrengues à Fringuehen*, 1399 (aveu de Jehan du Fayel). — *Ung prey gisant à Haffreingue*, v. 1480 (matreloge d'Outreau). — *Haffranges et Haffrangues*, 1550 (cueil. N.-D. de B.). — Fief tenu du roi, 1553 (déclar. des fiefs), réuni en 1675 à la vicomté d'Isques (Dom., reg. 31). — Hommage au roi, à cause du bailliage d'Etaples, Choquel et Bellefontaine, le 30 déc. 1696 (arch. nat., P 15, n° 470).

Hameau relevant du bailliage d'Outreau, pour la justice.

Haheut, lieu-dit, c^{ne} d'Outreau. — *Terre gisant à Haheut*, 1506 (terr. S. W.).

Haie (La), voyez **Haye.**

Haire, rue de, c^{ne} de Guines, 1581 (terr. de Miraulmont).

Haire (Le), voyez **Hert.**

Haize-à-Leux (La), f., c^{ne} de Fréthun (aveu de 1769).

Halle (La), f., c^{ne} de Questrecques.

Rivière de la Halle, de Longfossé à Questrecques, affluent de la Liane.

Halles (Les), lieu-dit, c^{ne} d'Outreau, 1772 (Dom., reg. 42).

Hallebardes (Les), ruisseau de, ferme et lieu-dit, c^{ne} de Landrethun-le-Nord. — *Les Bardes* (Cassini).

HALINGHEN, c^{on} de Samer. — *Altare de Havelingueham*, 1134 (cart. S. Judoc.). — *Evelinghehem*, 1199 (cart. de Samer). — *Des religieux, abbé et convent de Saint-Josse sur la mer, pour leur terre de Halinguehen, ung marcq d'argent au pois, vi lb viii s.*, 1458 (compte de Tingry). — *Hallinguehem*, 1722 (act. not.). — *Hedinghen* (cartes de Hondius).

Paroisse du Boulonnais, ressortissant pour la justice aux bailliages réunis d'Etaples, Choquel et Bellefontaine. — Seigneurie.

Cure, annexée comme secour sà celle de Frencq, dans le doyenné de ce nom, aujourd'hui canton d'Etaples (arrond. de Montreuil) : *Parochialis Ecclesia sancti Martini de Frencq, cum suo succursu [sancti Silvestri] d'Hallinghen*, 1681 (arch. de l'Evêché). — Présentateur, l'abbé de Samer. — Décimateurs, le curé pour une part, avec la dime de sang et la dime verte, le seigneur du lieu, les religieux de Longvilliers et l'abbaye de Samer. — Annexée comme secours, après le Concordat, à la succursale de Widehem (canton d'Etaples), puis érigée en succursale indépendante en 1805, d'abord avec Nesles comme annexe, et enfin avec Widehem, qui lui est resté à ce titre jusqu'aujourd'hui (décret impérial du 27 décembre 1810).

Halte (La), f., c^{ne} de Wirwignes.

Hambreucq, f., c^{ne} de Tardinghen. — *Robert de Hambroec*, 1338 (compte de Marg. d'Ev. Mém. Soc. Acad., IX, p. 322). — *Hambrœuc*, 1552 (déclar. des fiefs). — *Hambrucque*, 1725 (rapp. du curé). — *Hambrœuil* (act. not.). — Fief tenu du roi.

Hame, fief, c^{ne} d'Isques, dans la famille de Dixmude.

Hame, fief, c^{ne} de Leulinghen, 1774 (aveu de Fiennes).

Hameau-Merlin (Le), f., c^{ne} de Selles, fief mouvant du Boutillier. — M. L. Cousin, dans son étude sur le monastère de Steneland (Dunkerque, 1870, p. 46), y place le lieu-dit *Mellingascle* du cartulaire de Saint-Bertin de l'an 857, p. 80 et 162.

Hamel (Le), h., c^{ne} d'Audinghen (Cassini). — 1566 (cueil. N.-D. de B.).

Hamel (Le), h., c^{ne} de Brunembert (Cassini). — *Grand et Petit Hamel*, 1562-1564 (cueil. N.-D. de B.).

Hamel (Le), h., c^{ne} de Questrecques. — *Disme du Hamel*, 1506 (terr. S. W.).

Hamel (Le), h., c^{ne} de Wirwignes (Cassini).

HAMES-BOUCRES, c^{on} de Guines. — Communes réunies de Hames et de Boucres, voyez ce dernier.

HAMES : *Willelmus de Hames*, 1084 (chron. And., 785, 1). — *Hammes* (ibid., 786, 2). — *Robertus de Hammes*, 1116 (Mir., I, p. 372) ; — *de Hamis*, 1174 (cart. Lisk.). — *Hammæ, Hammenses* (Lamb. Ard., p. 85). — C'est le nom du château, chef-lieu de la seigneurie, qui a absorbé celui de *Markene* où était l'église : voyez ce mot. — *Claude de Hames*, sieur dudit lieu, 1550 (coutumes). — Cette seigneurie, autrefois baronnie du comté de Guines, avait pour siège un château, rasé en 1558, situé dans le marais, à 3 kilomètres nord de l'église actuelle de Hames. — *Hampnes*, 1556 (terr. angl.). — *Hameswel, Hams Castell* (plan anglais).

Paroisse du Pays reconquis, dans le ressort de la Justice royale de Calais. — Seigneurie réunie à celle de Bouquehault. — Erigée en comté en faveur de la famille d'Halluin, avec incorporation des seigneuries d'Escalles, Hervelinghen, Peuplingues et Sangatte.

Cure du diocèse de Thérouanne, puis de Boulogne, au doyenné de Guines : *Parochialis ecclesia sancti Martini de Hames*, 1673 (arch. de l'Evêché). — Présentateur, l'évêque de Boulogne. — Décimateur, le seigneur du lieu. — Après le Concordat, l'église de Hames fut réunie comme annexe à la succursale de Boucres, dans le diocèse d'Arras.

Rivière de Hames, qui prend naissance sur Nielles, au Pont-Crouy, et verse dans la Rivière-Neuve, au pont de Lobanie.

Hames, fief de, c^{ne} d'Hardinghen, section des Piloteries.

Hamredal, lieu-dit, c^{ne} de Maninghen, 1393 (aveu d'Honoré Foliot).

Hamy (Le), h., c^{ne} de Nabringhen (Cassini). — *Ernulfus de Hamées*, 1210 (cart. Lisk.). — *Guichars de le Hamie*, 1297 (ch. d'Artois, A 143). — Terre de Hamy vendue en 1576 par *Jean de Hamy*, 1795 (inventaire d'Isques).

Han, rue du, c^{ne} de Fiennes. — *Terre séant au Han*, 1582 (cueil. de Costé). — *Courtil du Han, rue du Han*, 1654 (tit. de Mouflon), 1774 (aveu de Fiennes).

Happe (Le), lieu-dit, c^{ne} de Maninghen (aveu de 1774).

Happegarde, lieu-dit, c^{ne} de Landrethun-le-Nord ; fief mouv. de Fiennes, 1667 (tit. de Mouflon). — *Le Happegarde*, 1774 (aveu de Fiennes).

Happoye (Le), lieu-dit, c^{ne} de Quesques (cadastre).

Hardelinghen, lieu-dit, c^{ne} d'Outreau, 1506 (terr. S. W.).

Hardelot, h., c^{ne} de Condette. — *Château d'Hardelot* (Cassini). — *Hardrei locus* (Lamb. Ard., p. 55). — *Ardrelo* 1194 (Mir., I, p. 399). — *Hardrelo*, 1203 (charte communale de Boulogne). — *Hardrelelo*, 1285 (ch. d'Art., Mém. Soc. Acad., IX, p. 251). — *Et dit li quens vous enverrois à Hardelo..., Où je le conte trouverai? Li uns respont à Hardello* XIIIe s. (roman d'Eustache le Moine, vers 388 et 795). — *Castelenie de Hardrelo* 1338 (compte de Marg. d'Evreux). — *Chemin qui maisne de Boullongne à Hardelo, grand chemin qui maisne du Portel à Hardelo,* v. 1480 (matreloge d'Outreau).

Hardenthun, h., c^{ne} de Marquise. — *Ardentun* (Cassini). — *Hardentuna*, 1208 (cart. B. M. Bol.). — *Guillaumes Moreaus de Anvin, sires de Harlentun* (sic) ; *men moulin de Harlentun*, 1296 (chart. orig. des arch. nat., J 1124, n° 9). — *Ernoul du Saussay, escuier capitaine du Fort de Hardentun*, 1372 (establies de Picardie). — *Morlet de Hardenthun*, 1385 et 1413 (cart. de Crém., n°s 2 et 8). — Seigneurie tenue du roi, dans la famille d'Anvin, sieur d'Hardenthun, dont généalogie de 1482 à 1697 dans Bignon. — Hommage au roi, du 19 juin 1607 (arch. nat., P 17, n° 403).

Un ruisseau d'Hardenthun, formé de divers cours d'eaux descendant d'Offrethun, affluent de la Slack.

HARDINGHEN, c^{on} de Guines.—*Altare de Hervedingehem* 1138 (cart. Mor.). — *Duos colonos apud Hervedin-*

ghem, 1157 (cart. de Beaulieu). — *Decimam de Hervedinghem*, 1203 (Mir., I, p. 405). — *Parrochia sancte Margarete de Hervingehem*, 1220 (cart. de Beaulieu). — **Hervinghem**, 1286 (terr. de Beaulieu). — *Hervedinghehem*, XIII° s. (ch. d'Artois, A 118, n° 5). — *Hervedinghem*, v. 1420 (terr. de Thér.), — *Hardinghen*, 1559 (part. et sém. de Thér.). — *Herdinghen* (cartes du XVII° s.).

Paroisse du Boulonnais, ressortissant pour la justice au bailliage de Londefort. — Seigneurie incorporée à celle de Fiennes.

Cure du diocèse de Thérouanne au doyenné de Wissant, puis du diocèse de Boulogne au doyenné de Guines, restée par exception dans l'archidiaconé d'Artois, avec Hermelinghen comme secours : *Parochialis ecclesia sanctæ Margaritæ d'Hardinghen, cum ejus succursu sanctæ Agathæ d'Hermelinghen*, 1681 (arch. de l'Évêché). — Présentateur, le grand chantre de la cathédrale de Thérouanne, puis de Boulogne. — Décimateurs, le grand chantre, l'abbé de Licques, celui de Beaulieu, le prieur du Wast, la fabrique et le seigneur du lieu. — Maintenant succursale dans le diocèse d'Arras.

Hardinxent, f. et mⁱⁿ, c^{ne} de Réty. — *Ardinaxen* (Cassini). — *Allodia quæ jacent apud Hardingassem, in sinistra parte aquæ fluentis contra occidentem, scilicet infra parrochiam de Retseke*, v. 1130 (chron. And., 800, 2). — *Hardinginassem*, 1132, *curtis de Hardingessem, Ardingeshem*, 1169, *nemus de Hardingeshem*, 1221 (ibid., 804, 2 ; 812, 1 ; 861, 2). — *Duas partes molendini de Hardingeshem*, 1157 (cart. de Beaulieu). — *Molin de Hardingeshem*, 1286 (terr. de Beaulieu). — *Hardinghesem*, XIII° s. (ch. d'Art., A 118, n° 5.

Hardirie (La), lieu-dit, c^{ne} de Samer, 1690 (cueil. de l'abb.).

Hardivent, lieu-dit, c^{ne} d'Outreau.

Haringuezelle, h., c^{ne} d'Audinghen. — *Harinqueselle* (Cassini). — *Rue ainsi que on va de Calais à Haringuezelle*, 1480 (terr. d'Andres). — *Amenzelle* (cart. du XVIIe s.).

Harlengues, lieu-dit, c^{ne} de Wimille, entre Malborough et Wicardenne. — *De le crois Galopin, le voie qui ve à Hallenghes, et de Hallenghes retorne à Wycardenghes*, 1315 (cart. N.-D. de B.). — *Voie qui maine de Boulongne à Darlinghes, aliàs Harlingues*, 1389 (aveu d'Aelis le Barbière). — *Terre séant au buisson de Herlengues*, (terr. S. W.). — *Le buisson d'Harlengues*, 1569 (act. not.).

Harnaux, f., c^{ne} de Tardinghen.

Haroy (Le), lieu-dit, c^{ne} de Marck. — *Harroy, Haroy, Hauroy*, 1584 (terr. de Miraulmont).

Hartincourt, ville du comté de Guines, suivant Hondius — (cartes du XVIIe s.), est une déformation du nom de **Saint-Tricat**.

Harville, f., c^{ne} de Bainghen, aliàs *Larville*, peut-être *l'Harville*.

Hasebrouck, lieu-dit, peut-être sur Wacquinghen. — *Assebroec*, 1393 (aveu d'Honoré Foliot). — *Rieu qui descend de Hasebroeck à Lestiembrique*, 1491 (cueilloir de Beuvrequen).

Hassebronne, nom de fief, dans les titres de la famille Dupont du Colombier. — *Hasebrone, terre à Maninghen, ou à Pittefaux, vers Bancres*, 1286 (terr. de Beaulieu).

Hatenoy, lieu-dit, c^{ne} d'Outreau. — *Terre gisant à Hatenoy*, 1396 (aveu de Jehan de la Bouverie). — *Hastenoy*, 1506 (terr. S. W.).

Hatrebours, lieu-dit, c^{ne} de St-Etienne, 1480 (matrélogi d'Outreau, art. 64).

Hatte-Saulx (La), lieu-dit, c^{ne} d'Audembert, 1739 (aveu de Noirmattre).

Haudebrognes, lieu-dit, c^{ne} de Bainethun, 1458 (compte de Tingry).

Haulebourg, lieu-dit, c^{ne} de Saint-Etienne.

Haut-Banc (Le), h., c^{ne} des Attaques.

 Rivière du *Haut-Banc*, venant de Balinghen (canton d'Ardres), par les Attaques, Andres et Coulogne, verse dans le canal des Pierrettes, à l'écluse carrée sur la rivière de Guines.

Haut-Banc (Le), lieu-dit, *Carrières du Haut-Banc*, c^{ne} de Ferques, section d'Elinghen (Cassini). — On donne quelquefois le nom de *rivière du Haut-Banc* au cours d'eau désigné plus haut sous le nom de *rivière d'Elinghen*.

Haut-Bois (Le), h., c^{ne} de Marquise.

Haut-Buisson (Le), voyez Buisson

Haut-Champ, (Le), lieu-dit, c^{ne} d'Henneveux.

Hautdicque, voyez Hodicq.

Haute-Bourgogne (La), f., c^{ne} d'Audembert (Cassini). — Aujourd'hui les *Trois Cheminées*.

Haute-Chambre (La), m^{en}, c^{ne} de Réty, 1741 (aveu d'Austry).

Haute-Dune (La), lieu-dit, c^{ne} de Wissant. — *Mont de Haultes-Dunes*, 1525 (cueil. N.-D. de B.).

Haute-Falaise (La), lieu-dit, sur la côte d'Audinghen (Cassini).

Haute-Falize (La), voyez Falize

Haute-Faude, h., c^{ne} de Wirwignes. — *Haute et Basse Faude* (Cassini) ; — XVIIe s. (terr. N.-D. de B.).

Haute-Fontaine, h., c^{nes} de Bellebrune et de Crémarest.

(Cassini). — *Decima de Altafontaina*, 1208 (cart. B. M. B.). — *Haulte Fontaine*, 1380 (cart. de Crémar. n° 32). — *Haultes Fontaines*, 1566 (cueil N.-D. de B.). — *Communes de Haulte Fontaine*, 1608 (arch. des Ursul. de B.).

Hautehoye, lieu-dit, c^{ne} d'Echinghen, au h. de Wainc-thun, xve s. (terr. de Turbinghen).

Hautekeutre, lieu-dit, c^{ne} d'Outreau. — *Terre gisant à Haultekeutre*, 1506 (terr. S. W.).

Haute-Maison (La), f., c^{ne} de Marck (Cassini).

Haute-Maison (La), lieu-dit, c^{ne} du Portel, 1506 (terr. S. W.).

Hautembert, lieu-dit, c^{ne} d'Outreau. — *Hautembercq Houtembercq*, xve s. (terr. de Turb.). — *Haultembercq* 1480-1494 (matrel., art. 14, 91, 94). — *Haucembercq*, 1506 (terr. S. W.). — *Haultemberg*, 1525 (cueil. N.-D. de B.). — *Le paty Hochembert*, tenu du roi, 1783 (Dom., reg. 42).

Hautembert, h., c^{ne} de Wierre-Effroy (Cassini). — M. L. Cousin, dans son étude sur le monastère de Steneland (Dunkerque 1870, p. 31), y place l'*Etenasberg* des chartes de Saint-Bertin, 857 (cart. S.-Bert., p. 162). — *Hautembercq*, 1566 (cueil. N.-D. de B.). — *Hedenesbergh* (Malbrancq, t. I, p. 62).

Haute-Nonne, f., c^{ne} de Pernes (Cassini).

Haute-Nonne, f., c^{ne} de Wirwignes (Cassini).

Hautepette, h., c^{ne} de Belle-et-Houllefort (Cassini). — *Hocquepette*, 1577 (act. not.). — *Haulte Pette* (titres du xviie s.). — *Hauquepetre*, 1725 (rapp. du curé). — Fief mouvant de Bellebrune, 1765 (Dom., reg. 57).

Haute-Rue (La), section de la c^{ne} d'Alembon.

Haut-Escalles, h., c^{ne} d'Escalles (Cassini).

Hautes-Places (Les), h., c^{ne} de Crémarest. — *Mont des Places* (Cassini).

Hautes-Saules, h., c^{ne} d'Alincthun, vers Crémarest. — *Haute-Essault* (Cassini). — *Les Hautesaulx*, fief mouvant de la Cour d'Alincthun.

Hautes-Sombres, h., c^{ne} de Wissant. — *Haute-Sombre* (Cassini). — *Le disme d'Audessombre*, 1338 (compte de Marg. d'Evreux). — *Quemin qui maine d'Audessombres à Hondenberc; — Quemin qui va d'Audessombres au moustier de Sombres*, 1402 (aveu de Pierre le Kien). — *Haute-Sombres*, v. 1420 (terr. de Thér.). — *Haultes Sombres*, 1506 (terr. S. W.). — Fief mouv. de Fiennes (Dom., reg. 50).

Hautes-Touffes, m^{on}, c^{ne} de Bellebrune (Cassini). — *Aux Toffes* (carte de l'Etat-major).

Haute-Ville, h., c^{ne} de Saint-Inglevert (Cassini). — M. Courtois, dans la topographie du comté de Guines, y place l'*Antinghem* de la chronique d'Andres, sans justifier cette attribution.

Haut-Fond (Le), rocher en mer, entre les Quenocs et le cap Blanc-Nez.

Haut-Fossé, lieu-dit, c^{ne} de Wimille, 1506 (terr. S. W.).

Haut-Isques (Le), fief, c^{ne} d'Isques, tenu du roi. — *Hault Ysque*, ou *Hault d'Isque*, 1553 (déclar. des fiefs).

Haut-les-Loques, lieu-dit, c^{ne} de Dannes ou de Neufchâtel, dans la garenne.

Haut-Massart (Le), lieu-dit, c^{ne} de Wierre-Effroy. — *La commune du Haut-Massart*, XVIIe s. (arch. N.-D. de B.).

Haut-Mont (Le), f., c^{ne} d'Alembon : — *Haut et Bas Haumont*. — *Haut et Bas Mont* (Cassini).

Haut-Pichot (Le), h., c^{ne} d'Halinghen. — *Le Haut Pissot* (Cassini). — *Terres de Haut Pisot*, 1294 (acquêts de

Longvilliers, ch. d'Artois, A 2, folio 29). — *Haut Pichot*, XVIIe s. (arch. de l'abb. de Longvilliers).

Hauts-Arbres (Les), f., c[ne] de Marck.

Hauts-Champs (Les), lieu-dit, c[ne] de Coulogne.

Hauts-Fourneaux (Les), h., c[ne] de Marquise.

Hautwignes, f., c[ne] de Wirwignes (Cassini). — *La planche Holluigue* (cadastre).

Havenquerque, f., c[ne] de Pernes. — *Houvequerque* (Cassini). — *Haverquerque*, dans un acte royal de 1779 (arch. nat., Q 894). — Seigneurie unie à celle de Bournonville, dont hommage de 1607 (arch. nat., P 15, n° 487). — Voyez **Ravenkerque**.

Havet (Le), lieu-dit, c[ne] d'Outreau et de Saint-Etienne.

Haye (La), f., c[ne] de Bainghen. — *La Haie* (Cassini). — Pairie du comté de Guines (alm. de Picardie, de 1769). — Ressortissait pour la justice au bailliage de Saint-Omer (Maillard, cout. d'Artois).

Haye (La), f., c[ne] d'Henneveux.

Haye (La), f., c[ne] de Nesles (Cassini). — Fief tenu du roi, 1553 (déclar. des fiefs).

Haye (La), f., c[ne] de Questrecques, mouv. de Preures, 1553 (déclar. des fiefs).

Haye (La), lieu-dit, c[ne] de Saint-Martin-lez-Boulogne, arr.-fief d'Auvringhen, 1765 (Dom., reg. 56).

Haye (La), lieu-dit, c[ne] de Wierre-Effroy, section d'Hesdres. — Fief, 1587-1788 (Dom., reg. 42).

Haye de la Croix (La), lieu-dit, c[ne] de Desvres, 1383 (chart. comm., art. 35).

Haye des Granges (La), lieu-dit, c[ne] d'Andres.

Haye-d'Incourt (La), m[on] et fief, c[ne] de Tingry. — *La Haye Dincourt* (Cassini).

Haye-en-Tingry (La), fief, c[ne] de Tingry, arr.-fief de Doudeauville, 1553 (déclar. des fiefs).

Haye-Grard (La), voyez Les Grares.

Haye-Quiennet (La), f., c^{ne} d'Outreau.— *Masure appelée Mongardin, à présent se appelle Haye Quiennet*, 1506 (terr. S. W.). — *Terre nommée Haye Quiennet, ou Mont-Jardin* 1784 (Dom., reg. 42).

Hayes de Guines (Les), anc. bois, c^{ne} de Fiennes.—*Nemus Haia Gisnensis*, 1172 (chron. And., 813, 2). — *Le Hay de Guysnes*, 1273 (charte d'Arnoul III).

Hayes du Coutre (Les), fief, c^{ne} d'Isques, mouvant d'Herquelingue, 1774 (Dom., reg. 53). — *Hedecoutre*, 1401 (aveu d'Enlart Paindavene).

Hayette (La), f., c^{ne} de Saint-Martin-lez-Boulogne. — *Haiette* (Cassini).

Hayettes (Les), lieu-dit, c^{ne} de Bazinghen.

Hazuingue, f., c^{ne} de Réty, au ham. des Barreaux (Cassini).— *Asewinche*, 1157. (cart. de Beaulieu). — *Hasewinkel*, 1286 (terr. de Beaulieu). — *Hassuingue*, *Haguinquet*, *Hasvingy* et même *Hazelinguen*, dans la généal. de Guizelin, sieur des Barreaux, de 1518 à 1697 dans Bignon.

Hedenesberg, lieu-dit du cartulaire de Saint-Bertin, de l'an 961 (p. 80), parait avoir pour synonymes, *Hethenesberg*, 826 (p. 158), *Hettenasmont*, 838 (p. 160), *Etenasberg*, 857 (p. 162). — M. Aug. Le Prevost (Dict. géog. du cart. de Guérard, p. 397), propose de le placer à Audembert, ce à quoi les formes anciennes de ce dernier lieu (*Hundesberch*) ne permettent pas de s'arrêter. Dans l'histoire des abbés de Saint-Bertin par M. de la Plane (t. II, p. 531) on propose Hesmond, canton de Campagne, de l'arr. de Montreuil.—M. Louis Cousin, à la suite de Malbrancq, semble mieux inspiré en l'identifiant avec *Hautembert*, ham. de Wierre-Effroy (Le monastère de Steneland, n° 19, p. 31).

Helicbruna, nom d'une rivière en Boulonnais, 867 (cart. de Saint-Bertin, p. 113) : — *In loco nuncupante Uphem, in pago Bononensi, super fluvium Helicbruna*. — Malbrancq (t. I, p. 62 et 594, t. II, p. 296) cherche à identifier *Helicbruna* ou *Helechbruna* avec le ruisseau de Brunembert, *seu Bruneberga*, dit-il. — M. Aug. Le Prevost, dans le dict. géog. du cart. Guérard (p. 397) en fait une petite rivière qui prendrait sa source à Remboral (lisez Rimboval) et à Créqui, pour se jeter dans la Canche à Beaurainville. — M. Aug. Longnon, dans son Pagus Bononensis, rejetant ces deux opinions comme insoutenables, propose de faire d'*Helicbruna* le Wimereux, petit fleuve, dit-il, qui limite au sud le village de Wierre. Bien plus, il croit y voir un vestige du nom de Bellebrune ; et peu s'en faut qu'il ne consente à lire *Belicbruna* (Bibl. des Hautes Etudes, 2ᵉ fascic., 1869, p. 32, 33). — Toutes ces incertitudes disparaîtront devant les citations anciennes contenues en l'article **Hellebronne**, qui suit.

Hellebronne, lieu-dit, cⁿᵉ de Réty, proche du cours de la Slack. — *Terre gisant à Heligeborne, à la fontaine à Helegborne*, au ham. du Val de Réty, 1286 (terr. de Beaulieu). — Fief de *Hellebronne*, tenu du roi, 1553 (déclar. des fiefs). — *Rieu qui fleue du Bois de Contay à Hellebronne*, près la Rebertingue, 23 mars 1569 (act. not.). — Ce lieu, ou si l'on veut, ce ruisseau (car c'est tout un), est situé précisément dans le voisinage immédiat *du Pen*, qui est *Uphem*, voyez ces mots.

Hem (La), rivière de, dont l'une des sources est à Licques, et dont le cours appartient à l'arrondissement de Saint-Omer. — Cette rivière, ainsi nommée au dernier siècle par le géographe Cassini, se forme de la réunion de divers ruisseaux venant d'Alembon, de

Bainghen et d'Escœuilles, arrose la commune de Licques et entre dans l'arrondissement de Saint-Omer à Bonningues-lez-Ardres (Henry, Essai hist., p. 148). — Son ancien nom, d'après M. Courtois, est celui de *Reveria*, qu'on trouve dans Lambert d'Ardres, p. 39 et 167. — C'est bien à tort que M. Aug. Le Prevost (cart. S.-B., p. 396) confond la Hem avec le *fluvius Elna*, qui est la Liane. — Voyez **Vonna**.

Hembert, lieu-dit, c^{ne} de Leulinghen, au ham. d'Uzelot, 1731 (aveu de Selles).

Hemelocq, mont et lieu-dit, 1774, dans l'aveu de Maninghen.

Hemmes (Les), h., c^{ne} de Marck. — Ce sont les *Petites Hemmes*, dans le voisinage des *Grandes Hemmes*. Ces dernières appartiennent à la c^{ne} d'Oye de l'arrondissement de Saint-Omer, *Hemes* (Cassini). — Hameau érigé en succursale par décret impérial du 24 février 1869.

C'est à tort que M. Aug. Le Prevost a cru pouvoir y placer l'*Hemmawic*, des chartes de Saint-Bertin, de l'an 857 (cartulaire Guérard, p. 397). — Voir l'étude de M. L. Cousin sur le monastère de Steneland, p. 29.

Hengrie (La), f., c^{ne} d'Andres, ancien marais. On lit aussi *Hongrie*.

Hénichard, h., c^{ne} de Bournonville. — *Hénissart* (Cassini). — Fief de *Hannichard*, 1763 (fr.-fiefs de Desvres).

Hénichard, f., c^{ne} d'Hardinghen. — *Enichard* (cart. de l'Etat-maj.).

Hennebus (Les), lieu-dit, c^{ne} de Fiennes. — *Henebus*, 1286 (terr. de Beaulieu). — *Hennebus, Hannebus, Hennebut*, 1654 (tit. de Mouflon).

Hennes, h., c^{ne} de Maninghen. — *Jehan de Hanes*, 1338; *de Hennes*, 1339 (comptes de Marg. d'Evreux). —

Plache de Hennes, quemin qui maine de Maninghen à Hennes, 1393 (aveu d'Honoré Foliot).

Ruisseau d'Hennes, un des affluents de la rivière d'Hardenthun.

HENNEVEUX, c⁰ⁿ de Desvres. — *Feodum de Haneveu*, 1173 (cart. Mor.). — *Hugo de Hanevo*, 1203; *tenementum de Hanewol*, 1220 (ibid.). — *Decimas in Hanevot*, 1224 (cart. Lisk.). — *Masure à Haneveu, qui iet derrière le mostier; Baudin de Haneveu*, XIIIᵉ s. (ch. d'Art., A 47, nᵒˢ 7 et 11). — *Haneveu*, v. 1400 (terr. de Thér.). — *Quemin qui maisne de Haneveu à Boulongne*, 1431 (cart. de Crémar., art. 19). — *Agnez de Hanepveu*, 1480 (terr. d'Andres). — *Jehanne de Baincquetun, dame de Henneveue*, 1550 (coutumes). — *Fief de Hennepveu*, mouv. de Colembert, 1553 (déclar. des fiefs). — *Honneveu* (sic), 1559 (part. de Thér.).

Paroisse du Boulonnais, ressortissant pour la justice au bailliage de Londefort. — Seigneurie aux ducs de Monchy (Moréri), puis aux d'Isque de Colembert.

Cure, annexée comme secours à celle de Bournonville. — Décimateurs, l'abbé de Longvilliers et le seigneur du lieu.

Rivière d'Henneveux, formée du ruisseau de Sainte-Marguerite, ven. de Nabringhen, du ruisseau Lesage, de Brunembert, et du ruisseau Saint-Sylvestre, de Longueville, affluent de la Liane.

Hénodengue, lieu-dit, cⁿᵉ de Desvres, XVIIᵉ s. (arch. des Ursul. de B.).

Hénonnerie (La), lieu-dit, cⁿᵉ de Crémarest, arr.-fief de Reclinghen, 1767 (fr.-fiefs de Desvres, et Dom., reg. 57).

Henpont (L'), h., c^{ne} de Réty.

Hercaut, ou **Ercaut**, lieu-dit, c^{ne} d'Hardinghen.

Herberquerie (La), f., c^{ne} de Nabringhen.

Herbesle, fief, c^{ne} de Nabringhen, mouvant de Colembert, XVIIe s. (arch. des Minimes de B.).

HERINGHEN, c^{on} de Guines. — *Herbedinghem juxta Liskas*, *Helbedinghem* dans la traduction du XIVe s. (Lamb. Ard., p. 203). — *Hugo de Hervadingahem*, 1084 (chron. And., 790, 2). — *Hugo de Hervediggehem*, 1116 (Mir., I, p. 372). — *Decimam de Hervedingehem, Ervedinghem, Hervedinghem*, v. 1179 (ibid., 817, 1 ; 832, 2). — *Druedinghem*, par mauvaise lecture (ibid., 815, 2). — *Geroldus de Hervedinghem*, 1170-1191 (chartes d'Ardres). — *Hellingehem*, pour *Helbingehem*, 1199 (cart. de Samer). — *Altare de Helvedingehem et Hokingehem, decimas in Hervedingehem* 1224 (cart. Lisk). — Il est difficile de dire si, parmi les formes *Hervedingehem*, il n'en est pas qui se rapportent à Hardinghen. — *Herbinghen*, 1559 (part. de Thér.). — *Herlinbager* (cartes du XVIIe s.).

Paroisse du Bas-Artois, ressortissant pour la justice au bailliage de Saint-Omer. — Seigneurie, mouvant de Tournehem. — Une seigneurie d'*Herbinghen en Picardie*, relevant de Samer, 1748.

Cure annexée comme secours à celle d'Hocquinghen. — Décimateur, le curé.

Herbovalles (Les), lieu-dit, c^{ne} de Bainghen, et anciens communaux, c^{ne} de Nabringhen. — *Medietatem allodiorum de Herboval*, 1121 (cart. S. W. Bol.).

Hérenguerie (La), f., c^{ne} de Condette. — *La Héringuerie* (Cassini).

Hérici, fief, c^{ne} d'Audresselles, au chapitre de Boulogne.

Héricotoire, lieu-dit, c^{ne} d'Audinghen. — *Hericotois*, 1774 (aveu de Fiennes).

Hérimé, h., c^{ne} de Bainethun. — *Hérimelle* (Cassini).

Hérimet, lieu-dit, c^{ne} de Lacres. — *Mont de Hérimet*.

Heringen, lieu-dit, *villa Heringen*, cité dans le livre des Miracles de saint Waudrille, sous l'an 866 (act. SS. Boll., Julii, t. V, p. 285). — M. Longnon, dans son étude sur le Pagus Bononensis (p. 33 et 34, n.), croit que c'est « certainement » la ferme d'*Eringhen*, sur Saint-Etienne ; or, il n'y a pas de ferme de ce nom, ni à Saint-Etienne, ni dans les environs. M. Longnon a été trompé par la carte de l'Etat-major, qui écrit *Eringhen* au lieu de *Fringhen*. — La villa *Heringen* reste donc un lieu inconnu, à moins que ce ne soit, par hasard, *la Hérenguerie*, de Condette.

Herlen, h., c^{ne} de Wissant. — *Herlend* (Cassini). — *Willelmus de Erlehem* (Lamb. Ard., p. 317). — *Amalricus de Erlehem*, 1084 (chron. And., 784, 2). — *Erlen*, 1569 (act. not.).

Fief tenu du roi, 1741 (Dom., reg. 56 bis). — Hommage au roi de la seigneurie du Vivier, unie à celle d'*Herlans*, 1607 (arch. nat., P 17, n° 80).

Ruisseau d'Herlen, se jetant dans la mer, au port de Wissant. — *Ru de Wissant* (Cassini), ou *Rieu de Sombres*.

Herlin, f., c^{ne} d'Echinghen (Cassini). — *Herlingues*, XVIIIe s. (terr. d'Herquelingue et Dom., reg. 56). — Fief mouvant de Selles.

HERMELINGHEN, c^{on} de Guines. — *Altare de Hermelingehem*, 1138 (cart. Mor.). — *Balduinus senex de Ermelinghem, Boloniæ Constabularius* (Lamb. Ard., p. 85). — *Balduinus de Herminigehem*, 1157 (cart. de Beaulieu). — *Decima de Ermelinghem*, v. 1190 (chron. Andr., 823, 1). — *Li comestavles d'Ermelingehem*, 1210 (Tailliar, recueil d'actes en langue romane, p. 33). — *Ermelinghem*, XIII° s. (ch. d'Art., A 118, n° 5, et terr. de Beaulieu). — *Hermelinghemium* (Malbrancq, t. II, p. 482). — *Ermelingen* (cart. du XIII° s.).

Paroisse du Pays reconquis, dans le ressort de la Justice royale de Ca..s, et précédemment du gouvernement d'Ardres, dans le ressort du bailliage souverain de cette ville. — Baronnie du comté de Guînes, réunie plus tard avec celle d'Alembon au marquisat de Colembert.

Cure annexée comme secours à celle d'Hardinghen. — Décimateurs, le grand chantre de la cathédrale de Thérouanne, puis de Boulogne, et le seigneur du lieu.

Hermerengues, h., c^{ne} d'Isques. — *Hermeringue* (Cassini). — *Hospites apud Hermerenges*, 1112, 1145, 1161 (cart. de Samer). — *Hermarenghes*, 1199 (ibid.). — *Hermarenges*, 1208 (cart. B. M. B.). — *Hermerenghes*, 1550 (cueil. N.-D. de B.). — Fief relevant du chapitre de Boulogne. — Une seigneurie d'*Hermeringues*, relevant de l'abbaye de Samer, 1748 (lettres de pap. terr.).

Hermitage (L'), f., c^{ne} de Boursin.

Hermitage (L') m^{on}, c^{ne} de Hames-Boucres.

Hermitage (L'), f., c^{ne} de Marck.

Hermitage (L'), f., c^{ne} de Rinxent.

Hermitage (L'), f., c^{ne} de Wimille (Cassini). — Voyez **Catgreve**.

Une chapelle de l'Hermitage, fondée par le chanoine Jean de la Planche, en 1653, annexée à l'archidiaconé du côté droit ; — non bénéficiale.

Ruisseau de l'Hermitage, voyez **Ermitage**.

Hermitage Saint-Férieu, lieu-dit, c^{ne} de Dannes ou de Neufchâtel. (Biblioth. nat., S. F., n° 87).

Héronnerie (La), f., c^{ne} de Bazinghen. — *La Héronnerie ou Nesdrehove* (Cassini). — *Les prés de la Héronnière* 1774 (aveu de Fiennes).

Héronval, f. et m^{in}, c^{ne} d'Hardinghen. — *Le Héronval* (Cassini).— *Petrus de Herunval,* 1210 ; *Petrus miles de Herunval,* 1221 (chron. And., 848, 1 ; 861, 2). — *Pierre de Heronval,* 1293 (chart. d'Artois). — *Molin de Heronval,* XIIIe s. (ibid., A 118, n° 5).—*Willaume de Héronval, chevalier bailliu de Calais,* 1308 (comptes des baillis de Calais, p. 7).

Hérouville, lieu-dit, c^{ne} de Wacquinghen. — Ruisseau de Hérouville, venant de Maninghen, affluent de la Slack (Annuaire 1863, p. 222).

Herquelingue, f., c^{ne} d'Isques. (Cassini). — *Helkeninges,* 1208 (cart. B. M. B.).— *Harquelingues,* 1458 (compte de Tingry). — *Herquelingues,* XVe s. (terr. de Turb.). — *Herclingues,* 1525 (cueil. N.-D. de B.). — Fief mouv. de Tingry, d'après la déclar. des fiefs du duc de Brabant en Boulonnais, v. 1400 (arch. nat., J 790); — mouv. de Selles, d'après l'aveu de 1731. — *Herquelinghen* (carte de l'Etat-major).

Herquelingue, ancien nom du hameau de la *Haute-Faude,* c^{ne} de Wirwignes. — *Manoir Herquelingue,* XVIe s. (arch. N.-D. de B., I 4, n° 477).

Hert (Le), f., c^{ne} de Pittefaux. — *Le Haire* (Cassini).— *Thomas Godale de Herst,* 1286 (terr. de Beaulieu).— *Le Hert,* 1569 (act. not.). — *Maison du Hert,* 1681 (arr. du conseil privé). — Famille de Crendalle, sieur du *Hert,* dont généal. de 1551 à 1697 (Bignon).— *Le Hert,* 1774 (aveu de Fiennes).

HERVELINGHEN, c^{on} de Marquise. — *Allodium Walteri in villa Helvelingehem ; terram cum pascuis et bosco et duobus hospitibus in villa Helbedingehem,* aliàs

Helbethingahem, aliàs *Elbedingchem*, 1084 (chron. Andr., 785, 2 : 789, 1 ; 793, 1 ; 797, 1).—*Parrochia de Helbetinhem et Terdingahem*, v. 1127 (ibid., 803, 2).— *Helbedinghem*, traduction *Herbedinghem* (Lamb. Ard., p. 375). — *Ecclesia de Helvuenghehem*, 1119 *Heuviningehem*, 1157, *Helvinghem*, 1179, *Helvedinghem*, 1422 (cart. Mor.). — *Lambertus de Elvelinghem*, 1174 (Duchesne, pr. de Guines, p. 126). — *Hervedinghem*, 1515 (Tass.). — *Helverningham* 1556 (terr. angl.). — *Hervelyngham*, 1556 (plan angl.).

Paroisse du Pays-reconquis, dans le ressort de la Justice royale de Calais. — Seigneurie incorporée à celle de Hames.

Cure du diocèse de Thérouanne, annexée comme secours à celle d'Audembert, dans le doyenné de Wissant, dont elle continua de faire partie dans le diocèse de Boulogne. — Érigée de nouveau en paroisse indépendante par ordonnance épiscopale du 6 février 1658, elle fut alors attribuée au doyenné de Marck, sans cesser d'appartenir exceptionnellement à l'archidiaconé d'Artois : *Parochialis Ecclesia sancti Quintini d'Hervelinghen*, 1674 (arch. de l'Évêché).— Présentateur, le chapitre de Boulogne, au droit des chanoines de Thérouanne. — Décimateurs, le roi, ou ses engagistes. — Maintenant succursale dans le diocèse d'Arras.

N. B. — Le cartulaire de Saint-Bertin (p. 203), donne au bas d'un acte de 1087, relatif à des biens situés en Flandre, la signature de *Geroldus de Hervelingehem*, et M. Aug. Le Prevost traduit ce nom par celui d'*Hervelinghen*. Je lui laisse l'entière responsabilité de l'attribution.

Hervis, lieu-dit, c^{ne} de Bainethun, section de Questinghen (ensaisinement de 1784).

HESDIGNEUL, c^{on} de Samer. — *Eustachius de Hesdinol*, 1175 (cart. Mor.). — *Arnulfus de Hesdingnol*, 1203 (Mir. I, p. 404) ; — *de Hesdingnol*, aliàs *Hesdingnos*, 1196-1206 (chron. Andr., 826, 2 ; 835, 1). — *Jehan de Hesdingnuel*, officier du comte d'Artois, 1297 (ch. d'Art., A 143). — *Hesdinnel*, 1294 (ibid., A 2). — *Hesdinieul*, 1559 (part. de Thér.). — *Hesdinen* (carte de Hondius).

Paroisse du Boulonnais, ressortissant pour la justice aux bailliages réunis d'Etaples, Choquel et Bellefontaine. — Baronnie du Boulonnais, *Hédyneul*, incorporée à la principauté de Tingry, dont hommage en 1492 (arch. nat., P 15, n° 251). — Hommage particulier d'*Hidegnel*, en 1503 (ibid., n° 287).

Cure annexée comme secours à celle de Condette. — Décimateurs, l'abbé de Longvilliers, pour un tiers, le curé, pour les deux autres tiers. — Restée, après le Concordat, unie comme annexe à la succursale de Condette, elle en a été détachée pour être maintenant desservie par le curé de Carly.

HESDIN-L'ABBÉ, c^{on} de Samer. — *Hedinium*, 1112, *Hidinium*, 1161, *Hesdinum*, 1141, 1210, *Hedinum*, 1145, *villa de Hesding*, 1199, *Hesdin*, 1211, *altare de Hesdin*, 1173 (cart. de Samer). — *Chemin d'Hardrelo à Boulogne, passant à Hesdin-l'Abbé*, v. 1480 (matreloge d'Outreau). — *Hisdinium abbatis*, 1515, (Tassard). — *Hesdin-l'Abbé*, 1559, (part. et senn. de Thér.).

Paroisse du Boulonnais, ressortissant pour la justice au bailliage de Boulogne. — Seigneurie incorporée au domaine de l'abbaye de Samer.

Cure du diocèse de Thérouanne, au doyenné de Boulogne, puis du diocèse de Boulogne, au doyenné de Samer : *Parochialis ecclesia sancti Vulmari de Hesdinio abbatis*, 1580 ; plus tard *sancti Leodegarii d'Hesdin-l'Abbé*, par changement de vocable (arch. de l'Evêché). — Présentateur, l'abbé de Samer. — Décimateurs, pour la grande dîme, les religieux de Samer ; pour la troisième gerbe, le curé. — Maintenant succursale dans le diocèse d'Arras, avec Isques comme annexe.

Hesdres, village, c^{ne} de Wierre-Effroy. — *Altare de Hesding, in Hesdin terras et redditus*, 1208 (cart. B. M. Bol.). — *Un fief à Hesdene*, 1392 (compte des aides de Bourgogne). — *Hesdene*, 1559 (part. de Thér.). — *Hesdene* (carte de Hondius). — *Herdere* (carte de Sanson). — *Hesdre* et *Hedres*, XVIIIe s.

Paroisse du Boulonnais, ressortissant pour la justice au bailliage de Londefort. — Seigneurie, depuis 1550 dans la famille de Chinot, sieur de *Hesdene*.

Cure, annexée comme secours à celle de Wierre-Effroy. — Décimateurs, le chapitre de Boulogne, l'abbé de Beaulieu et le curé. — Maintenant incorporé civilement à la commune de Wierre-Effroy, le village d'Hesdres a conservé son église, qui continue d'être l'annexe de la succursale dudit lieu.

Hespe, nom d'une fontaine, à Longueville, dans une charte de l'abbaye de Licques de l'an 1329.

Hétissendalle, lieu-dit, c^{ne} de Saint-Etienne. — *Terre gisant à Tisendale*, 1390 (aveu de Porrus de Biaucauroy). — *Hatissendalle*, 1788 (Dom., reg. 53).

Heurt (L'), rochers en mer et fort, sur la côte du Portel

Heurtevent, f., c^{ne} de Courset. — *Hurtevent* (Cassini). — Arr.-fief de Courset.

Heurtevent, f., c^ne d'Hermelinghen (Cassini).
Heurtevent, f., c^ne de Lacres (Cassini).
Heurtevent, h., c^ne de Maninghen (Cassini).
Heurtevent, f., c^ne de Pernes, anciennement appelée *Quoquesolle*, fief mouv. de Fouquehove, 1762 (Dom., reg. 53).
Heurtevent, h., c^ne de Questrecques (Cassini). — *Hurderend*, 1690 (cueil. de Samer).
Heurtevent, lieu-dit, autrement *les Croisettes*, c^ne de Wimille, 1766 (aveu d'Auvringhen).
Hez (Le), mont, c^ne de Beuvrequen, sur les limites de la c^ne de Wimille. — *Mont du Het*, 1491 (cueil. de Beuvrequen). — *Terre séant au Heth*, 1506 (terr. S. W.).
Hézelinghen, f., c^ne de Leulinghen. — *Azelinghen*, 1586 (act. not.).
Hicq (Le), lieu-dit, c^ne d'Outreau. (Dom., reg. 43).
Hil (Le), f., c^ne de Belle-et-Houllefort (Cassini). — Famille du Crocq, sieur du *Hil*, dont généal. de 1501 à 1697 dans Bignon. — Il est impossible de dire auquel des fiefs du nom de *Hil* il faut attribuer la mention qui en est faite dans la chronique d'Andres, à propos de *Regemarus de Hillo* (798, 1).
Hil (Le), fief, c^ne de Bazinghen, mouvant dudit (aveu de 1694).
Hil (Le), lieu-dit, c^ne de Leubringhen. — *Le Hil d'Etienville*, 1569 (act. not.).
Hil (Le), lieu-dit, c^ne de Wimille. — *Le mont du Hil, rieu qui descend de Wicardenne au Hil*, 1569 (act. not.). — *Hil*, 1506 (terr. S. W.). — *Laurent du Hil, ou du Hyl*, 1339 (compte de Jeanne de Boulogne).
Hildejerd-marsna, lieu-dit, dans le voisinage de Guines. *juxta Gisnes*, xi^e s. (Chron. And., 789).

Hildernesse, lieu-dit, voisin de St-Pierre-lez-Calais : *Si naves inter Peterse et Hildernesse mihi adductæ fuerint*, 1124 (Duchesne, pr. de Guines, p. 41).

Hillebourne, lieu-dit, c d'Audinghen, 1774 (aveu de Fiennes).

Hiroderie (La), f., c de Boursin (Cassini).

Hisdenne, lieu-dit, du cartulaire de Saint-Bertin, de l'an 857 (p. 80 et 161), est attribué dans l'histoire des abbés de Saint-Bertin par M. de Laplane (t. II, p. 530), et par M. Louis Cousin (Etude sur le monastère de Steneland, n° 3, p. 12), à la commune d'Hesdin-l'Abbé. — Je crois que c'est une erreur, et qu'il faut le placer plutôt à *Hesdene*, c'est-à-dire à Hesdres, à cause du voisinage d'Hantembert et de Wierre-Effroy, où l'on ne peut se dispenser de voir *Helenasberg* et *Wilere* du même document.

Hivions (Les), lieu-dit, c de Quesques.

Hobengues, h., c de Wimille. — *Haubengue* (Cassini). — *Jehan de Hobengues*, 1491 (cueil. de Beuvrequen). — *Hobengues*, 1506 (terr. S. W.). — *Hobenghes*, 1525 (cueil. N.-D. de B.). — *Houstbengue* (carte du XVII s.). — Fief tenu du roi, dont aveu de 1775 (arch. nat., Q 900).

Hoberk, mont. à l'est d'Escalles, dans le terrier anglais de 1556 : *The mount called Hoberk, at the east of Scales*.

Hocharderie (La), f., c de Colembert (Cassini).

Hocheterre (La), lieu-dit, c d'Hardinghen.

Hocquants (Les), lieu-dit, c de Bazinghen.

Hocquedalle, lieu-dit, c de Wacquinghen.

Hocquelien, lieu-dit, c d'Outreau (matreloge, art. 18, v. 1480).

Hocquet (Le), f., c de Ferques.

Hocquet-du-Bois (Le), f., c^{ne} de Questrecques (Cassini).
— *Lieu que on dit le Hocquet du boz*, 1402 (aveu de
Robert d'Achicourt). — *Hocquet du bos*, 1506 (terr.
S. W.).

HOCQUINGHEN, c^{ne} de Guines. — *Hokingahem*, 857,
Okkaningahem, 877 (cart. S.-Bert., p. 80, 124 et 161).
— *Altare de Hokinguelem*, 1170, *Hokingehem*, 1224
(cart. Lisk.). — *Hokinghem*, 1515 (Tassard). —
Hocquinghen, 1559 (part. et sennes de Thér.). —
Hockwinckel (cartes du XVIIe s.).

Paroisse du gouvernement d'Ardres, ressortissant
pour la justice au Bailliage souverain de cette ville.
— Seigneurie.

Cure du diocèse de Thérouanne, puis de Boulogne,
au doyenné d'Alquines, avec Herbinghen comme
secours : *Parochialis ecclesia sancti Audomari de
Hocquinghen, cum [suo] succursu [sancti Riccarii]
d'Herbinghen*, 1683 (arch. de l'évêché). — Présentateur, l'abbé de Licques. — Décimateur, le curé. —
Maintenant annexée comme secours à la succursale
d'Herbinghen, dans le diocèse d'Arras.

Hocquinghen, ancien nom de la c^{ne} de Saint-Léonard,
c^{ne} de Samer. — *Capellam de Hocquinghem, alias
Hokinghem*, 1121 (cart. S. Wulm. Bol.). — *Ocingehem*, 1173, *Hokinghehem*, 1199 (cart. de Samer).
— *Hockingehem*, 1208 (cart. B. M. Bol.). — *Hokinghehem*, 1285 (ch. d'Artois, Mém. Soc. Acad., IX,
p. 251). — *La cense d'Hocquinghen*, 1506 (terr. S.
W.). — *Messiré Oudart du Biés, pour les terres et
seigneuryes de Hochuinguen et Eschinghen*, 1550
(coutumes). — Hommage de la *seigneurie d'Hoquinghen*, tenue du comté de Boulogne, 30 juin 1605 (arch.
nat., P 15, n° 453) ; — autre, du 30 décembre 1606

(ibid., n° 470) ; — autre *de la seigneurie d'Hocquinghen et Wainghun,* acquises de *Léonard d'Hocquinghen* par Jehan du Blaisel, mouvant du roi, à cause du château de Boulogne (ibid., n° 484). — Aveu de 1759 (ibid., Q 895).

Hodelant, f., c^ne de Lieques. — *Audeland* (Cassini). — *Joannes de Oudelando juxta Liskas* (Lamb. Ard., p. 321).

Hodde (La), lieu-dit, c^ne de Wimille, au ham. de Grisendalle (aveu de 1727, fief mouvant d'Olincthun).

Hodelette (La), lieu-dit, c^ne de Fiennes, 1654 (tit. de Mouflon), 1774 (aveu de Fiennes).

Hodicq (Le), h., c^nes de Lottinghen et de Vieil-Moutier. — Une charte de Lieques (mai 1259) mentionne *deux jorneus de terre k'on apele Odic* ; et dans la chronique d'Andres on lit le nom de *Everardus de Hodich* (col. 826, 2), qui peut-être se rapportent à ce lieu-dit. — *Haudique* (cadastre). — *Fief de Hodic,* 1553 (déclar. des fiefs). — *Haudicq,* 1727-1748 (cueil. de Samer).

On a donné quelquefois le nom de rivière de *Hodicq* (annuaire de 1807, p. 122, où on lit à tort *Bodique*), au cours d'eau qui prend sa source en cet endroit pour se diriger vers la Liane à Selles. Voyez **Fromages**.

Hodicq (Le), lieu-dit, c^ne de Wierre-Effroy (cadastre).

Hodicq (Le), lieu-dit, c^ne de Wimille. — *Rue par laquelle on va d'Olinghetun à le rivière de Hodicq* (Le Wimereux ?), 1506 (terr. S. W. et bail de 1583).

Hodrenault, lieu-dit, c^ne de Réty, dans l'aveu d'Austruy, 1741. — *Nemus de Hodenchout,* 1194 (Mir., 1, p. 399) ; — *de Hodenhoud* (chron. Andr., 825, 2 ; 830, 1). — *Oedenhout,* 1480 (terr. d'Andres). — *Odrenole* (Cassini).

Hohu (Le), lieu-dit, c^{ne} de Sanghen.

Hollande (La), f., c^{ne} de Marck, 1584 (terr. de Miraumont).

Hollande, rue de, c^{ne} de Marquise. — *Le crois de Hollande*, 1596 (act. not.). — *Le rue de Hollande*, 1614 (act. not.).

Holleville, lieu-dit, cité entre Offrethun et Ecault, dans le cueilloir de Beuvrequen, en 1491.

Holluigue, ou *Holuy*, voyez **Hautwignes**.

Honder, f., c^{ne} de Fiennes (Cassini). — *Hondert* et *Honder*, 1654 (tit. de Monflon). — *Hondres* (cart de l'Ét.-maj.).

Honglevert, voyez **Onglevert**.

Honnacre, fief, au bailliage de Wissant, tenu du roi, 1553 (déclar. des fiefs). — *Simon de Honnacre*, 1402 (aveu de Pierre le Kien).

Honnembourg, lieu-dit, c^{ne} d'Outreau. — *Honnenbourcq* XVe s. (terr. de Turb.). — *Terre gisant à Honesbourg*, 1506 (terr. S. W.).

Honnincthun, lieu-dit, c^{te} de Wimille, au ham. de la Trésorerie. — *Honingetuna*, 1208 (cart. B. M. B.). — *Quemin qui maine d'Offrethun à Honninguethun*, 1393 (aveu d'Honoré Foliot). — Fief en censives, affectées sur la maison de la Trésorerie, mouvant en partie de Fiennes-en-Wimille (Dom., reg. 57).

Honsebecque, lieu-dit, c^{ne} d'Outreau, v. 1480 (matreloge, art. 17).

Honvaut, h. c^{ne} de Wimille. — *Amans de Honnaut*, lisez *Honvaut*, 1285 (chartes d'Artois, Mém. Soc. Acad., IX, p. 243). — *Voie qui maisne de Thelinghetun à Honvault*, 1506 (terr. S. W.). — *Honvaux* (Cassini). — *Onvaux* (carte de l'Etat-maj.).

Ruisseau d'Honvaut, roulant à la mer, après avoir reçu les eaux dites des prairies de Honvaut.

Hopeterie (La., m^on, c^ne de Brunembert 1562-1564 cueil. N.-D. de B.).

Hopfove, lieu-dit, c^ne de Cafliers, dans les acquêts de Beaulieu au XIIIe s. (ch. d'Artois, A 47, n° 9).

Hopihen-aux-adots, lieu-dit, c^ne d'Outreau.

Hôpital (L'), f., c^ne de Marck.

Hoqueriaux (Les), lieu-dit, c^ne de Crémarest, 1782 (aveu de Reclinghen).

Horloge (L'), m^on, c^ne de Tardinghen.

Hormoie, h., c^ne de Wierre-Effroy. — *Hormoye* (Cassini). — *Wormoie*, 1286 (terr. de Beaulieu).

Hornoie (La), lieu-dit et bois, c^ne de Wierre-Effroy.

Hotonnière (La), lieu-dit, c^ne de Quesques.

Hotove, h., c^ne de Bainghen, voyez Ostove.

Hottinghem, lieu-dit, c^ne d'Andres. — Ce lieu est distinct de celui d'*Autinghem*. La chronique (869, 1) parle du *Marescum terræ solidæ de Hottinhem* comme très-voisin du monastère. — *Villa Hottingahem*, *Hoctingahem*, *Hostingahem*, *nemus de Hottingehem*, *terram de Hottinghem*, 1119 et années suiv. (ibid., 789, 1 ; 790, 2 ; 793, 1 ; 810, 2 ; 855, 1). — *Hostinghem*, *Hostingehem*, *Ostingahem*, *Hostingahem*, 1084 et ann. suiv. (ibid., 783, 2 ; 784, 2 ; 785, 2 ; 793, 1). — M. Cocheris, dans ses Notices et extraits des documents manuscrits (t. II, Guines, p. 466), citant le nom d'Henri d'*Ogtinghem*, 1257, l'interprète à tort par *Audinghen*. — Dans le terrier anglais de 1556, c'est le nom même de la paroisse d'Andres : *The parish of Andernes otherwise called Owtingham*. — M. Courtois (top. de Guines, append. à Lamb. d'Ard., p. 516, note), identifie *Hauinghem* ou *Hottinghem* avec le ham. de *Clercshoud*, ou *Clairsou*.

Houblonnerie (La), f., c^ne de Crémarest (Cassini).

Houbronnes (Les), lieu-dit, c^{ne} de Lottinghen, au hameau du Vivier. — *Dicti bosci* (les bois de Seninghen, nommés les *Tehare*, aujourd'hui les *Etroits Wahs*, v. Courtois), *durant usque ad trevus de Holebronne, alias le Tihare qui dure jusque vers les trées* ou *l'estrée de Holebronne*, 1240 (chartes d'Art., A 8). — *Les trueaulx de Houllebronne*, 1459 (comptes de Bourgogne).

Houbronnière (La), lieu-dit, c^{ne} d'Alembon, 1743 (invent. d'Alembon).

Houlette (La), h., c^{ne} de Desvres, section du Désert (Cassini).

Houllebronne, lieu-dit, c^{ne} de Wacquinghen. — *Ansel de Houllebronne*, 1458 (compte de Tingry), 1491 (cueil. de Beuvrequen).

Houlet (Le), nom du canal de Marck, ou rivière du *Houlet*, *Houdleda* (Lamb. Ard., p. 339). — *Aqua que dicitur Houtled*, 1100 (cart. Cap.). — On appelle aujourd'hui canal du Houlet, la partie de l'ancienne rivière canalisée qui s'étend depuis la rue Poissonnière jusqu'au pont Pollart. — Voyez Vonna.

Houllefort, village, c^{ne} de Belle-et-Houllefort. — *Decimam de Holeford*, 1184 (cart. Lisk).— *Holesfort*, 1208 (cart. B. M. Bol.). — *Decimas in Holefort*, 1224 (cart. Lisk.). — *Pierre de Houlefort*, 1402, (aveu de Pierre Le Kien). — *Houllefort*, 1559 (part. de Thér.).

Paroisse du Boulonnais, ressortissant pour la justice au bailliage de Londefort. — Seigneurie érigée en duché par Louis XIV en 1660, avec incorporation d'autres fiefs, en faveur d'Ambroise de Bournonville, ancien gouverneur de Paris.

Cure annexée comme secours à celle de Belle. — Décimateurs, le prieur du Wast, l'abbé de Licques le seigneur du lieu et le curé. — Incorporé civilement à la commune de Belle-et-Houllefort, ce village a conservé son église, en qualité de chapelle de secours, dépendant de la succursale.

Houllefus, lieu-dit, c^{ne} de Caffiers, 1576. — *Sept mesures de terre ahennable, gisantz à Houllefus, derrière Wintehus, ou le Ventu* (titres de Monflon). — Peut-être y aurait-il lieu d'attribuer à ce lieu quelques-unes des énonciations de la chronique d'Andres, relatives à *Wulfhus*, qui ne s'appliqueraient pas toutes exclusivement au *Wolphus* de Zouafques.

Houlouve, lieu-dit, c^{ne} de Wimille (Cassini). — *Fief d'Houlloure,* arr.-fief de Fiennes, 1553 (déclar. des fiefs). — Auj. *le fond du Louve.*

Houpehove, ou Oppove, lieu-dit, c^{ne} de Wimille. — *Rue d'Houpehove, qui conduit d'Auvringhen à Boulogne,* 1766 (aveu d'Auvringhen).

Houperie (La), fief, c^{ne} de Wierre-Effroy, au chapitre de Boulogne.

Houpevent, h., c^{ne} d'Ambleteuse. — *Houpehen* (Cassini). *Ourpehen* (cart. de l'état-maj.). — *Jehan d'Ouphen,* 1402 (aveu de Pierre le Kien).— *De Camoisson, sieur et vicomte d'Oupehen,* alias *d'Oupan,* dont généal. de 1540 à 1697 dans Bignon.

Houpiaux (Les), bois, c^{ne} de Crémarest (ann. jud.).

Houret, h., c^{ne} de Carly. — *Grand et Petit Houret* (Cassini). — *Jehan de Hourret,* 1339 (compte de Jeanne de Boul.). — *Jehan de Bournoville, chevalier seigneur de Hourecq,* 1465 (quitt. orig., arch. de Boulogne). — *Le Hourecq,* 1525 (cueil. N.-D. de B.). — *Petit Hourecq,* 1569 (act. not.). — Fief mouvant de Carly.

Ruisseau du Houret, affluent de la Liane.

Houriez (Le), lieu-dit, c^{ne} de Saint-Etienne.
Hourquet (Le), h., c^{ne} de Carly (Cassini).
Houssart (Le), lieu-dit, c^{ne} de Selles (cadastre).
Houssembourg, lieu-dit, c^{ne} d'Outreau.
Houssinghen, nom de lieu, dans le voisinage de Boulogne : *Terres gisant sur le mont d'Houssinghem*, 1525 (cueil. de N.-D.).
Houssoye (La), f., c^{ne} de Bellebrune (Cassini). — Fief mouvant de Bellebrune, ainsi que la *Petite Houssoye*, aujourd'hui démolie, 1774 (aveu de Fiennes).
Houssoye (La), f., c^{ne} de Loitinghen (Cassini). — Fief mouvant de Samer, 1755 (Dom., reg. 56 bis). — *Lousoie* (cadastre).
Houssoye (La), voyez **Grenelle**.
Houssoye (La), bois de, c^{ne} de Wierre-au-Bois.
Houssoye (La), lieu-dit, c^{ne} de Wimille, 1669 (terr. N.-D. de B.).
Houve (La), lieu-dit, c^{ne} de Quesques (cadastre).
Houves (Les), lieu-dit, *le mont des Houves*, c^{ne} de Bazinghen.
Hove, f., c^{ne} de Wimille (Cassini). — *Decima de Hova*, 1380 (terr. de Thér.). — *Howe*, 1541 (compte de la Quotidiane de Thér.).
Howghberghe, *mount or hill, on the west side of Sangatte*, 1556 (terr. ang.).
Hu (Le), mont, c^{ne} d'Herbinghen.
Hubermont, lieu-dit, c^{ne} de Quesques, 1748 (aveu de Quehouve).
Huices (Les), fief, c^{ne} de Wierre-Effroy, mouvant de Londefort, 1765 (Dom., reg. 56).
Huitbois, ou **Wibois**, fief à Conteville, ou à Pernes : *Dutertre de Huitbois*, 1788 (reg. de catholicité de S. Joseph, Boul.).

Hulain, fontaine à Capécure, voyez **Lincq**.

Hunière (La), f., c^{ne} de Doudeauville. — *Humière* (Cassini). — *Maison et cense de* —, 1748 (aveu de Longfossé).

Hupen, fief, c^{ne} de Wierre-Effroy, 1553 (déclar. des fiefs). — Voyez **Uphem** et le **Pen**.

Huplandre, h., c^{ne} de Pernes. — *Mahieu de Houppelande*, 1439 (aveu de Lacres). — *Jacquemart de Huppelande*, 1415 (compte de la ville de B., p. 5). — *Hupplande*, 1506 (terr. S. W.). — Fief de *Huplande*, tenu du roi, 1553 (déclar. des fiefs). — Seigneurie d'*Hupelande*, unie à celle de Bournonville, dont hommage en 1607 (arch. nat., P 15, n° 487).

Hurbain, nom d'un ruisseau, c^{ne} d'Ambleteuse.

Hure (Le), h., c^{ne} de Ferques. — *Haut et Bas Heure* (Cassini). — C'est par erreur qu'on a lu *Huré* sur la carte de l'Etat-major.

Hure (Le), lieu-dit, où est une fontaine, c^{ne} de Quesques.

Hurtevent, voyez **Heurtevent** : *le mont de Hurtevend*, c^{ne} d'Echinghen, 1550 (cueil. N.-D. de B.).

Huy (Le), lieu-dit, c^{ne} d'Hardinghen.

Hydrequent, village, c^{ne} de Rinxent. — *Heldrigeham*, 1119, *Heldrinhem*, 1157, *Hildringhehem*, 1179 (cart. Mor.). — *Decima de Hyldrekem*, aliàs *Hildrikem*, 1190-1224 (chron. And., 823, 1 ; 864, 1).— *Le disme de Hildrichem*, 1271 (cart. de Beaulieu).—*Le molin de Hilldrekem, Hildrekem*, XIIIe s. (ch. d'Artois, A 118, n° 5) —*Hallerken*, 1422 (terr. de Thér.).—*Hidrequen*, 1480 (terr. d'Andr.).—*Hydroquin* (cartes de Hondius).

Paroisse du Boulonnais, ressortissant pour la justice au bailliage de Londefort. — Seigneurie : *Christophle d'Hydreghen*, escuier sieur dudit lieu, 1550 (coutumes).

Cure annexée avant l'an 1422 à celle de Rinxent.
— Décimateurs, l'abbé de Beaulieu, pour deux tiers, le chapitre de Boulogne et le curé, chacun pour un sixième. — Incorporé civilement à la commune de Rinxent, le village d'Hydrequent a gardé son église, qui a été érigée en succursale indépendante par décret du 19 juillet 1877, après avoir été quelque temps annexe et chapelle vicariale.

I

Icotoy, h., c^{ne} d'Audinghen. — *Ycotoy* (Cassini).

Iles (Les), m^{on}, c^{ne} de Longfossé.

Ille (L'), lieu-dit, c^{ne} de Wimille. — *Les prairies de l'Ille ; les prés de Lille*, 1765 (Dom., reg. 53).

Imbrethun, anc. f., c^{ne} de Wierre-Effroy, au village d'Hesdres. — *Imbrethun*, 1525 (cueil. de N.-D. de B.). — Fief mouvant de Marquise (aveu de 1764). — Aujourd'hui *les prés d'Ambrethun*.

Inderham, nom de lieu et de fief, qui paraît avoir été situé dans le comté de Guines. — L'abbaye de Licques possédait en 1164, d'après une bulle d'Alexandre III, *terras et redditus in provincia de Inderham*. — Une autre bulle du même pape, en 1174, mentionne également *terram in Hinderham ex dono Balduini de Liskes*, et d'autres terres *in eadem provincia* (cart. Lisk.). — Lambert d'Ardres relate le mariage de *Heila* de Markenes avec *Baudouin Hascard de Inderhan*, ou *Inderham*, suivant l'autorité des meilleurs manuscrits, dont M. de Godefroy s'est écarté sans motif pour accueillir la leçon *Indesham* qui est inacceptable (p. 317), et qui ne saurait se rapporter au village d'Inxent, ainsi qu'il le propose, à la suggestion de M. Courtois, dans son *Index Géographique* (p. 496). — La chronique d'Andres nous donne, en outre, le nom de *Wido de Inderham* (796, 1), dans un acte de l'an 1116.

Ingénerie (L'), m^{on}, c^{ne} d'Ambleteuse.

Inghen, f., anc. village, c^{ne} de Tardinghen (Cassini). — *Altare de Ingehem*, 1208 (cart. B. M. B.). — *Inghem*, 1515 (Tassard). — *Inghen*, 1559 (part. de Thér.).

Paroisse du Boulonnais, ressortissant pour la justice au bailliage de Wissant. — Seigneurie.

Cure annexée comme secours à celle de Tardinghen. — Décimateurs, les chanoines de Boulogne, aux droits des religieux de Notre-Dame, et le curé. — Incorporé civilement à la commune de Tardinghen, Inghen n'a plus d'église.

Inheurt (L'), rochers en mer, sur la côte du Portel.

Inquéterie (L'), f., c^{ne} de Saint-Martin-lez-Boulogne (Cassini). — *Pierre de Boves, laboureur, demeurant à l'Enquéterie*, 1656 (arch. comm. de Boul., liasse 1423). — *Maison et terres nommées l'Enquesterie*, 1668 (terr. N.-D. de B.).

ISQUES, c^{on} de Samer. — *Amarlicus de Iseca*, 1084 (chron. And., 784, 2). — *Isecca*, 1069, *Hiseca*, 1119, *Iseca*, 1157, 1179 (cart. Mor.). — *Gozo de Isica*, v. 1135 (cart. S. Judoc.). — *Iseca*, 1173, *Yseke*, 1199 (cart. de Samer). — *Isica*, 1208 (cart. B. M. B.). — *Yseke*, 1293 (ch. d'Art., A 38, n° 51). — *Monsieur d'Yseke*, 1384 (aveu de Philippe de Laronville) ; — *d'Iseque*, 1396 (aveu de Jehan Bollart). — *Yseke*,

1515 (Tassard). — *Iske*, 1559 (part. de Thér.). — *Yske*, 1559 (senn. de Thér.). — *Isque le moutier*, 1569 (act. not.). — Malbrancq, sur sa carte, *Elceka*, par fausse attribution.

Paroisse du Boulonnais, ressortissant pour la justice au bailliage de Boulogne. — Seigneurie, relevant du roi, érigée en vicomté par Louis XIV en 1675, avec réunion des fiefs et seigneuries d'Echinghen, de la Tour d'Hocquinghen, de Haffreingues et de Couppes en Outreau. — Hommage *de Disque* en 1498 (arch. nat., P 15, n°...). — Famille d'*Isque*, ou *Disque*, dont généalogie dans Bignon.

Cure du diocèse de Thérouanne, au doyenné de Boulogne, et du diocèse de Boulogne, au doyenné de Samer : *Parochialis ecclesia [sancti Vulmari et sanctæ Apolloniæ] loci d'Isque*, 1583 (arch. de l'Evêché). — Présentateur, le chapitre de Boulogne, aux droits des chanoines de Thérouanne. — Décimateurs, le curé pour trois gerbes de huit, le seigneur du lieu pour les cinq autres. — Annexée comme secours, depuis le Concordat, à la succursale d'Hesdin-l'Abbé.

Issembourg (L'), ruisseau, c^{ne} d'Henneveux. — *La Fontaine Isembourg* (annuaire de 1807, p. 123).

J

Jacu (Le), h., c^{ne} de Hames-Boucres.
Jardin (Le), f., c^{ne} de Longfossé.
Jardin (Le), f., c^{ne} de Nabringhen (Cassini).

Jésus-Flagellé, lieu-dit, c^ne de Wimille, au ham. de Terlincthun (Cassini). — Chapelle de ce nom, où l'évêque de Boulogne a permis de dire la messe par ordonnance du 9 octobre 1790.

Joierville, fief, c^ne de Selles, mouv. de la seigneurie dudit, 1783 (Dom., reg. 56 bis).

Jolivet (Le), lieu-dit, c^ne de Tardinghen.

Jonquière (La), f., c^ne de Wirwignes (Cassini).

Juillennerie (La), lieu-dit, c^ue de Bellebrune, fief et terres réunis au domaine de la Villeneuve en 1661 (arch. du château de Bell.). — Aveu de Fiennes, 1774.

Justice (La), lieu-dit, c^ue de Ferques, section d'Elinghen.

Justice (La), lieu-dit, c^ne de Hames-Boucres, 1584 (terr. de Miraulmont).

L

Lac Chrétien (Le), lieu-dit, c^ne de Boulogne-sur-mer, autrefois de Saint-Martin-lez-Boulogne, dans les jardins de la Porte-Gayole.— *Le rieu du Lacq Chrestien*, 1505 (terr. S. W.).

LACRES, c^on de Samer. — *Altare de Lacres*, 1173, *ecclesia de Lacres*, 1193, *altare de Laires* (lisez *Lacres) cum tota decima*, 1199 (cart. de Samer). — *Perres de Lacres*, officier du comte d'Artois, 1297 (ch. d'Art., A 143). — *Lacres*, 1559 (part. de Thér.).

Paroisse du Boulonnais, ressortissant pour la justice aux bailliages réunis d'Etaples, Choquel et Bellefontaine.—Seigneurie, tenue du roi, 1553 (décl. des fiefs).

Cure annexée comme secours à celle de Tingry. — Décimateurs, les religieux de Samer, pour huit gerbes, le curé, pour une. — Restée annexe de Tingry après le Concordat, l'église de Lacres a été érigée en succursale par décret impérial du 12 février 1870.

Danville et quelques autres auteurs y placent le *Lutomagus* des itinéraires romains ; mais cette opinion n'a aucun fondement.

Laffordal, lieu-dit, c^{ne} de Maninghen, 1393 (aveu d'Honoré Foliot).

Laleue, bois et ruisseau de, c^{ne} de Brunembert (cadastre).

Lalou, le fond de, lieu-dit, c^{ne} de Bazinghen.

La Marlière, fontaine et ruisseau, c^{ne} de Wimille.

Lamezecq, fief, c^{ne} de Bellebrune, près de Cobrique, mouvant de la baronnie dudit (aveu de 1774).

Lampernesse, vulgairement *Lampene*, lieu-dit, c^{ne} de Tardinghen.

Lancherie (La), f., c^{ne} de Réty. — *Bertran de le Lancherie*, 1480 (terr. d'Andres). — Le sieur de la *Lancherie*, 1511 (Morin, chroniques du siège de Boulogne, quatrain 19). — *Jacques Tricquet, sieur de la Lancherie*, 1569 (act. not.). — *La Lancerie*, 1582 (cueil. de Costé). — Ce lieu dépendait du prieuré du Wast (pièces du 4 nov. 1662, arch. nat., Q 900).

Landacre, h., c^{ne} d'Halinghen.

Landacre, h., c^{ne} d'Hesdin-l'Abbé. — *Landac* (Cassini). — *Villam de Landacre*, 1193 (cart. de Samer). — *Rieu de Landacre*, v. 1480 (matreloge d'Outreau, art. 22).

LANDRETHUN-LE-NORD, c^{on} de Marquise. — *Decima de Landertun juxta Fielnes*, v. 1180 (chron. Andr., 820, 1). — *Ecclesia de Landringhetun*, 1119, 1179, *Landretum*, 1157 (cart. Mor.). — *Balduinus de Landretum*, 1157 (cart. de Beaulieu). — *Landertun*, 1286 (terr. de Beaulieu). — Les autres formes *Landringatum* et similaires de la chronique d'Andres appartiennent à Landrethun-lez-Ardres, de l'arr. de Saint-Omer. — Malbrancq, sur sa carte, *Landringatum*. — *Landretum*, 1515 (Tassard). — *Landrethum*, 1559 (part. de Thér.). — *Laynderton*, 1556 (plan angl.).

Paroisse du Boulonnais, ressortissant pour la justice au bailliage de Londefort. — Seigneurie, érigée en baronnie par Louis XIV, août 1667, en faveur de Daniel de Fresnoye ; mouv. de Fiennes (aveu 1774).

Cure du diocèse de Thérouanne, puis de Boulogne, au doyenné de Wissant, avec Caffiers comme secours : *Parochialis ecclesia [sancti Martini] de Landrethun cum suo succursu [sancti Martini] de Caffiers*, 1580 (arch. de l'Evêché). — Présentateur, le chapitre de Boulogne, aux droits des chanoines de Thérouanne. — Décimateurs, l'abbé d'Andres, le chapitre de Boulogne, le curé et le seigneur du lieu. — Réunie comme annexe à la succursale de Ferques après le Concordat, l'église de Landrethun a été érigée en succursale par ordonnance royale du 2 février 1820.

Langlet, m^{on} et lieu-dit, c^{ne} d'Hardinghen, 1774 (aveu de Fiennes). — *Langle* (Cassini).

Langlois, ruisseau de, c^{ne} de Wissant. — *Ru de Langlois* (Cassini).

Languedic, ou *Langhedik*, lieu-dit, c^{ne} de Wissant, 1402 (aveu de Pierre le Kien).

Lannoy, h., c^{ne} de Bainethun (Cassini). — La vraie forme doit être l'*Annoy*, ou l'*Aulnoy* (*Alnetum*). — Fief mouvant de Souverain-Moulin, 1763 (Dom., reg. 57). — Famille Le Porcq de *Lannoy*, 1766 (Dom., reg. 56).

Lannoy, f., c^{ne} de Carly (Cassini).

Lannoy, f., c^{ne} de Crémarest.

Lannoy, fief, c^{ne} d'Hardinghen, arr.-fief de Fiennes, 1553 (déclar. des fiefs).

Lannoy, c^{ne} de Le Wast, voyez la **Rue de Lannoy**.

Lantershout, bois cité dans la chronique d'Andres, aux environs du village de Boucres : *Sylvam quæ dicitur Lantershout*, 1107 (chron. And., 787, 1 ; 788, 2).

Larronville, f., c^{ne} d'Audembert, vulgairement *La Ronville*. — *Larouville* (Cassini). — Il peut y avoir deux étymologies de ce mot : c'est *Latronis villa* (Larronville), ou *Rotunda villa* (Ronville, ville ronde) ; j'incline pour la première.

Larronville, h., c^{ne} d'Hesdin-l'Abbé. — *La Ronville* (Cassini). — *Philippes de Larronville*, 1384 (aveu dudit). — *Jehan de Larronville*, v. 1480 (matreloge d'Outreau). — *Larronville*, 1725 (rapp. du curé).

Larronville, lieu-dit, c^{ne} de Wierre-Effroy. — *La Ronville* (Cassini).

Larronville, f., c^{ne} de Wimille. — *Laronville* (Cassini). — *Terroy de Rubergues, ou Larronville*, 1506 (terr. S. W.). — Un ruisseau de *la Rouville*, dans l'ann. de 1807, p. 121, peut être celui qui est appelé d'*Hérouville* dans l'ann. de 1863, affluent de la Slack à Wimille.

Larville, c^{ne} de Bainghen (carte de l'Etat-major). — C'est la forme sous laquelle ce nom se présente dans l'Inventaire de Licques en 1601, 1738, 1768 et dans le Dictionnaire de M. Courtois, quoique le cadastre l'appelle aujourd'hui *Harville*.

Lavendières (Les), lieu-dit, c^{ne} de Samer, 1690 (cueil. dudit).

Lecquedal, lieu-dit, c^{ne} de Wissant, 1402 (aveu de Pierre le Kien).

Lectez, ruisseau dit, c^ne de Bainethun, l'un des affluents de la rivière dudit.

Leda, nom de fief, situation inconnue, probablement dans le comté de Guines : — *Ardea Prior tertius Willelmus de Leda* (Lamb. Ard., p. 357). — *Fut esleu pour prieur troisiesme ung nommé Guillaume de Ledde* (idem, trad., p. 354).

D'après M. Courtois (top. de Guines. p. 514), ce serait aussi le nom de la rivière de Guines, laquelle se serait appelée *Gisnenlet*, ou *Ghisnenlet*, dans une charte de l'an 1208. Je regrette d'être obligé de rectifier cette assertion, après l'avoir inconsidérément acceptée plus haut (p. 157). Le texte de la charte de 1208 du grand cartulaire de Saint-Bertin (t. II, p. 67) dont s'est inspiré M. Courtois porte *Gisnerulet*, c'est-à-dire *Gisnervlet*, dérivé du flamand *Vliet*, courant, canal, et non de *Leda*. Force est donc de revenir au sentiment de Ducange, suivi par dom Grenier dans son Introduction à l'histoire de Picardie (p. 473), qui fait de *Leda* un nom commun, signifiant en général grande route, ou canal. C'est le seul moyen, en effet, de traduire correctement les passages de la chronique d'Andres (pp. 856, 1 ; 857, 2 ; 858, 1), où la situation d'un marais donné à l'abbaye de ce nom se trouve désignée *ab orientali parte ledæ de Gisnes*, etc. Un acte de 1136 dans Du Chesne (preuves de Guines, p. 91), parle également d'autres biens situés *inter ledam de Alardesbroc et slusam molendini comitis* : c'est la même signification.

Ledbourne, lieu-dit, c^ne de Guines, dans un document de l'an 1361.

Ledquen, h., c^ne de Marquise. — *L'Hercamp* (Cassini). — *Hues Moran de Leyteghem*. 1286 (terr. de Beaulieu). *Loitekem*, 1294 (chart. d'Artois, A 136). —

Lestquem, XIII° s. (ibid., A 118, n° 5).— *Quemin qui maine de Marquise à Lestekem*, 1388 (aveu d'Enguerrand Malet).—Famille Bouclet, sieur de *Ledquen* (XVIII° s.).

Lèdre, h., c^{ne} de Samer.— *Nemus de Sedena*, 1193 (cart. de Samer).— *Ledres* (Cassini).— *Lesdres*,1690 (cueil. de Samer).— *Disme de Lesdres*, 1751 (déclar. des revenus de Samer). — Ce nom paraît avoir été formé par syncope de *Le Sedene, Lesdenne, Lesdres*.

Ledrethun, lieu-dit *la Mottelette de*, 1491 (cueil. de Beuvrequen).

Lencq (Le), lieu-dit, c^{ne} de Wimille. — *Le hodde du Lencq, joignant d'un côté au chemin qui maisne de Thelinghetun à Wymereue*, 1506 (terr. S. W.).

Lène (La), rivière de Lène, de Desvres à Crémarest, affluent de la Liane, avec laquelle quelques-uns l'ont à tort confondue. On a écrit aussi l'*Enne*, ou l'*Ene*, et par suite *Desvres-sur-Lane*, mais cette dénomination n'a rien d'historique. — *Salut ô Mont Hulin ! et vous rives de l'Ene, où florissait jadis l'antique Désurene* (vie d'Ordre, promenade au Mont-Hulin. Notice hist. s. Desvres, 1811, p. 75).

Lengagne, h., c^{ne} de Quesques (Cassini). — *Lenguegne*, 1735 (tit. de l'abb. de Samer). — Un ruisseau de *Lengagne*, affluent de celui du Vivier.

Léringry, voyez La Hérenguerie.

Lesage, ruisseau dit, c^{ne} d'Henneveux.

Lesbarde, le fond de, le chemin de, c^{ne} de Ferques, variante du nom de *les Bardes* ou *Lisbarde*.

LEUBRINGHEN, c^{ne} de Marquise. — *Altare de Lebringchem*, 1170 (cart. Lisk.). — *Personatus et cantuarium, ecclesie de Libringchem*, 1224 (ibid.). — *Lebringhen*, 1515 (Tassard) ; (part. de Thér.) ; — *Leubringhen*, 1559 (sennes de Thér.).

Paroisse du Boulonnais, ressortissant pour la justice au bailliage de Wissant. — Seigneurie.

Cure du diocèse de Thérouanne, puis de Boulogne, au doyenné de Wissant : *Parochialis ecclesia sancti Martini de Leubringhen*, 1681 (arch. de l'Evêché). — Présentateur, l'abbé de Licques, qui y nommait un de ses religieux. — Décimateurs, le curé pour trois gerbes, l'abbé de Licques pour deux, et l'abbé de Beaulieu, pour trois. — Réunie comme annexe à la succursale d'Audembert, après le Concordat.

Ruisseau de Leubringhen, formé de divers cours d'eaux, tributaire de la Slack, par le ruisseau de Witrethun ou de Rougeberne.

Leulene, ou *Leulingue*, chemin vert de Thérouanne à Sangatte, entre dans l'arrondissement de Boulogne sur le territoire d'Andres, près du camp de Drap-d'Or, traverse les communes de Guines, de Hames-Boucres, Saint-Tricat, Fréthun, Coquelles et Peuplingues, pour aboutir à la mer, au village de Sangatte : — *Viam tunc temporis regalem, olim Leliam* (Lamb. Ard., p. 154, 155). — *Stratam publicam a Francia tendentem in Angliam*, v. 1169 (chron. And., 811, 2). — *Ewling waye*, 1556 (plan angl.).

LEULINGHEN, c⁰ⁿ de Marquise. — *Loco nuncupante in Loningaheimo in pago Bononensi*, 776 (cart. Saint-Bertin., p. 60, 61). — *Loningahem* (p. 97) ; — *villa Loningehem, quæ est in pago Bononia*, 1075 (p. 196). — *Lolingehem*, 1157 (cart. de Beaulieu). — *Lellinghem* et *Lollinghem*, 1286 (terr. de Beaulieu). — *Decima de Lolinghem*, XIIᵉ s. (diplom. Bert., n° 57). — *Leulinghen*, 1506 (terr. S. W.). — *Lolinghem*, 1515 (Tass.), 1559 (part. de Thér.).

Paroisse du Boulonnais, ressortissant pour la justice

au bailliage de Wissant. — Seigneurie incorporée en celle de Fiennes.

Cure du diocèse de Thérouanne, puis de Boulogne au doyenné de Wissant : *Parochialis ecclesia [sancti Leodegarii] de Leulinghen*, 1681 (arch. de l'Evêché). — Présentateur, l'abbé d'Andres. — Décimateurs, les religieux de Saint-Bertin et le curé, chacun pour une moitié. — Réunie comme annexe à la cure de Marquise, après le Concordat, l'église de Leulinghen a été érigée en succursale par décret du 24 juillet 1872.

N. B.—Les formes anciennes *Lullingahem* et autres similaires de la chronique d'Andres se rapportent, pour la plupart, très-certainement, au village de *Nort-Leulinghem*, de l'arr. de Saint-Omer (canton d'Ardres), ainsi qu'on en trouvera la preuve dans l'énumération géographique des paroisses où cette abbaye avait des biens (p. 803, 2). — Il est dès lors impossible de déterminer laquelle des citations de l'autel, *altare de Lullingahem* (p. 789, 2 ; 792, 2), *altare de Lullingahem* (p. 794, 2 ; 797, 1 ; 815, 2), pourrait concerner le droit de patronage de Leulinghen en Boulonnais. — Quant à la forme *Lullinghem* du cart. de Saint-Bertin (p. 353), que M. Aug. Le Prevost, dans le dict. géog. de cet ouvrage, croit pouvoir traduire par Leulinghen en Boulonnais, je pense qu'elle se rapporte aussi à l'un des deux Leulinghen de l'arr. de Saint-Omer.

Leulingue. h., c^{ne} de Saint-Tricat. — *Haute et Basse Leulingue* (Cassini). — *Le chemin de Guines à Leulingue*, 1584 (terr. de Miraulmont).

Liane (La), rivière, qui prend sa source à Quesques et se jette à la mer dans le port de Boulogne, après avoir traversé, ou longé, dans un cours de près de quarante kilomètres, les communes de Quesques, Selles, Brunembert, Bournonville, Alinethun, Crémarest, Wirwignes, Questrecques, Samer, Carly, Hesdigneul, Hesdin-l'Abbé, Isques, Condette, Saint-Etienne, Saint-Léonard, Saint-Martin, Outreau et Boulogne:—*Fluvius Elna*, 867 (cart. S.-Bert., p. 113). — *Parvum flumen, quod accolæ nominatur ipsis in partibus Elna..., prædictus rivulus Elna ubi intrat in mare*, IXe s. (vita S. Audomari, in act. SS. Belgii, t. III, pp. 626, 627). — *Flumen quod dicitur Elna*, IXe s. (vit. S. Vulmari, in act. SS. Boll., t. V, Julii, p. 88). — *Flumen Elnæ*, 1199 (cart. de Samer). — *La rivière de Lyanne*, 1396 (cart. de Crémar., n° 9). — M. Aug. Le Prevost, dans le dict. géog. du cartulaire de Saint-Bertin (p. 396) et M. Aug. Longnon, dans son étude sur le *Pagus Bononensis* (p. 22), se sont donné le tort de confondre la Liane avec la Hem. Cependant, les textes cités plus haut des chartes de Samer, des vies de saint Omer et de saint Wulmer, depuis longtemps imprimées dans des collections fort connues, témoignent que l'*Elna* coule près de Samer et de Carly, et que ses eaux se rendent à la mer dans le port de Boulogne, — non à Clerques, ni à Tournehem.

Lianne, village, c^{ne} d'Alinethun. — *Haute et Basse Liane* (Cassini). — *Engelrans de Leaune*, 1259 (cart. Lisk.). — *Lyanne*, 1287 (ch. d'Artois). — *Stasses de Leasne, Simon de Leasne*, 1297 (ibid., A 143). — *Quemin qui maisne de le crois de Alinguethun, envers Leanne*, 1431 (cart. de Crémar., n°s 19 et 20). — *Baronnie de Lianne*, 1392 (aides de Bourgogne). — *Dame Marie de Luxembourg, contesse d'Esquemont, pour la baronnye de Lyanne*, 1550 (coutumes).

— Une des douze baronnies du Boulonnais, dont la motte, encore subsistante, était assise au milieu de la rivière qui ne commence que là à prendre son nom.

Chapelle de Lianne, sous l'invocation de Saint-Barthélémy, avec un cimetière. Etait déjà démolie en 1715, et il n'en subsistait plus que le clocher; voyez **La Capelette**.

Le hameau de Lianne a formé une communauté distincte de celle d'Alincthun, et on le trouve mentionné à ce titre dans l'Etat des paroisses, imprimé à la fin des diverses éditions de la coutume du Boulonnais. — Cependant, il ne fut pas admis à envoyer séparément ses députés pour l'élection de 1789. — La partie de ce hameau qui était située au midi de la rivière, ressortissait pour la justice au bailliage de Desvres, tandis que le reste dépendait, comme Alincthun, du bailliage de Londefort.

Liannette, lieu-dit, c[ne] de Samer.

Liauette, ruisseau de, c[ne] de Longfossé.

Libourderie (La), f., c[ne] d'Alincthun. — *La Bourderie* (Cassini). — *Ferme Bonnet* (carte de l'Etat-major).

LICQUES, c[on] de Guines. — *Liskæ* (Lamb. Ard., p. 93). — *Liskes, Lisces*, 1084 (chron. And., 784, 1 ; 787, 1, 2). — *Parrochia de Liskes et de Buxin*, v. 1127 (ibid., 803, 2). — *Ecclesia sanctæ Mariæ Lischensis*, 1142 (cart. Mor.). — *Altare villæ de Liskes*, 1164 (cart. Lisk.). — *Eustachius de Liskis*, XIIe s. (chron. Andr., 787, 2). — *Liskes*, 1515 (Tassard). — *Licques*, 1559 (part. de Thér.).

Paroisse du gouvernement d'Ardres, ressortissant pour la justice au bailliage souverain de cette ville. — Seigneurie, baronnie du comté de Guines, plus tard érigée en marquisat. — *Mahieu, sire de Lisques*, fait hommage au roi de la terre de *Lisques, de Boukertes, et de Normelles,* tenue du comté de Guines, 16 mai 1383 (arch. nat., P 15).

Cure du diocèse de Thérouanne, puis de Boulogne, au doyenné d'Alquines : *Parochialis ecclesia [beatæ Mariæ] loci de Licques,* 1704 (arch. de l'Evêché). — Présentateur, l'abbé de Licques, qui y nommait un de ses religieux. — Décimateur, l'abbé. — Maintenant succursale dans le diocèse d'Arras.

Abbaye de l'ordre de Prémontré, fondée d'abord comme collégiale vers l'an 1075, régularisée, en 1132, par l'évêque de Thérouanne, Milon Ier, qui la soumit à l'abbaye de Saint-Martin de Laon. — *Liskense Cœnobium* (Lamb. Ard., p. 93, 95). — *Henricus abbas de Lischis,* 1142 (cart. Mor.). — *Robertus abbas ecclesiæ Sanctæ Mariæ de Liskes,* 1161 (cart. Lisk.). — Réduite en commende, mais conservant un prieuré régulier, elle subsista jusqu'en 1790. Il y avait dans l'église abbatiale une paroisse spéciale sous l'invocation de sainte Ursule.

Un fort de Licques, avec garnison : *Florent de Lisques, escuier, capitaine du chatel de Lisques et cinq arbalétriers,* 1372 (establies de Picardie).

L'abbaye elle-même était en état de défense : *Jean Bontemps, escuier, capitaine de l'abbaye de Lisques, deux escuiers, dix arbalétriers,* 1372 (ibid.).

Liecque (Le), lieu-dit, c[ne] d'Audembert. — *Lieu que l'on dit le Liecque, le Liègue,* 1651 (tit. de Mouflon).

Liégette (La), f., c[ne] de Marquise (Cassini). — *Liegethe,* 1286 (terr. de Beaulieu). — *Guichard de Ligete,* 1297 (ch. d'Artois, A 143). — *Liégette,* 1765 (Dom., reg. 56).

Liembronne, h., c[ne] de Tingry. — *Niembrone* (Cassini).

Jehan de Lienenbronne, 1294 (charte de Longvilliers) — *Terroir de Liembronne,* 1458 (compte de Tingry). — *Liembronne,* 1566 (cueil. N.-D. de B.), et 1690 (cueil. de Samer). — Fief tenu du roi, 1553 (déclar. les fiefs). — *Jehan de la Wespierre, escuyer sieur de Lyembronne,* 1550 (coutumes). — On dit aussi *Liembrune.*

Peut-être est-ce le nom de ce hameau que désigne le mot *Broma* (*Bronia* ?) de la donation d'Héribert à l'abbaye de Saint-Bertin, dans le voisinage de Carly et de Menty : *In loco Quertliaco vel Broma sive Minthiaco* 867 (cart. de S.-B., p. 113).

Liersault, bois, c^{ne} de Réty, 1569 (act. not.). — Serait-ce le même que le *Bois des Saules ?*

Lieu-Rebert, lieu-dit, c^{ne} de Bellebrune, au h. de la Houssoye, 1767 (fr.-fiefs de Desvres). Vulgairement les *Fonds Liévrebert.*

Lieussent, h., c^{ne} d'Hocquinghen. — *Linsant* (Cassini).

Lieu-Warin, m^{on}, c^{ne} de Catliers, 1590-1654 (tit. de Mouflon).

Lignères, h., c^{ne} de Bainethun. — *La rue des Lignières* (Cassini). — *Les Linières,* 1582 (cueil. de Costé), 1759 (aveu de la Vallée). — Un fief des *Linières,* mouvant de la Pépinerie, XVIIe s. (arch. des Ursul. de B.).

Lignères, fief, c^{ne} de Bellebrune, mouv. de la baronnie dudit, 1750 (Dom., reg. 50), 1774 (aveu de Fiennes).

Lincq (Le), lieu-dit, c^{ne} d'Outrean, auj. de Boulogne-sur-mer, au faubourg de Capécure. — *La Haye du Lincq,* 1506 (terr. S. W.). — *Rieu qui maisne de le fontaine du Lin à Boulogne,* 1531 (matreloge d'Outreau). — Aujourd'hui *Fontaine Hulain.*

Linoterie (La), f., c^{ne} de Colembert, au h. du Plouy (Cassini).

Lineques, h., c^{ne} de Licques (Cassini). — *Culturam terræ super Lenneques*, 1170 (cart. Lisk.). — On écrit quelquefois l'*Encre*.

Linques, fief, c^{ne} d'Alembon. — *Balduinus de Lencques*, 1196 (chron. And., 833, 1). — Fief de Lainque, possédé en 1598 par Paul Hamy, 1662 (terr. de Sanghen); 1770 (cueil d'Alembon).

Linques, m^{on}, c^{ne} de Fiennes, 1654 (tit. de Mouflon). — *Les Lincres*, 1774 (aveu de Fiennes).

Lisbourne (La), lieu-dit, c^{ne} de Boulogne-sur-mer, désignant un petit terrain communal, situé à l'extrémité orientale de la rue de l'Ancien-Rivage : *voyette et rue qui descend de la tour du Cuing à Lidebourne*, 1505 (terr. S. W.).

Lisdarde (La), h., c^{ne} de Ferques.

Lisembrecq, lieu-dit, c^{ne} de Saint-Etienne, 1788 (Dem., reg. 53).

Lisk, lieu-dit, c^{ne} de Saint-Martin-lez-Boulogne, 1506 (terr. S. W.). — Peut-être le même qui est appelé *List*, 1389 (aveu d'Aelis le Barbière).

Lissebourne, lieu-dit, c^{ne} de Wimille. — *Terre séant à Ovringhen, lès Lissebourne*, 1506 (terr. S. W.).

Lo (Le), c^{ne} de Bonningues-lez-Calais. — *Le Lot* (Cassini). — *La Loue*, 1584 (terr. de Miraulmont). — *Le Loc*, 1619, *Leau*, 1657 (titres divers dans la généalogie de Foucault, Bignon).

Lo (Le), lieu-dit, c^{ne} de Fiennes. — *Balduinus Candidus de Lo*, 1107 (chron. Andr., 787, 1). — *Guarinus de Lo*, 1157 (cart. de Beaulieu). — *Decimam silvæ communis apud Lo juxta Hauthinghem* (v. Autinghem), *inter montem de Fielnes et antiquam guarrariam*, v. 1200 (ibid., 830, 1). — *Balduinus de Lo*, 1206 (Mir. I, p. 735). — *Le Loo*, XIIIe s. (ch. d'Artois,

A 118, n° 5). — *Terre à Saint-Riquier tenant à le Los, chemin de le Los*, 1654 ; *terre gisant à la Basse Loe*, 1576 ; *Le Loe*, 1603 (tit. de Mouflon). — *Le Lot* 1774 (aveu de Fiennes).

Lo (Le), lieu-dit, c^{ne} de Wimille. — *Terre gisant à le Pierre desoubz le Lo*, 1506 (terr. S. W.).

Lobessart, lieu-dit, c^{ne} de Questrecques, voyez Les Aubersacqs.

Locquinghen, h., c^{ne} d'Audinghen (Cassini). — *Lokingehem*, 1208 (cart. B. M. B.). — *Vallée de Locquinghen*, 1480 (terr. d'Andres). — *Locquinghen*, 1550 (cueil. N.-D. de B.).

Locquinghen, h., c^{ne} de Réty (Cassini). — *Villi Lokingahem*, 1084 (chron. And., 789, 1). — *Hugo de Lokingehem, Lockingahem*, 1107 (ibid., 787, 1, 2). — *Loqqinghem*, 1286 (terr. de Beaulieu). — *Lonkinghehem*, XIIIe s. (ch. d'Artois, A. 118). — *Jean de Loquinguehean* 1372 (establies de Picardie). — *Locquinghen*, 1566 (cueil. N.-D. de B.). — Fief mouvant d'Austruy (aveu de 1741).

Lodrehen. — La minute de la partition de Thérouanne des archives de Boulogne donne ce nom comme annexe de la paroisse de Leubringhen. S'il n'y a pas erreur dans l'énonciation, c'est un lieu inconnu.

Loge (La), f., c^{ne} d'Audinghen. — Robert Accary, sieur de la *Loge*, 1520 (gén. Bignon). — Fief de *la Loge*, au chapitre de Boulogne.

Loge (La), m^{on}, c^{ne} de Bainethun, au h. de Macquinghen, 1719 (terr. N.-D. de B.).

Lognerie (La) f., c^{ne} de Colembert, au h. de la Mairie.

Lohen, h., c^{ne} de Wimille (Cassini). — *Ogier de Lohem*, 1208 (ch. d'Artois. — *Thevenin de Lohem, Davin de Lohem*, 1339 (compte de Jeanne de Boulogne). —

Maroye de Lohem, 1393 (aveu d'Honoré Foliot). — *Baudin de Lohem*, 1415 (compte de la ville de B., p. 13). — *La Hohen* (carte de l'Etat-major).

Lombarderie (La), f., c^{ne} de Wirwignes (Cassini).

Lombardie, h., c^{ne} de Lottinghen.

Londefort, h., c^{ne} de Wierre-Effroy (Cassini). — *Henfridus de Londesfort*, v. 1171 (chron. And., 820, 1). — *Londeffort*, 1286 (terr. de Beaulieu). — *Manoir, terre et autres coses de Londesfort*, 1338 (compte de Marg. d'Evreux, Mém. Soc. Acad., IX, p. 322). — *Sires Jehan de Londeffort*, 1339 (compte de Jeanne de Boulogne, ibid., p. 355). — Malbrancq, lib. 1, p. 594, l'appelle *Hardefort*, et sur sa carte, *Hondefort*.

Pairie et gonfalonnerie, ou enseigne, du Boulonnais, tenue du roi, 1553 (déclar. des fiefs). — *Dame Godeliefve le Taintellier, pour sa terre de Londefort, gonffanonlerye du Boulongnoys*, 1550 (coutumes). — Aveu de Londefort, mouvant de Boulogne, en 1782 (arch. nat., Q 900).

Bailliage et prévôté royale de Londefort, établie, dit-on, en 1071 : *Willaumes de le Pasture, bailliu de Londesfort* (comptes de la maison de Boulogne, chart. d'Artois, Mém. Soc. Acad., IX, p. 394). — Le ressort de cette juridiction comprenait les paroisses d'Alinethun, Belle, Bellebrune, Beuvrequen, Boursin, Colembert, Conteville, Crémarest en deçà de la Liane, Hardinghen, Henneveux, Hesdres, Houllefort, Maninghen, Nabringhen, Offrethun, Pernes, Pittefaux, Réty, Rinxent, Souverain-Moulin en deçà de la rivière, Wirwignes, et les hameaux de la Capelle et de Lianne (ancien document). — Depuis l'établissement de la sénéchaussée du Boulonnais, en 1478, le bailliage de Londefort était réuni à ceux d'Outreau, de Wissant et de Boulogne, sous l'autorité du même bailli. — Il a été supprimé par l'édit royal de juin 1745.

Londespoul, lieu-dit, c^{ne} de Wimille, 1506 (terr. S. W.).

Long-Camp (Le), m^{on}, c^{ne} de Samer, 1504, tit. de l'abbaye).

LONGFOSSÉ, c^{on} de Desvres. — *Ecclesia de Altofosseit*, 1119, *de Laufosseit*, 1157, *de Alto Fossato*, 1179 (cart. Mor.). — *Balduinus de Alto Fossato*, v. 1161 (Duchesne, pr. de Guines, p. 97). — *Mainardus de Laufossé*, 1170, *decimam de Alto Fossato*, 1179 (cart. Mor.). — *Hugo de Alto Fossei*, v. 1200 (ibid.). — Les leçons : *Fugo de Lhonefosei*, 1179 (chron. And., 815, 1) et *Hugo de Havefosei*, 1194 (Mir., I, p. 398), paraissent se rapporter au même personnage et au même lieu. — *Tieulle* (tuile) *de Losfossé*, 1415 (comptes de la ville de B., p. 172). — *Loncfossé*, 1515 (Tassard). — *Longfossé*, 1559 (part. de Thér.).

Paroisse du Boulonnais, ressortissant pour la justice au bailliage de Desvres. — Seigneurie, mouvant de Desvres : Adrian de Longfossé, 1550 (coutumes). — Aveu de Longfossé, Blaisel, les Masures, la Salle et Tombes, 1748 (arch. nat., Q 898).

Cure du diocèse de Thérouanne, au doyenné de Frencq, puis de Boulogne, au doyenné de Samer : *Parochialis ecclesia sancti Petri de Longfossé*, 1580 (arch. de l'Evêché). — Présentateurs, les chanoines gradués de Saint-Omer, aux droits du chapitre de Thérouanne. — Décimateurs, les chanoines de Boulogne, au même titre. — Maintenant succursale dans le diocèse d'Arras.

Longpré, f., c^{ne} de Nesles (Cassini). — Fief de *Lompré* tenu du roi, 1553 (déclar. des fiefs).

Longs-Marests (Les), lieu-dit, c^{ne} de Crémarest, 1651-1654 (Dom., reg. 53).

Longuedalle, lieu-dit, c^{ne} de Vieil-Montier, au hameau de la Calique, 1778 (arch. de l'abb. de Samer).

Longueday (Le), lieu-dit, c^{ne} de Nabringhen, 1795 (invent. d'Isque).

Longue-Haye (La), lieu-dit, c^{ne} d'Alembon, XVIIIe s. (reg. de la fabrique dudit).

Longue-Haye (La), bois, c^{ne} d'Alincthun.

Longuenbroecq, lieu-dit, c^{ne} de Saint-Etienne, 1506 (terr. S. W.).

Longuenecq, lieu-dit, c^{ne} d'Audembert, 1654 (tit. de Moutlon).

Longuerecque, h., c^{ne} de Samer (Cassini). — *Framericus de Langrehega*, 1113 (cart. de Samer), et v. 1135 (cart. S. Judoc.).—*Eustachius de Langrehege*, 1218 (ibid.).
Ruisseau de Longuerecque, tributaire de la Liane.

Longue-Roye (La), lieu-dit, c^{ne} de Saint-Léonard. — *Pièce et terre nommée le Longue Roye, le petite Longueroye*, 1399 (aveu de Jehan du Fayel), et 1506 (terr. S. W.).

Longueroye (La), lieu-dit, c^{ne} de Samer, 1504 (arch. de l'abbaye).

LONGUEVILLE, c^{on} de Desvres. — *Hugo de Longavilla*, 1113 (cart. de Samer), 1116 (chron. And., 796, 2). — *Arnulfus de Longavilla*, 1199 (cart. de Samer). — *Hugo miles de Longevile*, 1210, *Baldevinus miles de Longavilla*, 1240 (cart. Lisk.). — *Sextam partem tocius decime parochie de Longavilla ; — Altare de Longavilla*, 1224 (ibid.). — *Ernous de Longheville*, 1285 (ch. d'Art.). — *Longavilla*, 1515 (Tass.). — *Longueville*, 1559 (part. de Thér.). — *Longeville* (cartes de Hondius).

Paroisse du Boulonnais, ressortissant pour la justice au bailliage de Desvres. — Seigneurie, mouvant de Desvres (fiefs de Desvres).

Cure du diocèse de Thérouanne au doyenné de Boulogne, d'après Tassard (d'Alquines), suivant la partition, puis du diocèse de Boulogne, au doyenné d'Alquines : *Parochialis ecclesia [sancti Silvestri] de Longueville*, 1705 (arch. de l'Évêché). — Présentateur, l'abbé de Licques, qui y nommait un de ses religieux. — Décimateur, le curé. — Réunie comme annexe à la succursale d'Henneveux, après le Concordat, l'église de Longueville est aujourd'hui rattachée au même titre à la succursale de Nabringhen.

Longueworre, fief, c^{ne} de Maninghen, 1770 (Dom., reg. 56, et aveu de 1774).

Longue Ynieulle (La), lieu-dit, c^{ne} de Bellebrune.

Longue Ynieulle (La), lieu-dit, c^{ne} de Saint-Léonard, fief mouvant d'Hocquinghen, 1776 (Dom., reg. 53).

Lot (Le), lieu-dit, c^{ne} de Saint-Étienne.

Lot (Le), h., c^{ne} de Saint-Martin-lez-Boulogne (Cassini).

LOTTINGHEN, c^{on} de Desvres. — *Lonastingahem*, 828 et 857 (cart. S. Bert., p. 159 et 162). — *Allodium in villa Lustinghem dicta*, 1102 (ibid., p. 221). — *Lostinghem*, 1157 (cart. de Beaulieu). — *Lustinghehem*, 1199 (cart. de Samer). — *Le paroche de Lostinghem* 1392 (compte des aides). — *Loquinghen*, par mauvaise lecture, 1559 (part. de Thér.). — Malbrancq (t. II, p. 827) l'appelle villa *Loninghemi*, et sur sa carte *Loningahem*, formes qui appartiennent à Leulinghen. — *Lobinghen* (cart. de Hondius).

Paroisse du Boulonnais, ressortissant pour la justice au bailliage de Desvres. — Seigneurie du clocher, unie à celle de Saint-Martin-Choquel, relevant de l'abbaye de Samer. — Le tableau des fiefs de Desvres la dit tenue du roi. — Une autre seigneurie, dite aussi de Lottinghen, était aux mains de l'abbé de Saint-Bertin.

Cure annexée comme secours à celle de Quesques, du doyenné d'Alquines. — Tassard nomme *Lustinghem* parmi les paroisses du doyenné de Boulogne. — Décimateurs, le chapitre de Boulogne, le chapitre de Saint-Pol, les abbés de Saint-Bertin, de Samer, de Doudeauville, de Beaulieu, le prieur de Beussent, l'aumônerie de Samer, le prieuré de Rebreuve et le curé. — Restée unie comme annexe à la succursale de Quesques après le Concordat, elle a été érigée en succursale indépendante par ordonnance royale du 2 février 1820.

Louche (La), fief, c^{ne} de Colembert, mouvant d'Henneveux, 1767 (Dom., reg. 56 bis).

Louet (Le), f., c^{ne} de Longfossé. — *L'Ouest* (Cassini). — *Artus du Blaisel, sieur du Louet*, 1615 (généal. Le Thueur, dans Bignon). — *Le Louet*, 1748 (aveu de Longfossé).

Louette (La), f., c^{ne} de Doudeauville (Cassini). Voyez Alouette.

Louvières (Les), lieu-dit, c^{ne} d'Audresselles.

Lozembrune, h., c^{ne} de Wimille (Cassini). — *Alexandre de Losembronne*, 1415 (comptes de la ville de B., p. 14). — *Vallée de Losenbronne*, 1480 (terr. d'And.). *Lozembronne*, 1506 (terr. S. W.). — *Le Roy, sieur de Lozenbrune*, XVIIe s.

Lubecq, lieu-dit, c^{ne} de Questrecques. — *Le hamel de Lubecque*, 1506 (terr. S. W.), 1743 (aveu d'Escames).

Lucquet (Le), f., c^{ne} de Pittefaux (Cassini). — Le Camus, sieur du *Lucquet*, 1671 (gén. de Roussel, dans Bignon).

Lusquenerie (La), lieu-dit, c^{ne} de Wierre-Effroy (cadastre).

Luzellerie (La), fief, c^{ne} de Ferques, en censives, mouvant de Fiennes, 1767 (Dom., reg. 57).

Luzellerie (La), h., c^{ne} de Wierre-Effroy (Cassini). — Du Sommerard, sieur de la *Luzelleri*, 1583 (act. not.). — Fief mouvant d'Hardenthun, 1767 (Dom., reg. 57).

M

Macquinghen, h., c^{ne} de Bainethun. — *Maquinghen* (Cassini). — *Boloniæ Forestam, juxta Makinghehen*, traduction *Mecquinghen* (Lamb. Ard., p. 77). — *Makingehem*, 1208 (cart. B. M. Bol.). — *Makinghehem*, 1285 (chart. d'Artois). — *Maquinghen*, 1391 (cart. de Crém., n° 3). — Fief tenu du château de Macquinghen-en-Tingry : *De Jehan de Werchin, à cause de sa femme, pour le fief de Maquinguehen ou bos ung esprevier estoffé de las de soye et sonnettes d'argent tournées, pour lequel il est accoustumé paier chacun an xxiiii sols*, 1458 (compte de Tingry).

Chapelle de Macquinghen, en titre de bénéfice : *Capella seu capellania sub titulo Domini Jesu crucifixi in castello de Maquinghen* (arch. de l'Evêché), érigée par ordonnance épiscopale du 5 janvier 1675, avec attribution de divers revenus et entre autres de

« quelques portions de pastures et de bois, » provenant de l'Hermitage de Desvres, « entièrement démolie, dont jouissoit ou devoit jouir le religieux qui y faisoit sa demeure ; » — fondation proposée par Victor du Wicquet, chevalier seigneur baron d'Ordre et Maquinghen, maitre des eaux et forêts du Boulonnais.

Macquinghen, ancien nom du *Château-Gris*, c^{ne} de Tingry (Cassini). — *Chastel de Maquinguehem, ruissel qui maine de le fontaine de Blinguehem aux fossés dudit chastel de Maquinguehem, de quoy lesd. fossés sont abruvés*, 1458 (compte de Tingry). — *Manoir amazé, nommé le château de Macquinghen*, 1764 (tit. de la seigneurie).

Chapelle castrale de Macquinghen, en titre de bénéfice : *Capella, seu Capellania sanctæ Annæ in castello de Mackinghem*, desservie dans l'église paroissiale de Tingry, XVIIIe s. (arch. de l'Evêché). — *Sire Pierre Maillot, prebstre cappelain de mondit seigneur de sa capelle de Maquinguehem ; — à Ernoul Rasoir, pour une torse et luminaire d'icelle cappelle* etc., 1458 (compte de Tingry). — Présentateur le seigneur du lieu. — Revenus portés à 100 livres dans les pouillés du XVIIIe s.

Madame, ruisseau de, c^{ne} de Wimille, tributaire de la Slack.

Madeleine (La), f., c^{ne} de Boulogne, autrefois de Saint-Martin, dans le quartier de Bréquerecque (Cassini). — C'est l'ancienne Maladrerie. — *La Magdalaine*, 1506 (terr. S. W.). — Une délibération du 16 sept. 1554 commande à des personnes atteintes de lèpre de *eulx retirer à la Magdaleine, lieu ordonné pour les lépreulx bourgeois* (arch. com., reg. 1013).

Madeleine (La), lieu-dit, c^{ne} de Samer, voyez **Sainte-Madeleine**.

Mai (Le), voyez **Buisson de Mai**, près duquel étaient assis deux fiefs, d'après la déclaration de 1573. — Un fief de Desvres s'appelait aussi le fief de *Mai*, ou de *May*, situation incertaine.

Maie (La), lieu-dit, c^{ne} de Maninghen.

Mairie (La), f., c^{ne} de Colembert (Cassini). — Fief tenu du roi (Dom., reg. 56 bis).

Maison-Bleue (La), f., c^{ne} d'Hardinghen (Cassini).

Maisonnette (La), f., c^{ne} de Bainethun.

Maison-Rouge (La), f., c^{ne} de Réty.

Maisons-Rouges (Les), nom donné par les pilotes à la ferme des Salines de Sangatte (Alm. de Calais).

Maisons-de-Bas (Les), h., c^{ne} de Saint-Inglevert.

Maison-Taille (La), f., c^{ne} d'Alembon, 1743 (inventaire d'Alembon).

Major (Le), f., c^{ne} de Belle-et-Houllefort.

Maladrerie (La), lieu-dit, c^{ne} d'Andres.

Maladrerie (La), lieu-dit, c^{ne} de Boulogne-sur-Mer, au quartier de Bréquerecque, le même que la **Madeleine**. — *Domus infirmorum Boloniæ ; Verembaldus magister Leprosorum Bolonie*, XIIe s. (diplom. Bert., n° 105). — *Les frères et les sereurs de le Maladerie de Boulogne*, 1278 (ch. d'Artois, Mém. Soc. Acad., IX, p. 224). — *Moulin de le Maladerie de Bouloigne séant d'en costé Ostrehove*, 1315 (chart. N.-D. de B.).

Maladrerie (La), f., c^{ne} de Longfossé (Cassini). — C'est ce qu'on appelle aujourd'hui la *Ferme des Pauvres*, appartenant au bureau de bienfaisance de Desvres. — *Le Maladière de Desvres*, 1339 (compte de Jeanne de Boulogne).

Maladrerie (La), lieu-dit, c^{ne} de Marquise.

Maladrerie (La), lieu-dit, c^ne de Wierre-Effroy (cadastre).

Malannoy, emprès *Questrecque*, lieu-dit, 1392 (compte des aides).

Malassise (La), m^on, c^ne de Belle-et-Houllefort, 1765 (Dom., reg. 57).

Malassise (La), f., c^ne de Leulinghen (Cassini).

Malbac, fief, c^ne d'Hardinghen, 1553 (déclar. des fiefs). Arr.-fief de Fiennes.

Malbret, f., c^ne de Boulogne-sur-mer, à l'extrémité de la ruelle de la Madeleine : *terre dite la fallize de Mollebrecq*, 1506 (terr. S. W.). — *Molebrecq* 1525 (cueil. N.-D. de B.). — *Mol recq, près la ferme de la Maladrerie au terroir de Saint-Martin*, 1784 (Dom., reg. 42).

Malcamp, lieu-dit, c^ne de Maninghen. — *Terre gisant entre Pitefaut et Malecamp*, 1402 (aveu de Pierre Le Kien).—*Rieu qui flue de Malcamp à Souverain-Moulin*, 1765 (Dom., reg. 56). — Fief à Antoine Blondel de Joigny, 1553 (déclar. des fiefs). — Le même, ou un autre de même nom, au chapitre de Boulogne.

Malempert, lieu-dit, c^ne d'Outreau. — *Terre gisans à Malempert, à Malempiere*, (Aveu de Jehan de la Bouverie). — *Vallée de Malempercq. Malempere*, XVe s. (terr. de Turbing.). — *Terre séant à Mallempercq*, 1506 (terr. S. W.).

Malencontre (La), lieu-dit, c^ne de Maninghen (aveu de 1774).

Malevoisine, partie du domaine de Bellefontaine, *garennes de Malvoisine*, 1339 (compte de Jeanne de Boulogne, Mém. Soc. Acad., IX, p. 342 et 391).

Malframbu, lieu-dit, c^ne de Menneville, section des

Pierrettes. — Fief mouvant d'Engoudesent (tr.-tief de Desvres). — Meignot, sieur de *Malfrembu*, 1750 (act. not.).

Malmaison (La), anc. ferme, c^{ne} de Condette, ensevelie sous les sables (descript. topog. du ci-dev. district de Boulogne, par les cit. Delporte et Henry, in-8°, Paris, an VI, p. 12).

Maloterie (La), f., c^{ne} de Belle-et-Houllefort, près du château de Bellebrune (Cassini). — Fief mouvant de Belle, 1757 (Dom., reg. 53) et 1783 (reg. 57).

Maloterie (La), h., c^{ne} de Wierre-Effroy (Cassini).

Malplaqué, f., c^{ne} d'Alincthun, section de Lianne (Cassini).

Malplaqué, f., c^{ne} de Belle-et-Houllefort, près de *la Vignette* (Cassini).

Maltorché (Le), h., c^{ne} de Saint-Pierre-lez-Calais.

Malveau, f., c^{ne} de Samer, au ham. de Bellozanne.

Manchue (La), ruisseau, c^{ne} d'Audresselles, tributaire de la Slack.

Manihen, h., c^{ne} d'Outreau (Cassini). — *Disme de Maninghen d'Outerawe*, 1338 (compte de Marg. d'Evreux). — *Terre gisans au terroy de Maninghen*, 1506 (terr. S. W.). — *Laboureurs, manans et habitans du hameau de Maninghen*, 1575 (arch. de la Sénéchaussée). — Fief de *Manihen*.

MANINGHEN, c^{on} de Marquise. – *Manengehem*, 1208 (cart. B. M. B.). — *Disme de Maninghem-u-mont*, 1338 (compte de Marg. d'Evreux). — *Terre séans à Maninghem ; le moustier de Maninghem*, 1393 (aveu d'Honoré Foliot). — *Maninghem emprès Wimille*, v. 1420 (terr. de Thér.). — *Maninghem*, 1515 (Tass.). — *Maninghem*, 1559 (part. et seun. de Thér.). — *Manoyen* (cartes de Hondius).

Paroisse du Boulonnais, ressortissant pour la justice au bailliage de Londefort. — Seigneurie tenue du roi, dont aveu de 1774 (arch. nat., Q 895).

Cure du diocèse de Thérouanne, puis de Boulogne, au doyenné de Boulogne, avec Pittefaux pour secours : *Parochialis ecclesia sancti Martini de Maninghen cum succursu [sancti Martini] de Pitefau*, 1577 (arch. de l'Evêché). — Présentateur, l'évêque de Boulogne. — Décimateurs, le chapitre de Boulogne, le curé et le seigneur du lieu. — Maintenant succursale dans le diocèse d'Arras, avec Wacquinghen et Pittefaux pour annexes.

Un ruisseau de Maninghen, affluent du Wimereux à Pittefaux.

Mannay, fief, c^{ne} d'Outreau. — Fief de *Mannay*, ou de *Manet*, chapelle de *Manay*, 1784 (Dom., reg. 53).

Manoir (Le), f., c^{ne} d'Hesdin-l'Abbé (Cassini). — *Terres du Manoir*, v. 1480 (matreloge d'Outreau). — *Le Manoir* (bail de 1584). — Famille Disque, ou d'Isque, sieur du *Manoir*, dont généalogie de 1482 à 1697 (Bignon).

Chapelle d'Isque, ou du Manoir, en titre de bénéfice : *Capella, seu capellania perpetua sub invocatione sancti Joannis Baptistæ in ecclesia sancti Vulmari d'Isques*, 1695 (arch. de l'Evêché). — Fondée par disposition testamentaire de François, vicomte d'Isque, érigée par ordonnance épiscopale du 20 février 1688, transférée dans la chapelle castrale du Manoir, — *nunc in castello toparchiæ du Manoir*, par ordonnance épiscopale du 17 octobre 1695. — Présentateur, le vicomte d'Isque. — Revenu 120 livres, d'après les pouillés du XVIIIe siècle.

Maquétra, h., c^{ne} de Saint-Martin-lez-Boulogne. —

Probablement le lieu dit *Arkesten*, 1208 (cart. B. M. B.). — *Maquestrak*, 1415 (compte de la ville de B., p. 19). — *Macquestracq*, 1506 (terr. S. W.). — *Maquestrat*, 1525 (comptes de Thérouanne). — Distrait de la commune de Saint-Martin et incorporé à celle de Boulogne par l'arrêté du 9 nivôse an XII, rendu à la commune de Saint-Martin par l'ordonnance royale du 26 juin 1821.

Marais (Le), lieu-dit, c^{ne} d'Ambleteuse. — *Decimam marescorum d'Ambletoure*, 1121 (cart. S. W. B.)

Marais (Le), h., c^{ne} d'Andres.

Marais (Le), h., c^{ne} de Belle-et-Houllefort.

Marais (Le), h., c^{ne} de Coquelles.

Marais (Le), h., c^{ne} de Fréthun.

Marais (Le), h., c^{ne} de Guines. — *Les marès de Ghisnes*, 1280 (Duchesne, pr. de Guines, p. 295). — *Le marès commun qui gist entre le terre de Ghisnes, tresi Relinkehove*, 1110 (Tailliar, recueil d'actes, p. 32).

Marais (Le), h., c^{ne} de Hames-Boucres. — *Paludem jacentem sub villa de Bokerdes, inter castrum de Gisnes et villam de Marchnes*, 1203 (Mir., I, p. 405). — *Les marais noiés; la rue qui mène au marais; l'Etang, les Etangs*, 1584 (terr. de Miraulmont).

Marais (Le), h., c^{ne} de Marck, 1584 (terr. de Miraulmont).

Marais (Le), h., c^{ne} de Nielles-lez-Calais, 1584 (terr. de Miraulmont).

Marais (Les), lieux-dits, c^{ne} d'Ontreau (Cassini). — *Les marestz de Capescure; marès dessoubz Wabinghen*, 1489 (matreloge, art. 70. 80).

Marais (Le), h. c^{ne} de Saint-Tricat.

Marais (Le), lieu-dit, c^{ne} de Tardinghen.

Marais de la Slack, ruisseau des, c^{ne} de Wimille.

Marancherie (La), f., c^ne d'Alincthun, au ham. de Lianne. — Fief, 1754 (fr.-fief de Desvres). — Arr.-fief de la baronnie de Lianne, 1553 (déclar. des fiefs).

Marbecque (La), f., c^ne de Samer. — *Marbecques* Cassini). — *Nemus Vurmesberk* (?), 1211 (cart. de Samer). — *La Marbecque*, 1690 (cueil. de Samer).

MARCK, c^on de Calais. — *Equites Dalmatæ Marcis in littore Saxonico*, ive s. (notit. dignit. Imper. rom.). — *Merkisa*, 877; — *Fiscus Merki*, 938, 962 (cart. S. Bert., pp. 124, 142, 150). — *In terra Boloniæ et de Merch*, 1084 chr. And., p. 783. — *Actum in villa Merch*, 1093 (cart. S. B., p. 228). — *Altare de Merc; decima à ponte Merc usque in mare*, 1100 (cart. Capellæ, Mir., II, p. 1311-1312 et Desplanque, p. 6.). *Fulco de Merch*, 1113 (cart. de Samer). — *Parrochia de Merc et de Hove*, v. 1127 (chron. And., 803, 2). — *Eustachius de Merk*, 1174 (cart. S. Judoc). — *Mercha, sive Mercuritium* (Lamb. Ard., p. 209). — *Communia de Merch*, 1209; *castrum de Merch*, 1229 (chron. And., pp. 847, 868). — *Markium* (Malbrancq, t. II, carte). — *Marke*, 1556 (terr. angl.). — *Mark*, 1556 (plan anglais). — *Mare* (cartes de Hondius). — M. Aug. Le Prevost, dans le dict. géog. du cart. de S. B. attribue à tort au village de Merck-Saint-Liévin (canton de Fauquembergues) la plupart des citations indiquées ci-dessus.

Paroisse du Pays-reconquis, dans le ressort de la justice royale de Calais. — Seigneurie, au roi, ou à ses engagistes.

Cure du diocèse de Thérouanne, puis de Boulogne, chef-lieu d'un doyenné de chrétienté : *Parrochialis ecclesia Sancti Martini de Marck*, ou *Marcq*, 1582 (arch. de l'Evêché), avec la chapelle de Saint-Pierre ès-liens des Attaques, pour annexe, au XVIIIᵉ s. — Présentateur, l'abbé de la Capelle. — Décimateur, le roi, par ses engagistes ; les deux tiers de la dime verte, lin et colza, au curé, l'autre tiers à la fabrique. — Maintenant succursale dans le diocèse d'Arras.

Maladrerie de Merch, citée dans la chron. d'Andres, en 1217 (p. 858) et dans les chartes d'Artois ; on en a les comptes de 1306 à 1320 (ch. d'Artois, A 898). Détruite pendant l'occupation anglaise.

Doyenné de Marck, dans le diocèse de Thérouanne, — *Ministerium de Merk*, 1122 (cart. S. Bert., p. 229), — comprenant les paroisses d'Audruicq, Guemps, Nortkerque, Nouvelle-Eglise, Offekerque, Oye, Saint-Folquin, Sainte-Marie-Kerque, Saint-Nicolas, Saint-Omer-Capelle, Vieille-Eglise et Zutkerque de l'arrondissement de Saint-Omer, Calais, Marck et Saint-Pierre, de l'arrondissement de Boulogne. — Le tout dans l'ancien archidiaconé de Flandre (*Pagus Mempiscus*).

Le doyenné de Marck du diocèse de Boulogne comprenait les paroisses de Bonningues-lez-Calais, Coquelles, Coulogne, Escalles, Fréthun, Peuplingues, Sangatte, de l'ancien doyenné de Guines, Calais, Guemps, Marck, Nouvelle-Eglise, Offekerque, Oye, Saint-Pierre et Vieille-Eglise, de l'ancien doyenné de Marck, et, depuis 1658, Hervelinghen, de l'ancien doyenné de Wissant ; — le tout, moins cette dernière paroisse, dans le nouvel archidiaconé de Flandre.

Terre de Merc : — Le territoire aujourd'hui circonscrit dans les limites des communes de Calais, Saint-Pierre, Marck et les Attaques, de l'arr. de Boulogne, Nouvelle-Eglise, Offekerque, Oye, Vieille-Eglise et Saint-Omer-Capelle, de l'arr. de St.-Omer, formait la terre de Merc, appelée *Fiscus Merki terra de Merch, et Mercuritius pagus*, suivant les citations données plus haut. Toutes ces paroisses ne formaient d'abord qu'une seule commune, administrée par un seul et même collége d'échevins, *S abini de Merc*, ou *de Merch*. — Calais en fut détaché par une charte de Mathieu II, qui est perdue, par une charte de Gérard de Gueldre, vers 1181, et définitivement par Renaud de Dammartin en 1210 (ch. d'Artois, A 4, n° 7, et A 5, n° 15).—La comtesse Mahaud de Boulogne a donné à ses hommes de la terre de Merch une nouvelle constitution, au mois d'avril 1253 (ch. d'Artois, A 12 .

La terre de Merch était possédée depuis le xi° siècle par les comtes de Boulogne, sous l'autorité des comtes de Flandre. Ils l'administraient par un bailli, — *baillivus comitis de Merc*, 1196 (chart. d'Art., A 5, n° 5). — Après la mort de la comtesse Mahaud (14 janv. 1259 , la terre de Merch échut aux comtes d'Artois, qui la gardèrent jusqu'à la conquête du Calaisis par les Anglais.

Canal de Marck, faisant suite au canal du Houlet, depuis le pont Pollart (route nationale de Calais à Dunkerque), jusqu'au Pont-Clément, territoire de Saint-Pierre, où il se jette dans le canal de Calais à Saint-Omer ; — *Aqua quæ dicitus Merc-led, quæ fluctu accedente ad mare recurrit*, 1100 (Mir., II, p. 1312). — D'après une autre description, le canal de Marck traverse cette commune depuis le Pont-Leleu jusqu'à la rue Poissonnière, il côtoie les Attaques, jusqu'au Pont-à-Quatre-Branches, qui est son point de départ, et il a son embouchure au Pont-Clément, comme dessus (Alm. de Calais).

Marckenfjce, f., c^ne de Marck.

Marcoteau, lieu-dit, c^ne de Guines.

Marcq (Le), f., c^ne de Doudeauville. — *La Marcque*, xve s. (reg. aux plaids de Doudeauville). — *Deux fiefs nommés la Marque, arr.-fiefs de Doudeauville*, 1553 (déclar. des fiefs). — *Robert le Tueur, demeurant à le Marque paroisse de Doudeauville*, 1654 (Bignon). — Famille du Tertre *de le Marcq*, ou *d'Elmarcq* (titres divers).

Marcq (Le), m^on, c^ne de Fiennes. — *Le fief des Marques*, 1582 (cueil. de Costé). — *La maison de le Marque*, 1654 (tit. de Mouflon). — *Fief de le Marque*, 1774 (aveu de Fiennes).

Mardinchon (La), f., c^ne de Doudeauville. — *Merdinchon* (Cassini).

Maréchaussée (La), f., c^ne de Neufchâtel, siége de la Maréchalerie, pairie du Boulonnais. — *Anthoine du Bocquet, maréchal du Boulonnais, pour la maison de la Maréchaussée*, 1651 (Dom., reg. 63). — Fief tenu du roi, composé de censives à prendre en divers lieux, notamment à Wimille.

Marequête, lieu-dit, c^ne d'Outreau.

Maresquel (Le), fief, c^ne de Saint-Etienne, au ham. d'Haffreingue, mouv. de la Seigneurie d'Ecault, 1745 (Dom., reg. 53).

Markene, ancien nom d'un village situé dans le voisinage de Guines. — *Marchenes*; — *Unum hospitem apud Marlnes; Imma vicecomitissa de Marcnes; Henricus de Marchnes; terram apud Markanes, Marhnes*. 1084 (chron. And., 784, 2; 785, 2; 790, 2; 793, 1; 796, 1). — *Villa Marcnes, Marchnes* (ibid., 789, 1; 832, 2). — *Simon de Markinio;* — *Markiniensis vicecomes Arnoldus;* — *apud Markinium fuit quidam* *vicecomes nomine Elembertus*, XIIe s. (Lamb. Ard., pp. 123, 315). — *Turris ecclesiæ Markiniensis* (ibid., p. 315).— *Henricus de Marknes*, 1116 (Mir., I, p. 372). — *Duo altaria Fontaines et Marknes nominata*, 1147 (cart. de Selincourt). — *Elembertus cognomento Paganus, vicecomes de Marcnes* (chron. Andr., 801, 1). — *Helembertus de Marknes* (cart. de Selincourt). — *Duo altaria in episcopatu Tervanensi, Marchenes et Fontanas*, 1166 (ibid.). — *Willemus clericus de Markenes*, 1215 (ibid.).— *Alulfus et Manasses de Markenes*, 1164 (cart Mor.). — *Terram in Marchenes et in villa de Nellis*, 1164 ; — *Simon de Marknes*, 1170 (cart. Lisk.). — *Presbiter de Merchne*, 1210 (cart. S. Bert.). — *Aqua quæ descendit de Marcnes usque molendinum de Nieles*, 1212 ; — *quatuor mensuras terræ sitas in clivo montis de Markenes*, 1255 (cart. S. Léonard de Guines). — *Parrochia de Markene*, 1261 (cart. Lisk.). — *Williames de Markenes*, 1307 (compte des baillis de Calais, p. 5). — *Markenes*, 1559 (sennes de Thér.).

Cure du diocèse de Thérouanne, au doyenné de Guines, dont le patronage a été donné à l'abbaye de Selincourt, du diocèse d'Amiens, par l'évêque Milon Ier, en 1147. Après la conquête du Calaisis, l'abbé de Selincourt chercha à se prévaloir de ce droit pour présenter des sujets à l'évêque de Boulogne, en vue d'obtenir la cure de *Marck*, notamment en 1582 et en 1788 ; mais la cure de Marck avait déjà deux patrons, les abbés de Saint-Jean-au-Mont et de la Capelle, qui se disputaient le même honneur, avec des titres plus sérieux ; et les moines Picardes en furent pour leurs frais.

Voyez Hames. — Voyez aussi Saint-Tricat.

Markeneweeghe, lieu-dit dans la paroisse de Markene, cité dans les chartes d'Artois au XIII⁰ s. (A 134, n⁰ 12).

Marlborough, h., c^nes de Saint-Martin-lez-Boulogne et de Wimille, vulgairement *Malbrouck*. — Réuni à la commune de Boulogne, par arrêté du 9 nivôse an XII, et rendu à la commune de Saint-Martin par ordonnance royale du 26 juin 1821.

Marle (Le), fief, c^ne de Menneville, assis sur la ferme des Pierrettes, mouv. de l'abbaye de Samer, 1763 (terr. de Samer).

Marlière (La), lieu-dit, c^ne d'Hardinghen, 1774 (aveu de Fiennes).

Marmousets (Les), f., c^ne de Coulogne.

Marotaines (Les), h., c^ne d'Henneveux. — *Les Marotines* (Cassini). — *Morfontaine* (carte de l'État-maj.).

Marquets (Les), f., c^ne de Bainethun, section de Questinghen (Cassini). — 1759 (aveu de la Vallée). — Fief mouv. de la baronnie de Bainethun, 1788 (Dom., reg. 53).

Marquets (Les), f., c^ne de Longfossé. — Fief nommé *les Marquets de la Watine*, 1748 (aveu de Longfossé).

Marquets (Les), fief, c^ne de Réty, mouv. d'Austruy, 1741. — C'est à l'un de ces lieux-dits que se rapporte le nom de famille si commun dans le Boulonnais, tel que celui de *Willemine des Marqués*, 1415 (compte de la ville de B., p. 7).

MARQUISE, chef-lieu de canton. — *Marchiam villam lapidum fœcundam*, XI⁰ s. (Gocelinus, in Act. SS. Boll., Maii VI, p. 402). — *Petreiam vel petrarum quadraturam Marchisiæ* (Lamb. Ard., p. 59). — *Balduinus de Markisio*, alias *de Markisia* (ibid., pp. 171, 249). — *Terram Markisiæ* (ibid., p. 277). — *Robertus de Marquise*, 1121 (cart. S. W. Bol.). —

Markisa, 1208 (cart. B. M. B.). — *Fu uns vassaus Grans et hardis et fors et biaus; Wistasse ot non de Maraquise*, XIIIᵉ s. (roman d'Eustache le Moine, v. 348-350). — *Marguison*, XVIᵉ s. (chronique anglaise de Hall, p. 790). — *Markise*, 1515 (Tassard). — *Marquise*, 1559 (part. de Thér.). — *Markis* (Malbrancq, carte). — M. Aug. Le Prevost en fait à tort le *Merkisa* (Marck) des chartes de Saint-Bertin (p. 399).

Bourg du Boulonnais, ressortissant pour la justice au bailliage de Wissant. — Seigneurie réunie à celles de Longvilliers et de Recques, dont hommage au roi, à cause du château d'Etaples, le 30 juin 1607 (arch. nat., P 15, n° 482). — Il y a un aveu de 1764 (ibid., Q 900.

Cure du diocèse de Thérouanne, puis de Boulogne, dans le doyenné de Wissant, *Parochialis ecclesia Sancti Martini de Marquise*, 1586 (arch. de l'Evêché). — Présentateur, le prieur de Beussent. — Décimateur, le curé pour six gerbes, le prieur de Beussent, deux, les Annonciades de Boulogne, une. — Cure de seconde classe, dans le diocèse d'Arras, depuis le Concordat ; chef-lieu d'un doyenné pour les cantons de Marquise et de Desvres, par ordonnance épiscopale du 29 août 1813 ; et pour le seul canton de Marquise, depuis le 24 juin 1844.

Marsey, lieu-dit, cⁿᵉ d'Outreau. — *Terre gisant à Marsey*, alias *Marsset*, 1506 (terr. S. W.).

Marthe, lieu-dit, cⁿᵉ du Portel. — *Terroir de Martre*, 1389 (aveu de Willame du Moustier). — *Mattre*, XVᵉ s. (terr. de Turb.). — *Terroir de Martre*, 1480-1500 (matreloge d'Outreau, art. 68 et 124). — *Les praiaulx de Martre*, 1506 (terr. S. W.). — *Marte lès-*

Portel, 1550 (cueil. de N.-D. de Boulogne). — *Fonds de Marthe* (cadastre).

Mas (Le), nom de plusieurs lieux-dits, dont je n'ai pu déterminer la situation. — Il y a d'abord un mont ainsi appelé, sur Campagne : *in monte de Campaniis qui Mas dicitur* (chron. And., 789, 1) ; puis un point de comparaison plus rapproché de la mer, dans cette phrase vraiment énigmatique : *plana omnia quæ jacent in orientali parte viæ maris* (orient de la Leulène), *inter Mas et mare fluens videlicet inter Witzand et Dorra* (ibid., 787, 1) ; — une terre, *terra de Mas* (ibid., 795, 2) ; — une ferme, *curtis de Mas* (ibid., 831, 2) ; — enfin une seigneurie, *Ernulfus de Mas* (ibid., 833, 1). — Dans les chartes de Licques, on trouve aussi mentionnés une ferme et un bois, *curtis de Mas, silvam de Mas*, en 1164, 1170, 1224, dont l'emplacement n'est pas donné avec précision. — Voyez le **Mat**.

Masinghen, f., c^{ne} de Verlincthun (Cassini). — *Enlard de Masinghem*, 1392 (aides de Bourgogne). — *Simon de Masinguehen*, 1458 (compte de Tingry). — *Terres de Mazinguen*, 1609 (tit. de Samer). — Arr.-fief de Doudeauville, 1553 (déclar. des fiefs).

Massonnerie (La), f., c^{ne} de Belle-et-Houllefort (Cassini). — *Fr. Le Caron, sieur de la Massonnerie*, 1617 (Bignon). — *Mutinot de la Massonnerie*, XVIIIe s. — Fief mouvant de la châtellenie de Belle, 1767 (Dom., reg. 57).

Massonnerie (La), f., c^{ne} de Bellebrune. — *La Maçonnerie* (carte de l'Etat-Major). — Fief mouvant de Bellebrune, 1767 (Dom., reg. 57).

Masure (La), ferme démolie, c^{ne} d'Hardinghen.

Masures (Les), lieu-dit, c^{ne} de Longfossé. — Fief relevé avec celui de la Salle, dans l'aveu général de Longfossé, 1748, mouv. de Boulogne (Fiefs de Desvres).

Masurette (La), lieu-dit, c^{ne} de Brunembert, 1766 (francs-fiefs de Desvres).

Masurettes (Les), lieu-dit, c^{ne} d'Outreau.

Mat (Le), h., c^{ne} d'Hermelinghen. — *Le Mats* (Cassini). — *Chemin qui maine du Crocq de Fiennes au Mas*, 1654 (tit. de Mouflon). — *Hameau du Mat*. — Voyez Mas.

Mat d'Andres (Le), lieu-dit, c^{ne} d'Hermelinghen.

Maubuisson, partie du domaine de Bellefontaine, 1339 (compte de Jeanne de Boulogne).

Mauquembergue, fief, c^{ne} de Sanghen, d'après M. Courtois (topog. du comté de Guines, appendice au Lambert d'Andres de M. de Godefroy, p. 509). — Voyez Molquembert.

Mauroy, h., c^{ne} de Longfossé. — *Monroy* (Cassini). — *Monsieur de Larroy, seigneur de Wierre, pour un fief qu'il a à Mauroy*, 1392 (aides de Bourg.). — *Fief de Mauroy*, 1553 (déclar. des fiefs). — *Montroy*, 1680 (act. not.). — *De Raulers, sieur de Mauroy*, de 1520 à 1697 (généal. Bignon). — Fief tenu du roi, à cause du bailliage de Desvres, dont aveu de 1748 (arch. nat., Q 898).

May, fief du, assis à Desvres, tenu du roi, dont aveu de 1767 (arch. nat., Q 898).

Mazarderie (La), f., c^{ne} de Wirwignes (Cassini). — *La Mazarderye*, 1553, fief tenu du roi.

Bois de la Mazarderie.

Mégen (Le), f., c^{ne} de Longfossé. — *Magen* (Cassini). *Pierrot du Méghen*, 1472 (plaids de Doudeauville). — *Mesgehen* 1553 (déclar. des fiefs). — *Adrien du Méghen, sieur dudit lieu*, 1603 (inscript. de l'anccloche de Sainte-Gertrude). — Arr.-fief de Selles, dans l'aveu de 1731.

Le cartulaire de Saint-Bertin cite sous l'an 854 un lieu-dit du Boulonnais qu'on pourrait placer au Mégen, ou Mesghen : *in pago Bononensi, in loco nuncupante Mighem* (cart. S.-B., p. 93, 94) ; mais j'aimerais mieux le retrouver sur le territoire d'Etaples, où le plan dressé par M. Marguet, pour l'explication des fouilles de 1841 (Atlas du t. VI, des Mém. de la Soc. des Antiq. de la Morinie), donne un lieu-dit du nom de *Le Minghem*, entre le Hupétas et le Mont-du-Sot, non loin de *Cafitmere* (Camiers), cité dans le même acte. Quoi qu'il en soit, on voit qu'il est inutile de recourir, avec M. Longnon, dans son étude sur le *Pagus Bononensis*, à l'expédient toujours fort hasardeux de proposer le changement de *Mighem* en *Inghem*, pour trouver une solution acceptable.

Meldick (Le), f. c^{ne} de Marck.

Mellak, anc. nom du ham. de Saint-Blaise, c^{ne} de Guines. — *Sigemarus de Milleca*, 1116 ; — *Robertus presbyter de Midleca*, v. 1118 (chron. And., 796, 1 : 799, 1). — *Thomas presbiter de Melleka*, 1206 (chart. des Bénéd. d'Ardres). — *Balduinus sacerdos de Melleche*, 1208 (ibid.). — *Decima de Melleke*, 1210 (diplom. Bert., n° 118). — *Mellecke*, 1515 (Tassard). — *Mellak*, 1556 (plan anglais). — *The parish of Mellack, als St Blase*, 1556 (terr. angl.). — C'était une des anciennes paroisses de la ville de Guines dans le patronage des religieuses de Saint-Léonard.

Melmansbroke, ou **Melmonsbroke**, lieu-dit, qualifié paroisse, situé près et peut-être sur le territoire de Saint-Pierre-lez-Calais, dont il n'était séparé que par le cours de l'*Old river*, ou watergand du Vieux-Duc, 1556 (plan et terrier anglais).

Memont, lieu-dit, c^ne de Wimille, 1506 (terr. S. W.).

Ménégart, fief, dont la situation m'est inconnue, et qui appartenait en dernier lieu à la famille de Lastre, dont aveu du 12 fév. 1740 devant Serin, notaire à Boulogne (pièce perdue).

Ménembourcq, lieu-dit, c^ne d'Outreau, xve s. (terr. de Turbinghen).

Ménendelle (La), f., c^ne de Wimille (Cassini). — *Menendelle*, 1491 (cueil. de Beuvrequen). — *Perot Sauvage de Menendalle*, 1506 (terr. S. W.).

Ruisseau de Ménendelle, affluent de celui d'Hérouville, tributaire de la Slack.

Menin (Le), lieu-dit, c^ne de Quesques (cadastre).

MENNEVILLE, c^on de Desvres. — *Manavilla*, 1173, *Magnaville*, 1193, *Magna Villa*, 1199, *Manevilla*, 1210 (cart. de Samer). — *Altare de Magnivilla*, 1173 (ibid.). *Andrius de Maneville*, 1293 (ch. d'Art., A 38, n° 41). *Antoine de Maneville, sieur dudit lieu*, 1550 (coutumes). — *Manneville*, 1559 (part. de Thér.). — *Mannelle* (cart. de J. Hondius).

Paroisse du Boulonnais, ressortissant pour la justice au bailliage de Desvres. — Seigneurie tenue du roi, aux mains de l'abbé de Samer.

Cure du diocèse de Thérouanne au doyenné de Frencq, puis du diocèse de Boulogne au doyenné d'Alquines, restée par exception dans l'archidiaconé d'Artois, avec ses annexes de Saint-Martin-Choquel et de Vieil-Moutier : *Parochialis ecclesia [sancti Audomari] de Menneville cum suo succursu sancti Martini et annexa de Vieux-Moutier*, 1576 (arch. de l'Evêché). — Présentateur, l'abbé de Samer. — Décimateurs, l'abbé, pour deux tiers, le curé pour l'autre tiers, avec la dime de sang. — Maintenant succursale dans le diocèse d'Arras, avec Saint-Martin-Choquel pour annexe.

Chapelle de Sainte-Barbe de Menneville, en titre de bénéfice, desservie dans l'église de Saint-Martin-Choquel : *Capella seu capellania dive Barbare, que alias et vulgo nuncupatur Capella seu Capellania de Menneville, seu divi Martini, eo quod sit deserviri solita in fano divi Martini, altero succursu ecclesie parochialis de Menneville prope Diverniam*, 1584 (arch. de l'Evêché). — Revenu 100 livres, dans les pouillés du XVIIIe s.

Menneville, lieu-dit et fief, c^{ne} d'Hardinghen.—*Chemin de Menneville au hameau de l'Eau courte*, 1774 (aveu de Fiennes).

Mentellerie (La), f., c^{ne} de Colembert (Cassini). — *La Mantellerie* 1765 (Dom., reg. 56).

Menty, h., c^{ne} de Verlincthun (Cassini). — *In loco nuncupante Quertliaco (Carly), sive Minthiaco, bunaria XX, in pago Bononensi super fluvio Elna*, 867 (cart. S.-Bert., p. 113). — *Mintinum*, 1112 à 1210, *Minthinum*, 1111, *Minthi*, 1173, *Minty*, 1193 (cart. de Samer). — *Balduinus de Menti*, 1196 (chron. And., 826, 1). — *Minthy*, 1515 (Tassard). — *Minthiaco, nunc Mainthes* (Malbrancq, t. II, p. 296). — Seigneurie de *Menty*, dime de *Menty*, bois de la *Côte de Menty*, 1751 (décl. des biens et revenus des relig. de Samer). — *Manty*, (cart. de Hondius).

M. Aug. Le Prevost dans son dict. géog. du cart. de S.-B., propose à tort, quoique dubitativement, de traduire *Menthiacum*, par Mentques-Nortbécourt

(p. 399); et M. Aug. Longnon (Pag. Bon., p. 32) n'a pas eu raison d'adopter cette opinion erronée.

Bois de Menty, *nemus quod est in falitiis de Minty*, 1193 (cart. de Samer).

Ruisseau de Menty.

Mepas, fief, dont aveu du 19 février 1744, devant Flamichon, notaire à Boulogne. Situation inconnue.

Merdeuse (La), fief, c^{ne} de Selles, 1766 (francs-fiefs de Desvres).

Merdinchon (La), voyez Mardinchon.

Merlier (Le), ruisseau, c^{ne} de Saint-Etienne, allant droit à la mer. L'Annuaire de 1807 paraît le confondre avec celui de Menty. L'Annuaire de 1863 l'appelle le *ruisseau du Merlin*, p. 218.

Merlingdalle, h., c^{ne} de Verlincthun. — *Merlinguedalle* (Cassini). — *Tenement nommé Merlinguedalle*, 1458 (compte de Tingry).

Ruisseau, tributaire de la Liane.

Bois.

Mesnil (Le), fief, c^{ne} d'Alincthun, tenu du roi (tableau des fiefs de Desvres).

Mesnil (Le), h., c^{ne} de Réty (Cassini). — *Le Maisnil*, 1569 ; *le Mesnil*, 1583 (act. not.). — Seigneurie tenue du roi.

Mikerecque, lieu-dit, c^{ne} d'Outreau, 1506 (terr. S. W.).

Milembert, lieu-dit, c^{ne} d'Outreau. — *Terre desous Milenberc*, 1391 (aveu de Will. du Moulin). — *Milembercq*, 1480 (matreloge d'Out., art. 14). — *Le moulin de Millembercq, le motte de Millembercq*, 1506 (terr. S. W.).

Milembourcq, lieu-dit, c^{ne} d'Outreau (terr. de Turbinghen).

Milletrecq, fief, c^{ne} de Samer. — *Gerbodo de Milestirch*,

1113 ; *Balduinus de Milestrec*, 1199 (cart. de Samer). — *Milestrecq* (actes divers du XVIᵉ et du XVIIᵉ s., dans les archives de l'abbaye). — Fief aux mains de l'abbé de Samer, dans les lettres de papier terrier du 6 septembre 1748.

Millonnière (La), fief, cᵗᵉ d'Audresselles, mouv. de de Bazinghen, 1694 (Dom., reg. 50).

Milroquet, lieu-dit, dans la garenne de Neufchâtel (acte de vente de 1697, aux arch. nat., Q 901).

Mimoyecque, h., cⁿᵉ de Landrethun-le-Nord. — *Mimoyeque* (Cassini). — *Midel Moicques*, XIIIᵉ s. (ch. d'Artois, A 118). — Voyez Moyecques.

Mine-d'Or (La), mᵒⁿ, cⁿᵉ de Wissant.

Minendalle, nom du ruisseau. — *Le rion de Minendalle*, 1278 (chartes d'Artois), — qui faisait la limite de la banlieue de Boulogne depuis l'église de Saint-Étienne jusqu'à la mer.

Minoncamps (Les), lieu-dit, cⁿᵉ de Quesques (cadastre).

Minorque, h., cⁿᵉ des Attaques.

Mirandalle, ou *Vallée Mirandalle*, anc. nom du hameau dit le *Fond de Lorraine*, à Rinxent.

Misère (La), h., cⁿᵉ de Menneville (cadastre).

Mogreville, ruisseau de, faisant la séparation des communes d'Alincthun et de Crémarest, tributaire de la Liane. — *Rieu de Mongreville*, aliàs *de Maugreville*, 1684 (arch. des Ursul. de B.). — L'annuaire de 1863 l'appelle le ruisseau du *Mont-Créville*.

Moines (Les), f. et moulin, cⁿᵉ de Réty. — *Moulin des Moines* (de Beaulieu), 1654 (tit. de Moufton et Cassini).

Moldat (Le), lieu-dit, cⁿᵉ de Bazinghen.

Molgand, ruisseau tributaire du Wimereux, à Pittefaux, d'après l'Annuaire de 1863, p. 222.

Molinet (Le), grand et petit, h., c^ne de Samer. — *Moulinet* (Cassini). — *Le Molinet*, 1572. — Fief du *Petit-Molinet* mouv. de l'abbaye de Samer, 1749 (tit. de l'abb.).

Molonnerie (La), f., c^ne de Colembert.

Molquembert, fief dans le domaine d'Alembon, 1743. — *Eustachius de Malkesbech*, aliàs *Malkesbec* et *Malceberge*, 1084 (chron. And., 784, 2 ; 785, 1, 2). — *Wido de Malkesberc*, 1114 (ibid., 787, 1 ; 794, 1). — *Joannes de Malkesbergh*, 1225 (ibid., 866, 1). — *Malchesberc*, 1199 (cart. de Samer). — Il y a un lieu-dit du même nom sur la commune d'Audrehem, de l'arr. de Saint-Omer ; et c'est là peut-être qu'il faut reporter la situation du fief possédé par les personnages cités dans la chronique d'Andres. Eustache de *Malkesberc* avait donné à l'abbaye de Licques les terres de Linques, dont la possession fut confirmée en 1164 et en 1170. — Voyez Mauquembergue.

Monconet (Le), m^on, c^ne de Wirwignes.

Moncrocq, h., c^ne de Crémarest.

Mont (Le), h., c^ne de Bournonville (Cassini).

Mont (Le), lieu-dit, c^ne de Hames-Boucres, 1584 (terr. de Miraulmont).

Montacqs (Les), h., c^ne de Landrethun-le-Nord. — *Montacre*, 1286 (terr. de Beaulieu), 1654 (tit. de Mouflon).

Montaigu (Le), h., c^ne d'Hesdigneul (Cassini).

Montauban (Le), lieu-dit, c^ne d'Alincthun.

Montauban (Le), lieu-dit, c^ne d'Echinghen.

Montauban (Le), lieu-dit, c^ne d'Hermelinghen.

Montauban (Le), lieu-dit, c^ne d'Hesdin-l'Abbé.

Montbrun, lieu-dit, c^ne d'Herbinghen. — *La garenne de Montbrun*.

Mont-Burnent (Le), lieu-dit, c^{ne} de Courset.

Mont-Cochet (Le), lieu-dit, c^{ne} de Fiennes, 1582 (cueil. de Costé ; 1654 (tit. de Mouflon).

Montcornet (Le), f., c^{ne} de Boursin (Cassini).—Famille *de Montcornet*, dont généal. de 1559 à 1697 dans Bignon.

Montcornets (Les), lieu-dit, c^{ne} d'Hardinghen.

Mont-Dauphin, lieu-dit, c^{ne} de Colembert.

Mont-de-Boursin (Le), f., c^{ne} de Boursin (Cassini).

Mont-de-Caffier (Le), lieu-dit, c^{ne} d'Echinghen, 1401 (aveu d'Enlart Paindavene).

Mont-de-Calais (Le), h., c^{ne} de Wimille.

Mont-de-Fiennes (Le), h., c^{ne} de Fiennes.

Mont-des-Boucards (Le), h., c^{ne} de Wierre-Effroy. — *Mont de Boucard*, 1566 (cueil. N.-D. de B.).

Mont-des-Diables (Le), h., c^{ne} d'Alincthun, section de Haute-Lianne.

Mont-de-Senne (Le), lieu-dit, c^{ne} de Wierre-Effroy (cadastre).

Mont-des-Guibons (Le), lieu-dit, c^{ne} de Saint-Martin-lez-Boulogne.

Mont-des-Poteries (Le), lieu-dit, c^{ne} de Wirwignes.

Mont-des-Taintuins (Le), h., c^{ne} de Rinxent.

Mont-de-Terre (Le), f., c^{ne} de Neufchâtel (Cassini).

Mont-de-Tune (Le), h., c^{ne} d'Hesdin-l'Abbé (Cassini).

Mont-de-Violette, lieu-dit, c^{ne} de Nesles, ancienne fortification qui commandait le village de Neufchâtel : *terre située au Mont de Violette*, 1765 (Dom., reg. 56). — *Le camp de César, vulgairement le mont de la Violette*, 1770 (aveu d'Audisque, aux arch. nat., Q 901). — La carte de l'Etat-major donne le nom de Mont de Violette, à une éminence située près de Verlincthun, à la naissance de la chaine des collines du Haut Boulonnais.

Mont-d'Olivet (Le), lieu-dit, c^ne de Saint-Martin-lez-Boulogne, dans les jardins du Vieil-Atre.

Mont-d'Orgueil (Le), lieu-dit, sur la colline de la Tour-d'Ordre, aujourd'hui inconnu : *Mont d'orgoueul*, 1505 (terr. S. W.).

Mont-du-Catelet (Le), lieu-dit, c^ne de Nabringhen.

Mont-du-Catez (Le), nom vulgaire du *Fort-César*, à Wissant.

Mont-du-Chemin (Le), lieu-dit, c^ne de Neufchâtel.

Mont-du-Gibet (Le), lieu-dit, c^ne de Belle-et-Houllefort.

Montée-de-Grève (La), lieu-dit, c^ne de Wimille, sur la côte de Wimereux.

Montée-des-Chevaux (La), lieu-dit, c^ne du Portel.

Montée-des-Haguettes (La), lieu-dit, c^ne d'Ambleteuse, sur la côte.

Montée-des-Indolents (La), ancien nom de la rue de la Porte-Gayole, à Boulogne, 1822 (délib. municip.).

Montenval, lieu-dit, c^ne d'Outreau, 1506 (terr. S. W.).

Mont-Eventé (Le), h., c^ne d'Alinethun, 1731 (aveu de Selles).

Mont-Eventé (Le), h., c^ne de Menneville (Cassini) ; 1763 (titres de l'abb. de Samer).

Mont-Galien (Le), lieu-dit, c^ne d'Hardinghen, vers Boursin.

Montgardin, h., c^ne de Bouquehault (Cassini). — *Eustachius de Montgardin*, alias *de Muntgardin*, 1084 (chron. And., 789, 1, 2). — *Eustachius de Montegardin*, 1112 ibid., 788, 1). — *Mongardinium* (Lamb. Ard., p. 171, 203, 205, 217). — *Robert de Palefrois, chatelain de Montgardin*, 1300 (ch. d'Art., A 160 ; — *Le castelain de Mongairding*, 1300 (compte des baillis de Calais, p. 12).

Montgardin, ancien nom de la Haye-Quiennet, c^ne

d'Outreau : *Masure nommée Montgardin*, 1525 (cueil. N.-D. de B.).

Mont-Gillon (Le), f., c^{ne} de Wimille (Cassini).

Mont-Graux (Le), bois, c^{ne} de Menneville, sur le plateau du Colembert, défriché.

Mont-Hulin (Le), lieu-dit, c^{ne} de Menneville, portant les traces d'un fort construit en 1546 et détruit en 1679 : *Jehan de Pocque, cappitaine de Monthullin*, 1553 (déclar. des fiefs).

Mont-Husy (Le), h., c^{ne} de Leulinghen.

Montigny, fief, c^{nes} de Questrecques et de Wirwignes, en censives, tenu du roi (déclar. de 1553 et Dom., reg. 56 bis, en 1782).

Montjoie (La), lieu-dit, c^{ne} de Saint-Martin-lez-Boulogne, dans le voisinage d'Ostrohove et de la Madeleine : *Le Mont d'Hocquinghen, deseure le grand Monjoie*, 1506 (terr. S. W.). — Une délibération municipale de 1568 commande aux lépreux non bourgeois de se retirer à *la Mont-Joye*, où l'on fait bâtir une maison pour les recevoir (arch. comm. de Boul., reg. 1013).

Montlambert, h., c^{ne} de Saint-Martin-lez-Boulogne (Cassini). — *Bovemberg*, pour *Bonemberg*, 1208 (cart. B. M. B.).— *Boullembercq*, 1506 (terr. S. W.).— *Camp de Boullembercq-lez-Boullongne*, 1545 (arch. Joursanvault).— *Fort de Montlambert-lès-Boullongne* 1549 (ibid.). — *Boulogne-Berg*, 1546-1549 (documents anglais, dans les *state papers*).— *Bolemberg* (Malbrancq, t. I, p. 75).— *Böllemberg* (cartes de J. Hondius).

Montobert (Le), lieu-dit, c^{ne} de Colembert. — Fief.

Montois (Les), lieu-dit, dans l'aveu de Longfossé, 1748.

Montor, haute et basse, f., c^{ne} de Wirwignes (Cassini).

Montpas (Le), bois, c^{ne} de Baincthun, au h. de la Seille.

Montpas (Le), lieu-dit, c^{ne} de Boursin.

Montpas (Le), partie de la forêt de Desvres, entre Bournonville et Desvres.

Mont-Pelé (Le), lieu-dit, c^{ne} de Desvres. — *Girault de Montpellé*, 1626 (arch. com. de Boul., reg. 1014).

Mont-Poulain (Le), lieu-dit, c^{ne} d'Hardinghen, 1774 (aveu de Fiennes).

Mont-Pourri (Le), h., c^{ne} d'Hesdin-l'Abbé (Cassini). Ruisseau du Mont-Pourri, affluent de la Liane.

Mont-Quehen (Le), lieu-dit, c^{ne} de Maninghen, autrefois le *Mont-Vert* (aveu de 1774).

Mont-Roty (Le), h., c^{ne} de Marck (Cassini).

Mont-Roty (Le), lieu-dit, c^{ne} de Samer, 1504 (tit. de l'abb.).

Mont-Saint-Sylvestre (Le), lieu-dit, c^{ne} de Longueville.

Mont-Savary (Le), lieu-dit, c^{ne} de Colembert, 1795 (inv. d'Isques).

Monts Gorain (Les), lieu-dit, c^{ne} de Quesques (cadastre).

Mont-Sorret (Le), h., c^{ne} de Bainghen.

Morcamp, lieu-dit, c^{ne} de Sanghen, section de l'église. — *Altare situm in villa que dicitur Morcamp*, 1073 (cart. Mor.). — *Ecclesia de Mortecampo*, 1119 ; *de Morcampo*, 1157, 1179 (ibid.). — *Decima, parochia de Morcamp*, 1224 (cart. Lisk.). — *Hugo de Morchamp*, 1084 ; *Galantus de Morcamp*, 1118 (chron. And., 785, 1 ; 795, 2). — *Mortcamp*, 1420 (terr. de Thér.). — *Morkan*, 1559 (part. de Thér.). — Ce nom s'est effacé devant celui de Sanghen, son voisin, qui a prévalu.

Mordalle, lieu-dit, c^{ne} de Wimille. — *Terre gisant au Pont de Mordalle*, 1506 (terr. S. W.). — Ruisseau dit *de la Mordalle*, 1754 (Dom., reg. 53).

Morecrie, nom d'une terre à La Capelle (Bainethun), dans l'aveu de la Vallée, de 1759.

Morlinghen, h., c^{ne} d'Hesdin-l'Abbé. — *Mourlinghen* (Cassini). — *Moringehem*, 1141, 1145 (cart. de Samer). — Seigneurie à l'abb. de Samer.

Mortiers, lieu-dit, c^{ne} d'Echinghen, 1401 (aveu d'Enlart Paindavene).

Morval, f., c^{ne} de Boursin.

Moscou, f., c^{ne} de Tardinghen, autrefois nommé Pernes.

Motte (La), lieu-dit, c^{ne} d'Andres, 1584 (terr. de Miraulmont).

Motte (La), fief, c^{ne} d'Audinghen, au chapitre de Boulogne, mouv. de Baudrethun, 1749 (Dom., reg. 50).

Motte (La), fief, c^{ne} de Bainethun, au ham. de Macquinghen, mouv. de la baronnie, 1782 (Dom., reg. 58).

Motte (La), fief, c^{ne} de Bellebrune (aveux de 1756 et de 1774).

Motte (La), f., c^{ne} de Conteville (Cassini). — Famille Ohier, *sieur de la Motte*; — *Jean Ohier, sieur de la Mothe*, 1728 (inscript. tumul.).

Motte (La), f., c^{ne} de Desvres. — *Un lieu séant en le rue de la Motte*, 1458 (compte de Tingry). — Fief tenu du roi (tableau des fiefs de Desvres).

Motte (La), ancien nom du chef-lieu de la baronnie de Doudeauville, aussi appelé *la Cornilière*.

Motte (La), f., c^{ne} de Ferques.

Motte (La), m^{on}, c^{ne} de Fiennes (aveu de 1774). — *Maison et plaiche de la Motte, située à Beuques*, 1582 (cueil. de Costé).

Motte (La), f., c^{ne} d'Hardinghen (Cassini).

Motte (La), lieu-dit, c^{ne} d'Henneveux. — *Château de la Motte à Hennepreu*, 1608 (arch. des Ursul. de B.).

Motte (La), lieu-dit, c^{ne} de Maninghen (aveu de 1774).

Motte (La), fief à Marquise. — *Manoir et appartenanche de le Motte*, 1338 (compte de Marg. d'Evreux). — *Le Motte de Marquise*, 1388 (aveu d'Enguerran Malet).

Motte (La), fief, c^{ne} d'Outreau, 1778 (Dom., reg. 53 et 58).

Motte (La), fief, c^{ne} de Rinxent, section d'Hydrequent ; mouv. du bailliage de Boulogne, 1553 (déclar. des fiefs) ; — mouv. de Fiennes (Dom., reg. 50).

Motte (La), f., c^{ne} de Selles, fief mouv. du Boutillier, 1765 (Dom., reg. 56).

Motte (La), lieu-dit, c^{ne} de Verlincthun (Cassini). — *Fief de le Mothe*.

Motte (La), lieu-dit, c^{ne} de Wierre-Effroy. — *lieu manoir et ténement nommé la Motte de Wierre*, 1525 (cueil. N.-D. de B.).

Motte-Carlin, nom d'une tombelle antique, c^{ne} de Wissant (act. not. de 1569 et 1615).

Motte-d'Andres (La), baronnie du comté de Guines (alm. de Picardie de 1769, p. 114). — Fief mouvant du château de Calais, d'après M. Courtois (Dictionn. de Saint-Omer, p. 13).

Motte-de-Bainghen, fief, c^{ne} de Leubringhen, mouvant de Fiennes, 1768 (reg. 57).

Motte-de-Boursin (La), lieu-dit, dans l'aveu de Fiennes de 1774.

Motte-d'Isque (La), fief, c^{ne} d'Isques. — *Bry d'Isque, escuyer sieur de la Motte d'Isque*, 1550 (coutumes).

Motte-du-Bourg, lieu-dit, c^{ne} de Tardinghen (Cassini).

Motte-du-Vent, lieu-dit, c^{ne} de Wissant, 1615 (act. not.).

Motte-en-Lottinghen (La), fief assis sur les communes de Lottinghen et de Quesques, tenu du roi, d'après le tableau des fiefs de Desvres. — *Un fief gisant en le paroisse de Lostinghen, nommé le Mote,* 1392 (compte des aides).

Mottelette (La), lieu-dit, c^{ne} de Tardinghen (Cassini).

Mottelettes (Les), lieu-dit, c^{ne} de Saint-Inglevert, emplacement probable du célèbre tournois de 1390.

Mottelettes (Les), lieu-dit, c^{ne} de Wimille, dans le voisinage de la Raterie (titre de 1608).

Motte-Pelée (La), lieu-dit, c^{ne} de Wissant.

Motte-Trion (La), fief, c^{ne} de Wirwignes, mouvant de Boulogne, dont aveu de 1766 (arch. nat., Q 898).

Mouflon, lieu-dit, c^{ne} de Caffiers. — *Terre de Mouflon,* 1480 (terr. d'Andres). — *La maison, plache et terres de la motte de Monfelon,* 1582 (cueil. de Costé. — *Le chef-lieu et Motte de Monflon, à présent amazé, situé au village de Caffiers,* 1747 (titres de Mouflon).

Moulin (Le), h., c^{ne} de Pihen.

Moulin (Le), h., c^{ne} de Samer.

Moulin (Le), h., c^{ne} de Sangatte.

Moulin (Le), h., c^{ne} de Wierre-au-Bois.

Moulin-à-Cornailles (Le), m^{on}, c^{ne} de Guines.

Moulin-à-Draps (Le), h., c^{ne} de Desvres. — *Moulin-à-draps de Desvrene,* 1651 (Dom., reg. 63).

Moulin-à-l'Huile (Le), m^{on}, c^{ne} de Guines.

Moulin-à-l'Huile (Le), m^{on}, c^{ne} de Tingry (Cassini).

Moulin-à-l'Huile (Le), ancien h., et fort construit sous l'Empire, actuellement démoli, c^{ne} de Wimille.

Moulin-à-Tan (Le), m^{on}, c^{ne} Guines.

Moulin-au-Tan (Le), m^{on}, c^{ne} d'Hesdigneul.

Moulin-Bas, (Le), h., c^{ne} de Desvres.

Moulin-Brûlé (Le), h., c^{ne} de Bellebrune (Cassini). — *Moulin à vent qui a été brûlé et dont il ne reste que les fondations de la tour,* 1774 (aveu de Fiennes).

Moulin de Conteville (Le), h., c^ne de Conteville.

Moulin de Fiennes (Le), lieu-dit, c^ne de Fiennes. — *Fisnes mil ruyned*, 1556 (plan ang.).

Moulin d'Hames (Le), h., c^ne de Hames-Boucres.

Moulin-de-Pierre (Le), lieu-dit, c^ne d'Outreau. — *Quemin du Meullin de Pierre à Trois Fontaines*, 1391 (aveu de Willame du Moulin). — *Le Mollin de Pierre* 1506 (terr. S. W.).

Moulin d'Hesdres (Le), m^on, c^ne de Wierre-Effroy.

Moulin-du-Blanc-Moncelet (Le), m^on, c^ne de Guines.

Moulin-du-Petit-Briquet (Le), m^on, c^ne de Guines.

Moulin-du-Wast (Le), m^on, c^ne de Le Wast (arrentement de 1457 dans les archives du prieuré).

Moulineaux (Les), lieu-dit, c^ne de Boulogne-sur-mer.— *Les Moullineaulx*, 1550 (cueil. de N.-D. de B.). — *Chemin par lequel on va à Moullineaulx*, 1553 (act. not.). — *Rieu des Molliniaulx*, 1559 (act. not.). — Un fief des *Moulineaux* était mouv. de Fiennes (Dom., reg. 50) ; peut-être est-ce le suivant.

Moulineaux (Les), fief à Wimille (Dom., reg. 58), autrement dit *La Watine*.

Moulin-Gaillard (Le), lieu-dit, c^ne de Wimille, 1669 (terr. N.-D. de B.).

Moulin-Haut (Le), h., c^ne de Desvres, sur le cours de la Lène.

Moulins (Les), h., c^ne de Peuplingues.

Moulins-de-Coquelle (Les), h., c^ne de Coquelles.

Moulin-Seghelin (Le), lieu-dit, c^ne de Sangatte, dans l'ancienne banlieue de Calais, sur le bord de la mer : *le Molin Saghelin*, 1253 (chart. d'Art., A 12, n° 15). — *On water diclands, lands of old tyme called Moleyne Segalyne*, 1556 (plan anglais).

Moulins-en-bas (Les), h., c^ne de Sangatte.

Moulins-l'abbé (Les), f., c^{ne} de Saint-Martin-lez-Boulogne (Cassini). — Moulins à eau et à vent, au chapitre de Boulogne : *Les moulins l'abé*, 1506 (terr. S. W.).

Ruisseau des Moulins-l'abbé, affluent de la rivière de Bainethun.

Moulin-Wibert (Le), lieu-dit, c^{ne} de Boulogne-sur-mer et de Wimille. — *En allant au Moulin Wybert*, 1506 (terr. S. W.). — *Mollin Wimbert*, 1569 (act. not.). — *Moulin-Hubert*, 1711 (terr. N.-D. de B.).

Moyecque, h., c^{ne} de Landrethun-le-Nord (Cassini). — *Guffridus de Moykes*, 1203 (Mir. I, p. 405). — *Moike et Moieke*, 1286 (terr. de Beaulieu). — Il y avait au XIIIe siècle trois hameaux de ce nom : *Oist Moieques, Midel Moieques et West Moiekes* (ch. d'Art., A 118, n° 5) ; il n'en reste plus que deux, qui sont *Moyecques* et *Mimoyecques*, voyez ce dernier nom. — La seigneurie de Moyecque, unie à celle de Landrethun, mouvant de Fiennes, est citée dans la généalogie de Fresnoye, de 1621 à 1697 (Bignon).

Moyenbau (Le), lieu-dit, c^{ne} de Courset. — *Mont-Liébault*, 1400, dans les titres de baronnie.

Moyen-Bois (Le), c^{ne} de Longfossé.

Moyen-Bois (Le), h., c^{ne} de Tingry, grand et petit (Cassini). — *Lourens de Moienbos*, 1458 (compte de Tingry). — *Le Moienbos*, 1690 (cueil. de Samer).

Ruisseau du Moyen-bois, de Samer à Tingry, affluent de la Liane.

Muraille (La), m^{on}, c^{ne} de Coulogne (Cassini).

Muraille (La), m^{on}, c^{ne} de Saint-Inglevert (Cassini).

N

NABRINGHEN, c^{on} de Desvres. — *Altare de Nameringehem*, 1208 (cart. B. M. Bol.). — *Parochia de Hameringehem*, 1224 (cart. Lisk.). — *Nabringhehem* 1329 (ibid.). — *Nabringhen*, 1559 (part. de Thér.). — *Dabringem* (cartes de J. Hondius).

Paroisse du Boulonnais, ressortissant pour la justice au bailliage de Londefort. — Seigneurie incorporée à celle de Colembert.

Cure, annexée comme secours à celle de Colembert, voyez ce nom. — Présentateur, l'évêque de Boulogne, aux droits de l'abbé de Notre-Dame. — Décimateurs, l'église du lieu, l'hôpital de Boulogne, aux droits de l'hôtellerie de Sainte-Catherine, et le curé. — Restée annexée à la succursale de Colembert après le Concordat, elle a été érigée en succursale indépendante avec Longueville pour annexe, par décret du 26 avril 1873.

Nain, ruisseau du, c^{ne} de Wissant. — *Ru du Nain* (Cassini).

Nalles (Les), lieu-dit, c^{ne} de Wimille. — *Les prés de Nalles*, dépendant de la seigneurie de Berguettes, 1694 (acte aux arch. nat., Q 894).

Nard (Le), h., c^{ne} de Tardinghen (Cassini).

Nartus, lieu-dit, c^{ne} de Maninghen. — *Quemin qui maine de Nartus au moustier de Maninghen*, 1393 (aveu d'Honoré Foliot).

Naue, dénomination générique de plusieurs cours d'eau, coulant dans un lit encaissé. — On dit *la Nau,* ou *Naue,* par exemple, pour le ruisseau qui porte à la *Fosse Tourniche* les eaux du Plouy, d'Alincthun et du Bucq.

Nedrehove, anc. nom de la ferme de l'Héronnerie, c^{ne} de Bazinghen. — *La Héronnerie ou Nedrehove* (Cassini). — *Baudin de Nedrehove,* xiiie s. (ch. d'Art., A 147. n° 7. — *Jean-Jacques Le Camus, sieur de Nesdrehove,* maïeur de Boulogne en 1638.

Neles, f., c^{ne} de Pihen. — *Noël* (Cassini).

Nepteuvilte, lieu inconnu, voisin de Samer. — *Unum polkinum frumenti apud Nepteuvillam, juxta monasterium sancti Wlmari; ... apud Nepteuville* (chron. And., 835, 1).

Nerbronne, fief, c^{ne} de Lottinghen, 1765 (francs-fiefs de Desvres.

NESLES, c^{on} de Samer. — *In Nicles terram,* 1208 (cart. B. M. Bol.). — *Nielles,* 1559 (part. de Thér). — *Nielles* (cartes de J. Hondius).

Paroisse du Boulonnais, ressortissant pour la justice aux bailliages réunis d'Étaples, Choquel et Bellefontaine. — Seigneurie incorporée à celle de Neufchâtel.

Cure annexée comme secours à celle de Neufchâtel. — Présentateur inconnu. — Décimateurs, le seigneur du lieu pour cinq gerbes de six, le curé pour la sixième. — Annexée à la succursale d'Halinghen (annuaire de 1807), puis rendue à celle de Neufchâtel, elle a été donnée en suite, au même titre, à celle de Verlincthun.

Rivière de Nesles, affluent de la Liane, à Hesdigneul.

Neuches (Les), lieu-dit, c^ne de Landrethun-le-Nord, sur la limite de celle de Ferques, dénomination populaire appliquée à un affleurement de roches dolomitiques qui passe pour être un cromlech. — Voir à ce sujet une *Notice* publiée par M. L. Cousin, dans le t. XI des Mém. de la Soc. Dunkerquoise, 1866, p. 296.

NEUFCHATEL, c^on de Samer. — *Parochia Sancti Petri de Novo Castello*, 1173 (cart. de Samer). — *Parochia Novi Castelli*, 1199 (ibid.).— *In Novo Castello, terras et redditus,* 1208 (cart. B. M. Bol.). — *Li quens s'en vint au Nuef Castel,* XIIIe s. (roman d'Eustache le moine, v. 1185). — *Jehan du Noef Castel,* officier du comte d'Artois, 1297 (ch. d'Artois, A 143).—*Le Teroy du Nœuf Castel,* 1391 (aveu de Will. du Moulin). — s. NOVO CASTRO (légende d'un sceau du XIVe siècle). — *Novum Castrum,* 1515 (Tassard) et 1559 (part. de Thér.).— *Neufcatel,* 1559 (senn. de Thér.). — *Neuf Catel* (cartes de J. Hondius).

Paroisse du Boulonnais, ressortissant pour la justice aux bailliages réunis d'Etaples, Choquel et Bellefontaine. — Seigneurie de *Neufchastel, Néelles et Peningthun,* tenue du roi en un seul fief, à cause de Bellefontaine, dont hommage en 1604 (arch. nat. P 15, n° 449).

Le propriétaire de la seigneurie de Neufchâtel avait le titre de *personat,* qui indique la possession d'une dignité ecclésiastique inféodée.

Cure du diocèse de Thérouanne au doyenné de Frencq, puis du diocèse de Boulogne, au doyenné de Samer, avec Nesles comme secours : *Parochialis ecclesia [Sancti Petri] du Neuchastel, cum succursu [Beatæ Mariæ] de Nelle,* 1679 (arch. de l'Evêché). — Présentateur, l'évêque. — Décimateurs, le seigneur du lieu, pour cinq gerbes, le curé pour la sixième. — Maintenant succursale dans le diocèse d'Arras.

Neufchâtel, h., c^{ne} de Nabringhen (Cassini).

Neuf-Manoir (Le), h. des c^{nes} de Bléquin et Ledinghen de l'arr. de Saint-Omer, en partie aussi sur Senlecques (Cassini). — *Novum Manerium*, 1239 ; — *Le Noef Manoir*, 1240 (ch. d'Artois, A 8, n°s 2 et 3). — Les paysans disent *Numénoi*, et même *Luménoi*.

Neuf-Soutrain, lieu-dit, au h. de Capécure, autrefois c^{ne} d'Outreau : *terre gisant au nés Soutrain*, 1389 (aveu de Jehan de le Becque). — *Chemin qui mène des Trois Fontaines au Nœuf-Soutrain*, 1506 (terr. S. W.). — *Le sable de la garenne de Neuf-Soutrain*, 1612 (arch. comm. de B., reg. 1013).

Neuville (La), f., c^{ne} de Longfossé.

Neuville (La), f., c^{ne} de Nesles (Cassini).

Neuville (La), lieu-dit, c^{ne} d'Outreau, s^{on} du Portel : *Le Nœufville*, xve s. (terr. de Turb.). — *Masure assize à le Nœufville dessus le Portel*, 1494 (matreloge, art. 101). — *Neuville, anciennement appelé Estiegres*, 1506 (terr. S. W.).

Neuville (La), lieu-dit, c^{ne} de Saint-Léonard. — *Moulin banal de Neufville*, 1553 (reg. du roi de la sénéch., n° 1). — *Fief de Neufville*, arr. fief d'Engoudsent, 1766 (Dom., reg. 57). — Famille Le Quien *de la Neufville*.

Neuville, lieu-dit, c^{ne} de Tardinghen (Cassini). — Fief en censives, tenu du roi à cause du bailliage de Wissant, 1761 (aveu aux archiv. nat., Q 900).

Newbrouck, lieu-dit, c^{ne} de Marck, *Newabruch*, ainsi désigné dans une bulle du pape Pascal II, de 1110 (recherches de M. Desplanque sur l'abb. de la Capelle).

Nez (Le), h., c^{ne} d'Audinghen, à l'extrémité nord du cap

Grinez. — *Jakemes de le Nesse*, 1312 (comptes des baillis de Calais, p. 15). — *Le mollin du Netz*, 1534 (matreloge d'Outreau, art. 152). — *Une petite lieue au sud du Nez*, 1699 (miroir de la mer, liv. I, p. 16).

Nid-de-Corbet (Le), voyez Corbet.

NIELLES-LEZ-CALAIS, c^{on} de Calais. — *Parrochia de Nieles et de Fraitun*, v. 1127 (chron. And., 803, 2). — *Altare de Nieles*, 1147 (Mir. IV, p. 377). — *Terra Licendis Molendinariæ, in parrochia de Nielles*, 1148 (ibid., p. 19). — *Terram in villa de Nellis*, 1164 (cart. Lisk.). — *Molendinum de Nieles*, 1210; *Thomas de Nieles, baro de Ghisnes*, 1255 (chart. des Bénéd. d'Ardres). — *Nele* et *Neale*, 1556 (terr. ang.). — Son territoire est aujourd'hui divisé en *Haute* et *Basse Nielles*.

Paroisse du Pays reconquis, dans le ressort de la Justice royale de Calais. — Seigneurie incorporée au domaine royal.

Cure du diocèse de Thérouanne, puis de Boulogne, au doyenné de Guines : *Parochialis ecclesia (sanctæ Margaritæ) loci de Nielles prope Caletum*, 1680 (arch. de l'Evêché). — Présentateur, l'évêque de Boulogne. — Décimateur, le Roi. — Réunie à la cure de Saint-Tricat, pour ne former qu'une succursale dont le titre semble lui avoir d'abord appartenu (annuaire de 1807), la cure de Nielles est devenue simple annexe de cette dernière.

Nielles-Sart, fief, c^{ne} d'Alembon, mouv. de la baronnie (invent. de 1743).

Niembourg, h., c^{ne} d'Halinghen (Cassini).

Niembronne, voyez Liembronne.

Nieulay, nom d'un fort, c^{ne} de Calais. — Hondius l'appelle *Port Neuly*, et il en fait une ville du comté de Guines (texte, p. 296).

Nieulet, ancien nom du cours d'eau qu'a remplacé le canal actuel de Calais à Saint-Omer. — *Alveum quem dicunt Neunam*, xe s. (act. translat. S. Wandregisil, n° 38, act. SS. Jul., t. V). — *Amnis Newena*, 1229 (chron. And., 868, 2). — Il y avait un pont sur cette rivière pour donner accès à la ville de Calais. — *Le pount de Neunel*, 1253 (chart. d'Art., A 12). — *Le pont de Nieuna*, 1307 ; *de Nyuna*, 1308 ; *de Niewena* 1309 (comptes des baillis de Calais, pp. 3, 7, 10). — *Newhambridge*, 1556 (plan ang.). — *They passed forward to Newenhambridge, and so to Caleis* (Stowe, chronicle of England). — **Pont** *de Nieulay*, 1584 (terr. de Miraulmont).

Nieulet (Le), était aussi un lieu-dit : —*Apud Nivennam circa Nivennam* (Lamb. Ard., pp. 285, 389).—*Bercariam et hospites apud Niuenel*, 1112, *Nieuenel*, 1141, *Niuniel*, 1199 ; *bercariam de Neuenna*, 1113 (cart. de Samer). — *Ad locum qui dicitur Niewena*, 1264 (cart. Lisk.). — *Gusfridus de Ninvena*, pour *Niwena*, 1118 (chron. Andr., p. 799).

Nigella, lieu cité dans le diplôme de Charles le Simple, de l'an 917, pour S. Corneille de Compiègne, est placé par M. Aug. Longnon dans le *Pagus Bononensis* (p. 31). On en pourrait faire *Nesles ;* mais il suppose que c'est Nielles-lez-Ardres, à cause du voisinage d'Autingues, dans lequel il voit cette autre localité du même diplôme, *villa Attiniacum, que est sita in Bolonensi pago*. Mais *Attiniacum*, ou *Attinium*, ne peut être autre chose que le village d'Attin (canton d'Étaples) dans le voisinage de Montreuil, sur la route par laquelle s'opérait, dans les temps mérovingiens, presque tout le transit entre le Boulonnais et le Ponthieu. Les rois de France y avaient alors de vastes ateliers de charronnage, pour l'entretien du service des voitures publiques (voyez le cart. de S. B., p. 28, sous l'an 682). Si *Attiniacum*, est Attin, *Nigella*, dont la situation précise n'est indiquée que par conjecture, peut fort bien être Noyelles, section de Tigny non loin de la route ancienne qui conduisait du Bac d'Attin au passage de Nempont.

Ningle, petite gorge dans la falaise du Portel. — *Moulins de Ningle* (Cassini). — *Vallée de Ninghes*, 1498 (matreloge, art. 103). — *Moulin de Lingue, de Linge*, 1640 (rapp. sur les côtes de Picardie, Bibl. nat., mss S. F., n° 87).

Noble-Rue (La), h., c^{ne} de Selles (Cassini).

Nocqs (Les), lieu-dit, c^{ne} de Selles (cadastre).

Nocquet (Le), h., c^{ne} d'Outreau, section d'Equihen. — *Le Nocquet*, 1504 (matreloge, art. 136). — *Fief du Nocquet*, 1775 (Dom., reg. 53).

Noirbasinghen, lieu-dit, c^{ne} de Basinghen, siége du fief de Noirboningue, 1553 (déclar. des fiefs).

Noirberne, h., c^{ne} d'Audembert (Cassini). — *Jehan li Courtois de Nortberne, Rogier de Nortberne*, 1286 (terr. de Beaulieu). — *Noirberne*, 1569 ; *Nortberne*, 1594 (act. not.). — Fief mouvant de Fiennes (aveu de 1774).

Noirbois, f., c^{ne} de Bazinghen. — *Noirbos* (Cassini). — *Nortbos*, v. 1400 (terr. de Thér.). — *Terre de Nortbos*, 1480 (terr. d'Andres). — Arr.-fief de Fiennes, 1553 (déclar. des fiefs).

Noirboningue, fief, c^{ne} de Basinghen. — *Stas li Lonc de Nort-Boninghes*, XIIIe s. (ch. d'Art., A 182). — *Nortboningues*, 1768 (Dom., reg. 57). — Arr.-fief de Fiennes, 1553 (déclar. des fiefs).

Noirboudrie (La), h., c^{ne} de Nabringhen (Cassini). — *Noirbaudrie*, XVIIe s. (arch. des Minimes de B.).

Noirbuisson, ou Nortbuisson, lieu-dit dans la garenne de Neufchâtel.

Noirchoque, h., c^{ne} d'Audembert. — *Grande et petite Noirchocq* (Cassini). — *Noirchoq*, manoir et terres, 1432 (titr. de Moulon). — *Noirechoque*, 1569 (act. not.).

Noires-Mottes (Les), lieu-dit, c^{nes} d'Escalles et de Peuplingues. — *Les Noires-Mottes* (Cassini). — *Les carrières des Noires Mottes*, 1584 (terr. de Miraulmont).

Noirmattre, f., c^{ne} d'Audembert, arr.-fief de Fiennes.

Noirval (Le), h., c^{ne} d'Outreau (Cassini). — *Terre séant au Noirwart, au Noirval, au Norwal, au Norvaut*, 1506 (terr. S. W.). — *Jehan Begin du Noirwal* (ibid.). — Famille Gillon, sieur du *Noirval*, XVIIe s.

Noirveaux, fief, c^{ne} d'Halinghen, 1756 et 1764 (Dom., reg. 57).

Nomebasme, lieu-dit, c^{ne} d'Outreau. — *Nommebame*, XVe s. (terr. de Turbing.). — *Terre gesant à Nomebasme*, 1506 (terr. S. W.).

Nomendalle, lieu-dit, c^{ne} d'Outreau. — *Vallée et terroir de Nomendalle*, 1534 (matreloge, art. 160).

Noque (Le), lieu-dit, c^{ne} de Guines.

Norda (Le), ruisseau faisant la séparation des communes d'Audinghen et d'Audresselles. — *Ru du Norda* (Cassini).

Norivaux, bois de, c^{ne} d'Alincthun, section de Lianne. — Du Wicquet, sieur de *Norivaux*.

Norval, f., c^{ne} de Boursin.

Nouveau-Banc, rivière du, qui prend sa source à Brêmes dans l'arr. de Saint-Omer, et qui, après avoir longé le territoire de la comm. d'Andres, qu'elle sépare de celle des Attaques, va se verser dans le port de Calais, par le canal de la Rivière-Neuve (alm. de Calais).

O

Odre, f., c^{ne} de Wimille. — *Gotselinus de Odera*, 1084 ; *de Odre*, 1116 ; *Robertus de Odera*, 1184 ; *Willelmus de Odere*, aliàs *de Odra*, 1221 (chron. And., 785, 1 ; 796, 1 ; 819, 1 ; 861, 2 ; 862, 1. — *Gosselinus de Odre*, 1112, *Gotcelinus Dodrai*, 1113 (cart. de Samer). — *Henfridus Odrensium dominus, Odrenses, Henfridus Odrensis* (Lamb. Ard., pp. 55, 57, 59 et 249). — *In Odra et Telingetun, terram et hospites*, 1208 cart. B. M. Bol.). — *Willaume d'Odre*, 1355 compte de Jeanne de B.). — *Pierre d'Ordre*, 1392 (aides de Bourg.). — *C'est ce que je Pierres d'Ordre tieng et entens à tenir noblement*, etc., 1395 (aveu aux archiv. nat., J 1124, n° 17). — *Terre gisant à Odre ; chemin qui maine d'Odre à Wymereue*, 1506 (terr. S. W.).

Baronnie d'*Odre*, l'une des douze du comté de Boulogne : — *Françoys de Sempy, escuyer, baron d'Odre*, 1550 (coutumes).

Odrehaule, f., c^{ne} de Réty (Cassini). Voyez **Hodrenault**.

OFFRETHUN, c^{on} de Marquise. — *Wolfertun*, 1286 (terr. de Beaulieu). — *Jehan Chertain de Wolfertun*, XIIIe s. (chartes d'Art., A 182). — *Jehan de Oufrethun*, 1285 (ibid., A 901). — *Le parosse d'Ouffretun, Bauduin d'Ouffretun*, 1311 (ibid., A 282). — *Rieu qui queurt de Hennes à Offrethun*, 1393 (aveu d'Honoré Foliot). *Obitus mag. Petri de Aufretun, sacerd.* (martyrol. Morin., 5 kal. apr.). — *Offretun*, 1515 (Tass.). — *Offrethun*, 1559 (part. et senn. de Thér.).

Paroisse du Boulonnais, ressortissant pour la justice au bailliage de Londefort. — Seigneurie.

Cure du diocèse de Thérouanne, puis de Boulogne, au doyenné de Boulogne : *Parochialis ecclesia [sancti Stephani] loci d'Offrethun*, 1576 (arch. de l'évêché). — Présentateur, l'abbé de Saint-Bertin. — Décimateurs, non désignés, parce qu'ils avaient abandonné autrefois (rapp. de 1725) la dime au curé pour lui servir de portion congrue. — Annexée, après le Concordat, à la succursale de Beuvrequen.

Oies, nom d'un moulin, *molendinum de Oies*, aux moines de Beaulieu, 1157 (cart. de Beaulieu).

Oies, lieu-dit, c^{ne} d'Outreau. — *Terroy d'Oyes*, 1506 (terr. S. W.).

Oies (Les), pointe en mer, c^{ne} de Wimille, au h. de Wimereux. — *Pointe-az-Oies, ou aux Oies.* — *Pointe à Zoye* (Cassini).

Oies (Les), m^{on}, sise au même lieu. — *Zoie* (Cassini). — *Jehan des Oyes*, 1339 (compte de Jeanne de B.). — *Maison et terres des Oies* (act. not.). — *Fief des Oies, ou des Oyes*, tenu du roi, 1774 (Dom., reg. 56 bis).

Ruisseau de la Pointe-aux-Oies, versant directement à la mer.

Oiseaux, ruisseau des, le même que celui des *Noires Flaques*.

Oisellerie (L'). f., c^{ne} de Crémarest. — *L'Ouissellerie*, 1423, *L'Oysellerie*, 1489 (cart. de Crém., n°s 7 et 23).

Olincthun, h., c^{ne} de Wimille (Cassini). — *Olinghetun*, v. 1380 (terr. de Thér.). — *Terre gisant desoubz Olinghetun*, 1506 (terr. S. W.). — *Holinguethun*, et *Holingthun*, 1525, 1566 (cueil. N.-D. de B.). — Du Blaisel, seigneur d'*Olincthun*.

Fief d'*Olinguethun*, tenu du roi, 1553 (déclar. des fiefs).

Ruisseau d'Olinethun (appelé ruisseau d'*Alinethun* dans l'annuaire de 1863, p. 221), affluent du Wimereux.

Olivet, voyez **Mont d'Olivet**.

Olivets (Les), buissons, c^{ne} de Bazinghen.

Oliviers, rue, ou chemin des, c^{ne} de Menneville.

Onglevert, h., c^{ne} d'Audinghen (Cassini). — *Hungrevelt* 1208 (cart. B. M. Bol.). — *Honglevet*, 1491 (cueil. de Beuvrequen). — *Honglevert*, 1550-1556 (cueil. N.-D. de B.). — Fief d'*Onglevert*, mouv. de Fiennes. — Famille Toussen, sieur d'*Onglevert*.

Ordalle, lieu-dit, c^{ne} de Maninghen (cadastre).

Ostove, h., c^{ne} de Bainghen. — *Autove* (Cassini). — *Balduinus de Osthove*, 1196 (chron. And., 826, 2). — *Otove*, 1603 (invent. de Licques, 58, n° 25).

Ostove, h., c^{ne} de Bazinghen (Cassini). — *In Ostova, redditus*, 1208 (cart. B. M. B.). — Françoys d'*Ostove* sieur du Rut, d'*Offrethun* et d'*Ostove*, 1550 (coutumes). — Fief mouv. de Bournonville, dans l'aveu dudit aux arch. nat., Q 89.

Ruisseau d'Ostove.

Ostove, fief, c^{ne} de Saint-Etienne, section d'Ecaut. — *Ruelle d'Ostove*, 1390 (aveu de Porrus de Biaucauroy). — *Willaume d'Ostove*, v. 1480 (matreloge d'Outreau, art. 23). — Fief d'*Ostove*, 1506 (terr. S. W.); mouvant de la seigneurie d'Ecaut, 1741 (terr. Roussel de Préville).

Ostrehen, lieu-dit, c^{ne} de Saint-Martin-lez-Boulogne. — *In Ostrehen, terras et redditus*, 1208 (cart. B. M. Bol.). — *Ostrehen*, alias *Berlinghen*, 1506 (terr. S. W.). *Terroy d'Ostrehen*, 1525 (cueil. N.-D. de B.).

Ostrohove, h., cne de Saint-Martin-lez-Boulogne (Cassini). — *Terram apud Westrehove*, 1121 (cart. S. W. Bol.). — *In Westrehova terram et hospites*, 1208 (cart. B. M. B.). — *Moulin de le maladrerie de Boulogne, séant d'en costé Ostrehove*, 1315 (charte de N.-D. de B.). — *Place de Ostrehove, ville de Ostrehove*, 1596 (terr. S. W.). — *Otrehove, Outrehove*, 1559 (cueil. N.-D. de B.).

Territoire réuni à la commune de Boulogne par arrêté du 9 nivôse an XII et rendu à la commune de Saint-Martin par l'ord. royale du 26 juin 1821.

Ostrowic, forteresse élevée par les comtes de Guines près de Sangatte : *Ostrowicum* (Lamb. Ard., p. 181). — *The ruyn Castell of Sandegate*, 1556 (plan angl.).

Ouèle, voyez **la Walle**.

Oupehen, voyez **Houpevent**.

OUTREAU, con de Samer. — Anciennement nommé *Wabinghen*, voyez ce mot. — *Parrochia sancti Wandregisilii*, 1121 (cart. S. W. Bol.). — *Ultra aquam*, 1145 (cart. de Samer). — *Le terre que l'on dit Outriaue*, 1292 (accord entre le comte de Boulogne et le sire de Fiennes, arch. nat., J 1125, n° 10). — *Quemin qui maine de Cappescure au moustier d'O..reawe*, 1389 (aveu de Williame du Moustier). — ..., de *Outriaue*, 1391 (aveu de Wlliame du ...). — *Oultreawe*, 1506 (terr. S. W.). — *Eglise et paroisse de Saint-Wandrille en l'isle d'Oultreawe*, 1542 (matreloge). — *S. Wlmarus ultra Aquam*, 1515 (Tassard). — *Ultra aquam*, 1559 (part. de Thér.).

Paroisse du Boulonnais, ressortissant pour la justice au bailliage du même nom. — Seigneurie au Roi, à cause du bailliage.

Cure du diocèse de Thérouanne, puis de Boulogne,

au doyenné de Boulogne : *Parochialis ecclesia sancti Wandregisilii d'Oultreau*, 1584 (arch. de l'Evêché). — Présentateur, l'abbé de Saint-Wulmer de Boulogne. — Décimateurs, l'abbé de Saint-Wulmer de Boulogne, l'abbé de Samer et le curé de la paroisse ; les dîmes de Manihen et d'Equihen étaient inféodées à un seigneur laïque. — Maintenant succursale dans le diocèse d'Arras.

Bailliage d'Outreau, créé, dit-on, en 1071, réuni en 1478 à ceux de Boulogne, Wissant et Londefort. Ce bailliage d'Outreau était limité à la seule paroisse de ce nom, avec annexe du hameau d'Haffreingue : — *Guillaume de Courteville, baillus d'Outreyauwe*, 1345 (ch. d'Artois, comptes de la maison de Boulogne). — Supprimé par l'édit de juin 1745.

Ouvrehen, f., c^{ne} de Wierre-Effroy, section d'Hesdres (Cassini). — *Jehans de Overhem*, 1286 (terr. de Beaulieu). — *Maison d'Ovrehen*, fief mouv. de le seigneurie de Hesdenne, ou Hesdres, 1751 (Dom., reg. 50). — *Chemin d'Ouvrehen à Maninghen*, 1741 (aveu de Maninghen). — *Le Verain* (carte de l'Etat-major).

P

Padevelt, lieu-dit, c^{ne} de **Wissant**, 1401 (aveu de Pierre le Kien).

Pain-bénit (Le), lieu-dit, c^{ne} de Boulogne, sur la côte des Moulineaux, près du Chemin-vert (act. du XVIe s.).

Painethun, h., c^ne d'Echinghen. — Il est impossible de déterminer si c'est à cette localité, ou à celle de Pelinethun, qu'il faut attribuer les mentions de : *Hugo de Panningatum*, 1118 (chron. And., 795, 2) ; et *Aldemarus de Paninghetum*, d'une charte du cartulaire de Saint-Josse, environ de l'an 1135. — *Ruelle qui maine à Pinguetun*, 1401 (aveu d'Enlart Paindavene). — *Pinghetun*, 1506 (terr. S. W.). — *Jehan de Thubeauville, escuyer, sieur de Pinguetun*, 1550 (coutumes). — Fief de *Pinguetun*, arr.-fief d'Engoudesent, 1553 (déclar. des fiefs).

Palembert, lieu-dit, c^ne de Wimille. — *Pallembercq*, 1525 (cueil. N.-D. de B.) — *Paillembercq*, 1669 (terr. N.-D. de B.).

Palette (La), f., c^re d'Isques (Cassini). — *Pallette*, 1566 (cueil. N.-D. de B.).

Palfart (Le), f., c^ne de Rinxent. — *Palfar* (Cassini). Ruisseau du Palfart, sourd ibid. et se jette dans la Slack, à la Prévosserie.

Panème (Le), h., c^ne de Tingry. — *Panem* (Cassini). — *Panehem* (carte de l'État-maj.). — *Manoir séant au Penesme*, 1458 (compte de Tingry).

Paon, voyez **Pen**.

Papins, ruisseau des, c^ne de Wirwignes.

Paradis (Le), h., c^ne d'Alembon, 1770 (cueill. d'Alembon).

Paradis (Le), nom d'un fort construit par les Anglais dans le port de Boulogne. — Aussi *Petit-Paradis*.

Paradis (Le), f., c^ne de Leubringhen (Cassini).

Parc (Le), f., c^ne de Guines.

Parcage (Le), lieu-dit, c^ne de Guines, 1584 (terr. de Miraulmont).

Parcq (Le), lieu-dit, c^ne de Fiennes, dans l'aveu de 1774.

Partement (Le), lieu-dit, c"" de Marquise. — *Les prés de Partement, ou des Partements.*

Parthe (La), h., c"" de Bazinghen. — *Grande et Petite Parthe* (Cassini). — *La Parthe,* 1583 (act. not.).

Pas-de-Calais (Le), détroit qui sépare la France de l'Angleterre. — *Fretum gallicum.* — *Sinus gallicus,* IXe s. (vit. S. Germani Autissiod.).— *Angusto à Dorobernia in Witsant mari,* XIIe s. Will. Malmesber., lib. II, § 39. — *Le Patz-de-Callais,* 1554 archiv. comm. de B., reg. 1013. — La triangulation en a été faite au moyen d'observatoires dressés sur le Mont-de-Coupe d'Audembert, le Mont-Hulin, le Mont-Lambert, etc., et sur divers points de la côte d'Angleterre, par une commission anglo-française, opérant sous la direction de l'honorable lieutenant Le Poer Trench, du corps royal du génie Britannique, au mois de septembre 1861.

Pas-de-Gay, h., c"" de Wimille. — *Pate-Gay* (Cassini).— *Pas de Gay,* 1506 (terr. S. W.). — *Pappeguay,* 1569 (acte not.).

Pâture (La), f., c"" de Wierre-Effroy (Cassini). — *Mauritius de Pastura,* 1206 (chron. And., p. 834, 2). — *Crestienne de le Pasture* 1286 (terr. de Beaulieu). — *Thomas de le Pasture, pour son fief de Wierre,* 1392 (aides de Bourg.).

Fief de *la Pasture,* tenu du roi, 1553 déclar. des fiefs); — aveu de 1747 arch. nat., Q 900.

Paturelle (La), f., c"" de Bainethun, section de Questinghen (Cassini). — *Terre gisant entre Lannoy et le Pasturelle,* 1401 (aveu d'Enlart Paindavene). — Fief de *la Paturelle,* mouvant de Questinghen, 1654 et 1787 (Dom., reg. 53 et 63).

Paty (Le), lieu-dit, c"" de Sanghen (terr. de 1662).

Pavillon (Le), f., c⁵ᵉ de Tingry, alias le *Pavillon de Tingry*.

Pays-Reconquis, ou gouvernement de Calais, voyez le détail de sa circonscription dans l'*Introduction*, § IX.

Pelinethun, ou Peninethun, h., c⁵ᵉ de Verlinethun. — *Pelinetun* (Cassini). — *Paningetum*, 1112; *Paningethum*, 1141; *Pannigetum*, 1161; *Paningthin* et *Pingetum*, 1173; *Paningherum*, pour *Paninghetum*, 1199 (cart. de Samer). — *Peningthun*, 1616; *Paninetum*, 1729; *Peninethun*, 1748; *Pinethun*, 1751 (tit. div. de l'abbaye). — La seigneurie était dans le domaine féodal de l'abbaye.

Pelinghen, f., c⁵ᵉ de Saint-Martin-lez-Boulogne, vers Bainethun. — *Peleugaud* (carte de l'Etat-maj.). — *Pelinghen*, 1505 (terr. S. W.). — *Pellinghuen*, 1550 et 1566 (cueil. N.-D. de B.).

Pelle (La), lieu-dit, c⁵ᵉ d'Outreau.

Pen (Le), f., c⁵ᵉ de Wierre-Effroy. — *Le grand et petit Paon* (Cassini). — *Maison, terre et seigneurie du Pen*, 1539 (act. not.). — *Maison, place et ecuse du Pen*, 1583 (act. not.). — Fief mouvant de *la Vallée de Bainethun*, 1759. — Un autre fief *du Pan*, mouvant de Bellebrune (1774). — *Le Paon* (cadastre).

Voyez **Upen** et **Uphem**.

Pendant (Le), h., c⁵ᵉ de Desvres, près de la forêt.

Pépinerie (La), f., c⁵ᵉ d'Alinethun (Cassini). — *Jehan de la Pypennerie* (aveu du XV° s.). — *Pierre du Mont, sieur de Pipennerie*, 1506 (aveu dans les arch. des Ursul. de B.). — *Jehan du Mont, sieur de la Pipennerie*, 1588 (élections de la noblesse pour les Etats de Blois). — Fief mouv. de la baronnie de Lianne.

Perles, fief des, c⁵ᵉ de Saint-Léonard, mouv. d'Hocquinghen, 1774 (Dom., reg. 53).

PERNES, c^on de Boulogne-nord. — *Hathewif de Pernes, Haduidis de Pernis*, ou *Prenes*, 1084 chron. Andr., 786, 1 ; 789, 1 ; 793, 2 . — *Eustachius de Pernis*, 1120 (Duchesne, pr. de Guines, p. 40). — *Balduinus de Pernes*, 1157 (cart. de Beaulieu). — *Mansuram unam Eustachii de Pernes*, 1208 (cart. B. M. B.). — *Jehanès de Pernes*, 1285 (ch. d'Art., A 31, n° 11). — *Pernes*, 1515 (Tass.) ; 1559 (part. et sennes de Thér.).

Paroisse du Boulonnais, ressortissant pour la justice au bailliage de Londefort. — Seigneurie unie à celle de Bournonville, dont hommage au roi en 1607 (arch. nat., P 15, n° 487).

Cure du diocèse de Thérouanne, puis de Boulogne, au doyenné de Boulogne, avec Conteville pour annexe : *Parochialis ecclesia divæ virginis Mariæ* (1578) aliàs *Sancti Spiritus* (1782) *loci de Pernes cum suo succursu* [*sanctæ Magdalenæ*] *de Conteville* (arch. de l'Evêché). — Présentateur, l'évêque. — Décimateurs, les seigneurs laïques, pour cinq gerbes, et le curé pour une sixième. — Maintenant succursale dans le diocèse d'Arras.

Pernes, f., c^ne de Tardinghen, aujourd'hui *Moscou*. — *In Pernes redditus*, 1208 (cart. B. M. B.). — *Robert de Pernes*, XIIIe s. (chart. d'Art., A 47, n° 7). — *Jehan de Pernes, baillieu de Wissant*, 1338 (compte de Marg. d'Evreux). — *La croix de Pernes, Quemin qui maine de Pernes à Floringuezelle*, 1480 (terr. d'Andres). — Il est difficile de dire si quelques-unes des citations mises sous l'article de la commune de Pernes ne se rapportent pas plutôt à ce lieu-dit.

Petit-Bois (Le), f., c^ne de Hames-Boucres (Cassini).

Petit-Cauroy (Le), h., c^ne de Colembert.

Petit-Courgain (Le), h., c^{ne} de Marck.

Petit-Courgain (Le), quartier de la ville de Saint-Pierre-lez-Calais, érigé en succursale par décret impérial du 27 octobre 1868.

Petit-Crocq (Le), h., c^{ne} de Longfossé (Cassini).

Petit-Crocq (Le), h., c^{ne} de Wirwignes, 1525 (cueil. N.-D. de B.).

Petit-Désert (Le), f., c^{nes} de Courset et de Menneville, 1766 (francs-fiefs de Desvres).

Petite-Croix (La), lieu-dit, c^{ne} d'Outreau.

Petite-Ferme (La), f., c^{ne} d'Hardinghen (Cassini).

Petite-Garenne (La), f., c^{ne} d'Outreau, section d'Équihen.

Petite-Marie (La), f., c^{ne} de Crémarest (Cassini). — *La Tythemaurie*, 1423 (cart. de Crém., n° 10).

Petite-Walde (La), voyez **Walde**.

Petit-Hazard (Le), lieu-dit, c^{ne} de Crémarest.
    Ruisseau du Petit-Hazard.

Petit-Hazard (Le), f., c^{ne} de Réty (Cassini).

Petit-Palais (Le), f., c^{ne} de Wierre-Effroy (Cassini).

Petit-Paris (Le), faubourg de la ville de Saint-Pierre-lez-Calais.

PEUPLINGUES, c^{on} de Calais. — *Pepelinghem*, 1069 (Mir. I, p. 158). — *Partem in Pipelingehem*, 1070; *ecclesia de Pipelinghehem*, 1119; — *de Peplinghem*, 1157; — *de Pipilinghehem cum quartario tociusville*, 1179 (cart. Mor.). — *Parrochia de Budreke et de Piplingehem*, v. 1127 (chron. And., 803, 2). — *Totius terræ Pepelingarum comitatus.... Pepelingensium Hacketcos* (Lamb. Ard., p. 231). — *Terres en Pepelinghes*, 1280 (Duchesne, pr. de Guines, p. 295). — *Stas de Pepelinghes*, 1307 (comptes des baillis de Calais, p. 5). — *Pepling et Peplinge*, 1556 (terr. angl.). — *Peapling* (plan anglais). — *Peuplinge, ville du comté de Guisnes* (cartes de J. Hondius).

Paroisse du Pays-reconquis, dans le ressort de la Justice royale de Calais. — Seigneurie, par engagement royal, au duc d'Havré.

Cure du diocèse de Thérouanne, au doyenné de Guines, puis du diocèse de Boulogne au doyenné de Marck : *Parochialis ecclesia [Beatæ Mariæ virginis Assumptæ] loci de Peuplingues*, 1695 arch. de l'Evêché. — Présentateurs, les chanoines de Boulogne, aux droits du chapitre de Thérouanne — Décimateurs, le seigneur du lieu, pour la grosse dîme ; le curé, pour la dîme de sang et les deux tiers de la dîme verte. — Maintenant succursale, avec Escalles pour annexe, dans le diocèse d'Arras. L'Annuaire de 1807 donne au contraire Peuplingues comme annexe d'Escalles.

Peuplingues, lieu-dit, c^{ne} d'Outreau. — *Le masure le demiselle de Poupelingues*, 1395 (aveu de Pierre d'Ordre. — *Terre anchiennement appelée Peuplinghes*, 1506 (terr. S. W.).

Phare (Le), voyez Fart.

Philopotterie (La), m^{on}, c^{ne} de Selles, dans l'aveu de 1731.

Pichonnets (Les), voyez Poissonnets.

Pichottes (Les), lieu-dit, c^{ne} d'Alincthun, près de la Houssoie. — *Carrière des Pichottes*.

Pichottes (Les), lieu-dit, c^{ne} de Saint-Martin-lez-Boulogne, au hameau de Le Lot, 1679 (terr. N.-D. de B.).

Pidou, rochers en mer, aujourd'hui couverts sous l'estran de la plage de l'est, à Boulogne-sur-mer ; — ils ont donné leur nom à une ancienne jetée du port. — On a dit aussi *Poudou*.

Pierre (La), h., c^{ne} de Hames-Boucres (Cassini). —

Chemin de la Pierre à Fiennes, 1581 (terr. de Miraulmont).

Pierre (La), h., c⁻ⁿᵉ de Questrecques (Cassini). — *Rieu de la Pierre*, 1506 (terr. S. W.).

Pierre-à-Savon (La), ruisseau de, cⁿᵉ de Saint-Etienne (Cassini). — *Ruisseau de Pierre à Sablon*, 1640 (cartes mstes des côtes de Picardie, Bibl. nat., mss S. F., n° 87).

Pierre-qui-Tourne (La), lieu-dit, cⁿᵉ de Saint-Martin-lez-Boulogne, vers Wicardenne, 1569, 1695 (act. not.).

Pierrettes (Les), h., cⁿᵉ de Menneville, 1763 (terr. de Samer). — *Fief des Pierrettes*, 1766 (fr.-fiefs de Desvres). — *Cressonnière des Pierrettes*.

Ruisseau des Pierrettes, tributaire de celui de la Pilotterie.

Pierrettes (Les), lieu-dit, cⁿᵉ d'Outreau.

Pierrettes (Les), lieu-dit, cⁿᵉ de Saint-Pierre-lez-Calais. — *Chemin du Pont-à-Pierrettes à Coulogne*, 1581 (terr. de Miraulmont). — *Bancq de Pierrette*, 1640 (plan de Calais, Bibl. nat., mss S. F., n° 87).

Canal des Pierrettes, ou Rivière neuve, prend naissance à l'abreuvoir d'Ardres, reçoit le trop-plein des marais de Brêmes, Balinghem et Andres, passe à travers l'Ecluse-carrée, situé sur le canal de Calais à Guines, reçoit encore les eaux des marais de Hames Saint-Tricat, Nielles, Fréthun, Coquelles, et s'écoule à la mer par l'écluse d'Asfeld (alm. de Calais).

Pigeon-Blanc (Le), h., cⁿᵉ de Marquise.

Pigeonnier (Le), f., cⁿᵉ de Neufchâtel. — Arr.-fief de la seigneurie de La Rivière, 1765 (Dom., reg. 56).

Pignons-de-Robertville (Les), lieu-dit, cⁿᵉ de Saint-Léonard, près du chemin d'Echinghen à la Waroquerie. — *Terre appelée le Briel, gisant ès terrous* dessous *Robertville*, 1389 (aveu d'Aelis le Barbière). — *Les Pignons de Robertville*, 1505 (terr. S. W..

PIHEN, cne de Guines. — *Terram juxta Pithem ; villa Pitham, Pitheem*, 1084 (chron. And., 785, 1 ; 790, 1 ; 797, 2 ; — *Parrochia de Selines et de Pithem*, v. 1127 (ibid., 803, 2). — *Pithen* (ibid., 815, 2). — *Pichem* (Lamb. Ard., p. 89). — *Pihem in Ghisnesio*, 1252 (cart. Mor.). — *Le disme de Pihem*, 1271 (cart. de Beaulieu). — *Boidinus clericus de Pihem et Eustachius frater ejus* (cart. Mor.). — *Baudin de Pichem*, 1273 (charte d'Arnoul de Guines). — *Phiem*, 1515 (Tass.). — *Pihen*, 1559 (comptes des sennes de Thér.). — *Pitham et Pittan*, 1556 (terr. ang.). — *Pyhom* (plan anglais).

Paroisse du Pays-reconquis, dans le ressort de la Justice royale de Calais. — Point de seigneurie.

Paroisse du diocèse de Thérouanne, puis de Boulogne, au doyenné de Guines : *Parochialis ecclesia [Beatæ Mariæ virginis in Nativitate] loci de Pihen* (arch. de l'Evêché). — Présentateurs, les chanoines de Boulogne, aux droits du chapitre de Thérouanne. — Décimateur, le roi. — Annexée, après le Concordat, à la succursale de Bonningues-lez-Calais, elle a été érigée en titre par ord. roy. du 27 fév. 1816, et a reçu plus tard Bonningues pour annexe.

Pilain, ruisseau, cne de Desvres.

Piliebois (Le), h., cne de Bournonville.

Pillebois (Le), h., cne de Desvres. — *Rue du Pilbos*, XVIIIe s. (arch. des Ursul. de B.).

Pillebois (Le), h., cne de Samer. — *Haut et bas Pilbois* (Cassini).

Piloteries (Les), f., cne d'Hardinghen. — *La Pilotrie* (Cassini). — *La Pilotterie*, 1654 (tit. de Mouflon). —

Les Pilotteries, 1765 (Dom., reg. 56). — Fief d'Epilotterie, mouvant de Fiennes (aveu de 1774).

Piloteries (Les), h., c^ne de Menneville. — *La Piloterie* (Cassini).

Ruisseau des Piloteries, recueillant les eaux des ruisseaux de Menneville, pour les porter à la Liane à Bournonville.

Pinchenault, le bois du petit. c^ne de Tingry, 1458 (compte de Tingry).

Pincthun, voyez Paincthun.

Pingebère (Le), lieu-dit, c^ne de Bazinghen.

Pinguehen, lieu-dit, *le courtil Pinguehen*, 1458 (compte de Tingry).

Pinleu, h., c^ne de Pernes. — *Haut et bas Pinleux* (Cassini). — Fam. de Sance, sieurs *de Pinleu*, dont généal. de 1554 à 1697 dans Bignon.

Pipendaile, vallée de, au village d'Elinghen, c^ne de Ferques, 1741 (aveu d'Austruy).

Pipot (Le), h., c^ne de Wimille (Cassini).

Ruisseau des Pipots, affluent du Wimereux.

Pire (Le), fief, c^ne de Neufchâtel. — *Geroldus de Piro*, 1179 (chron. And., 817, 1). — *Hugues du Pire*, 1305 (aveu aux arch. nat., J 1124, n° 18). — Fief tenu du roi, 1553 (déclar. des fiefs).

Pire-Aller (Le), f., c^ne de Crémarest.

Pire-Aller (Le), h., c^ne de Hames-Boucres.

Pire-Aller (Le), f., c^ne d'Herbinghen.

Pire-Aller (Le), h., c^ne de Réty.

Pire-Aller (Le), h., c^ne de Wierre-Effroy.

Pire-Aller (Le), h., c^ne de Wimille. — *Pisaller* (Cassini).

Pirée (Le), lieu-dit, c^ne d'Hardinghen.

Pissevert, h., c^ne de Wimille (Cassini). — *Pissevelt*,

XIII° s. (ch. d'Art., A 182). — *Pichevert*, 1569 (act. not.). Voyez **Sumbretun**.

Pitendal, f., cne de Neufchâtel (Cassini). — *Terres de Pitendal*, 1437 (arch. N.-D. de B., A 10). — Ancienne maladrerie, dont les revenus ont été attribués à l'Hôpital général de Boulogne, par arrêt du 30 novembre 1693.

Pitrouiller (Le), lieu-dit, cne de Crémarest, 1782, dans la mouvance de Réclinghen.

PITTEFAUX, canton de Boulogne-nord. — *In Pitesfelt terras et redditus*, 1208 (cart. B. M. B.). — *Wautier de Piteffaut*, 1286 (terr. de Beaulieu). — *Un fief à Pithefaut*, 1392 (aides de Bourgogne). — *Piteffaut* 1402 (aveu de Pierre Le Kien). — *Pitefault*, 1559 (part. de Thér.).

Paroisse du Boulonnais, ressortissant pour la justice au bailliage de Londefort. — Seigneurie : — *Ferry le Gressier, escuyer, sieur de la Grave et de Pitefault*, 1550 (coutumes).

Cure, annexée comme secours à celle de Maninghen. — Présentateur inconnu. — Décimateurs...... (les rapports des curés de Maninghen ne distinguent pas ceux du secours d'avec ceux de la cure). — L'église de Pittefaux est restée annexée à la succursale de Maninghen, mais elle n'est plus desservie depuis le Concordat.

Place (La), h., cne de Caffiers (Cassini).

Place (La), f., cne d'Hardinghen (Cassini).

Place-au-Bois (La), h., cne de Verlinethun.

Place de la Motte, lieu-dit, cne de Desvres, 1383 (charte comm., art. 35).

Place de Selles (La), h., cne de Selles (Cassini).

Place du Boutillier (La), f., cne de Selles (Cassini).

Place-du-Mont (La), lieu-dit, dans l'aveu de Longfossé de 1748.

Place-Pauchet (La), h., c^{ne} d'Hesdigneul.

Places (Les), h., c^{ne} de Carly.

Places (Les), section de la c^{ne} de Le Wast. — *La placette du Wast* (Cassini).

Placettes (Les), h., c^{ne} de Longfossé.

Placettes (Les), h., c^{ne} de Longueville.

Placettes (Les), h., c^{ne} de Réty (Cassini).

Planche-de-Pierre (La), h., c^{ne} de Wierre-Effroy. — *La Planque Pierre* (Cassini).

Planche-du-Devin (La), h., c^{ne} de Rinxent.

Planche-Holuigue (La), voyez Hautwignes.

Planche-Tournoire (La), c^{ne} de Coulogne, 1584 (terr. de Miraulmont). — (Cassini).

Planque-à-la-Laine (La), lieu-dit, c^{ne} de Marquise.

Planque-à-Mortier (La), lieu-dit, c^{ne} de Belle-et-Houllefort, section d'Houllefort, sur le cours du Grigny.

Planque-d'Haute-Vigne, lieu-dit, c^{ne} de Selles. — *Planche d'eau de Vigne* (cadastre) ; — *d'Eau-Divine* (annonces jud.).

Planquette (La), lieu-dit, c^{ne} de Samer (cueil. de 1690).

Platon (Le), lieu-dit, c^{ne} de Bazinghen.

Platon-à-Joncs (Le), ruisseau, c^{ne} de Saint-Etienne (Cassini).

Plein-Fossé (Le), f., c^{ne} de Coulogne. — *Cense nommée le Plein-Fossé*, 1584 (terr. de Miraulmont).

Plouy (Le), fief, c^{ne} d'Alembon. — *Le Plouy-en-Alembon*, 1624, 1743 (invent. d'Alembon). — Le cueill. d'Alembon de 1770 cite le *Plouïs* comme étant un enclos dans la paroisse de Sanghen.

Plouy (Le), h., c^{ne} de Colembert, en partie sur Henneveux. — *Ploui* (Cassini). — *Pleich*. 1569 (act. not.).

— Fief mouv. de la baronnie de Colembert, 1553 (déclar. des fiefs). — Comme spécimen de la forme ancienne de ce nom, qui appartient à d'autres localités, en dehors de l'arrondissement : *Engerrans de Ploïch*, XIII° s. (ch. d'Art., A 143).

Plumecoq (Le), h., c^ne de Rinxent, section d'Hydrequent.

Pochet, ruisseau, sorti de Mauinghen, se jetant dans la Slack à Marquise.

Point-du-Jour (Le), m^on, c^ne d'Alincthun.

Point-du-Jour (Le), f., c^ne de Colembert.

Point-du-Jour (Le), lieu-dit, c^ne de Ferques (Cassini).

Point-du-Jour (Le), h., c^ne d'Hardinghen, 1620 (titres de Mouflon).

Point-du-Jour (Le), m^on, c^ne de Wimille.

Pointe-aux-Oies, voyez Oies.

Pointe-de-Walde, lieu-dit, c^ne de Marck, emplacement du phare.

Poirier (Le), f., c^ne de Marck (Cassini).

Poissonnerie (La), m^on, c^ne de Wierre-au-Bois (Cassini).

Poissonnets (Les), pointe en mer, c^ne d'Audinghen, au sud du Cren-aux-Demoiselles (Cassini). — On dit aussi : *Pointe des Pichonnets*.

Polder (Le), nom commun à plusieurs anciens cours d'eau du bassin de l'Aa. C'était plus spécialement, au moyen âge, le nom d'une rivière qui coulait d'Ardres à Guines, en passant derrière Clairsou et le boulevard d'Andres, et que le plan anglais appelle *The Poylevert*. On la trouve désignée dans la chronique d'Andres sous le nom de *fluviolus qui vulgo dicitur Potterledh*, dans un acte de l'an 1221.

Pont-à-Loques (Le), lieu-dit, c^ne de Samer (cueil. de 1690).

Pont-à-Trois-planches (Le), h., c^ne de Coulogne.

Pont-à-Vaques (Le), lieu-dit, c^{ne} d'Andres, 1584 (terr. de Miraulmont). — Peut-être est-ce le *Cowbridge* du terr. ang. de 1556.
Pont-Croy, sur la rivière de Hames.
Pont-de-Carly (Le), ruisseau du, affluent de la Liane.
Pont-d'Aix (Le), f., c^{ne} d'Hesdigneul, et h., c^{ne} de Condette. — *Pondez* (Cassini). — Faisait partie du fief d'Escames, 1741 (terr. Roussel de Préville).
Pont-de-Briques (Le), lieu-dit, c^{ne} de Coulogne.
Pont-de-Briques (Le), h., c^{ne} de Saint-Léonard (Cassini). — *Pont de le Brike*, 1278 (ch. d'Art., A 25, n° 5). — *Rivière du Pont de le Brique*, 1399 (aveu de Jehan du Fayel). — *Chemin qui maisne du Pont de le Bricque à Boulogne*, 1480 (matreloge d'Outreau). — *Pont de le Bricque*, 1506 (terr. S. W.). — *Pons lateritius* Malbrancq. t. I, p. 63). — *Moulin du Pont de le Brique*, 1387 (invent. d'Isques). — Seigneurie.
Pont-de-Coulogne (Le), h., c^{ne} de Coulogne.
Pont-de-Fer, ruisseau du, c^{ne} de Desvres.
Pont-de-Guemps (Le), sur le canal de Marck.
Pont-de-Nielles (Le), lieu-dit, c^{ne} de Nielles, sur la riv. de Hames.
Pont-de-Quesques (Le), h., c^{ne} de Quesques (Cassini).
Pont-des-Assassins (Le), lieu-dit, c^{ne} de Leubringhen.
Pont-des-Livendières, ruisseau du, c^{ne} de Samer.
Pont-Eclavalieau (Le), fief, c^{ne} de Beaunonville, 1765 (francs-fiefs de Desvres).
Pont-Feuillet (Le), h., c^{ne} de Saint-Léonard (Cassini).— *Pont d'Hocquinghen, nommé le Pont Feuillet*, 1775 (aveu de Wainethun).
Pont-Gorré (Le), f., c^{ne} de Wimille. — *Pont-Gorel*, 1763 (Dom., reg. 56).
Pont-Hamel (Le), h., c^{ne} d'Outreau (Cassini). — *Pont*

du *Hamel*, 1506 (terr. S. W.) ; 1534 (matreloge, art. 154).

Pont-Lhotellier, ruisseau du, c^{ne} d'Isques.

Pont-Pierreux (Le), h., c^{ne} de Bainethun (Cassini).

Pont-Pitendal, h., c^{ne} de Saint-Martin-lez-Boulogne, en partie sur Saint-Léonard. — *Dipendale*, 1506 (terr. S. W.). — *Le val de Dypendalle*, où il y avait des salines, 1525 (cueil. N.-D. de B.). — *Le rieu de Pittendalle*, 1569 (act. not.).

Pont-Pollart (Le), sur le canal de Marck (Cassini).

Ponts (Les), m^{on}, c^{ne} de Carly.

Pont-sans-Pareil (Le), h., c^{ne} des Attaques.

Pont-Sellier (Le), lieu-dit, c^{ne} de Fiennes, 1590-1654 (titres de Mouflon) ; 1774 (aveu de Fiennes).

Pont-Sergent (Le), h., de Belle-et-Houllefort.

Porte (La), f., c^{ne} de Wimille. — Fief de la Grande et de la Petite Porte, tenu du roi, 1772 (Dom., reg. 53).

Porte-en-Bernes (La), fief, c^{ne} de Leulinghen.

Porte-Gaiole (La), nom de la porte de la haute-ville de Boulogne, du côté de France. — Les chartes d'Artois (1285) mentionnent *Le Gaiole*, c'est-à-dire la prison, *qui est à le porte de Monsteroel*. — Faubourg.

Porte-Neuve (La), nom de la porte de la haute-ville de Boulogne, qui est du côté de la Flandre. On l'a appelée la *Porte Flamengue*. Une charte d'Artois de 1285 l'appelle *la Porte de Boulongne si l'on va au Wast*. C'était un faubourg de la ville, représenté aujourd'hui par la rue de la Porte-Neuve et le *Dernier-Sou*.

PORTEL (Le), c^{on} de Samer. — Ancien hameau d'Outreau, séparé et érigé en commune par décret impérial du 13 juin 1856. — *Le four du Portel*, 1338 (compte de Marg. d'Evreux). — *Quemin qui maine du Portel à Boullongne*, 1391 (aveu de Will. du Moulin). —

Masure séant au Portel, 1396 (aveu de Will. du Moustier). — *Le Portel en l'isle d'Oultreauve*, 1489 (matrologe, ari. 79). — *Le Portel*, 1546 (traité de Capécure).

Érigé en succursale par ord. roy. du 31 mars 1837.

Possart, h., c^{ne} de Crémarest (Cassini). — *Le tervis de Mikiel de Possart*, 1296 (acte aux arch. nat., J 1124, n° 9). — *Possart*, 1429 (cart. de Crém.). — *Possart* (carte de l'Etat-maj.). — Dime de *Possart*, à l'évêque de Boulogne. — Fief mouvant de la seigneurie de Wimille, 1767 (Dom., reg. 56 bis).

Poste (La), m^{on}, c^{ne} de Nabringhen.

Poterie (La), h., c^{ne} de Desvres (Cassini). — *Rue qui va de la Poterie à l'Eau-du-Bos*, 1383 (chart. comm. de Desvres, art. 35). — *Adrienne de le Poterye, dame de Saint-Maurice*, 1550 (coutumes).

Ruisseau de le Poterie.

Poterie (La), h., c^{ne} de Wimille (Cassini). — *Poteria*, 1208 (cart. B. M. Bol.). — *Poteria et le Poterie*, 1380 (terr. de Thér.). — *Le Poterie*, 1506 (terr. S. W.). — *Poterye*, 1566 (cueil. N.-D. de B.).

Poul, la rue du, dans les environs de Beuvrequen, 1491 (cueil. de Beuvrequen).

Poulinet (Le), lieu-dit, carrière de pierres, c^{ne} de Marquise.

Pouplembert, lieu-dit, c^{ne} de Colembert, aux environs de la ferme de la Salle. — *Decimam in Poplesberch*, 1184 (cart. Lisk.). — *Terres de Pouplembercq*, 1457 ; *Pouplembert*, 1642 (arch. du prieuré de Wast). — Fief de la Salle et du *Pouplembert*, 1740 (Dom., reg. 50). — Fief de la *Salle de Pouplembert*, 1795 (invent. d'Isques) ; — mouvant de la baronnie de Colembert.

Pourrières-Tremblantes (Les), lieu-dit, dans la garenne de Neufchâtel.

Poussinerie (La), f., c^{ne} de Leubringhen (Cassini).

Prat (Le), lieu-dit, c^{ne} d'Outreau. — *Terroir du Prat*, 1492 (matreloge, art. 89).

Préaux (Les), fief, c^{ne} d'Hardinghen, mouvant de la baronnie de Bainethun, 1756 (Dom., reg. 53).

Préaux (Les), lieu-dit, c^{ne} de Menneville.

Pré-de-Nesles (Le), m^{on}, c^{ne} de Nesles.

Prelles (Les), f., c^{ne} de Crémarest.

Préroux, m^{on}, c^{ne} de Crémarest (Cassini).

Prés (Les), lieu-dit, c^{ne} d'Outreau. — *Terre gisant as Prés, terre des Prés*, 1389 (aveu de Jehan de le Becque).

Presbytère (Le), fief, c^{ne} d'Echinghen, dont aveu de 1781 (arch. nat., Q 895).

Presbytère (Le), m^{on}, c^{ne} d'Isques.

Presbytère (Le), m^{on}, c^{ne} de Wissant, au hameau de Sombres (Cassini).

Prés-de-Lianne (Les), f., c^{ne} de Samer (cueil. de 1690 et bail de 1714).

Presle (La), f., c^{ne} de Belle-et-Houllefort (Cassini).

Presle (La), f., c^{ne} de Wierre-Effroy (Cassini).

Prés-Pourris, ruisseau des, c^{ne} de Saint-Martin-lez-Boulogne, affluent de la rivière de Bainethun.

Préville, ruisseau, c^{ne} de Saint-Martin-lez-Boulogne, affluent de la rivière de Bainethun.

Préville, fief de, en censives, assis sur des terres voisines du ham. de Ledquen, partie aux Saint-Just, aux Carmier, aux Bouclet d'Hallewyn, aux Le Caron, aux Roussel de Préville et autres, 1764 (aveu dans des titres de famille). Il était dans la mouvance de Marquise.

Prévosserie (La), f., c^ne de Rinxent (Cassini).

Preyel (Le), fief, c^ne de Wirwignes, tenu du roi (tableau des fiefs de Desvres).

Priés (Les), f., c^ne de Wirwignes. — *Leprier* (Cassini).

Prinses (Les), f., c^ne de Carly.

Prioré (La), m^on, c^ne de Le Wast, reste des bâtiments de l'ancien prieuré.

Puits-du-Catez (Le), lieu-dit, c^ne d'Hermelinghen. — Vulgairement le *Pu du Caté*, ruines de l'ancien château des barons d'Hermelinghen.

Puits-du-Sart (Le), h., c^ne d'Hermelinghen. — *Cul du Sac ou Pui du Sac* (Cassini). — *Puis du Sart*, 1582 (cueil. de Costé).

Pyramide (La), lieu-dit, c^ne de Saint-Inglevert.

Q

Quatre-Moulins (Les), h., c^ne de Boulogne-sur-mer. — *Moulins à vent situés proche la ville de Boulogne, sur le chemin de Calais* (concession royale du 11 déc. 1688, arch. nat., Q 894).

Quehen, h., c^ne d'Isques (Cassini). — *Cahem*, 1208 (cart. B. M. B.). — *Mathieu Le Brient, escuyer, sieur de Quehen*, 1550 (coutumes). — Fief tenu du roi, 1553 (déclar. des fiefs).

Quehove, fief, c^ne de Longfossé. — *Le ville de Quehauve*, 1392 (aides de Bourg.). — *Guchobbe, Qehonne* et même *Guthonne*, dans la gén. de la fam. du Blaisel (Bignon). — Fief de *Quehouve*, tenu du roi, 1553 (déclar. des fiefs) ; tenu de Desvres, d'après l'aveu de 1748 (arch. nat., Q 898).

Quembert (Le), petit et grand, lieu-dit, c^{ne} d'Hesdigneul.

Quembronne (La), lieu-dit, c^{ne} d'Hesdin-l'Abbé, section de Tinghen (ann. jud.).

Quemont (Le), lieu-dit, c^{ne} de Wirwignes, dans la mouvance de Reclinghen, 1782.

Quenault (Le), m^{on} et terres, c^{ne} de Wirwignes.

Quenelets (Les), lieu-dit, c^{ne} de Saint-Etienne. — *Basincourt ou les Quenelets* (Cassini).

Quenelles (Les), lieu-dit, c^{ne} de Wierre-Effroy (cadastre). — *Terre séant au Quenille*, 1393 (aveu d'Honoré Foliot).

Quenestracq, lieu-dit, c^{ne} de Fiennes. — *Quenestract*, 1483 ; *Communette de Quenestracq*, 1654 (titres de Mouflon).

Quennevacherie (La), f., c^{ne} de Pihen. — *Canevacherie*, 1584 (terr. de Miraulmont).

Quenneval, terres dites, c^{ne} d'Alincthun, dans l'aveu du fief de le Court.

Quenneval, h., c^{ne} de Wirwignes. — *Grand et Petit Queneval* (Cassini). — *Robert Queval, sieur de Quenneval*, 1607 (généalogie Acary, dans Bignon). — *Quenneval et Canneval*, 1634 (arch. des Ursul. de B.). Ruisseau du Quenneval.

Quenneval, dans la mouvance de Quehouve, 1748.

Quennevier (Le), lieu-dit, c^{ne} de Wirwignes, dans la mouvance de Reclinghen.

Quenocq (Le), lieu-dit, c^{ne} de Leubringhen, au hameau de Witrethun, 156. (act. not.).

Quenocs (Les), roches en mer, au devant du Blanez.

Quenouille (La), f., c^{ne} de Marquise (Cassini). — *Robert de Kenoilles*, 1339 (compte de Jeanne de B.). —

Mém. XI.

Terre gisant d'en costé Kenoulles, 1388 (aveu d'Enguerran Malet). — *Quenoulles*, 1594 (act. not.). — Faisait partie du fief du Bois, 1740 (terr. Roussel de Préville).

Quenoulle (La), lieu-dit, c^{ne} d'Audinghen, 1534 (matreloge d'Outreau, art. 152).

Quervet (Le), lieu-dit, c^{ne} de Bainghen, 1764 (titres de Licques). — *Kamartsvelt*, 1271 (cart. Lisk.).

Quesne (Le), fief, c^{ne} de Saint-Etienne, en censives, formé d'un démembrement de la seigneurie d'Audisque, érigé en 1723, et mouvant de ladite seigneurie. (Dom., reg. 31 et aveu de 1770).

Quesnel (Le), h., c^{ne} de Longfossé.

Quesnel, voyez **Commune de Quesnel**.

Quesnoy (Le), fief, c^{ne} d'Alincthun, 1731 (aveu de Selles).

Quesnoy (La), f., c^{ne} de Bainethun (Cassini).
    Ruisseau de la Quesnoy.

Quesnoy (La), f., c^{ne} de Belle-et-Houllefort.

Quesnoy (Le), lieu-dit, c^{ne} de Crémarest, dans la mouvance de Reclinghen.— *Manoir et ténement séant en le ville du Quesnoy*, 1430 (cart. de Crémarest, n° 16).

Quesnoy (Le), f., c^{ne} d'Hesdigneul.

Quesnoy (Le), lieu-dit, c^{ne} de Selles.

Quesnoy (Le), lieu-dit, c^{ne} de Wierre-Effroy (cadastre).

QUESQUES, c^{on} de Desvres. — *Kessiacum*, v. 830 (cart. de S. Bert., pp. 80, 162, 165). — *Reseca* (pour *Keseca*), 1078 (Mir., IV, p. 5). — *Kesseca*, 1080 (epist. Greg., PP. VII, lib. VII, 16). — *Villam Quesques cum omnibus appenditiis suis*, 1175 (Mir., IV, p. 7). — *Comitatus de Kescha*, 1190 (cart. Mor.). — *Kesce*, v. 1420 (terr. de Thér.). — *Keske*, 1515 (Tass.). — *Quesque*, 1559 (part. de Thér.).

Je n'admets pas comme se rapportant à Quesques la citation relative au mot *Quecerque*, ainsi interprété par M. Giry, dans son analyse du gros registre du greffe de Saint-Omer (Mém. de la Soc. des Ant. de la Mor., t. XV, pp. 192 et 311).

Paroisse du Boulonnais, ressortissant pour la justice au bailliage de Desvres. — Seigneurie au chapitre de Saint-Pol.

La terre et seigneurie de Quesques avait sa coutume particulière, reconnue le 22 octobre 1550 et insérée parmi les coutumes du Boulonnais.

Cure du diocèse de Thérouanne, puis de Boulogne, au doyenné d'Alquines, avec Lottinghen comme secours : *Parochialis ecclesia sancti Ursmari loci de Quesques, cum suo succursu sanctorum Fusciani, Victorici et Gentiani de Lottinghen* (arch. de l'Evêché). — Présentateurs, les chanoines de Saint-Pol. — Décimateurs, les mêmes pour deux tiers de la grosse dîme contre un tiers au curé, et pour la moitié de la dîme de sang, contre l'autre moitié audit curé ; voyez Le Verval. — Maintenant succursale dans le diocèse d'Arras.

Questebrune, h., c^{ne} de Réty (Cassini). — *Philippe de La Haye, sieur de Questebronne, aliàs Questreborne*, 1503 (généalogies Bignon).

Questelingues, lieu-dit, c^{ne} d'Outreau. — *Quettelingues*, xve s. (terr. de Turb.). — *Questelingues*, 1491 (matrelege, art. 91, et terr. S. W., 1506). — *Questelingues et Questelines*, 1525 (cueil. N.-D. de B.).

Questinghen, village, c^{ne} de Baincthun. — *Altare de Gestingehem* (prononcé avec le G dur), 1208 (cart. B. M. Bol.). — *Questinguehem*, 1413 (cart. de Crémar.). — *Questinghen*, 1506 (terr. S. W.).

Paroisse du Boulonnais, ressortissant pour la justice au bailliage de Boulogne. — Seigneurie mouvant du château de Tingry.

Cure, annexée comme secours à celle de Baincthun. — Présentateur, l'évêque de Boulogne, aux droits de l'abbé de Notre-Dame. — Décimateur, le curé. — L'église de Questinghen a été démolie pendant la Révolution française.

QUESTRECQUES, c^{on} de Samer. — *Ecclesia de Kestreca*, 1119, 1179; *de Cestreca*, 1157; *altare de Kestreka*, 1209 (cart. Mor.). — *Parochia de Castreca*, 1173; *de Kestreke*, 1199; — *Hugo de Kestrehe*, pour *Kestreke*, 1199 (cart. de Samer). — *Jehans de Kestreke*, officier du comte d'Artois, 1297 (ch. d'Art., A 143). *Questreque*, 1506 (terr. S. W.). — *Castrum comitis* (Malbrancq, t. I, p. 63, et carte). — *Quette*, 1559 (part. de Thér.). — Les paysans prononcent *Quettre* et l'on devrait écrire *Questreque*.

Paroisse du Boulonnais, ressortissant pour la justice, partie au bailliage de Boulogne, partie au bailliage de Desvres. — Seigneurie.

Cure, annexée comme secours à celle de Wirwignes. — Présentateurs en droit, les chanoines de Boulogne. — Décimateurs, les chanoines de Boulogne, pour une partie du territoire avoisinant la forêt, avec les deux tiers de la dîme de sang; le seigneur et l'église du lieu, pour une autre partie; les religieux de Samer, pour les deux tiers de ce qui était en deçà de la rivière par rapport à l'abbaye, et le curé pour l'autre tiers, avec le tiers de la dîme de sang; l'église de Tingry dîmait aussi, pour deux gerbes de trois, contre le chapitre, sur un certain canton, le long de la forêt, en partant du Pont d'Etienfort. — L'église de Questrecques, depuis le Concordat, est annexée à la succursale de Wierre-au-Bois.

Chapelle de Saint-Germain, autrefois desservie en l'église de Questrecques, non bénéficiale. — Les revenus en étaient réunis au vicariat.

Quette, lieu-dit, sur la côte, c^{ne} d'Audinghen. — *Anse de Quette* (Cassini). — *Ru de Quette* (id.), ruisseau qui tombe dans la falaise.

Quoquesolle, ancien nom du fief de Hurtevent (Pernes), voyez **Heurtevent**.

Queue-Morel (La), f., c^{ne} de Bournonville (Cassini).

Quevalerie (La), voyez **Chevalerie**.

R

Rablerie (La), lieu-dit, c^{ne} de Samer (cueil. de 1690). — *La Rablerie, aliàs Fortmanoir*, fief mouvant de Quehouve, 1748.

Rabodennes, lieu-dit, c^{ne} de Maninghen. — *La terre de Rabodenghes*, 1393 (aveu d'Honoré Foliot). — *Le sieur de Rabodenghes*, 1488 (matreloge d'Outreau); 1506 (terr. S. W.). — *Loys de Rabodanges*, 1549 (signature d'une quittance du fonds Joursanvault, (arch. comm. de B.).—Seigneurie tenue du roi, 1553 (déclar. des fiefs).

Rambergue, nom d'une montagne, située dans les environs de Wissant ou d'Andembert, plusieurs fois citée dans l'aveu de Pierre Le Kien, du 25 septembre 1402. — *Terres appelée le Craielans, qui gist au pendant* *de le montaigne de Rambergue ; — terre appelée le Cuignie, gisant sur le mont d'Austerambergue ; — Oist-Rambergue ; — ledit mont de Rambergue.*

Rambrechtesgat, nom d'une écluse située sur la rivière de Coulogne en 1208, d'après une charte du grand cartulaire de Saint-Bertin, t. II, p. 67, relative aux pêcheries de l'abbaye de Samer. Ce mot doit signifier en flamand : *la porte cassée* (écluse ou ventelle) *aux fascines.*

Ramesaut, h., c^{ne} d'Escalles, en partie sur Hervelinghen. — *Ramseau* (Cassini). — *Terre en Ramarssaut,* 1280 (Duchesne, pr. de Guines, p. 295). — *Terre de Ramesaut,* 1402 (aveu de Pierre Le Kien). — *Ramesauch,* 1420 (terr. de Thér.). — *Rameseau, Ramesseaux,* 1584 (terr. de Miraulmont). — *Rammesholt,* 1556, *Ramesholet* (terr. et plan angl.).

Ramonerie (La), f., c^{ne} de Boursin (Cassini). — *Baimmondrie, pour Raimmondrie,* XIIIe s. (ch. d'Art., A 118, n° 5). — *Bauldrain de le Caurye, sieur de la Remondrie,* 1569 (act. not.).

Ramonière (La), lieu-dit, c^{ne} d'Outreau, v. 1500 (matreloge, art. 128).

Ramonières (Les), lieu-dit, c^{ne} de Quesques (cadastre).

Randal (Le), lieu-dit, c^{ne} de Maninghen. — *Rendalle,* dans l'aveu de 1774.

Raterie (La), f., c^{ne} de Wierre-Effroy (Cassini).

Raterie (La), f. et m^{in}, c^{ne} de Wimille, près de l'Espagnerie. — 1525 (cueil. N.D.- de B.). — Fief mouv. d'Austruy, 1741.

Ravendelles (Les), lieu-dit, c^{ne} de Wimille.

Ravenkerque, voyez **Havenkerque**.

Raventhun, h., c^{ne} d'Ambleteuse (Cassini). — *Allodium Walteri apud Raventum ; — villa Raventum,* 1084 (chron. And., 785, 2). — *In Raventim terras et redditus*, 1208 (cart. B. M. B.). — *Testart de Raventhun*, 1392 (aides de B.). — *Le wés de Raventun*, 1402 (aveu de P. Le Kien).

Ruisseau de Raventhun, affluent de celui d'Audresselles, ou de la Dune.

Raverengues, lieu-dit, c^{ne} du Portel. — *Terre gisant à Ravencrengues*, 1396 (aveu de Will. du Moustier). — *Raverenghes et Ravenenghes*, près d'Henriville ou des Trois-Fontaines, 1506 (terr. S. W.).

Rebertingue (La), h., c^{ne} de Réty (Cassini). — *Hannebiert de Rumertenges ; Michel de Rumertenges*, 1286 (terr. de Beaulieu). — *Monsieur de Rebretengues*, 1481 (matrcl. d'Outr., art. 65). — *Nicolas de Sempy, escuier, sieur de Rebretenghes*, 1550 (coutumes). — *Rebertangues*, 1569 (act. not.). — *Rebetengue* (cartes de J. Hondius).

Ruisseau de la Rebertingue, dans le bassin de la Slack.

Reclinghen, village, c^{ne} de Crémarest. — *Herquelinghen* (Cassini). — *Altare de Reclinghehem*, 1157 ; — *de Riclingehem*, 1209 (cart. Mor.). — *Perron de Reclinghehem*, 1338 (compte de Marg. d'Evreux). — *Terre de Hareclinghehem*, 1339 (compte de Jeanne de Boul., p. 378). — *Le capelle de Reclinguehen*, 1385 (cart. de Crémarest, n° 2). — *Reclinghem et Le Clinghem*, 1392 (aides de B.). — *Harlinghen*, 1559 (part. de Thér.). — *Herclinghuen*, 1566 (cueil. N.-D. de B.). — Aujourd'hui vulgairement *Clinghen*.

La chapelle de Reclinghen, détruite pendant la Révolution française, paraît avoir été anciennement un secours, ou une annexe de la cure de Crémarest. — Présentateur en droit, le chapitre de Thérouanne.

— Décimateurs, deux seigneurs laïques, chacun pour une moitié.

Le fief de Reclinghen était tenu du roi, dans la mouvance de Desvres (aveu de 1782, aux arch. nat., Q 808).

Réderie (La), f., c^{ne} de Longfossé.

Réderie (La), lieu-dit, dans l'aveu d'Austruy, 1141.

Régnel (Le), lieu-dit, c^{ne} de Wimille. — *Terre dite le Regnel, joignant d'un bout devers le Lo, à Rupembert,* 1506 (terr. S. W.).

Remondrie (La), voyez **Ramonerie**.

Renard (Le), f., c^{ne} d'Outreau (Cassini). — *Rikenacre,* 1112 ; *Rikenachre,* 1145 ; *Richericaria,* 1173 ; *Richenacre,* 1199 (cart. de Samer).

Renardières (Les), lieu-dit, c^{ne} d'Audinghen, 1534 (matreloge d'Outr., art. 152).

Renardières (Les), lieu-dit, c^{ne} de Bazinghen.

Renardières (Les), lieu-dit, c^{ne} de Wissant, 1506 (terr. S. W.).

Renaudvalle, lieu-dit, c^{ne} d'Echinghen, dans l'aveu d'Enlard Paindavoine, de 1401.

RETY, c^{on} de Marquise. — *Parrochia sancti Martini de Teutonicis, dictam de Retseque,* sans doute *Retheque,* v. 1129 ; — *parrochia sancti Martini de Resthi,* aliàs *de Resti,* 1133 (chron. And., 800, 2 ; 804, 2 ; 818, 2). — *Ugo de Resti,* 1157 (cart. de Beaulieu). — *Altare de Resti,* 1159 (cart. Mor.). — *Resty,* 1515 (Tass.) ; — 1559 (part. de Thér.).

Paroisse du Boulonnais, ressortissant pour la justice au bailliage de Londefort. — Seigneurie.

Cure du diocèse de Thérouanne, puis de Boulogne, au doyenné de Boulogne : *Parochialis ecclesia sancti Martini de Resti,* 1558 (arch. de l'Evêché). — Présentateur, l'évêque. — Décimateurs, le chapitre, pour deux gerbes de neuf, le seigneur du lieu, pour six, le curé, pour une. — Maintenant succursale dans le diocèse d'Arras.

Reuillio (Le), ruisseau, c^{ne} d'Outreau, au h. d'Equihen.

Rhiden (Le), voyez **Riden**.

Ricauderie (La), f., c^{ne} de Colembert, 1731 (aveu de Selles). — C'est la *Maison Hénotte*, au h. du Plouy.

Ricquebourg, lieu-dit, c^{ne} de Bellebrune, dans les environs du Moulin-Brûlé, 1567 (arch. des Ursul. de B.). — Aveu du fief de la Cour.

Ricmaninghen, h., c^{ne} de Bazinghen. — *Riquemaninghen* (Cassini et act. not., 1583). — *Eustachius de Ripmaninghem*, 1209 (chron. Andr., 853, 1).

Ruisseau de Ricmaninghen, dans le bassin de la rivière de Rougeberne.

Ricolvinghem, localité mentionnée dans le cartulaire de Saint-Bertin, parmi les possessions de l'église de Steneland (pp. 80, 158 et 161), sous l'an 857. — Quelques-uns l'ont placée au hameau de *Reclinghen*, sur Crémarest ; il paraît plus probable que c'est *Réclinghem*, canton de Fauquembergues. Voir L. Cousin, *Le monastère de Steneland*, 1870, p. 10, n° 2).

Rideau-les-Coudes, pointe de, voyez **Ecoute**.

Riden (Le), pointe en mer, c^{ne} d'Audinghen. — *Ridin-Brunet* (Cassini) ; — *Ridain* et *Rhyden*.

Riden-de-Calais (Le), banc en mer, sur la côte de Sangatte.

Rietz-Bernier (Les), m^{on}, c^{ne} de Wirwignes.

Rietz-de-Justice (Les), lieu-dit, c^{ne} d'Alembon. — *Mons Justitiæ*, 1400 (terr. de Thér.).

Rietz-Faux (Les), f., c^{ne} d'Henneveux, au ham. des Burets.

Rietz-Richard (Le), h., c^{ne} de Samer.

Rietz-Wavrins (Les), fief, au bailliage de Wissant, 1553 (déclar. des fiefs).

Rieu (Le), f., c^{ne} de Maninghen, avec annexes sur Wierre-Effroy, au ham. d'Hesdres.

Rieux (Le), h., c^{ne} d'Hesdin-l'Abbé (Cassini).

Rigewogue, lieu-dit, anc. ferme, située dans les marais (ou dans la *Wastine*) de Guines, vers Pihen. La chronique d'Andres en parle deux fois (795, 1; et 806, 1); — *de curte nostra de Rigewogue; curtem nostram de Riggawoga*, vers les années 1125 et 1130.

Rignon, voyez **Commune de**.

Rimbert, lieu-dit, c^{ne} d'Audinghen, 1534 (matreloge d'Outr., art. 152).

Rimerie (La), anc. f., maintenant démolie, sur les limites des comm. de Colembert et d'Henneveux.

Ringoerie (La), f., c^{ne} de Questrecques.

Rinquesout, lieu-dit, c^{ne} de Samer. — *Rainquessourt* 1515; *Rinquesoubz*, XVIIIe s. (arch. de Samer).

RINXENT, c^{on} de Marquise. — *Almarus de Erningasem*, aliàs *Erningasten*, 1107 (chron. And., 787, 1, 2). — *Ecclesia de Rinninghesem*, 1120; — *de Renningesem*, 1157; — *de Rininghessem*, 1179; — *de Reninghessent*, 1422 (cart. Mor.). — *Gerardus de Renguenscem*, 1200 (chart. d'Andres, dans Dom Grenier, t. CC-CCI, f° 149). — *Ingelramnus de Eringhesem, Erminghesem, Eringhesem* (Lamb. Ard., p. 375). — *Erningessem*, 1286 (cart. de Beaulieu). — *Ghodin de Ringhessem*, 1294; — *Reinghesem*, 1298 (ch. Art., A 118, n° 5). — *Reninguessent*, 1515 (Tass.). — *Rainghessent*, 1559 (part. de Thér.). — *Rinquessent* et *Rinquesent*, (tit. divers des XVIIe et XVIIIe s.).

Paroisse du Boulonnais, ne formant qu'une communauté civile avec Hydrequent, mais avec un ressort judiciaire distinct, car Rinxent dépendait du bailliage de Londefort et Hydrequent du bailliage de Wissant. — Seigneurie de Rinxent, arrière-fief de Fiennes (déclar. de 1553).

Cure du diocèse de Thérouanne, puis de Boulogne, au doyenné de Boulogne, avec Hydrequent pour secours : *Parochialis ecclesia sancti Martini loci de Rinquessent, cum suo succursu [Sancti Mauri] de Hidrequen*, 1583 (arch. de l'Evêché). — Présentateur le chapitre de Boulogne, aux droits du chapitre de Thérouanne. — Décimateurs, le curé pour la moitié des dîmes, le chapitre pour une sixième gerbe, et le chapelain de Framezelle pour un tiers. — Maintenant succursale dans le diocèse d'Arras.

Un château fort, défendu en 1372 par un écuyer et trois arbalétriers : *Le fort de Reninghan*, 1372, alias *Ruminghen*, par erreur, je crois, 1373 (establies de Picardie).

Risban (Le), fort, c^{ne} de Calais. — *Rusbangke*, 1559 (terr. Ang.). — *Risbanck*, 1584 (terr. de Miraulmont). — *Ricebancke* (chron. de Hall, p. 793). — *Rysbank* (Malbrancq, lib. XI, 31). — *Richebancq*, 1640 (cart. mste des côtes de Picardie, Bib. nat., S. F., n° 87).

Riu-Coffin (Le), ruisseau, c^{ne} de Verlincthun.

Riu de Bronne (Le), voyez **Bronne**.

Riu du Catez (Le), ruisseau, c^{ne} d'Ambleteuse.

Rivelettes, lieu-dit, c^{ne} d'Outreau, 1480 (mat. art. 18).

Riverie (La), f., c^{ne} d'Alincthun (Cassini). — *Haute et basse Riverie* ; cette dernière est démolie depuis trente ans. — Famille de Rentières, sieur de *la Riverie*, dont gén. de 1608 à 1697 dans Bignon.

Rivière (La), f., c^{ne} de Neufchâtel. — *Grande et petite*

Rivière (Cassini). — Fam. Acary, sieur de *la Rivière*, dont généal. dans Bignon. — Fief tenu du roi, 1553 (déclar. des fiefs) ; — tenu de Neufchâtel, 1765 (Dom, reg. 56). — *Claude de Thubeauville, escuyer sieur de la Rivière*, 1550 (coutumes).

Rivière (La), f., c^{ne} de Wimille (Cassini). — *Willame de le Rivière*, 1298 (ch. d'Artois). — *Maison de la Rivière*, 1583 (act. not.). — Fief tenu du roi (déclar. de 1553).

Rivière à Bouza, sortant de la rivière d'Ardres, traversant les communes d'Andres et de Guines, pour se jeter dans le canal de Guines.

Rivière de Balinghem (La), voyez **Henry** (essai hist., p.139).

Rivière de Hames (La),   id.

Rivière de la Basse-ville (La),   id.

Rivière d'Oye (La),   id.

Rivière-Neuve (La), canal, depuis l'écluse à quatre faces de Hames, sur les territoires de Coulogne et de Saint-Pierre.

Rivière-Neuve (La), h, c^{ne} des Attaques.

Rivièrette (La), rivière qui a sa source dans les pâturages d'Andres et qui se termine au territoire des Attaques, où elle se jette dans la rivière du Nouveau Banc (alman. de Calais).

Rivièrette (La), h., c^{ne} de Guines. — *Le bourg de la Rivierrette*, 1584 (terr. de Miraulmont).

Rivièrette-de-Licques (La), voyez **Brunelle**.

Robache (La), f., c^{ne} de Nabringhen. — *La commune Robache*.

Robelne (La), ruisseau, c^{ne} d'Offrethun.

Robertville, voyez les **Pignons de**.

Roboam, fief, c^{ne} de Brunembert, 1765 (fr.-fiefs de Desvres).

Roche (La), h., c^{ne} de Réty. — *La Roche ou les Houilles.* 1725 (rapp. du curé).

Rochefort, fief, c^{ne} de Réty, mouv. d'Austruy (aveu de 1741 et Dom., reg. 50).

Rochelins (Les), lieu-dit, c^{ne} de Bournonville, où était assis un fief de même nom, avec annexes sur Lianne, 1766 (fr.-fiefs de Desvres et Dom., reg. 57).

Rochelle (La), h., c^{ne} de Questrecques (Cassini).

Rochelle (La), m^{on}, c^{ne} de Wierre-Effroy, 1569 (act. not.).

Rocherie (La), h., c^{ne} de Lottinghem, *alias* **Roucherie**. — Famille Roche *de la Rocherie*.

Rocherie (La), h., c^{ne} de Pihen (Cassini). — Titre de 1641 (arch. des Ursul. de B.).

Rochette (La), h., c^{ne} de Réty, *alias* les **Rochettes**.

Rochette (La), m^{on}, c^{ne} de Wimille.

Rocquelins (Les), lieu-dit, c^{ne} de Questrecques, 1743 (aveu d'Escames).

Rocriaux (Les), pointe en mer, c^{ne} de Wimille (Cassini).

Rocthun, h., c^{ne} de Lenbringhen (Cassini). — *Rocquetun*, 1550 (coutumes). — *Rocquethun*, 1569 (act. not.). — Famille Le Marchand, sieur *de Rocquethun*, dont généal. de 1520 à 1697 (Bignon).

Rocthun, fief, c^{ne} de Longueville, 1772 (fr. fiefs de Desvres).

Rodelan (Le), lieu-dit, c^{ne} d'Alembon (registre d'Alembon).

Rodeneaux (Les), lieu-dit, dans l'aveu de Selles de 1741.

Romaretz, lieu-dit, c^{ne} d'Outreau. — *Dime de Manihen et de Romaretz*, 1567-1784 (Dom., reg. 42).

Rome, fief, c^{ne} de Bazinghen, 1754 (Dom., reg. 56 bis).

Rome, fief, c^{ne} du Portel, 1780 (Dom., reg. 53).

Ronde-Roche (La), pointe en mer, c^{ne} d'Audinghen (Cassini).

Ronneries (Les), voyez **Héronnerie**.

Ronvert (Le), lieu-dit, c^ne d'Herbinghen (ann. jud.).

Ronville (La), voyez **Larronville**.

Roquette (La), f., c^ne de Marck.

Roricove, ancien château, entre Andres et Guines, détruit en 1210. — *Rorichona villa*, 1084 ; — *nemus de Rorichona*, 1120 ; — *castrum de Rorichova*, 1209 ; — *manerium de Rorichova*, 1222 (chron. And., 789, 2 ; 797, 1 ; 847, 1 ; 863, 2). — *Rorichovia*, (Lamb. Ard., p. 159). — *Le maisons de Rolinkehove doit estre abatue, ne d'ore en avant, en chelui liu-là où li maisons fu, maisons n'i pora estre refremée*, 1216 (Tailliar, rec. d'act. en langue rom., pp. 32, 33).

Roserie (La), lieu-dit, c^ne de Samer, 1690 (cueil. de Samer).

Rosquebrune, f., c^ne de Longfossé, section de Sainte-Gertrude. — *Rusquebrune* (Cassini). — Famille Monse, seigneurs de Rosquebrune, xviii° s.

Rosquebrune, h., c^ne de Saint-Martin-Choquel. — *Lauxbrune* (Cassini). — *Rosquebrune*, 1763 (terr. de Samer). — Fief mouv. de la seigneurie du Choquel. — Les gens du pays prononcent communément *Rousquébronne* et même *Lousquébronne*, ce qui explique la variante adoptée par Cassini.

Rossanocq, lieu-dit, c^ne de Bouquehault.

Rossec, fief, c^ne du Portel, 1780 (Dom., reg. 58).

Rosselin (Le), h., c^ne de Hames-Boucres (Cassini).

Rotembert, h., c^ne de Saint-Martin-lez-Boulogne (Cassini). — *Rotembercq*, 1550 (cueil. N.-D. de B.). — Fief mouv. de Bédouâtre.

Rotembert, lieu-dit, c^ne de Souverain-Moulin, sur la route de Wierre-Effroy.

Rougeberne, h., c^ne de Bazinghen. — *Moulin de Rouge-*

berne (Cassini). — *Rougebedde*..... — *Moulin de Roussebadde*, xııı° s. (ch. d'Art., A 118, n° 5).

Rivière de Rougeberne, ou de Bazinghen, dans le bassin de la Slack.

Rouge-Cambre (La), f., c^{ne} de Coquelles (Cassini). — *Red Chamber*, 1556 (terr. et plan ang.). — Hommage, — de le seigneurie *des grande et petite Rouge Cambre*, relevant du roi, à cause de la ville de Calais, 27 fév. 1601 (arch. nat., P 15, n° 439).

Rouge-Cambre (La), fief, c^{ne} de Pernes, mouv. de la seigneurie de Conteville, 1785 (Dom., reg. 53).

Rouge-Coutre (Le), lieu-dit, c^{ne} de Caffiers. — *Le Rouge-Coutre*, 1654 (tit. de Mouflon).

Rouge-Croix (La), f., c^{ne} de Marck, 1584 (terr. de Miraulmont).

Rougefort, h., c^{ne} de Réty (Cassini). — *Rochefort*, 1286 (terr. de Beaulieu). — *Rouchefort*, xııı° s. ch. d'Art., A 118, n° 5). — *Rougefort*, 1569 (act. not.).

Rouge-Maison (La), f., c^{ne} de Marquise, 1740 (act. not.).

Rouge-Pignon (Le), f., c^{ne} de Wirwignes (Cassini).

Rouge-Riden (Le), rochers en mer, près du Blanez.

Rouge-Trou (Le), h., c^{ne} de Ferques.

Rouge-Trou (Le), lieu-dit, c^{ne} d'Henneveux.

Rougeville, fief, c^{ne} de Wimille, mouvant de Cluses, 1755 (Dom., reg. 53).

Ruisseau de Rougeville, l'un des tributaires de celui du Denacre.

Rousel, fief, c^{ne} de Caffiers, 1781 (Dom., reg. 56 bis).

Rouselle (La), lieu-dit, c^{ne} du Portel.

Rousselin, bois, c^{ne} d'Alincthun. — *Le bois Rousselin*.

Rousserie (La), f., c^{ne} de Samer (Cassini).

Routière (La), lieu-dit, c^{ne} d'Hardinghen (ancienne ferme).

Routière (La), lieu-dit, c^{ne} d'Outreau.

Rozel (Le), h., c^{ne} de Wirwignes. — *Le Rosel* (Cassini). — *Grand et petit Rozel*. — Arr.-fief d'Engoudsent, 1553 (déclar. des fiefs).

Rozoy (Le), fief, c^{ne} de Wirwignes. — *Le Rosoy* (Cassini). — *François Tassard, sieur du Rosoy*, 1767 (fr.-fiefs de Desvres). — Fam. de la Rue, sieur de Rosoy ou Rozoy, de 1659 à 1697 (Bignon). — Le Rosoy était dans la mouvance de Reclinghen (1782).

Rubergues, lieu-dit, c^{ne} de Wimille, ancien nom de la ferme de Larronville. — *Terroy de Hubergues, ou de Larronville, au deseure de Pas de Gay*, 1506 (terr. S. W.).

Rudeval, m^{on}, c^{ne} d'Isques. — *Maison nommée Rudeval*, 1795 (invent. d'Isq.). — Fief mouvant de Longueville, 1772 (Dom., reg. 56 bis).

Rue (La), h., c^{ne} d'Alembon. *Haute et basse rue*.

Rue (La), f., c^{ne} de Colembert.

Rue (La), fief, c^{ne} de Réty, mouv. de Londefort, 1765 (Dom., reg. 56) ; 1782 (aveu dudit).

Rue (La), f., c^{ne} de Rinxent.

Rue (La), lieu-dit, c^{ne} de Wierre-Effroy (cadastre).

Rue-à-Biscayes (La), lieu-dit, c^{ne} d'Hardinghen.

Rue-à-l'Eau (La), h., c^{ne} de Saint-Etienne.

Rue-Anglaise (La), lieu-dit, c^{ne} de Campagne.

Rue-aux-Juifs (La), h., c^{ne} de Fréthun (aveu de 1769).

Rue-Caplan (La), lieu-dit, c^{ne} de Sanghen, 1770 (cueill. dudit).

Rue-Corer (La), f., c^{ne} de Condette (Cassini).

Rue-de-Bas (La), h., c^{ne} de Senlecques.

Rue-de-Boulogne (La), lieu-dit, c^{ne} d'Alembon (registre dudit).

Rue-de-Hames (La), h., c^{ne} de Hames-Boucres, 1584 (terr. de Miraulmont).

Rue-de-Jérusalem (La), h., c^{ne} de Bouquehault (Cassini).
Rue-de-la-Chapelle (La), lieu-dit, c^{ne} de Licques.
Rue-de-la-Marne (La), lieu-dit, c^{ne} de Sanghen, 1770 (cueil. dudit).
Rue-de-Lannoy (La), h., c^{nes} de Colembert et de Le Wast (Cassini).
Rue-de-la-Sarre (La), lieu-dit, c^{ne} d'Audembert.
Rue-de-la-Vendée (La), h., c^{ne} des Attaques.
Rue-de-Paradis (La), h., c^{ne} d'Alembon.
Rue-de-Pierre (La), h., c^{ne} de Ferques.
Rue-des-Bienvenus (La), h., c^{ne} des Attaques.
Rue-des-Cocus (La), h., c^{ne} des Attaques.
Rue-des-Erables (La), h., c^{ne} de Bainethun (Cassini).
Rue-des-Juifs (La), h., c^{ne} d'Hesdin-l'Abbé, 1609 (titres de Samer).
Rue-des-Labards (La), h., c^{ne} de Bainethun (Cassini).
Rue-des-Leux (La), h., c^{ne} de Senlecques.
Rue-des-Marais (La), h., c^{ne} d'Hesdigneul.
Rue-des-Maréchaux (La), lieu-dit, c^{ne} d'Andembert.
Rue-d'Etienfort (La), voyez Etienfort. — J'ajoute ici que la forme ancienne de ce nom, conservée dans le nom de la ville de *Steenvoorde* (Nord), se trouve en latin dans les chartes de Bourbourg, où *Gido de Steinfort* est plusieurs fois cité en 1115 et 1121.
Rue-de-Wierre (La), h., c^{ne} de Samer et de Wierre-au-Bois, 1629 (titres de l'abb.).
Rue-de-Wieu (La) lieu-dit, c^{ne} de Hames-Boucres, 1584 (terr. de Miraulmont).
Rue-du-Chemin (La), h., c^{ne} de Neufchâtel (Cassini).
Rue-du-Hêtre (La), h., c^{ne} de Neufchâtel (Cassini).
Rue-du-Hil (La), lieu-dit, c^{ne} de Licques.
Rue-du-Marais (La), h., c^{ne} de Saint-Tricat. — *Chemin du Marais*, 1584 (terr. de Miraulmont).

Rue-du-Moulin, ruisseau de la, c^{ne} d'Hardinghen.
Rue-du-Pied-du-Mont (La), h., c^{ne} de Wierre-au-Bois.
Rue-du-Planty (La), lieu-dit, c^{ne} d'Hardinghen.
Rue-du-Sifflet (La), lieu-dit, c^{ne} de Sanghen, 1770 (cueil. dudit).
Ruelle (La), h., c^{ne} de Samer.
  Ruisseau de la Ruelle.
Rue-Française (La), lieu-dit, c^{ne} de Campagne.
Rue-Noire (La), h., c^{ne} d'Hesdin-l'Abbé.
Rue-Noire (La), h., c^{ne} de Menneville.
Rue-Pintau (La), f., c^{ne} de Neufchâtel (Cassini).
Rue-Princesse (La), lieu-dit, c^{ne} d'Hardinghen.
Rue-Roquet (La), lieu-dit, c^{ne} de Licques.
Rue-Vampouille (Le), h., c^{ne} des Attaques.
Rue-Verte (La), h., c^{ne} de Fréthun.
Rupembert, h., c^{ne} de Wimille. — *Grand et petit Rupembert* (Cassini). — *Quemin qui maine de Wimille à Rouppenbercq*, 1393 (aveu d'Honoré Foliot). — *Roupenbercq*, 1506 (terr. S. W.). — *Rupemberq*, 1525 (cueil. N.-D. de B.). — Fief tenu du roi, dont aveu de 1775 (arch. nat., Q 900).
Ruskem, lieu inconnu, sur le territoire de la c^{ne} d'Andres, — (chron. And., 812, 2) ; — 1170 (Mir., I, 544) ; — 1180 (ibid., 714).
Rusquebrune, voyez Rosquebrune.
Russois (Le), h., c^{ne} de Senlecques (Cassini). — *Rue du Russois ou Roussoy.*
Russolin (Le), h., c^{ne} de Beuvrequen. — *Ruissoulin.*
Rutoire (La), lieu-dit, c^{ne} de Crémarest, dans la mouvance de Reclinghen, 1782.

S

Sablonnière (La), h., c^ne de Verlinethun (Cassini).
Sablon-Notre-Dame (Le), voyez **Fonds-Notre-Dame**.
Sablons (Les), lieu-dit, c^ne de Saint-Martin-Choquel. *Les Sablonnières*, ou *les Savelonnières*, 1680 (cueil. de Samer).
Sacque-Epée, fief, c^ne de Selles. — Terre dite *Sacque-Epée*, fief mouv. du Boutillier, 1765 (Dom., reg. 56).
Sacriquet, ou **Sacriquier**, voyez **Saint-Riquier**.
Sailly, voyez **Chailly**.
Saint-Antoine, f., c^ne de Doudeauville, sur les ruines de l'ancienne abbaye.
Saint-Blaise, h., c^ne de Guines (Cass.). — Voyez **Mellak**.
Sainte-Gertrude, village, c^ne de Longfossé. — *Altare sancte Gertrudis*, 1173; — *sancte Geltrudis*, 1199 (cart. de Samer). — *Saincte Ghiertru*, 1339 (compte de Jeanne de B., mém. Soc. Acad., IX, p. 346). — *Saincte Getrude*, 1559 (part. de Thér.). — *Sanctæ Gertrudis pagus* (Malbrancq, t. I, p. 63 et carte). — *Grelide* (carte de J. Hondius).

Paroisse du Boulonnais, ressortissant pour la justice au bailliage de Desvres. — Seigneurie, arrière-fief de Selles (aveu de 1731).

Cure, annexée comme secours à celle de Wierre-au-Bois. — Présentateur en titre, l'abbé de Samer. — Décimateur, le curé.

Par ordonnance épiscopale du 23 mars 1789, la paroisse de Sainte-Gertrude a été séparée de celle de

Wierre-au-Bois. Sur neuf maisons dont elle se composait, deux ont été réunies à la paroisse de Desvres, et sept, avec l'église, à la paroisse de Longfossé. La dîme a été attribuée, pour un quart, au curé de Desvres, et pour trois quarts, au curé de Longfossé. — L'église de Sainte-Gertrude a été détruite pendant la Révolution française.

Sainte-Gertrude, lieu-dit, c^{ne} de Hames, dans le terrier anglais : — *Sainte-Gartrudes*, 1556.

Sainte-Madeleine, m^{on}, c^{ne} de Samer (Cassini). — Emplacement de la léproserie, hôtellerie, ou aumônerie, au sujet de laquelle il existe une bulle du pape Eugène IV, du 10 décembre 1433, conservée dans la collection de M. Maillard-Géneau. — Jean le Hennuyer vend 20 sols de rente à *la léproserie de Saulmer*, le 21 juin 1450 (reg. jugés du Parlement, X, 136, fol. 139, aux arch. nat.). — Un arrêt du Parlement, du 28 avril 1463 condamne les administrateurs à y recevoir un juif, domicilié à Samer. — La chapelle, qui a servi de prison sous l'Empire, a été vendue en 1810, et démolie depuis. Le pont du chemin de fer, au bas de la rue ancienne de Montreuil, a été élevé sur ses ruines.

Sainte-Marguerite, rue de, chemin de, c^{ne} de Nielles-lez-Calais.

SAINT-ETIENNE, c^{on} de Samer. — *Ecclesia sancti Stephani*, 1121 (cart. S. W. Bcl.). — *Parochia sancti Stephani*, 1173 (cart. de Samer). — *Le moustier Saint-Estevene*, 1278 (ch. d'Art., A 25, n° 5). — *Terroir de le paroesse Saint-Esterene*, 1384 (aveu de Philippe de Larronville). — *Sainct-Estienne*, 1559 (part. de Thér.).

Paroisse du Boulonnais, ressortissant pour la justice

aux bailliages réunis d'Etaples, Choquel et Bellefontaine. — Seigneurie.

Cure du diocèse de Thérouanne, puis de Boulogne, au doyenné de Boulogne, avec Saint-Léonard jusqu'en 1661, pour annexe : *Parochialis ecclesia sancti Stephani cum suo succursu sancti Leonardi*, 1585 (arch. de l'Evêché). — Présentateur, l'abbé de Saint-Wulmer de Boulogne. — Décimateur, le curé, sauf pour un sixième de la dîme d'Audisque, à l'abbaye de Samer. — Maintenant succursale dans le diocèse d'Arras, avec Saint-Léonard pour annexe jusqu'en 1843.

Saint-Frieux, lieu-dit, le mont Saint-Frieux, c^{ne} de Dannes. — *S. Feriocus* (Malbrancq, t. I, p. 63 et carte). — *L'hermitage de Saint-Férieu*, 1610 (cartes mstes des côtes de Picardie, Bibl. nat., mss S. F., n° 87). — *S. Ferien* (cartes de J. Hondius).

Saint-Georges, h., c^{ne} d'Audinghen (Cassini).

Saint-Georges, rivière canalisée des marais de Guines; *The river of Saint-George*, 1556 (plan anglais).

Saint-Hubert, f., c^{ne} d'Audinghen (Cassini).

SAINT-INGLEVERT, c^{ne} de Marquise. — *Santinghevelt et Sanctingheveld* (Lamb. Ard., pp. 97, 99, 101, 161) — *Sontingeveld*, v. 1140 (chron. Andr., 806, 2). — *A Santingheveld, 20 livres de parisis*, 1245 (Tailliar, rec. d'actes, p. 117). — *L'hospitaul de Saintinghevelt*, XIIIe s. (ch. d'Art., A 182, n° 2). — *Le bos de Sanctinghevelt*, 1286 (terr. de Beaulieu). — *Les povres de le maison de Santinghevelt*, XIIIe s. (ch. d'Art., A 47, n° 9). — *Les frères de Santinguevelt*, 1480 (terr. d'Andres). —*Abbacia sancti Ingheveld*, v. 1380 (terr. de Thér.). — *Domus de Zantenvelt*, 1515 (Tassard). — *Sanctus Ydevardus* (chron. de S.-Denis,

Bellaguet, I, p. 673. — *Domus hospitalis quæ campi dicitur arenosi in littore Ghisnensi* (Meyer, Ann. Fl., lib. X). — *Sanctenvelt* et *Sontenvelt*, puis *Sancti Ingelberti* (Malbrancq, t. I, p. 62 et carte). — *Sandyngfelde* (chron. de Hall, p. 790). — *Sandingfield* (chron. de Stowe, p. 559). — *Seynt Engvelt hospitall*, 1556 (plan anglais). — *Saint-Inglevelt*, 1592 (act. not.).

Paroisse du Boulonnais, ressortissant pour la justice au bailliage de Wissant. — Seigneurie.

Cure du diocèse de Thérouanne, puis de Boulogne, au doyenné de Wissant : *Parochialis ecclesia [sancti Barnabæ] de Saint-Inglevert*, 1707 (arch. de l'Ev.). — Présentateurs, les administrateurs de l'hôpital général de Boulogne, aux droits du prieur de Saint-Inglevert. — Décimateurs, l'hôpital de Boulogne, aux droits que dessus. — L'église de Saint-Inglevert, annexée, après le Concordat, à la succursale d'Hervelinghen, a été érigée en succursale indépendante, par ordonnance royale du 20 février 1846.

L'hôpital de Saint-Inglevert, fondé en 1131 par Oylard de Wimille (Lamb. Ard., chap. XLI), a été réuni à l'hôpital général de Boulogne, par arrêt du 23 octobre 1693.

Saint-Jean, rade qui s'étend d'Audresselles à la Crèche, 1699 (miroir de la mer, lib. I, p. 31). — Le Grinez est appelé *Cap de Saint-Jean*, en 1640 (cartes mstes des côtes de la Picardie, Bibl. nat., mss S. F., n° 87).

SAINT-LÉONARD, c^on de Samer, autrefois appelée Hocquinghen, voyez ce mot. — *Paroisse Saint-Liénart*, 1391 (aveu de Will. du Moul.). — *Eglise Saint-Liénard*, 1583 (act. not.). — *S. Leonardus* (Malbrancq, t. I, p. 62 et carte). — *S. Lénart* (cart. de J. Hondius).

Paroisse du Boulonnais, ressortissant pour la justice au bailliage de Boulogne. — Seigneurie.

Cure, annexée comme secours à celle de Saint-Etienne ; séparée et érigée en cure indépendante par décret épiscopal du 3 décembre 1661 et restée dans le doyenné de Boulogne : *Parochialis ecclesia sancti Leonardi vulgo Saint-Léonard* (arch. de l'Evêché).— Présentateur, l'abbé de Saint-Wulmer de Boulogne. — Décimateurs, le curé pour deux tiers, le seigneur du Pont-de-Briques, pour l'autre tiers. — Annexée de nouveau à la succursale de Saint-Etienne, après le Concordat, l'église de Saint-Léonard a été érigée en succursale indépendante par ordonnance royale du 3 juillet 1843.

Saint-Léonard, abbaye, voyez **Guines**.

Saint-Martin, nom d'un canton de dime, c^{ne} d'Echinghen.

Saint-Martin, h., c^{ne} de Rinxent.

Saint-Martin, lieu-dit, c^{ne} de Sangatte. — *Saint-Martin s'Hill*, 1556 (terr. angl.). — *Saint-Marting* (plan anglais). — Voyez **Sclives**.

Saint-Martin, nom d'un canton de dimes, c^{ne} de Selles.

SAINT-MARTIN-BOULOGNE, c^{ne} de Boulogne-sud. — *Extra muros, Ecclesia sancti Martini*, 1208 (cart. B. M. Bol.). — *Le moustier Saint-Martin*, 1285 (ch. d'Art., A 32, n° 34). — *Parochialis ecclesia sancti Martini Bolon. supra mare*, 1293 (ch. d'Art., A 134, n° 14). — *S. Martinus Bolon.*, 1515 (Tassard). — *Sainct Martin*, 1559 (part. de Thér.). — Nom révolutionnaire : *Montagne-lez-Boulogne*.

Paroisse du Boulonnais, ressortissant pour la justice au bailliage de Boulogne. — Seigneurie.

Cure du diocèse de Thérouanne, puis de Boulogne.

au doyenné de Boulogne : *Cura, seu vicaria perpetua sancti Martini juxta Boloniam*, 1675 ; — *Parochialis ecclesia sancti Martini*, etc., 1682 (arch. de l'Evêché. — Présentateur, l'évêque de Boulogne, aux droits des abbés de Notre-Dame. — Décimateurs, l'évêque de Boulogne et le chapitre ; le curé, pour la dime de sang et les novalles. — Maintenant succursale, dans le diocèse d'Arras.

SAINT-MARTIN-CHOQUEL, c^{on} de Desvres. — *Ecclesia de sancto Martino*, 1173-1199 ; — *villa sancti Martini*, 1210 (cart. de Samer). — *Robert de S. Martin*, 1339 (compte de Jeanne de B.). — *Saint-Martin-lès-Desvrene*, xviie s. (titres de Samer).

Paroisse du Boulonnais, ressortissant pour la justice au bailliage de Desvres. — Seigneurie tenue de l'abbaye de Samer.

Cure, annexée comme secours à celle de Menneville. — Présentateur en titre, l'abbé de Samer. — Décimateurs, l'abbé de Samer pour deux tiers, le curé pour l'autre tiers. — Erigée provisoirement en succursale avec Senlecques et Vieil-Moutier pour annexes, après le Concordat (annuaire 1807, p. 407), l'église de Saint-Martin-Choquel a été de nouveau réunie à la succursale de Menneville par ordonnance du 29 juin 1805.

Un ruisseau de Saint-Martin, qui prend sa source dans le voisinage du château, se réunit à celui de Menneville, ou des Piloteries.

Saint-Maurice, lieu-dit, c^{ne} de Courset. — *Vallée Saint-Maurice*. — Fief mouvant de la baronnie de Courset.

Saint-Pierre, anse de, sur la côte d'Ambleteuse.

Saint-Pierre, ruisseau de la fontaine de ce nom, c^{ne} de Longfossé, coulant vers Mauroy.

SAINT-PIERRE-LEZ-CALAIS, c^on de Calais. — *Petresse ecclesiam*, 962 (cart. S. B., p. 150). — *Ecclesiam quamdam Petresse dictam* (ibid., p. 154). — *Altare unum in villa que Petressa vocitatur*, 1026 (ibid., p. 175). — *Villa que vocatur Petressa*, 1043 (cart. Drog. epi.). — *Ecclesiam de Piternesse*, 1093 (cart. S. B., p. 215). — *Una vaccaria in villa Petrissa nominata*, 1100 (cart. Capell.). — *Ecclesia de Peternessa*, 1107 (cart. S. B., p. 218). — *Peterse*, 1121 (Duchesne, pr. des Guines, p. 41). — *Ecclesia de Petrenessa*, 1134 (cart. S. B., p. 311). — *Ecclesia de Petresse, cum pertinenciis suis*, 1217 (Bull. Honor., III). — *Parochia de Petresse, in cujus terminis oppidum de Calays consistit*, 1224 (Mir. III, p. 386). — *Le paroche de seint Piere*, 1253 (chart. de Mahaud, pour Calais). — *Stasses de Saint-Pierre*, 1297 (chart. d'Art., A 143). — *Seint-Peters*, 1556 (plan anglais).

C'est à tort que M. Aug. Le Prévost, dans le dict. géog. du cart. de Saint-Bertin, p. 399, dit que *Petresse* est le nom d'une partie de la ville de Calais (Nord). — Sic. — C'était : *Ville de Saint-Pierre-lez-Calais* (Pas-de-Calais), qu'il fallait dire.

Noms révolutionnaires : *Ecaillour*, du 5 mai à nov. 1793 ; *Dampierre-les-Dunes*, de nov. 1793 à avril 1795.

Ville du Pays-reconquis, dans le ressort de la justice royale de Calais. — Seigneurie, au Roi.

Cure du diocèse de Thérouanne, puis de Boulogne, au doyenné de Marck : *Parochialis ecclesia sancti Petri prope et extra muros Calleti*, 1576 (archiv. de l'Evêché). — Présentateur, l'Evêque. — Décimateur, le Roi.

Eglise de Saint-Pierre, succursale en 1803, érigée

en cure de seconde classe, par ordonnance royale du
. . . . 1829.

Eglise du Sacré-Cœur, érigée en succursale par décret du 18 mai 1872.

Eglise de Sainte-Madeleine du Petit-Courgain, érigée en succursale par décret impérial du 27 octobre 1868.

Saint-Pol, h., c^{ne} de Wissant (Cassini). — **Vulgairement** *Saint Pô.*

Ruisseau de Saint-Pol, allant à la mer : *Les rus de Saint-Pol* (Cassini).

Saint-Riquier, village, c^{ne} de Courset (Cassini). — *Dicima de Sarto Richeri*, 1199 (cart. de Samer). — *Mansuram de Sarto Riccarii cum loco et aliis pertinentiis suis*, 1207 (Mir. III, p. 371). — *Petrus et Cunfridus de Sarto Riccarii*, 1207 (ibid.). — *Sarriquier*, 1400 (tit. du chât. de Courset). — *Sacriquet*, 1751 (fr.-fiefs de Desvres). — On a dit aussi *Sacriquier*.

Chapelle de Saint-Lambert de Saint-Riquier, titre de bénéfice : *Capella seu capellania sancti Lamberti sitam in pago Sacricarii, intra limites parochiæ de Courset*, 1696 (arch. de l'Evêché). — Présentateur, l'abbesse de Blandecques, du diocèse de Saint-Omer, d'après certains pouillés ; l'évêque de Boulogne, d'après d'autres. — Revenus inconnus.

Saint-Riquier, h., c^{ne} de Fiennes (Cassini). — *Chapelle Saint-Riquier, hermitage Saint-Riquier*, 1654 (tit. de Mouflon) ; — 1774 (aveu de Fiennes).

SAINT-TRICAT, c^{on} de Calais. — *Saint-Nicase, and of old tyme was called Markin Parish*, 1556 (terr. aug.). — *Saint-Trecase* (ibid.). — *Hartincourt* (cart. de J. Hondius).

Le nom du patron, *Saint-Nicase*, ou *Nicaise*, s'est contracté en *Saint-Tricase*, par suite de l'affinité du *tn* avec le *tr*, et a fait oublier le nom primitif de la paroisse sur l'identité duquel on dispute aujourd'hui. MM. Courtois et Parenty, guidés, je crois, par le Petit Pouillé du diocèse, ont opiné pour *Fontaines*. M. Dufaitelle, d'après l'autorité du terrier anglais, a pensé que c'était *Markene*. C'est l'opinion que je regarde maintenant comme la plus probable, après avoir longtemps hésité. Néanmoins, voici l'art. *Fontaines*, que j'avais réservé :

Fontaines, anc. paroisse, dont les uns font Saint-Tricat et d'autres Hames : *Parrochia de Bucretes* (Boucres) *et de Funtaines*, v. 1127 (chron. And., 803, 2). — *Cono de Funtenes*, 1107 (ibid., 787, 1, 2). — *Cono de Funtaina*, 1132 (Mir., I, p. 383). — *Libertus de Fontaines*, 1118 (chron. And., 795, 1). — *Duo altaria, Fontaines et Markenes nominata*, 1147 (cart. de Selincourt). — *Duo altaria in episcopatu Tervanensi, Marchenes et Fontanas*, 1166 ; — *ecclesie de Markenes et de Fontenes*, 1215 (ibid.). — *Vivario vel stagno quod est inter Bokerdes et Fontaines*, 1219 (Mir., I, p. 574). — *Curé de Fontaine près Ghisnes*, 1293 (ch. d'Art., A 134). — *Fontaines*, 1559 (senn. de Thér.).

Paroisse du Pays-reconquis, dans le ressort de la justice royale de Calais. — Seigneurie, dont aveu au roi, en 1756 (arch. nat., Q 897).

Cure du diocèse de Thérouanne, près de Boulogne, au doyenné de Guines : *Parochialis ecclesia sancti Tricasii, seu Nicasii*, 1577 (arch. de l'Evêché). — Présentateur, l'évêque de Boulogne, maintenu, vers l'an 1673, par un arrêt du Parlement, contre l'abbé de Selincourt. — Décimateur, le roi. — Un arrêt du Parlement, du 13 septembre 1773 confirme au curé la possession de la dime des cottes de laine, des porcs et des volailles, outre le tiers de la dime verte (lin, colza et chanvre), dont il jouissait à l'instar des autres curés du Calaisis. — Après le Concordat, l'église de Saint-Tricat fut momentanément annexée à la succursale de Nielles-lez-Calais, dont le titre lui fut attribué sous l'Empire.

Saint-Wilmé, mont, c^{ne} de Bainghen.

Saint-Wulmer, m^{on}, c^{ne} de Crémarest (Cassini).

Salines (Les), lieu-dit, c^{ne} de Marck, 1581 (terr. de Miraulmont).

Salines (Les), h., c^{ne} de Sangatte. — *The dyklands salt marsh*, 1556 (plan anglais). — *Les Salines*, 1581 (terr. de Miraulmont). — Aussi appelé *les Maisons rouges*.

Salle (La), f., c^{ne} d'Audresselles. — *La Sale d'Audresselle*, 1402 (aveu de Pierre Le Kien). — *Manoir de la Salle*; — *Ruelle qui maine de la Salle à l'église*, 1480 (terr. d'Andres). — *La Salle*, 1744 (acte de vente arch. N.-D. de B., I 4, n° 257). — Fief de *la Salle*, au chapitre de Boulogne.

Salle (La), f., c^{ne} de Colembert (Cassini). — *La Salle*, 1573 (titres du prieuré du Wast). — Fief de *la Salle*, mouv. de Colembert, 1781 (Dom., reg. 56 bis). — Martinet *de la Salle*, 1789 (élection aux Etats généraux).

Salle (La), f., c^{ne} de Longfossé (Cassini). — *Adrian de Longfossé, escuyer, sieur de la Salle*, 1550 (coutumes). — Fief mouv. de Boulogne, dont aveu avec celui de Longfossé, 1748 (arch. nat., Q 898).

Salle (La), f., c^{ne} d'Outreau (Cassini). — *Rue de la Salle*, XVe s. (terr. de Turbinghen). — *Le ruelle de la*

Salle, 1492 (matreloge, art. 91). — Fief tenu du roi, érigé en vicomté avec annexe de Turbinghen, par Louis XIV, en 1691, dans la famille Monet.

Salle-en-Audisque (La), fief, c^{ne} de Saint-Etienne, tenu du roi, suivant aveu de 1781 (arch. nat., Q 901).

SAMER, chef-lieu de canton. — *Villa nuncupata Silviacus*, IXe s. (vita S. Vulmari). — *Actum apud sanctum Vulmarum*, 1107 ; — *villa sancti Vulmari*, 1112 ; — *villa sancti Vulmari quæ ab antiquis Silviacus dicitur*, 1145 (cart. de Samer). — *Sanctus Vulmarus in nemore, vel de Silviaco* (Lamb. Ard., p. 41) ; — *Saint-Ulemier au bois*, XIVe s. (traduction du précédent, p. 40). — *Il se rendi à Saint-Saumer ; — Wistace en Boulenois s'en vint, A Saint-Saumer moignes devint*, XIIIe s. (roman d'Eustache le moine, v. 3, 221, 222). — *Cil Walmers gist en le glise de Saumer-ubos*, XIIIe s. (gén. des comtes de Boulogne, ms de la Bibl. nat., Fr. 375, f° 216). — *S. Wlmarus de Sameraco, sive in bosco*, 1515 (Tassard). — *Samer-au-Bois*, 1559 (part. et senn. de Thér.). — *Saulmerium* (Malbrancq).

Paroisse du Boulonnais, ressortissant pour la justice aux bailliages réunis d'Etaples, Choquel et Bellefontaine. — Seigneurie, avec titre de comté, tenue du roi.

Cure du diocèse de Thérouanne, au doyenné de Boulogne, puis du diocèse de Boulogne, avec titre de doyenné : *Parochialis ecclesia sancti Martini loci de Sameraco*, 1576 (arch. de l'Evêché). — Présentateur, l'abbé de Samer : *altare sancti Martini quod est in eadem villa*, 1173 ; — *parochialem ecclesiam ipsius villæ*, 1199 (cart. de Samer). — Décimateur, l'abbé de Samer. — Maintenant cure de seconde classe, en vertu du Concordat, d'abord dans le doyenné de Boulogne, puis érigée en doyenné de canton, le 24 juin 1814.

Doyenné de Samer, du diocèse de Boulogne, formé des paroisses de Carly, Condette, Crémarest, Hesdin-l'Abbé, Isques, Samer, Wierre-au-Bois, Wirwignes et leurs secours, de l'ancien doyenné de Boulogne ; avec celles de Camiers, Dannes, Longfossé, Neufchâtel, Tingry et leurs secours, de l'ancien doyenné de Frencq.

ABBAYE DE SAMER, O. S. B., fondée par saint Wulmer, en 668, sous le nom d'AREA (martyrolog. morin.); détruite par les Normands, rebâtie avant l'an 1026, où l'abbé Alfridus, *abbas sancti Vulmari*, comparait dans une charte de saint Bertin (cart. S. B., p. 176); soumise à l'abbaye de Cluny par le comte Eustache III, en 1107 (cart. de Samer) ; puis à la congrégation de Saint-Maur, le 15 juin 1658 (Gall. christ., t. X, col. 1598); elle subsista à l'état de prieuré régulier, sous l'autorité d'un abbé commendataire, jusqu'en 1790.

Un fort de *Saumer-au-Bos*, gardé par un capitaine avec dix-huit arbalétriers, 1372 (establies de Picardie).

SANGATTE, c[on] de Calais. — *Sangata* (Lamb. And., p. 177). — *Gunfridus de Sangata*, 1118 (chron. And., 795, 2 . — *In Santgatha*, v. 1150 (charte de S. Bertin . — *Le chastel de Sangate*, 1210 (ch. d'Artois). — *Bauduins de Gisnes, chevalier, sieur de Sanghette*, 1292 (Duchesne, pr. de Guines). — *Robertus de Gisnes, dominus de Sangathe*, 1308 (ibid., p. 297). — *A Sangates li rois ala : Quant de Sangates retorna*, XIIIe s. (roman d'Eustache le moine, v. 1321, 1322). — *Sandegate*, 1556 (plan anglais). — *Sandgate et Sandegates*, 1556 (terr. angl.).

Paroisse du Pays-reconquis, dans le ressort de la justice de Calais. — Seigneurie au duc d'Havré.

Cure du diocèse de Thérouanne, au doyenné de Guines, puis du diocèse de Boulogne, au doyenné de Marck : *Parochialis ecclesia sancti Martini loci de Sangatte*, 1586 (arch. de l'Evêché). — Présentateur, l'évêque. — Décimateur, le seigneur du lieu, sauf pour les dépendances du domaine des Calimottes qui n'étaient point assujéties à la dime. — Maintenant succursale dans le diocèse d'Arras.

Watergand de Sangatte, qui prend à la Petite-Communette dudit lieu, et verse dans le Canal-à-Crabes.

Sangatte, f., c^{ne} de Boursin, dans le voisinage de *la Salle* de Colembert.

SANGHEN, c^{on} de Guines. — *Ingelramnus de Savingehem*, aliàs *Sauvingehem*, pour *Sanningehem ; — Goiffridus de Sanninghehem ; — Geroldus de Sanningehem*, 1084 (chron. And., 784, 1 ; 794, 1). — *Terram de Saningehem*, 1102 (ibid., 791, 2). — *Sainghem*, 1124 (Duchesne, pr. de Guines, p. 41). — *Geraldus de Sanningehem*, 1170 (cart. Lisk.). — *Hugo de Savinghem*, aliàs *Savinghem*, toujours avec u ou v pour n v, 1202 (chron. And., 831, 2 ; Mir., I, p. 566). — *Jehan de Sawinghen*, 1307 (comptes des baillis de Calais, p. 5). — *Baudin de Zawinghen*, 1312 (ibid., p. 15). — *Sanghehem*, v. 1400 (terr. de Thér.).

Pour le nom de la paroisse et le lieu de l'église, voyez **Morcamp**.

Paroisse du gouvernement d'Ardres, ressortissant pour la justice au bailliage souverain de cette ville. — Seigneurie, mouvant de la baronnie d'Alembon (invent. de 1743).

Cure annexée comme secours à celle d'Alembon. — Présentateur en titre, les chanoines de Thérouanne. — Décimateurs, le chapitre de Boulogne pour un quart et l'abbaye de Licques, pour les trois autres quarts. — Restée unie comme annexe à la succursale d'Alembon, après le Concordat.

Ruisseau de Sanghen, d'Alembon à Licques, affluent de la Hem.

Sappe (La), ruisseau de, coulant de Tingry à Samer (annuaire de 1863, p. 219).

Sars, voyez Bois de.

Sart (Le), h., c^{ne} d'Hardinghen.

Sarts (Les), h., c^{ne} d'Herbinghen.

Sauringues (Les), lieu-dit, c^{ne} d'Alincthun.

Saut (La), f., c^{ne} de Verlincthun. — *Sault* (Cassini).

Sautée (La), h., c^{ne} de Crémarest. — *La Soitée* (Cassini). — *La Soesté, la Soestée*, 1335 (cart. de Crém., n° 22).

Savelons (Les), lieu-dit, c^{ne} de Brunembert, 1756 (fr.-fiefs de Desvres).

Savettes (Les), f., c^{ne} d'Hardinghen (Cassini).

Scardes, lieu-dit, c^{ne} d'Outreau, xve s. (terr. de Turbinghen).

Sclives, ancien nom du village de **Saint-Martin**, autrefois chef-lieu paroissial, dont Sangatte était le secours : *Decima quæ jacet in parochia sancti Martini de Sclines*, 1084 (chron. And., 785, 1). — *Parrochia de Sclines ; — de Sclines et de Pithem*, v. 1127 ; — *de Felines : — ecclesia de Sclines* (ibid., 793, 1 ; 803, 1, 2 ; 832, 2). — La côte de Sangatte est appelée par Lambert d'Ardres *Fluviacæ oræ, Fluviatæ*, ou *Fliniatæ*, dans les mss. M. Courtois a suggéré à l'éditeur *Sliviacæ oræ*, restituant ainsi le nom de *Sclives*, comme résultant des variantes de la chronique d'Andres. — On lit *Ecclesia de Sclives*, en 1189, dans une charte de Samer. — Les rédacteurs des comptes des sennes et des pouillés diocésains ont lu *Felinnes*, voyez ce mot. — Une déclaration des acquêts de Saint-Inglevert, du XIIIe siècle, dans les chartes d'Artois (A 47, n° 9), mentionne *le paroche de Zelives*, qui répond à la même localité. — Le terrier anglais de 1556, donne *Sclymes, als Sandgate*.

Sébastopol, m^{on}, c^{ne} de Brunembert.

Sébastopol, m^{on}, c^{ne} de Saint-Tricat.

Seburnes, fief, c^{ne} de Wierre-Effroy, tenu du roi (décl. de 1553). — *Fief de Suburnes*, 1774 (aveu de Fiennes).

Secq-Enclos (Le), source et cressonnière, c^{ne} de Menneville. — Le ruisseau du *Secq-Enclos*, affluent de celui des Pierrettes, qu'il rejoint près de l'église, est appelé *Le Cantelot*, dans l'annuaire de 1863, p. 221.

Secque-Herbette, m^{on}, c^{ne} de Wierre-Effroy. — *Sec-Herbette* (Cassini).

Secque-Maison (La), lieu-dit, c^{ne} de Wierre-Effroy, 1765 (Dom., reg. 56).

Sehove, lieu-dit, c^{ne} d'Outreau. — *Jake de Sehouve; terre aboutant à Fosseaulx, derrière Sehouve*, 1389 (aveu de Willame du Moustier et de Jehan de le Becque). — *Le motte de Sehouve*, XVe s. (terr. de Turbinghen). — *Motte du moulin de Sehove, terres de Sehove*, 1506 (terr. S. W.).

Seille (La), f., c^{ne} de Bainethun (Cassini). — *In Makingchem et in Celles hospites et terram*, 1208 (cart. B. M. Boi.). — *Ernoul de Celle*, 1285 (chart. d'Art., A 31, n° 11). — *Maison de la Seille*, 1654 (Dom., reg. 53). — Fief mouvant de Bertenlaire, 1786 (Dom., reg. 53)

Ruisseau de la Seille, que l'annuaire de 1863 appelle

le *Ruisseau d'Eseille*, affluent de la rivière de Bainethun.

Selacque, lieu-dit, terroir de Sanghen, 1771 (invent. de Lieques, case 59, n° 23).

SELLES, c^{ne} de Desvres. — *In Selis illum pratum*, 828 (cart. S. Bert., p. 159). — *Illud pratum quod habui in Selem*, 838 (ibid., p. 160). — *Eleburgis, uxor Gerardi de Burnulvilla dedit dimidium prædii sui de Senlis* pour *Seulis; — terram Alleburch, vicecomitissæ in villa de Seiles*, 1084; — *Manasses de Seiles*, 1118 (chron. And., 784, 2; 785, 2; 789, 1; 795, 2). — *Manasses de Seles, de Seileiz*, 1112, 1113 (cart. de Samer); et 1128 (cart. S. Judoci). — *Hugo de Seiles* 1116 (chron. And., 796, 1; 797, 1). — *Simon pincerna de Seules*, vers 1161 (Duchesne, pr. de Guines, p. 97); — *de Seiles*, 1174 (cart. S. Judoc.). — *Eustachius buticularius de Seles*, 1215 (ch. de Sainte-Austreberthe). — *Monsieur de Selles, pour sen castel de le ville de Selles*, 1392 (compte des aides de Bourgogne). — *Seles*, 1515 (Tassard). — *Seelles*, 1559 (sennes de Thér.). — *Selles*, 1559 (part. de Thér.). — *Celles* (cartes de J. Hondius, de l'État-major, etc.).

Paroisse du Boulonnais, ressortissant pour la justice au bailliage de Desvres. — Seigneurie, mouvant du château de Desvres, dont hommage au roi, le 25 juin 1608 (arch. nat., P 15, n° 488), et aveu de 1731 (ibid. Q 898).

Cure du diocèse de Thérouanne, puis de Boulogne, au doyenné d'Alquines, avec Brunembert, comme secours: *Parochialis ecclesia* [sancti *Martini*] *loci de Selles, cum suo succursu* [sancti *Nicolai*] *de Brunembercq* 1584 (arch. de l'Évêché). — Présentateur, l'évêque. — Décimateurs, le seigneur du lieu, les religieux de Lieques et le curé. — Maintenant succursale dans le diocèse d'Arras, avec Brunembert pour annexe.

Selles, voyez **Bois de** : — Hondius les mentionne dans le texte qui accompagne sa carte, dans l'Atlas de Mercator : *Bois de Celles.* Ils sont maintenant défrichés.

Selles, s., c^{ne} d'Audresselles. — *Selle* (Cassini). — *In Seiles terram et redditus,* 1208 (cart. B. M. Bol.). — *Desous Seiles, prochain d'Odresselle,* 1315 (charte de N.-D. de B.). — *Ernoul de Seles,* 1339 (compte de Jeanne de B.). — *Dixme de Scelles,* 1570-1572 (cueil. N.-D. de B.).

Sénat (Le), fief, c^{nes} d'Audinghen et de Tardinghen, 1766 (Dom., reg. 57).

Senicourt, nom d'un ancien bois, c^{ne} de Crémarest ou de Wirwignes : — *Le treffons de celui bosc qui est nomez le bos de Senicourt, contendant quarante mesures, ou laeniours, séant entre le forest de Bouloigne, de deus pars, et le bocs et le terois Mikiel de Possart, des autres deus parts,* 1296 (arch. nat., J 1124, n° 9).

SENLECQUES, c^{on} de Desvres. — *Le vile de Senleke,* 1287 (chart. de Ham). — *Gilles de Sanleches,* 1298 (ch. d'Artois, A 2). — *Jehan de Senlecque,* 1339 (compte de Jeanne de B.). — *Senleke,* v. 1400 (terr. de Thér.). *Philippe du Saultoüer, pour sa terre et seigneurie de Senlecque,* 1550 (coutumes). — *Vicus Selem, nunc Senlek, Selem in antiquis membranis reperio* (Malbrancq, t. I, p. 590 et carte) ; — cette attribution est plus que hasardée.—*Senlecques,* 1559 (part. de Thér.).

Paroisse du Boulonnais, ressortissant pour la justice au bailliage de Desvres. — Seigneurie.

Cure du diocèse de Thérouanne, puis de Boulogne au doyenné de Fauquembergues : *Parochialis ecclesia [sanctæ Helenæ] de Senlecque*, 1680 (archives de l'Evêché). — Présentateur, l'abbé de Ham, du diocèse de Saint-Omer. — Décimateur, le curé. — Maintenant succursale dans le diocèse d'Arras, avec Vieil-Moutier pour annexe.

Senlecques, f., c^{ne} de Pernes (Cassini). — *Les preiz de Senlecque*, 1562-1564 (cueil. N.-D. de B.). — Famille de Baynast, *sieur de Sanlecq*, 1638-1673 (Bignon).

Sept-Fontaines, f., c^{ne} de Saint-Tricat (Cassini).

Sept-Fontaines, lieu-dit, c^{ne} de Sangatte.

Sequieres, ou **Sequerre**, h., c^{ne} de Lacres. — *Sequiere* (Cassini). — *Arnulfus de Sechises*, 1173 ; *decima de Sequieres*, 1193, aliàs *de Sekieses*, 1199 (cart. de Samer). — Fief tenu du roi (déclar. de 1553). — Famille de Wavrans, *sieur de Sequières*, dont généal. de 1559 à 1697 dans Bignon.

Serigier, fief, c^{ne} de Wierre-Effroy, tenu du roi (déclar. de 1553).

Setrez, lieu-dit, c^{ne} d'Hardinghen, en partie sur Hermelinghen. — On dit aussi *Chetrez* ou *Chestrez*. — Paraît répondre au lieu nommé *Mansionem apud Seithrut*, dans une charte du xie s. du cart. de N.-D. de Thér. — On retrouve ce lieu sous le nom de *Sittru* (ch. d'Art., A 118, n° 5) ou *terras de Seithrut in parochia de Hervedinghem*, 1420 (terr. de Thér.).

Sicq (Le), lieu-dit, c^{ne} d'Outreau. — *Terre gisant ou Sicq*, 1506 (terr. S. W. et cueil. N.-D. de B. de 1525).

Sievel (Le), lieu-dit, c^{ne} de Wimille. — *Terre gisant deseure Billauville, appelée le Sievel*, 1506 (terr. S. W.).

Silliers, anse des, c^{ne} d'Audinghen (Cassini).

Simberg, lieu-dit, c.^{ne} de Wierre-Effroy.—*Les communes de Saint-Bergues* (cadastre)— *Chemin qui maisne de Wierre-Effroy aux communes de Simbere*, 1533 (arch. N.-D. de B., I 4, n° 436). — *La commune de Wierre nommée Simbert*, 1569 (act. not.).

Sinembreucq, lieu-dit, c.^{ne} de Saint-Léonard. — *Sinembroec*, 1389 (aveu de Aelis le Barbière).

Skates dyke, m^{on}, près de Melmansbroke, 1556 (plan anglais).

Slack (La), rivière qui prend sa source à *la Fontaine*, c.^{ne} d'Hermelinghen, et qui se jette dans la mer à Ambleteuse, après avoir traversé les communes d'Hardinghen, Réty, Rinxent, Marquise et Beuvrequen. — On lit dans un acte de 1666 dans le terrier de Notre-Dame de Boulogne : *Terres sises à Raventhun, contre les marais du Lacq*; d'où *Ce Lacq, Selacq, Selaque* (Cassini) et *Slack*.

Le nom de la rivière de Slack sur le territoire de Beuvrequen et celui de Wimille, au XIIIe siècle, est *Hondecote*, qui se trouve dans les chartes inédites de Saint-Bertin de 1220-1225 (Diplom. Bert., ms B. B., n° 144, art. 51-54).

Sodit, h., c.^{ne} d'Audinghen.

Sombres, village, c.^{ne} de Wissant. — *Decima de Sumbres*, 1171 (cart. S. Judoc.). — *Hæc [sancta Fara] in Sombris prope Witsantum monasteriolum ædificaverat* (Yperius, chron. S. Bert., Thes. nov. anecdot., t. III., p. 467). — *Eglise de Sombres*, 1506 (terr. S. W.). — *Sombres et Witsant*, 1515 (Tassard). — Sombres était le chef-lieu paroissial, la haute-ville, dont Wissant était le faubourg. — *In Sombris* (Malbrancq, carte). — *Basse-Sombres*, 1525 (cueil. N.-D. de B. et terr. de Miraulmont). — La dénomination de *Basse-Sombres*, qui est entrée dans la topographie actuelle, a été créée pour répondre à celle de *Hautes-Sombres*, corruption d'*Audessombres*. — *Sombre* carte de J. Hondius .

L'église de Sombres, réduite peu à peu à l'état d'annexe de Wissant, a subsisté jusqu'à la Révolution ; et c'est encore autour de ses ruines que se trouve le cimetière. — Gilles de Williers, qui comparait dans les actes de l'Evêché, le 15 mars 1586, portait le titre de *Vice-curatus ecclesie de Sombres et Wissancq*. — En 1679, la collation de la cure de Wissant se fait encore sous ce titre : *Parochialis ecclesia loci de Sombres et oppidi de Wissant* (arch. de l'Evêché). — Les décimateurs de Sombres étaient les religieux bénédictins de Saint-Josse-sur-Mer.

Sombretun, lieu-dit, confondu avec celui de Pichevert, c^{ne} de Wimille. — *Laurent Cardon, de Sombreton*, 1339 (compte de Jeanne de B.). — *Decima de Sumbretum*, 1380 (terr. de Thér.). — *Chemin qui maisne de Wacquinghen à Sumbrethun*, 1491 (cueil. de Beuvrequen).— *Sumbrethun*, 1541 ; — *Zimbrethun* alias *Pichevert*, 1603 (comptes de la Quotidiane, arch. N.-D. de B.).

Sonneville, voyez **Essonville**.

Soterie (La), f., c^{ne} de Crémarest. — *Sauterie* (Cassini). *Tenement de le Soterie*, 1423 (cart. de Crémar., n° 10) — Arr.-fief d'Engoudsent, 1553 (déclar. des fiefs).

Souverain-Moulin, h., c^{ne} de Pittefaux (Cassini). — *Souverain Mollin*, 1391 (cart. de Crémar., n° 3). — *Souverain Moullin*, 1506 (terr. S. W.). — Seigneurie mouvant de Fiennes.

Spelleke, voyez **Espelleke**.

Stappes, lieu-dit, c^ne d'Herbinghen, l'une des sources de la Hem, aussi appelée le *Trou sans fond*.

Strekeltop, lieu-dit, dans le Calaisis, *terres gisant à Strekeltop*, 1402 (aveu de Pierre le Kien). — *Jehan dit Strekelcoup, bailli de la dame de Cauquelle*, 1286 (ch. d'Artois, A 32).

Strouannes, voyez **Estrouannes**.

Suella, lieu-dit, dans les chartes de Beaulieu, 1157. — *Willes Hueran de Suwelle*, 1286 (terr. de B.).

Surrois (Le), h., c^te du Portel. — *Terre gisant à Sorois; quemin de Soroiz*, 1389 (aveux de Jehan de le Becque et de Will. du Moustier). — *Suroyes*, xve s. (terr. de Turb.). — *Terre gisant à Suroys*, 1506 (terr. S. W.). — *Le Surrois*, 1525 (cueil. N.-D. de B.). — *Terre séant à Surois*, 1531 (matreloge, art. 167).

Suze (La), f., c^ne de Samer. — Acary, sieur de la Suze, 1683 (Bignon).

T

Tahounerie (La), rue de, ou de la *Thahounerie*, xviiie s. (reg. d'Alembon).

Taille-de-l'Eglise (La), bois, c^ne d'Herbinghen.

Taille-Gaillet (La), f., c^ne de Conteville (Cassini).

Taissonnières, lieu-dit, c^ne de Wimille, 1506 (terr. S. W.).

Tannerie (La), f., c^ne d'Alembon.

Taonnet (Le), lieu-dit, c^ne de Guînes.

Tappecul (Le), h., c^ne de Belle-et-Houllefort.

Tappecul (Le), h., c^ne d'Escalles.

Tardeville, fief, c^ne de Bazinghen, 1750 (Dom., reg. 50).

Tardicamp, lieu-dit, c^{ne} de Tardinghen, 1694 (Dom., reg. 50).

TARDINGHEN, c^{on} de Marquise. — *Villa Terdingehem*, 1070 (cart. Mor.). — *Villa quæ dicitur Terclinghehem* (lisez Terdinghehem) ; — *terra ad Tertingahem* ; — *tertiam partem altaris de Terdengehem*, aliàs *Terddingehem*, 1084-1122 (chron. And., 784, 1 ; 785, 2 ; 789, 1 ; 792 ; 793, 1 ; et Mir., I, p. 373). — *Tertiam partem decimæ de Terdecgehem* ; — *terram in villa de Terdeggehem*, 1122 (ibid., 797, 1). — *In parochia de Helbetinhem* (Hervelinghen) *et Terdingahem*, v. 1127 ; — *Patronatus ecclesiæ de Terdhinghem*, aliàs *de Terdinghem* (ibid., 803, 2 ; 858, 2 ; 859, 1). — *Terdinghem*, 1515 (Tass.). — *Tardinghen*, 1559 (part. et senn. de Thér.).

Paroisse du Boulonnais, ressortissant pour la justice au bailliage de Wissant. — Seigneurie.

Cure du diocèse de Thérouanne, puis de Boulogne, au doyenné de Wissant, avec Inghen, comme secours : *Parochialis ecclesia [sancti Martini] de Tardinghen, cum ejus succursu [sancti Petri] d'Inghen*, 1678 (archives de l'Evêché). — Présentateur, l'abbé de Beaulieu. — Décimateurs, l'Hôpital de Boulogne et le curé, chacun pour la moitié de la grosse dîme, sur le principal canton ; le curé dimait seul sur ce qu'on appelait le petit canton. — Réunie à la succursale d'Audinghen, après le Concordat, l'église de Tardinghen a été érigée en succursale indépendante par décret du 18 février 1879.

Ruisseau de Tardinghen, affluent du *Ru des Anguilles*.

Tardingthon, fief, c^{ne} de Tardinghen, assis sur le Bresty mouvant de Bazinghen.

Targe d'Audisque (La), lieu-dit, dans l'aveu d'Audisque, de 1770.

Temple (Le), m°°, c°° de Ferques. — *Emericus de Templo*, 1157 (cart. de Beaulieu).

Temple (Le), lieu-dit, ou *les Templiers*, c°° de Wissant. — *Le Temple de Wissant* xiii° s. (ch. d'Artois, A 47, n° 7). — *Domus Templariorum de Wissancq*, 1515 (Tassard). — *Rue qui maisne du marché au Temple*, 1525 (cueil. N.-D de B.). — Aujourd'hui enseveli sous les sables.

Tenance-de-guerre (La), lieu-dit, c°° d'Henneveux.

Terlincthun, h., c°° de Wimille (Cassini). — *Decima de Telingetum*; — *in Odra et Telingetum terram et hospites*, 1208 (cart. B. M. Bol.). — *Nikiel de Telingetun* 1339 (compte de Jeanne de B., Mém. Soc. Acad., IX, p. 364). — *Thelinghetun*, v. 1380 (terr. de Thér.). — *Vallée de Thelinghetun*, 1506 (terr. S. W. — *Trelingthun et Trelincthun*, 1566 (cueil. N.-D. de B.).

Terrain (Le), f., c°° de Wierre-Effroy (Cassini).

Tertre (Le), f., c°° de Boursin (Cassini). — *L. manoir du Tiertre*, 1286 (terr. de Beaulieu). — *S m du Tertre*, 1293 (chartes d'Artois). — *Gallas du Tertre, escuyer, sieur de Boussyn et du Tertre*, 155 (coutumes).

Testarderie (La), lieu-dit, c°° de Samer (cueil. de 1 0).

Têtes (Les), banc de sable, en mer, entre le gr d Riden et la côte; en avant de Calais.

Thégatte, h., c°° du Portel (Cassini). — *In Walbin gehem et Tegata terras*, 1208 (cart. B. M. Bol.). — *Masure gisans à Tiegate*, 1389 (aveu de Will. du Moustier). — *Rieu de Thégatte*, v. 1480 (matreloge, art. 69). — *Rue qui maisne de l'Eglise vers Tiégatte*, 1506 (terr. S. W.).

Thermorette (La), f., c^{ne} de Wirwignes (Cassini). — *La Terre Morette*, XVIe s. acte dans les arch. de N.-D. de B., 14, n° 477.

Thuilerie, voyez **Tuilerie**.

Tief, (Le), lieu-dit, c^{ne} de Verlincthun.

Tiengane (Le), h., c^{ne} de Questrecque. — On écrit aussi *Quien gane*, et l'on prétend traduire le mot par *Le chien jaune*; mais est-ce bien là le vrai nom?

Tihen, h., c^{ne} du Portel (Cassini). — *In Letingehem hospites et terram*, 1208 (cart. B. M. Bol.). — *Tinghen*, ou *Tinguen*, 1480-1525 (matricule, et cueil. N.-D. de B.).

Tillarderie (La), m^{on}, c^{ne} de Longfossé, 1775 (fr.-fiefs de Desvres). — Fief mouvant de Longfossé (aveu de 1748).

Tinghen, h., c^{ne} d'Hesdin-l'Abbé (Cassini). — *Retyngehem*, 1141; *Kitingehem*, pour *Retingehem*, 1145; *Retinghem*, 1210 (cart. de Samer). — *La chaussée Brunehault qui maisne de Thinguehen à Boulogne*, 1629 (titres de l'abb. de Samer). — Fief à l'abbaye de Samer (déclar. de 1729).

TINGRY, c^{on} de Samer. — *In Tingriaco aliàs Tingiaco*, 857 (cart. S. Bert., p. 80, 162). — *Nobilem de Tingreio Sibillam*; *Faramus de Tingreio* (Lamb. Ard., pp. 95 et 111). — *Ferramus de Tingri*, 1161; — *altare de Tingri*, 1173-1199; — *decima crementorum in eadem parochia*, 1199; — *feodum de Tingri*, 1199 (cart. de Samer). — *Pharamus de Tingri*, 1171; — *de Tingeri*, 1172; — *Eustachius Sacerdos de Tingri*, 1171; — *Peregrinus presbyter de Tingri*; — *Sibilla de Tingri*, 1219 (cart. S. Judoc.). — *Joannes de Tingri*, 1203 (Mir., I. p. 404, et chron. And., 832, 2; 833, 1;

835, 1 ; 848, 1). — *Tingry*, 1515 (Tassard). — *Tingri*, 1559 (part. et senn. de Thér.).

Paroisse du Boulonnais, ressortissant pour la justice aux bailliages réunis d'Etaples, Choquel et Bellefontaine. — Châtellenie du comté de Boulogne, érigée en principauté par lettres patentes d'Henri III, janvier 1587, dans la famille de Luxembourg.

Cure du diocèse de Thérouanne au doyenné de Frencq, puis du diocèse de Boulogne, au doyenné de Samer, avec Lacres comme secours : *Parochialis ecclesia [sancti Petri] de Tingry, cum suo succursu [sancti Martini] de Lacres*, 1684 (arch. de l'Evêché). — Présentateur, l'abbé de Samer. — Décimateur, l'abbé de Samer, pour huit gerbes, le curé, pour la neuvième. — Maintenant succursale dans le diocèse d'Arras.

Chapelle castrale de Tingry, en titre de bénéfice, desservie dans l'église paroissiale, depuis la ruine du château fort : *Capella Beatæ Mariæ in castello de Tingri* (arch. de l'Evêché). — Présentateur, le prince de Tingry. — Revenus, 190 livres.

Rivière de Tingry, affluent de la Liane.

Tintelleries (Les), lieu-dit, c^{ne} de Boulogne-sur-Mer, autrefois de la paroisse de Saint-Martin (Cassini). —
— *Les Taintelèries*, 1505 (terr. S. W.). — *Les Tentelleries*, 1525 et 1550 (cueil. N.-D. de B.).

Tisendale, lieu-dit, c^{ne} d'Outreau, 1390 (dans l'aveu de Porrus de Biaucauroy).

Titrannerie (La), m^{on}, c^{ne} de Wierre-Effroy (Cassini).

Todincthun, h., c^{ne} d'Audinghen (Cassini). — *In Tudingetuna terras et redditus*, 1208 (cart. B. M. Bol.). — *Totinghtun* et *Todinethun*, 1562-1566 (cueil. N.-D. de B.). — Cité dans l'aveu de Fiennes de 1774. — **Voyez Totingetun.**

Tombart (Le), lieu-dit, c^{ne} de Tardinghen, 1722 (terr. N.-D. de B.).
Tombe (La), lieu-dit, c^{ne} de Bazinghen.
Tombe (La), lieu-dit, c^{ne} d'Hocquinghen : *Vallée de la Tombe.* — *La Tombe de Hocquinghen*, 1621 (inv. de Licques, n° 58, 36).
Tombe-de-Fringhen (La), lieu-dit, c^{ne} de Saint-Etienne, 1788 (Dom., reg. 53).
Tombelette (La), lieu-dit, c^{ne} d'Outreau.
Tombelle (La), lieu-dit, c^{ne} de Samer, au h. du Breuil.
Tombes (Les), h., c^{ne} de Longfossé. — Fief mouvant de Boulogne, compris dans l'aveu de 1748.
Tombette (La), lieu-dit, c^{ne} de Coarset.
Tombette (La), lieu-dit, c^{ne} de Longfossé. — *La Tombette du Haut-Blaisel* (aveu de 1748).
Tomble (La), lieu-dit, c^{ne} de Réty. — *La Tombe*, 1568 (act. not.). — *La Tomble* (affiches de 1792).
Tonauxod, lieu-dit, c^{ne} de Hames-Boucres.
Torelle, (La) m^{on}, c^{ne} de Neufchâtel, au lieu-dit le Pigeonnier. — Arr.-fief de la seigneurie de la Rivière (Dom., reg. 56).
Totingetun. — On lit dans le cartulaire de Saint-Bertin (p. 70) un acte du 11 octobre 807, où il est fait mention d'un lieu-dit : *In loco nuncupante Gisna, sive Totingetun, in pago Bononensi, super fluvium Wasconingawala.* Cette association du lieu de *Totingetun* à celui de *Gisna* qui est Guines, semble éloigner l'idée de l'attribuer au hameau de Todincthun d'Audinghem, surtout à cause de la conjonction *sive* qui ordinairement s'applique à des localités rapprochées l'une de l'autre. J'estime donc que *Totingetun* est un lieu ignoré, dont la désignation s'est perdue, mais qui se trouvait probablement situé dans les environs de la ville de Guines.

Tour (La), m^{on}, c^{ne} de Fiennes (aveu de 1774). — *Le Tour*, 1654 (titres de Moulion).

Tour (La), f., c^{ne} de Leubringhen (Cassini).

Tour (La), fief, c^{ne} de Wissant, tenu du roi 1768 (Dom., reg. 57). — Aveu de 1785 (arch. nat., Q 900).

Tour-de-Pernes (La), fief, c^{ne} de Pernes, tenu du roi (déclar. de 1553), à cause du château de Boulogne, dont hommage du 17 déc. 1607, aux archives nat. (P 15, n° 486).

Tour-des-Bas-Enclos (La), f., c^{ne} d'Offrethun (Cassini). — Siège du fief d'Offrethun (Dom., reg. 50).

Tour-d'Hocquinghen (La), f., c^{ne} de Saint-Léonard. — Fief tenu du roi, 1553 (déclar. des fiefs). — Réuni en 1675 à la vicomté d'Isques, 1787 (Dom., reg. 31).

Tour-d'Ordre (La), lieu-dit, c^{ne} de Boulogne-sur-mer, autrefois de la paroisse de Saint-Martin. — Emplacement du phare de Caligula, construit en l'an 40 de notre ère, croulé le 29 juillet 1644. — *In indicium victoriæ altissimam turrem excitavit, ex qua, ut ex Pharo, noctibus ad regendos navium cursus ignes emicarent* (Suétone, *Calig.*, XLVI). — *Farum ibi [Boloniæ, Carolus Magnus] ad navigantium cursus dirigendos antiquitus constitutum restauravit et in summitate ejus nocturnum ignem accendit*, 811 (continuator Annal. Eginhardi). — *Pharus magna, quæ ad navigantium cursus constituta non longe a Bononia, civitate maritima, fuerat, restauratur; ibique nocturnus ignis accenditur*, 811 (chron. d'Adon). — *Ex ea parte quam Bononia urbs et Odrans occupat farus, facilis ad Britanniam est transitus*, IXe s. (vit. S. Folquini, ms. Bibl. Boul.). — *[Pharus altissima] quæ domus olim specularia in hiberna Romanorum dicebatur, Bononiæ muro contigua, ad* *portum Oceani sita*, 1085 (chron. Wastan.). — *Ingressus est [Cæsar] quamdam turrim quam in loco qui Odnea vocatur, construxerat*, XIIe s. (Galfrid. Monumet.). — *A un mult bon engigynéor Fit sor la mer faire une tor; Em Boloigne siet, Ordre a non*, etc., XIIe s. (roman de Brut). — *Si vins Fromons, qui la Tour d'Ordre tint* (roman de Garin le Lohérain). — *Et aucun vueullent dire que Jules César [la fist faire], après ce que il ot France conquise, pour passer en Engleterre, et l'apela la Tour d'Ordre*, XIVe s. (chron. de Saint-Denis). — *Le Tour d'Ordre*, 1285 (ch. d'Artois).— *Le Tour de Odre*, 1315 (chart. de B.) — *Le Tour d'Ordre*, 1415 (compte de la ville de B., passim). — *Turris ardens* (Malbrancq, t. 1, p. 101 et carte). — *La Tour d'Ordre, by de Zeewaerdens genaemt den Oudenman*, c.-à-d. appelée par les marins le *Vieil homme*, 1661 (Nieuw en groot Loots-mans zee-spiegel, ou miroir de la mer, édit. hollandaise d'Amsterdam).

La Tour d'Ordre fut entourée de fortifications, dont les restes subsistent encore, et qui lui ont donné une certaine importance comme position militaire au XVIe siècle : *Le Fort de la Tour d'Ordre*.

Tourelle (La), lieu-dit, c[ne] de Bazinghen.
Tourelle (La), c[ne] de Coquelle (Cassini).
Tourlincthun, h., c[ne] de Wirwignes (Cassini).
　Ruisseau de Tourlincthun.
Tournée (La), f., c[ne] de Sangatte.
Tournepuits (Le), lieu-dit, c[ne] de Guînes (Cassini). — *Terram de Tunrepit*, 1114 (chron. And., p. 786, 2).— *Terram septem dierum apud Dunrapit ; — terram de Dunrapit*, 1123 (ibid., 789, 2 ; 794, 1 ; 797, 2). *Tournepike*, ou *Turnpyke*, 1556 (plan et terr. anglais).

— *Tournepicq* et *Tournepique*, 1584 (terr. de Miraulmont). — Le mot anglais signifie *Tourniquet*, ou *barrière de péage*.

Tournes, h., c⁵ d'Echinghen. — *In Tornes terram*, 1208 (cart. B. M. B.). — *Ville, pont, place, fief de Tornes*, 1401 (aveu d'Enlard Paindavene). — *Pierre Guilbault, sieur de Tornes*, 1506 (terr. S. W.). — *Tournes*, 1725 (rapp. du curé). — Fief tenu du roi, dont aveu de 1768 et 1787 (arch. nat., A 895).

Ruisseau de Tournes, affluent de la rivière d'Echinghen.

Tournier (Le), h., c^{ne} de Samer, 1630 (cueil. de Samer).

Tourteroye (La), lieu-dit, c^{ne} de Dannes, 1784 (ensaisinement du bureau des Dom. d'Etaples).

Tourus, lieu-dit, c^{ne} d'Outreau, 1534 (matreloge, art. 155).

Trait (Le), h., c^{ne} de Boursin (Cassini). — *In loco qui dicitur Trait, juxta viam quæ ducit apud Wastum*, 1293 (ch. d'Artois, A 134, n° 13). — *De Saint-Martin, sieur du Traict*, 1613 (Bignon).

Peut-être est-ce à cette localité qu'il faut rapporter le fief auquel emprunte son nom *Hescelinus de Tracto*, v. 1090 (chron. And., 790, 2). — Peut-être aussi est-ce le canton nommé *Estelles*, dans le terrier de Beaulieu ; voyez ce nom.

Travessaire (Le), lieu-dit, c^{ne} d'Outr., 1506 (terr. S. W.).

Trésorerie (La), ch^{au}, c^{ne} d'Hardinghen.

Trésorerie (La), h., c^{ne} de Wimille (Cassini).

Trie, château, qui paraît avoir été situé au ham. de Capécure, c^{ne} d'Outreau, maintenant ville de Boulogne-sur-mer. — *Le chastel de Trye*, 1506 (terr. S. W.). — *Trye* et *Trie* 1525 (cueil. N.-D. de B.).

Trinité-du-Mont d'Olivet, voyez **Olivet**.

Trois-Cheminées (Les), h., c^{ne} d'Audembert, le même que la *Haute-Bourgogne*.

Trois-Cheminées (Les), f., c^{ne} de Marck. — *Les Cheminées*, 1584 (terr. de Miraulm.).

Trois-Cornets (Les), canal, venant d'Ardres, entre dans la commune des Attaques au Pont-sans-pareil et verse dans le canal du Houlet, à la rue Poissonnière, territoire de Marck (alm. de Calais).

Trois-Cornets (Les), h., c^{ne} de Réty (Cassini).— *Driehornecstic*, 1286 (terr. de B.).

Trois-Fontaines (Les), fief, c^{ne} d'Echinghen, tenu du roi, 1767 (Dom., reg. 53).
    Ruisseau des Trois-Fontaines.

Trois-Fontaines, lieu-dit, c^{ne} d'Outreau. — *Quemin du Moulin-de-Pierre à Trois Fontaines*, 1391 (aveu de Will. du Moulin). — *Quemin qui maisne de Trois-Fontaines au Portel*, 1396 (aveu de Jehan Bellart). — *Terres scéans à Trois-Fontaines*, 1480 (matreloge, art. 24).— *Terre gesaut près de Trois-Fontaines*, 1506 (terr. S. W.).

Trois-Fontaines, ruisseau des, affluent du Wimereux, c^{ne} de Pernes.

Trois-Maisons (Les), h., c^{ne} de Bazinghen (Cassini).

Tronquois (Le), h., c^{ne} de Lottinghen.— *Le Haut Tronquois*, alias *Troncas*, 1625-1679 (titres de l'abb. de Samer).

Trou-d'enfer (Le), lieu-dit, c^{ne} de Guines (Cassini). — *Trou Marion, Trou Marcou, Trou Nantou*, 1584 (terr. de Miraulmont).

Trou-d'enfer (Le), f., c^{ne} de Wierre-Effroy (Cassini). — 1767 (Dom., reg. 57).

Trou-du-Charme (Le), h., c^{de} de Bournonville. — *Trou du Carne* (Cassini).

Trou-perdu (Le), m^{on}, c^{ne} de Bellebrune.
Trou-perdu (Le), f., c^{ne} de Coulogne.
Trou-perdu (Le), h., c^{ne} de Longueville (Cassini).
Tubecque, fief, c^{ne} de Crémarest, 1786 (Dom., reg....).
Tuerie (La), lieu-dit, c^{ne} d'Henneveux.
Tuilerie (La), f., c^{ne} de Bonrsin.
Tuilerie (La), h., c^{ne} de Coiembert. — *La Thieullerie*, 1457 ; *La Tieullerie*, 1573 ; *La Thieulerye*, 1642 (arch. du prieuré du Wast).
Tuilerie (La), f., c^{ne} de Menneville. — *La Thuillerie* (Cassini). — 1763 (terr. de Samer).
Tuilerie (La), f., c^{ne} de Réty. — *La Thieullerye*, 1583 (act. not.).
Tuilerie (La), m^{on}, c^{ne} de Samer.
Turbinghen, f., c^{ne} du Portel (Cassini). — *Prædium Turbodinghem, quæ est possessio adjacens patrimonio Walbodeghem*, 858 (act. translat. SS. Wandregisil., etc., Act. SS. Boll., Jul., V, n° 22).— *Quemin qui maine du Portel à Torbinghen*, ou *Torbinguehem*, 1389 (aveu de Will. du Monstier). — *Thorbinghen*, 1506 (terr. S. W.). — *Thourbinghen*, 1525 (cueil. N.-D. de B.). — Fief de *Torbinghen*, tenu du roi (déclar. de 1553), incorporé en 1675 à la vicomté de la Salle.—Hommage de Turbinghen par J. Framery, le 3 août 1615 (arch. nat., P 15, n° 500).
Turet, ruisseau du, c^{ne} de Samer.
Turquerie (La), f., c^{ne} de Mark.
Turret (Le), m^{on}, c^{ne} de Selles.

U

Ulier, nom d'un pré, situé dans les environs de Bamghen, 1194 (chron. And., p. 825, 2).

Undefer, marais, c^{ne} de Guines, 1584 (terr. de Miraul.).

Uphem, *in loco nuncupante Uphem, in pago Bononiensi super fluvium Helicbruna.* — Ayant déterminé ci-dessus (voyez **Hellebronne**) la situation précise du *fluvius Helicbruna*, il ne reste plus qu'à mettre *Uphem* au *Pen*, c'est-à-dire au *Paon* de Wierre-Effroy. — Mentionnons donc ici seulement pour mémoire l'opinion de Malbrancq, qui mettait *Uphem* sur la rivière de Brunembert : *Quamdam villam Uphem nomine in eodem Bononiensi territorio ad fluvium Helicbrunna, seu potius rivo qui à castello hodie Brunemberghe dicto in Elnam influit* (t. 1, p. 296) ; — celle de M. Aug. Le Prevost, qui, dans le dict. géog. du cart. de Saint-Bertin, mettait *Uphem* à Offin dans l'arrondissement de Montreuil, hors du Boulonnais ; — et rappelons que la déclaration des fiefs du Boulonnais, faite en 1553, place sur la commune de Wierre-Effroy un fief d'*Hupen* dont le nom semble représenter très exactement le lieu-dit Uphem de la charte du 28 nov. 867.

Ursulines (Les), f., c^{ne} de Marck (Cassini), ainsi nommée à cause des Ursulines de Boulogne qui l'ont acquise en 1635.

Usine (L'), h., c^{ne} de Rinxent.

Uzelot, h., c^{ne} de Leulinghen (Cassini). — *In Yweslo terram*, 1208 (cart. B. M. B.). — *Uzelot*, 1557 (act. not.).

V

Vacellerie (La), lieu-dit, c^{ne} de Caffiers, 1654 (titr. de Mouflon).

Vacelleries (Les), lieu-dit, c^{ne} de Marquise.

Vacquerie (La), f., c^{ne} de Condette. — *Gaufridus de Vacaria*, v. 1135 (cart. S. Judoc.). — *In Vacaria terram*, 1208 (cart. B. M. B.). — *La Vacquerie* (arch. N.-D. de B., I 4, n° 277). — Ferme ensevelie sous les sables (descrip. top. du district de Boulogne-s-m., par les cit. Delporte et Henry, an VI, p. 12).

Vacquerie (La), lieu-dit, c^{ne} de Wissant, 1402 (aveu de Pierre Le Kien).

Val (Le), h., c^{ne} de Wierre-Effroy, section d'Hesdres. — *Terre séant au Val*, 1393 (aveu d'Honoré Foliot). — Chinot, sieur du *Val*, 1569 (act. not.).

Val (Le), lieu cité, dans les escriz des revenues de Fienles, XIIIe s. (ch. d'Art., A 118, n° 5), et dans le terrier de Beaulieu, qui y voit un nom de lieu, *le Val*; un fief, Gilles du *Val*; un *riu* et des *quarrières*. — C'est aujourd'hui le h. des Carrières, sur Réty.

Val (Le), m^{on}, c^{ne} de Wirwignes (Cassini). — Fief au chapitre de Boulogne. — *Le lieu du Val*, 1458 (compte de Tingry).

Val-Amplu (Le), lieu-dit, c^{ne} de Vieil-Moutier, 1690 (cueil. de Samer).

Valcourt, f., c^{ne} de Courset. — Fief, au ham. de Saint-Riquier, mouvant de Courset, 1767 (Dom., reg. 56 bis).

Val-de-Comte (Le), fief, c^{ne} de Wierre-Effroy, mouv. de Fiennes-en-Wimille, 1765 (Dom., reg. 56).

Val-de-Saint-Martin (Le), lieu-dit, c^{ne} de Saint-Martin-Boulogne. — *Val Sainct Martin*, 1487 (tit. S. W. B.); — 1506 (terr. S. W.). — *Vallée de Saint-Martin, vaux de Saint-Martin*, XVIIe s. (act. not.).

Valembourg, lieu-dit, c^{ne} de Lottinghen. — *Les Vallembours*, 1625 (titres de Samer).

Valembrune, château, c^{ne} de Wimille. — *Jean Jacques Le Camus, sieur de Willambronne*, 1661 (act. not.). — *Villembrune*, XVIIe s. (reg. Dom.).

Valengliers (Les), lieu-dit, c^{ne} de Quesques (cadastre).

Valenglin (Le), h., c^{ne} de Wirwignes (Cassini). — *Verlinghen* (cart. de l'Etat-maj.). — *Terre du Valenglin, le capele de Valenglin*, 1339 (compte de Jeanne de B., Mém. Soc. Acad., IX, pp. 379, 381). — *Warenglin, Walengrin, Walenglin*, 1550 (cueil. N.-D. de B.). — *Wallenglin*, 1566 (ibid.).

Ruisseau du Valenglin, *Val-en-glenne* (ann. 1807).

Val-Hocquet (Le), lieu-dit, c^{ne} de Courset.

Vallée (La), h., c^{ne} d'Audembert (Cassini). — *Gillain de le Valée*, 1338 (compte de Marg. d'Evreux).

Vallée (La), fief, c^{ne} de Baincthun, 1758 (Dom., reg. 56 bis). — 1759 (aveu aux Arch. nat., Q 895).

Vallée (La), lieu-dit, c^{ne} de Ferques.

Vallée (La), h., c^{ne} de Colembert, 1572-1582 (titres de Mouflon et cueil. de Costé). — Fief mouvant de Colembert, 1775 (Dom., reg. 56 bis).

Vallée (La), lieu-dit, c^{ne} d'Outreau.

Vallée (La), f., c^{ne} de Réty. — Fief mouvant d'Austruy (Dom., reg. 50).

Vallée (La), lieu-dit, c^{ne} de Wierre-Effroy, section d'Hesdres.

Vallée-Berquier (La), lieu-dit, c^{ne} de Courset.

Vallée Brûlée (La), lieu-dit, au terroir de Caffiers, 1662 (inv. de Licques, 50, n° 1).

Vallée d'Aoust (La), lieu-dit, c^{ne} d'Alembon, XVIIIe s. (reg. d'Alembon).

Vallée de Flandre (La), lieu-dit, au dimage d'Ecottes, 1753 (inv. de Licques, 54, n° 13).

Vallée-de-Flandre (La), fief, c^{ne} de Wimille, 1754 (Dom. reg. 53).

Vallée-de-la-Marque (La), lieu-dit, c^{ne} de Courset.

Vallée-des-Prévots (La), lieu-dit, c^{ne} de Lottinghen, 1765 (Dom., reg. 56).

Vallée-Gambe (La), lieu-dit, c^{ne} de Wimille, dans l'aveu de Maninghen de 1774.

Vallée-Hénon (La), lieu-dit, c^{ne} d'Outreau.

Vallée-Heureuse (La), lieu-dit, c^{nes} de Marquise et de Rinxent.

Vallée-Leleu (La), bois, c^{ne} d'Alembon.

Vallée-Madame (La), h., c^{ne} d'Alembon, 1743 (invent. d'Alembon).

Vallée-Meurtrissoire (La), lieu-dit, c^{ne} de Wimille. — *Le Vallée Meurdrissoire*, 1782 (Dom., reg. 58).

Ruisseau de la Vallée Meurtrissoire, né sur Wacquinghen.

Vallée-Rault (La), lieu-dit, c^{ne} d'Alembon, XVIIIe s. (reg. d'Alembon).

Vallée-Saint-Martin (La), lieu-dit, c^{ne} de Bouquehault.

Vallée-Saint-Maurice, voyez Saint-Maurice.

Vallée-Thomas-Ribaut (La), fief, c^{ne} d'Outreau, 1780 (Dom., reg. 58).

Vallois (Le), fief, c^{ne} de Samer, au ham. de Longuerecque, 1767 (Dom., reg. 57).

Valteline (La), h., c^{ne} de Crémarest, 1854 (Dom., reg. 63). — *Valtolin* (Cassini). — *Wirtoline* et *Vallolaine*.

Vastifrotte, h., c^{ne} de Desvres, section des Courteaux ; autrefois, du moins en partie, c^{ne} de Courset. — On dit aussi aujourd'hui *Bastifrotte*.

Vauchelles (Les), lieu-dit, c^{ne} d'Outreau. — *Vaucel*, 1534 (matreloge, art. 160).

Vaucherie (La), c^{ne} de Belle-et-Houllefort. — *Vausserie* (Cassini).

Vedette (La), m^{on}, c^{ne} de Doudeauville.

Velinghen, h., c^{ne} de Quesques (Cassini). — Dans la chronique d'Andres, telle qu'elle est imprimée dans le t. II du Spicilège, on lit, sous l'an 1084 (col. 784, 1), *Hugo Denelingehem*, qui pourrait se traduire par *Hugo de Velingehem*. — Seigneurie des *Haut et bas Velinghen*, tenues du roi, dont aveux de 1748 et de 1759 (arch. nat., Q 898).

Ventecul, lieu-dit, c^{ne} de Wimille. — *Le mont Ventecul*, 1506 (terr. S. W.).

Ventu (Le), h., c^{nes} d'Alembon et d'Hermelinghen. — *Le Sentus* (Cassini). — *Le Winthus d'Alembon*, 1740 (inv. de Licques, 55, 8). — *Le Winthu*, 1743 (inven. d'Alembon). — Fief mouvant dudit.

Ventu (Le), h., c^{ne} de Caffiers. — *Le Ventus de Caffiers*, (Cassini). — *Winthus*, 1286 (terr. de Beaulieu). — *Wintchus*, 1590 ; *le Vintheut*, 1603 ; *le Wintheü*, 1654 (titres de Mouflon).

Verd-de-Gay (Le), fief, c^{ne} de Wierre-Effroy.

Vérain (Le), voyez **Ouvrehen**.

Verginiaux (Le), h., c^{ne} d'Hesdin-l'Abbé. — *Vergeneau*, (Cassini). — *Vert Giniau*, c'est-à-dire *Vert genêt*.

Vérité, m^{on}, c^{ne} de Nabringhen.

VERLINCTHUN, c^{on} de Samer. — *In pago Bononensi, in loco nuncupante Diorwaldingatun*, 865-866 (cart. S. Bert., p. 111) ; — c'est l'opinion de Malbrancq.

suivie par Henry et par d'autres historiens Boulonnais. — Elle est plus soutenable que celle de M. Longnon (Pagus Bon., p. 31), qui cherche à identifier cette localité avec Wadenthun, en quoi il ne réussit guère à nous persuader. Je préfère néanmoins celle de Luto, qui y voit l'ancien hameau de *Dirlinghetun*, sur Boucres. — *Feodum de Werlinghetun*, 1199 ;—*altare de Verlingtun*, 1173 ;—*decima de Verlingthum*, 1193 (cart. de Samer). — *Vrelinguethun*, 1392 (compte des aides de Bourg.). — *Vrelinthin*, 1559 (part. de Thér.). — *Welinthan* (cartes de J. Hondius).

Paroisse du Boulonnais, ressortissant pour la justice aux bailliages réunis d'Etaples, Choquel et Bellefontaine. — Seigneurie, tenue du roi. — Une seigneurie de ce nom, à l'abbé de Samer.

Cure, sous le vocable de Saint-Wulmer, annexée comme secours à celle de Carly. — Présentateur en titre, l'abbé de Samer. — Décimateurs, l'abbaye de Samer, pour huit gerbes, le curé pour une neuvième. — Restée annexée à la succursale de Carly, après le Concordat, l'église de Verlincthun a été érigée en succursale indépendante par décret du 2 septembre 1850.

Vermont (Le), m^{on}, c^{ne} de Fiennes, 1582 (cueil. de Costé).

Vernicour, f., c^{ne} de Samer (Cassini), dans le voisinage du Panème.

Verrerie (La), lieu-dit, anc. f., c^{ne} de Doudeauville, au h. de Beaucorroy (Plaids de Doudeauville, ms Bibl. Boul).

Verrerie (La), h., c^{ne} d'Hardinghen (Cassini).

Verrerie (La), h., c^{ne} de Réty.

Vert (Le), m^{on}, c^{ne} de Wierre-Effroy (Cassini). — Aveux de 1724, 1733, 1774.

Vert-Buisson (Le), f., c^{ne} de Quesques.

Verte-Rue (La), h., c^{ne} de Caffiers (Cassini).— *La Verde Rue*, 1747 (titres de Mouflon).

Verte-Rue (La), lieu-dit, c^{ne} d'Hardinghen.

Verte-Rue (La), lieu-dit, c^{ne} de Marck, 1584 (terr. de Miraulm.).

Verte-Voie (La), h., c^{ne} de Lacres (Cassini).

Verte-Voie (La), h., c^{ne} d'Outreau (Cassini). — *Masure à le Verde-Voie*, 1391 (aveu de Will. du Moulin). — *La Verde Voye*, 1480 (matreloge) ; 1506 (terr. S. W.). — Fief tenu du roi (déclar. de 1553).

Vert-Mont (Le), h., c^{ne} de Réty (Cassini).

Vert-Pignon (Le), h., c^{ne} de Marck.

Verval (Le), h., c^{ne} de Quesques (Cassini).—*Jehan de le Planque, pour le terre de Vreval*, 1392 (compte des aides). — Fief tenu du roi (déclar. de 1553). — Seigneurie mouv. du château de Desvres, dont hommage au roi le 11 août 1615 (arch. nat., P n° 502).

Ce hameau, situé sur le mont, est indiqué dans le rapport du curé de Coulomby pour l'année 1756 comme ayant appartenu autrefois à cette dernière paroisse — Il faisait néanmoins partie du Boulonnais, en qualité de communauté distincte de celle de Quesques. — Le décimateur de ce hameau était l'abbé de Doudeauville.

Vianne (La), anc. f., aujourd'hui démolie, c^{ne} de Belle-et-Houllefort, près de la Maloterie, dans le voisinage immédiat du château de la Villeneuve. — C'était un fief, mouv. de la châtellenie de Belle.

Vicomté (La), m^{on}, c^{ne} de Fiennes (Cassini). — 1483-1654 (titres de Mouflon) et 1774 (aveu de Fiennes).

Vicq, rue du, c^{ne} de Saint-Pierre-lez-Calais.—Rappelle l'existence d'une ferme de ce nom, *la Maison de Vicq*.

qui figure sur un ancien plan de Calais (Bibl. nat., mss. S. F., n° 87).

Vicque (Le), lieu-d'... c^{ne} de Brunembert, dans l'aveu du fief de Brême.

Vieil-Atre (Le), lieu-dit, c^{ne} de Boulogne-sur-mer.

Vieil-Atre (Le), lieu-dit, c^{ne} de Campagne, 1480 (terr. d'Andres).

VIEIL-MOUTIER, c^{on} de Desvres. — *Altare de Veteri Monasterio*, 1173 ; — *villam et ecclesiam de Veteri Monasterio*, 1193 ; — *villam Veteris Monasterii*, 1199 ; — *Vetus Monasterium*, 1210 (cart. de Samer). — *Viés Moustier*, v. 1400 (terr. de Thér.). — *Le Viel Montier*, 1626 (act. not.).

Paroisse du Boulonnais, ressortissant pour la justice au bailliage de Desvres. — Seigneurie, dans le domaine féodal de l'abbaye de Samer.

Cure, sous le vocable de Saint-Omer, annexée comme secours à celle de Menneville. — Présentateur en titre, l'abbé de Samer. — Décimateur, le même, avec le curé. — Annexée à la succursale de Senlecques, depuis l'érection de cette dernière, après le Concordat.

Vienne (La), f., c^{ne} de Samer (Cassini). — 1690 (cueil. de Samer).

Vieux-Bac (Le), h., c^{ne} des Attaques.

Vieux-Château (Le), m^{on}, c^{ne} de Fiennes. — *Le Viel Chasteau, le parcaige du Viel Chasteau*, 1654 (titres de Mouflon) ; 1774 (aveu de Fiennes).

Vieux-Château (Le), f., c^{ne} de Hames-Boucres, section de Hames.

Vieux-Marais (Le), dîme inféodée, mouvant du fief du Pen, dans l'aveu de Fiennes de 1774.

Vieux-Moulin (Le), lieu-dit, c^{ne} d'Andres.

Vignes (Les), lieu-dit, c^{ne} de Sangatte (Henry, essai hist., p. 184).

Vignette (La), f., c^{ne} de Belle-et-Houllefort (Cassini).

Vignobles (Les), lieu-dit, c^{ne} de Wimille, fief mouvant d'Houlouve (Dom., reg. 53).

Vilerquerie (La), lieu-dit, c^{ne} d'Alincthun, 1754 (fr.-fiefs de Desvres).

Ville (La), h., c^{ne} de Fiennes.

Villebreucq, lieu-dit, c^{ne} de Tardinghen, au ham. d'Attinghen, 1694 (Dom., reg. 50).

Villeneuve (La), ch^{au} et f., c^{ne} de Bellebrune (Cassini). — Fief mouv. de la baronnie de Bellebrune par inféodation de 1661 (arch. du château).

Ruisseau de la Villeneuve, affluent de la rivière de Belle.

Vilny, lieu-dit, c^{ne} d'Outreau. — *Le carré de Vilny. — Willenie*, XVe s. (terr. de Turb.) — *Terre gisant à Willenie*, 1506 (terr. S. W.).

Vincelle, f., c^{ne} de Bazinghen (Cassini). — *In Wincela redditus*, 1208 (cart. B. M. B.). — *Facius de Wintsele*, 1209 (chron. Andr., p. 853). — *Winsselles*, 1583 ; *Wincelles*, 1644 (act. not.).

Vindenacre, lieu-dit, c^{ne} de Saint-Etienne, au ham. de Fringhen.

Vinfil (Le), canal, ou watergand du, c^{ne} des Attaques et de Marck. — *Wingfield*, 1556 (terr. angl.). — *La rivière du Winfil*, 1584 (terr. de Miraulm.).

Vinquettes (Les), lieu-dit, c^{ne} de Maninghen (cadastre). — *Terre séant à Winguet, terre gisans à Winguette*, 1393 (aveu d'Honoré Foliot).

Violon (Le), h., c^{ne} de Crémarest.

Vironchaux, h., c^{ne} de Verlincthun. — *Porus de Vironceaulx*, 1582 (cueil. de Costé).

Vitembus, lieu-dit, c^ne d'Outreau, 1506 (terr. S. W.).

Vivier (Le), h., c^ne d'Audinghen (Cassini). — *Terre du Vivier*, 1534 (matreloge d'Outreau, art. 152). — Fief tenu du roi.

Vivier (Le), fief, c^ne de Bellebrune, incorporé en 1661 au fief de la Villeneuve.

Vivier (Le), lieu-dit, c^ne de Guînes. — *Le grand et le petit Vivier*, 1584 (terr. de Miraulmont).

Vivier (Le), h., c^ne de Lottinghen (Cassini). — Arr.-fief de Fiennes, 1553.

Vivier (Le), lieu-dit, c^ne de Saint-Etienne, au ham. d'Haffreingue (aveu de la Vallée, 1759).

Vivier (Le), lieu-dit, c^ne de Saint-Pierre-lez-Calais. — *L'Etang, le Vivier, le Marais*, 1584 (terr. de Miraulmont). — *L'Estang de Nieulet* (anc. plan de Calais, Bibl. nat., mss S. F., n° 87).

Vivier (Le), h., c^ne de Wissant (Cassini). — *Henricus de Vivario*, 1198 (chron. And., p., 830). — Fief, dont aveu au roi en 1748 (arch. nat., Q 900). — Hommage *du Vivier* et Herlens, du 23 octob. 1607 (arch. nat., P 17, n° 80).

Voie-Flamengue (La), nom du chemin d'Ostrohove à la Cocherie dans l'aveu d'Aelis le Barbière, en 1389.

Voie-Vigry (La), fief, c^ne de Doudeauville, arr.-fief d'Engoudsent (déclar. de 1553).

Vonna, nom de la rivière canalisée de Calais à Saint-Omer (Lamb. Ard., p. 39); c'est la *Yem*, ou la Rivière par excellence, *Reveria* (ibid.). — Je ne sais si ce n'est pas de la *Vonna* qu'il est question sous le nom de *Fon*, dans la bulle de Lucius III, du 11 avril 1182 pour Rumilly (Migne, Patrologie, t. CCI).

Voyeux (Le), lieu-dit, c^ne de Lottinghen.

Vuder, la commune du, à Fiennes, citée dans l'aveu de 1774. — Peut-être le même que *Under,* ou *Honder,* voir ce dernier mot.

W

Wabinghen, anc. nom du village d'Outreau. — *Præ lium Walbodegem, patrimonium Walbodeghem,* 858 (hist. translat. SS. Wandregis., etc., n°s 18 et 22, in act. SS. Jul., V.). — *Walbodingehem,* dans le même ouvrage (in act. SS. O. S. B.). — *Ecclesia de Waubinghen,* 1121 (cart. S. W. B.). — *Walbingehem,* 1208 (cart. B. M. B.). — *Wabinghen,* 1480-1506 (matreloge d'Outr. et terr. S. W.).

WACQUINGHEN, c^{on} de Marquise. — *Wachkinghen* (Lamb. Ard., p. 251). — *Wakingehem,* 1208 (cart. B. M. B.). — *Waqhingham,* 1240 (chartes de Dom Grenier, t. CCLVI, f° 244). — *Waskinghem,* 1298 (ch. d'Artois). — *Quemin qui maine de Maninghem à Wasquinghem,* 1393 (aveu de Honoré Foliot). — *Waquinghen,* 1525 (cueil. N.-D. de B.).

Paroisse du Boulonnais, ressortissant pour la justice au bailliage de Londefort. — Seigneurie, dans le domaine de l'abbaye de Saint-Bertin.

Cure annexée comme secours à celle de Beuvrequen. — Présentateur inconnu. — Décimateurs, les religieux de Saint-Bertin. — Maintenant réunie comme annexe à la succursale de Maninghen.

Wadenthun, h., c^{ne} de Saint-Inglevert (Cassini). —

M. Courtois, dans sa topographie du comté de Guines (Lamb. Ard., p. 509), le met à tort sur Pihen. — *Villa Wadingatum, Wadingetum, Wadingatun*, 1084-1122 (chron. Andr., 785, 2 ; 789, 2 ; 793, 1 ; 797,1).—*Heremarus de Wathingatum*, 1136 ; *Eustachius de Wadinghetun*, v. 1170 (idid., 798, 2 ; 812, 2. *Jehan de Wadinghetun*, 1324 (comptes des baillis de Calais). — *Waddyngeton*, 1556 (plan anglais). — *Wadenthun*, 1584 (terr. de Miraulmont).

C'est à tort que M. Aug. Longnon cherche à y placer le *Diorwaldingatun* des chartes de Saint-Bertin : voyez **Verlincthun**.

Waincthun, lieu-dit, c^{ne} de Saint-Léonard, aux environs du Pont-Feuillet. — *Jehan de Wainghetun, dis de Hokinghem*, 1339 (compte de Jeanne de B.). — *Collard Angot, sieur de Waincthun*, 1525 (cueil. N.-D. de B.). — *Wainquethun*, 1550 (ibid). — *Wagningthun*, 1615 (act. not.).

Fief de Waincthun, tenu du roi à cause de son château de Boulogne, suivant aveu de 1750 et de 1775 (arch. nat., Q 901 et 895). — Un autre fief du même nom, arr.-fief d'Hocquinghen, 1759 (Dom., reg. 57).

Walde (La), f., c^{ne} de Marck (Cassini).—C'est la *Petite Walde*, la grande étant sur Oye (canton d'Audruick). — *Wayle mill*, 1556 (plan angl.).— *Village de Walle*, 1584 (terr. de Miraulmont).

Walets (Les), lieu-dit, c^{ne} de Bainghen, au ham. d'Ostove.

Walle (La), lieu-dit, c^{ne} de Guines. — *L'Oualle, l'Ouèle, la Wale, et le pont de l'Oualle*, 1594 (terr. de Miraulmont). — *De Saint-Martin, sieur du Petit-Oale*, 1691 (Bignon).

Walricove, lieu-dit, c^{ne} de Ferques, vers l'*Attre de l'Eglise*, 1480 (terr. d'Andres).

XIIe s. Lamb. Ard., pp. 27, 99). — *Homo de Marinis partibus prope Witsandt*, XIIe s. (vit. Bernard pœnit., act. SS. april., t. II). — *Burgum de Withsand*, 1229 (chron And., 868, 2). — *A Dovre passa de Wisçant;* — *de Guinscant;* — *à Whytsond* (variantes des trouvères). — *Wissancq*, 1525 (cueil N.-D. de B.). — *Sombres et Witsant*, 1515 (Tass.). — *Wissancq et Sombres*, 1559 part. de Thér.. — *Wisantum* (Malbr., t. Ier, p. 3 et carte).— *Visan* (carte de J. Hondius).

Ville de loi du Boulonnais, avec institutions municipales, antérieures au règne de Philippe le Bel : *Major et scabini de Wissant suprà mare*, 1303 (arch. nat., J 486, n° 39⅟).

Seigneurie, aliénée par le roi Henri IV, et incorporée à celle de Fiennes, dont aveu aux arch. nat. (P n° 861 bis).

Chef-lieu d'un bailliage et prévôté royale, institué par les anciens comtes de Boulogne : *Baillie de Wissant;* — *Jehan de Pernes, baillieu de Wissant*, 1338 (compte de Marg. d'Evreux, Mém. Soc. Acad., IX, p. 216). — Réuni au bailliage d'Outreau, avec ceux de Boulogne et de Londefort en 1478, comprenant les paroisses d'Ambleteuse, Audembert, Audinghen, Audresselles, Bazinghen, Caffiers, Elinghen, Ferques, Fiennes, Hydrequent, Inghen, Landrethun-le-Nord, Leubringhen, Leulinghen, Marquise, Saint-Inglevert et Tardinghen.

Cure du diocèse de Thérouanne, puis de Boulogne, chef-lieu d'un doyenné : *Parochialis ecclesia [Sancti Nicolai] de Wissant, sum suo succursu, alias cum ejus annexa [beatæ Mariæ Virginis Assumptæ de Sombres,]* 1680, 1710, 1728 (arch. de l'Evêché). — Dans leurs rapports de 1725 et de 1756 (ibid), les curés de Wissant désignent l'église de Sombres comme *paroissiale*, et celle de Wissant comme chapelle. — Présentateur l'abbé de Saint-Wulmer de Boulogne. — Décimateurs, l'abbaye de Saint-Josse-sur-mer, pour un tiers, le chapitre de Boulogne pour un sixième, et le curé pour la moitié. — Maintenant succursale dans le diocèse d'Arras.

Doyenné de Wissant : *Gusfridus decanus de Withsand*, 1215 (chron. And., 856, 2). — Comprenait dans le diocèse de Thérouanne les paroisses d'**Ambleteuse, Audembert, Audinghen, Bazinghen, Boursin, Ferques, Fiennes, Hardinghen, Landrethun-le-Nord, Leubringhen, Leulinghen, Marquise, Saint-Inglevert, Tardinghen, Sombres et Wissant** et leurs secours ; — dans le diocèse de Boulogne, les mêmes paroisses, moins Fiennes et Hardinghen, avec addition de la paroisse d'Audresselles, érigée en 1651.

Maison de Templiers : *Le temple de Wissant*, XIIIe s. (ch. d'Art., A 47, n° 7). — *Domus militie Templi de Witsant*, 1515 (Tassard).

Coutumes particulières de la ville de Wissant, révisées le 16 octobre 1550, insérées dans les coutumes du Boulonnais (édit. de 1761, p. 115).

Wistien, lieu-dit, c^{ne} de Saint-Martin-Boulogne, vers la Waroquerie, 1506 (terr. S. W.).

Wistrebourgne, lieu-dit, c^{ne} de Réty, ham. de Locquinghen (aveu de 1741).

Witelbert (Le), lieu-dit, c^{ne} de Saint-Étienne, au ham. d'Écaut. — *Wisterberg* et *Wisterbecque*, 1525 (cueil. N.-D. de B.). — *Witrebercq*, 1741 (aveu d'Ostove).

Witerthun, h., c^{ne} de Leubringhen. — *Widrethun* (Cassini). — *Westretin*, XIIIe s. (ch. d'Art., A 118, n° 5). — *Westrethun*, 1569 (act. not.). — *Ruisseau qui flue* *de la fontaine de Bernes, vers Wisderthun*, 1731 aveu de Selles'. — Fief mouvant de Fiennes en 1697.

Wituelle (La), fief, c^{ne} de Selles (fr.-tiefs de Desvres).

Wonesberch, nom d'une montagne, sur la route de Boulogne à Calais, où s'arrêta le clergé, qui reconduisait en 944 les moines de Gand, chargés des reliques des Saints de Fontenelle (hist. translat. SS. Wandregis., etc., n° 34, act. SS. Jul., t V, p. 298). — Peut-être est-ce la forme ancienne du nom d'Audembert.

Wrimetz (Les), h., c^{ne} de Wissant. — *Vrimet* (Cassini).

Y

Yecq, le rieu du, c^{ne} de Conteville, dans l'aveu de Fiennes de 1774.

Yeulles (Les), lieu-dit, c^{ne} de Condette, 1506 (terr. S. W.).

Yeulles (Les), lieu-dit, c^{ne} de Marquise, au ham. d'Hardenthun, emplacement d'un cimetière mérovingien, découvert en 1863, auprès des ruines d'une ancienne chapelle de Saint-Riquier. — *Les Yeulles*, 1491 (cueil. de Beuvrequen).

Z

Zambourg, lieu-dit, *le Courtil Zambourg*, c^{ne} d'Hardinghen.

Zelique (La), h., c^me de Samer. — *Zelicque*, 1690 (cueil. de Samer).

Zenielle (Le), lieu-dit, c^ne de Wissant. — *Rieu qui vient d'Audessombres à le Zenielle*, 1402 (aveu de Pierre Le Kien).

Zevel, le bois de, c^ne d'Alembon, XVIIIe s. (registre dudit).

Zoie voyez Oies.

Zuipsen, lieu-dit, c^ne de Wissant. — *Chemin qui maisne de Zuipsen à Boulogne*, 1506 (terr. S. W.).

Zunesticq, lieu-dit, c^ne de Beuvrequen, au ham. d'Epitre. — *Jehan de Zunesti*, 1298 (ch. d'Art., A 43, n° 9). — *Thomas de Zuinesti*, 1326 (comptes des baillis de Calais, p. 31). — *Gilbert Monet, sieur de Zunesticq*, 1588 (act. not.). — *Zuvesticq, Zunnesticq et même Junestique* (act. div. et généalogie Monet dans Bignon).

Zuthove, rue de, c^ne d'Alembon, 1662 (terr. de Sanghen).

Zutphen, h., c^ne d'Audresselles (Cassini). — *Zutfen*, 1480 (terr. d'Andres). — *Zutfent*, 1506 (terr. S. W.). — *Juffen*, 1774 (aveu de Fiennes).

TABLE
DES
FORMES ANCIENNES

A

Acre, lieu inconnu, à West-Moieke (terr. de Beaulieu).
Affrenghes. *Haffreingue.*
Aicota. *Ecottes.*
Albimerius. *Le Wimereux.*
Ales. *Axles.*
Algiersmerch, lieu inconnu, à Caffiers (terr. de B.).
Alingetuna, Alinghetun, Alinthun. *Alinethun.*
Allembonium. *Alembon.*
Allier. *Allery.*
Allingatum. *Alenthun.*
Alnetum. *Lannoy.*
Alta Fontaina. *Haute Fontaine.*
Altimura. *Boulogne-sur-mer.*
Alto Fosseit, Altum Fossatum. *Longfossé.*
Alvesmerscene, lieu inconnu, sur West-Moieke (terr. de B.).
Ambletacum, Ambleteau, Ambletenne, Ambleteue, Ambletewe, Ambleteul, Ambleteuwe, Amblethewa, Ambletoue, Ambletue, Amblitolium. *Ambleteuse.*
Ambrethun. *Imbrethun.*
Ameuzelle. *Haringuezelles.*
Amfleat, Ampleat. *Ambleteuse.*
Andarnes, Anderna, Andernes, Andria, Andrensis, Andrennensis. *Andres.*
Andrescelles, Andreseilles. *Audresselle.*
Anglaise (L'). *Le Bas-Buisson.*
Annoy. *Lannoy.*
Antengehem, Antingahem, Antinghem. *Autinghem.*

B

Aquingehem. *Hacquinghen.*
Ardinxen, Ardingeshem. *Hardinxent.*
Ardrelo. *Hardelot.*
Area. *L'abbaye de Samer.*
Arkesten. *Maquétra.*
Arsonval. *Assonval.*
Asewinche. *Hazuingue.*
Asles. *Axles.*
Assebroce. *Hasebrouck.*
Assonville. *Essonville.*
Atkinguehen, Atinghem. *Attinghen.*
Audenacre. *Le Denacre.*
Audessombres. *Hautes-Sombres.*
Aufretun. *Offrethun.*
Aulnoy. *Lannoy.*
Australieq. *Austruy.*
Autove. *Ostove.*
Avrelot. *Averlot.*
Axla, Axlæ. *Axles.*
Azelinghen. *Hézelinghen.*

B

Badewie. *Baduy.*
Badingetum, Badingetuna. *Bainethun.*
Badvie, Badvich, Badwie. *Baduy.*
Bagingatun. *Bainethun.*
Bahinghem. *Bainghen.*
Baiellon. *Les Baillons.*
Baile (Le). *Le Bail.*
Baineghethun, Baineguetun. *Bainethun.*
Baingehem. *Bainghen.*
Bainghetun. *Bainethun.*
Bankenes, Banquenes. *Baneres.*
Bardevelt. *Balvert.*
Baruchaut. *Bas-Ruisseau.*
Basingahem, Basingeham, Basinguehans. *Bazinghen.*
Bastrait, Bastreeq. *Bastret.*
Bathinghen. *Battinghen.*
Baudewic. *Baduy.*
Beallocum. *Belle.*
Beaupré. *Marquise.*

Mém. XI.   28

Beddagh, lieu inconnu, à West-Moieke (terr. de Beaulieu).
Bedewatre. *Bédouatre*.
Beinghem, Beinghem. *Bainghen*.
Belbecq, Bellebecq. *Belbet*.
Belcauroi. *Beaucorroy*.
Belebrone, Belebruna, Bellebronna. *Bellebrune*.
Bele Fontene. *Bellefontaine*.
Bella Capella. *La Capelle*.
Bellum. *Belle*.
Bellus Locus. *Beaulieu*.
Bellus Mons. *Beaumont*.
Bensoberg, ou mont Benson, entre le bois d'Hardinxent et un ruisseau voisin. Paraît être le Mont-Cornet (chron. Andr., p. 851, 2).
Berchem. *Berquen*.
Bereborna, Berebronna. *Bellebrune*.
Bergetes, Berghetes. *Berguettes*.
Berken. *Berquen*.
Berteberg. *Belbert*.
Bertellare. *Bertenlaire*.
Bertenval, lieu inconnu, à Fiennes (terr. de B.).
Besenstien, lieu inconnu, à Hardinghen (ibid.).
Beucrene. *Beuque*.
Beunen. *Boulogne sur mer*.
Beuverghem, Beuvr... *Beuvrequen*.
Biaucouroy. *Beaucorroy*.
Biauliu. *Beaulieu*.
Biaurepair. *Beaurepaire*.
Bievange, lieu inconnu, à West-Moieke (terr. de B.).
Biscopem, Bischopem. *Crémarest*.
Bissingahem, Bissingehem, Bissinghehem. *La Beussingue*.
Blacnés, Blacquenay, Blacquenés, Blacquenestz. *Le Grinez*.
Blamon, Blamont. *Blanc-Mont*.
Blanconestum. *Le Blanez*.
Blekenaker. *Bléquenecque*.
Blokendale, Blouequedalle. *Brucquedalle*.
Bochardes, Bocherdes, Bockardes, Bockerdes, Bocretes. *Boucres*.
Bocholt, Bochhout. *Bouquehault*.
Boeuvreken, Beuverkem. *Beuvrequen*.
Bofferche, lieu inconnu, à West-Moieke (t. de B.).
Boffershil, lieu inconnu, à West-Moicke (t. de B.).
Boidsboes, lieu inconnu, à Caffiers (terr. de B.).
Bokardes, Bokerdes, Bolcerdæ, *Boucres*.
Bokeholte. *Bouquehault*.
Boken, lieu inconnu, à West-Moieke (t. de B.).
Bolemberg. *Montlambert*.

Bolonia. *Boulogne-sur-mer.*
Bolonesium. *Le Boulonnais.*
Boncihault. *Bouquehault.*
Bonegowers, lieu inconnu, à Caffiers (t. de Beaulieu).
Bonemberg. *Montlambert.*
Bonemersene, lieu inconnu, à Caffiers (t. de Béaulieu).
Boninghes, Bonogne. *Bonningues-lez-Calais.*
Bononia, Bovoviz. *Boulogne-sur-mer.*
Bononiensis. *De Boulogne-s-mer.*
Borchardesbuf, ou Borcharebuse, lieu inconnu, peut-être sur Campagne (chron. And., p. 789, 2 ; 797, 2).
Bordercke. *Bodericke.*
Borg (Le), lieu inconnu, à Moieke (t. de B.).
Borneville. *Bournonville.*
Borspit, lieu inconnu, à Leulinghen (t. de B.).
Bossin. *Boursin.*
Bouchout, Boucout. *Bouquehault.*
Boudertun. *Baudrethun.*
Boukerdes. *Boucres.*
Boullembercq. *Montlambert.*
Bouloigne, Bouloingne. *Boulogne-sur-mer.*
Bourderie (La). *La Libourderie.*
Boussin. *Boursin.*
Boutun, lieu inconnu, à West-Moieke (t. de Beaul.).
Bouviere. *Boucres.*
Boverchem, Boveringhem, Bovorkem, Bovrenghem, Bovrinkehem. *Beurrequen.*
Boxim, Boxin, *Boursin.*
Bracquerecque. *Bréquerecque.*
Bradstien, lieu inconnu, sur Fiennes (terr. de Beaulieu).
Bram (Le), lieu inconnu, sur Moieke (t. de B.).
Brememberch. *Brunembert.*
Brendequentres. *Braines Quendes.*
Brietstic, lieu inconnu, sur Elinghen (terr. de Beaulieu).
Brocshole, ou Brockeshole, lieu inconnu, sur West-Moieke (id.).
Brocc. *Le Breuil*, ou *les Breucqs.*
Broes. *Les Breucqs.*
Brokeldale. *Brucquedalle.*
Brokeshola, nom d'un bois, dans la chronique d'Andres, (p. 784, 2) : peut-être sur Campagne.
Broma, Bronia. *Liembronne.*
Bruec. *Les Breucqs.*
Broucdalle, Brougdalle, Brucquedal. *Brucquedalle.*
Brugaudin, Brughedem. *Brocodin.*
Brunevelt, lieu inconnu, sur Leulinghen (terr. de B.).
Brunemberch, Brunemberg, Brunemberq, Brunembec, Brune-

berga, Brunenberghe, Brunesber, Brunesbergh, Brunnesber
    ches. *Bruvembert.*
Bu..edbe, Buckout, Buckeholte, Bucolt. *Bouquehault.*
B*ckrrdis, Bucretes, Bukerdes. *Boucres.*
Badreke, Budrich. *Bodericke.*
Buekenes, Buespenes. *Beuque.*
Buevreh m, Buevreghem, Buevringhem. *Beuvrequen.*
Buissouchel (Les, lieu inconnu, à West-Moieke (terr. de B.).
Bullem, Bulhongue. *Boulogne-sur-mer.*
Burneville, Burnolvilla, Burnonsvilla. *Bournonville.*
Buvrehem, Burikem, Burequin. *Beuvrequen.*
Buxin. *Boursin.*

C

Cadeleux, Cateleux (Les). *Ecarieleux.*
Catitmere. *Camiers.*
Caufeix. *Caffiers.*
Cahem. *Quehen.*
Caillemotte. *Les Calimottes.*
Caiochum. *Caïeu.*
Caismoi (Le), lieu inconnu, à West-Moieke (terr. de Beaulieu).
Caisnoi (Le),   id.,   à Wiove   id.
Cakaisiacum. *Calais.*
Calamotterie. *La Camotterie.*
Calcata. *La Chaussée.*
Calenilla, Calewilla. *Coquelles.*
Cales, Calesia, Caleshun, Calesum, Calesse, Caletum, Calys.
    Calais.
Calica, Calika. *La Calique.*
Calippes (Les). *L'Ecalype.*
Calkpit, ou Kalkepit, lieu inconnu, sur West-Moi ke (t. de B.).
Callebrezeque. *Cambrezeque.*
Callehaudes (Les), Callehodde. *Les Calaudes.*
Calleheuse, Calheuse. *La Calleuse.*
Calhem, Caldhem. *Cahen.*
Calquella, Calquilla, Calquele. *Coquelles.*
Caltum, lieu inconnu, sur Moieke (terr. de B.).
Calvastert, ou Calvestert, *villa* dont la situation est inconnue,
    mais qui parait être dans l'arrondissement (chron. Andr.,
    p. 786, 789, 2; 793, 2; 797).

Camouchon, Camousson. *Camoisson.*
Campaines, Campaignes, Campania, Campanies. *Campagne.*
Campania. *Campagnette.*
Camp-de-César. *Fort-César.*
Campe, Campen, Campettes. *Campagne.*
Camptinart. *Cantinart.*
Canci. *Canchy.*
Canevacherie. *Quennevacherie.*
Canuebolle (Le), lieu inconnu, à Moicke (terr. de B.).
Canneval. *Quenneval.*
Capella, Capele, Capiele. *La Capelle.*
Cap-Saint-Jean. *Le Grinez.*
Caperneiz, Caprenes. *Capre.*
Capeseure, Cappeseure. *Capécure.*
Caple, Capell. *La Capelle (des Attaques).*
Caroli. *Carly.*
Cariaulx. *Les Carreaux.*
Castreca. *Questrecques.*
Catfers, Cattiers, Cateliers. *Caffiers.*
Cathoñe, Catoñe. *Catore.*
Catphis. *Caffiers.*
Cauchie (La). *La Chaussée.*
Caudallerie (La). *La Codellerie.*
Cauquelle. *Coquelles.*
Cautebronne, Cautebrune. *Coltebrune.*
Cautehem. *Cotten.*
Caux. *Carly.*
Cawcey, Cawcie. *La Chaussée.*
Cawerie. *La Caurie.*
Ce Lacq. *Slack.*
Celle, Celles. *La Seille.*
Celles. *Selles.*
Chaiol. *Caïeu.*
Chalkpitts. *Les Carrières.*
Chapelle (La), ou la Chapiele. *La Capelle.*
Chapiels-Sart, lieu inconnu, sur West-Moicke (t. de B.).
Chokel. *Le Choquel.*
Chunsdale, lieu inconnu, sur Elinghen (terr. de Beaulieu).
Clei (Le), lieu inconnu, sur Caffiers (terr. de B.).
Cleirbois, Clercbuse, Clerbusc, lieu inconnu, peut-être sur Bainghen (chron. And., p. 825, 2).
Clognes (Les). *Eglonne.*
Coarte, Couarte. *Coharte.*
Colehout. *Coleur.*
Colebere, Colemberch, Colembercq, Colesberc, Colesberge, Colesbiere, Collemberch, Colsbergium, Coslesberc. *Colembert.*

Colbaut, Collehault. *Coleux*.
Collam. *Coulogne*.
Collewede, Collwey. *Colvide*.
Collingetun. *Colincthun*.
Colonia. *Coulogne*.
Combois. *Ecombois*.
Comitis villa. *Conteville*.
Compredal. *Le Compredat*.
Condehever, Condet, Condeta. *Condette*.
Conhy, Connehil. *Condil*.
Coninghetun, Conningthun. *Connincthun*.
Contay. *Comté*.
Contevilla. *Conteville*.
Copehem, Coppehem, Copen.
Coppedoye. *Coupe-Doigt*.
Corie, Courrye. *La Caurie*.
Cors. *Course*.
Cortebose, lieu inconnu, à West-Moieke (terr. de Beaulieu).
Cortebronna, Courtbourne, Courtembronne. *Courtebourne*.
Corteville. *Conteville*.
Cortstie, lieu inconnu, à Elinghen (terr. de B.).
Cortuore, lieu inconnu, à Landrethun (terr. de B.).
Cotes. *Ecottes*.
Cottehen. *Cotten*.
Couchewade. *La Cauchoise*, ou les Attaques.
Couderuske. *Couderousse*.
Coullombier (Le). *Le Colombier*.
Couloingne, Coulongne. *Coulogne*.
Coupes, lieu inconnu, sur Elinghen (terr. de B.).
Cours. *Course*.
Couthem, lieu inconnu, sur Rinxent (terr. de B.).
Couture (Le), lieu inconnu, à Caffiers (terr. de Beaulieu).
Couture (Le), lieu inconnu, à Elinghen (terr. de Beaulieu).
Crawenbruec. *Les Cambreucqs*.
Crennemarès. *Crémarest*.
Cresbere. *Le Crébert*.
Croc, Crok. *Le Crocq*.
Crois-Bataille (Le), lieu inconnu, à Caffiers (terr. de Beaulieu).
Croustic, lieu inconnu, à Landrethun (t. de B.).
Croustes. *Croutes*.
Cruese (Le), lieu inconnu, à Hardinxent (terr. de B.).
Cubbingetum. *Guiptun*.
Cuhen. *Cohen*.
Cundeta. *Condette*.
Curs. *Course*.
Curs, Curset. *Courset*.
Curtabronna, Curtebrona, Curtebronna. *Courtebourne*.

Curtato, villa, et lieu-dit, voisin de Guines (selon And., p. 789, 797). Elle est nommée *Curtelon* (p. 783, 2); *Curtello* (p. 789, 2), *Curtelo* (p. 793).

D

Dabringem. *Nabringhen.*
Dales. *Dalles.*
Dalingtoune, Darlingtoune. *Alenthun.*
Dalnæ. *Dannes.*
Dampierre-les-Dunes. *Saint-Pierre-lez-Calais.*
Dansnes. *Dannes.*
Darlinghes. *Hallengues.*
Davre. *Desvres.*
Dedesacra. *Disacre.*
Deket (Le), lieu inconnu, sur Boursin (terr. de B.).
Deningehem, Deninghehem. *Dringhen.*
Desroches. *Ecottes.*
Dépittes, Despitres. *Epitre.*
Desurennes, Desvrene et Desvrennes. *Desvres.*
Devene, Deverna, Deverne. *Desvres.*
Didesacra. *Disacre.*
Diepites, Dieppitte. *Epitre.*
Diorwaldingatun. *Dirlinguetun, ou Verlincthun.*
Diependale, Dippendala, Dypendala. *Dippendale.*
Dipendale, Dypendalle. *Pitendal.*
Dirlingatun. *Dirlinguetun.*
Disque. *Isques.*
Dite Sacra. *Disacre.*
Diverna, Divernia. *Desvres.*
Dodeauvilla, Dodeauville, Dodeville. *Doudeauville.*
Doetlage (Le), lieu inconnu, sur West-Moieke (terr. de Beaul.).
Dondra, Donra, Donara, Doure, Dovera. *Douera.*
Doudellivilla, Doudelvila, Doudelville, Doudiaville, Doudielville. *Doudeauville.*
Drichorneestic. *Trois-Cornets.*
Drieve (Le), lieu inconnu, sur West-Moieke (t. de B.).
Drogemerch, id. sur Boursin (id.).
Druedinghem, pour Ervedinghem. *Hardinghen.*
Dudeauville, Dudeavilla, Dudellivilla. *Doudeauville.*
Dypandala. *Dippendal.*
Dunrapit, Dunraplt. *Tournepuits.*

E

Ecailleux. *Saint-Pierre-lez-Calais.*
Eclo, lieu inconnu, sur Landrethun (terr. de B.).
Ecloum. *Esclémy.*
Ecluse. *Cluses.*
Edivinia. *La Dordonne.*
Eilingehem. *Elinghen.*
Elbedingehem. *Hervelinghen.*
Eleeke. *Ausque.*
Elambom, Elembom. *Alembon.*
Elingahem, Elingeham. *Elinghen.*
Ellembon. *Alembon.*
Ellingatum, Ellingetum, Elingatum, Elliagentum, Elingtonne. *Alenthun.*
Elmarcq. *Le Marcq.*
Elna. *La Liane.*
Elvelinghen. *Hervelinghen.*
Encre (L'). *Linques.*
Enqueterie, Enquesierie (L'). *L'Inquéterie.*
Enquinghem. *Equihen.*
Erembon. *Alembon.*
Eringhesem. *Rinxent.*
Erlehem. *Herlen.*
Ermelingahem, Ermelingehem, Ermelinghem. *Hermelinghen.*
Erningasem. *Rinxent.*
Ervedinghem. *Hardinghen.*
Escaillemotte. *Les Callimottes.*
Escales. *Escalles.*
Escothes. *Ecottes.*
Esk, lieu inconnu, sur Caffiers (terr. de B.).
Eskale. *Escalles.*
Espine (L'), lieu inconnu, sur Fiennes (terr. de Beaulieu).
Esquinghen. *Equihen.*
Essard (L'), lieu inconnu, sur Rinxent (id.).
Essingehem, Essinguehem, Essinghem. *Echinghen.*
Estrebeke. *Ertebecque.*
Estrones. *Estrouannes.*
Etang, les Etangs. *Les Marais de Hames-Boucres.*
Etenasberg. *Autembert.*
Evelinghehem. *Halinghen.*
Everbruoch, Evrebreucq. *Le Colombier.*

F

Fallembonne, Fallembourne. *Follembonne*.
Farnehem, Farnham. *Fernehen*.
Farus Odrans. *La Tour d'Ordre*.
Fassure. *Fassurne*.
Fauchœuilx. *Fosseux*.
Feldnes. *Fiennes*.
Felinnes, Felmes. *Selives*.
Felnæ, Fenkæ, Fenles. *Fiennes*.
Ferchenes, Fereknes, Ferenes, Ferkenes, Ferknes, Ferquenes, Ferschenes. *Ferques*.
Ferrantville. *Fernaville*.
Fetum. *Fréthun*.
Fielnæ, Fielnes, Fienles, Fieules, Filnes, Finles. *Fiennes*.
Filembourne, Filimbournes. *Fillembourg*.
Fines, Finlleiz, Fisnes, Fynes. *Fiennes*.
Flacketts. *Les Flaquettes*.
Flamesele, Flamersele. *Framezelles*.
Flidmæ, Flidmum, Flitmum. *Fiennes*.
Florengeseles. *Floringuezelles*.
Floringasard, Floringesard, bois, dans les environs de Guines, 1114 (chron. And., p. 787, 794).
Floringhetun. *Florincthun*.
Fogenhove. *Fouquehove*.
Fohem. *Fouhen*.
Foinles. *Fiennes*.
Fontaines, Fontenes, Funtaina, Funtaines, Funtenes. *Hames, ou Saint-Tricat*.
Fortmanoir, Fourmanoir. *Formanoir*.
Fosse-à-Karentriu, lieu inconnu, sur West-Moieke (terr. de B.).
Fosseaux. *Fosseux*.
Foucardenghes. *Foucardennes*.
Foukenhove. *Fouquehove*.
Fouthem. *Fouhen*.
Fraisnoi. *Fresnoy*.
Fraitin, Fraittum, Fraitum, Fraitun, Fratum, Fretin, Frettum, Fretun. *Fréthun*.
Freghenes, Frequenes. *Ferques*.
Fretum Gallicum. *Le Pas-de-Calais*.
Froingehem. *Fringhen*.
Froyton, Froytoune. *Fréthun*.

Mém. XI.

G

Gages verts (Les). Gaisevelt, Gasevelt. *Gazeverd*.
Galimot. *Les Calimottes*.
Garane (La). *La Garenne*.
Gardinum. *Les Gardins*.
Gaveris, Gavry. *Gaverie*.
Gazelvert, Gazeveld, Gazevert. *Gazeverd*.
Gazinet, *Gazemetz*.
Gelke. *Guelque*.
Gérard-dal, lieu inconnu, sur Ferques (terr. de Beaulieu).
Gesoriacum, Γησοριακον Γησοριακον. *Boulogne-sur-mer*.
Gestingehem. *Questinghen*.
Ghelke, Ghelleke. *Guelque*.
Ghibbinghetum, Ghibethun, Gibhingatun. *Guiptun*.
Ghisuæ, Ghisnes. *Guînes*.
Gileberstic, lieu inconnu, sur Leulinghen (terr. de Beaulieu).
Gisenewog, Gisnewog, lieu inconnu, sur Caffiers (idid.).
Gisna, Gisnæ, Gisnes. *Guînes*.
Godingetuna, Godinketun. *Godincthun*.
Gommenacre, Gommenaker. *Gouvenacre*.
Gretecot, lieu inconnu, au Val de Bély (terr. de Beaulieu).
Grotstic, lieu inconnu, sur Hydrequent (terr. de B.).
Guastina. *La Watine*.
Guastum. *Le Wast*.
Guileguina. *Wirwignes*.
Guimilla. *Wimille*.
Guinscaut, Guisum, Guitsantum, Guizant. *Wissant*.
Guypethun. *Guiptun*.
Guysnes, Gwisnes. *Guînes*.

H

Hachinghen. *Hacquinghen*.
Haffanges, Haffranges, Haffrengues. *Haffreingue*.
Haie (Le), lieu inconnu, sur Landrethun (terr. de B.).
Haguinquet. *Hazuingue*.
Halinguchen, Hallinguchen. *Halinghen*.

Halleperette. *Alpreck*.
Halkeca. *Ausque*.
Hallengues. *Harlengues*.
Hambrocc, Hambroeuc, Hambrœuil, Hambrncque. *Hambreucq*.
Hamees, Hamie. *Hamy*.
Hameringehem. *Nabringhen*.
Hamæ, Hammæ, Hammes, Hameswel, Hampnes, Hams Castell. *Hames*.
Hamps Torn. *Buisson de Hames*.
Hanes. *Hennes*.
Haneveu, Hanevo, Hanevol, Hanewol, Hanepveu. *Henneveux*.
Hangestie, ou Hantstie, lieu inconnu, à West-Moicke (terr. de B.).
Hanebus. *Hennebus*.
Hannichard. *Hénichard*.
Hantengehem, Hantenghem, Hautingahem. *Autinghem*.
Hapaigne. *Campagne*.
Happrec. *Alpreck*.
Harackessaut, lieu inconnu, à Bancres (terr. de B.).
Hardefort, Hondefort. *Londefort*.
Hardentuna. *Hardenthun*.
Hardingassem, Hardingeshem, Hardingessem, Hardinghesem, Hardinginassem. *Hardinxent*.
Hardrei locus, Hardrelelo, Hardrelo. *Hardelot*.
Hareclinghehem, Harlinghen, Herelinghen. *Reclinghen*.
Harlentun. *Hardenthun*.
Harquelingues. *Herquelingues*.
Hasebroeck. *Hasebrouck*.
Haselbrone. *Hassebronne*.
Hasewinkel. *Hazuingue*.
Haspecoutre, lieu inconnu, sur Fiennes (terr. de B.).
Hassningue, Hasvingy. *Hazuingue*.
Hastenoy. *Hatenoy*.
Hatissendalle. *Hétissendalle*.
Haubengue. *Hobengues*.
Hauthinghem, Hautinghem. *Autinghem*.
Haudembert. *Audembert*.
Haudicq, Haudique. *Le Hodicq*.
Hauquepetre, Hocquepette. *Hautepette*.
Haustbengue. *Hobengues*.
Haut-d'Isques. *Audisques*.
Haute-Essault. *Hautes Saules*.
Haute Mure. *Boulogne-sur-mer*.
Hautesaulx. *Hautes Saules*.
Haut-Pisot, ou Pissot. *Haut-Pichot*.
Hauvringhen. *Auvringhen*.
Havelosci. *Longfossé*.

Havelinguehani. *Halinghen.*
Haverkerque. *Havenkerque.*
Hecolt. *Ecaut* (d'Offrethun).
Hecout. *Ecaut* (de Saint-Etienne).
Hedecoutre. *Les Hayes du Coutre.*
Hedenesberg. *Autembert.*
Hedinghen. *Halinghen.*
Hedinum. *Hesdin-l'Abbé.*
Hedres. *Hesdres.*
Hedyneul. *Hesdigneul.*
Hegge (Le), lieu inconnu, sur Leulinghen (terr. de Beaulieu).
Heghe, Hegle, Hegue. *L'Aigle.*
Helbedinghem, Helbedinghem, Helbingehem, Helbinghen. *Herbinghen.*
Helbethingahem, Helbetinhem. *Hervelinghen.*
Helde (Le), lieu inconnu, sur Elinghen (terr. de B.).
Heldebale (Le) id., id. (id.).
Heldebedinghem. *Herbinghen.*
Heldrigehani, Heldrinhem. *Hydrequent.*
Helegeborne. *Hellebronne.*
Helkeningues. *Herquelingue.*
Hellembon, Hellenboun. *Alembon.*
Helleprec. *Alpreck.*
Helvedingehem, Helverningham, Helvetingehem, Helvinghehem, Helvuenghehem. *Hervelinghen.*
Helvedinguehem, Helvedinghem, Helvidinguehem. *Herbinghen.*
Henebus. *Hennebus.*
Hennepveu, Henneveue. *Henneveux.*
Henryville. *Eriville.*
Herbedinghem. *Herbinghen.*
Hercamp (L'). *Ledquen.*
Herewog (Le), lieu inconnu, au Flos de Réty (terr. de B.).
Herewog. *Le Bas-Mont.*
Herlans, Herlend. *Herlen.*
Herlimbager. *Herbinghen.*
Herlinghes. *Herlin.*
Hermarenges, Hermarenghes. *Hermerengues.*
Hermelingehem, Herminigehem. *Hermelinghen.*
Héronnière (La). *L'Héronnerie.*
Herquelinghen. *Herquelingue.*
Herst. *Le Hert.*
Herst (Le), lieu inconnu, au Val de Réty (terr. de B.).
Herst (Le), id., à West-Moieke (id.).
Herumval, Herunval. *Héronval.*
Hervadingahem. Hervediggehem, Hervedingehem, Hervelinghem, Hervinghem. *Hardinghen.*

Hesdene, Hesdin, Hesding. *Hesdres.*
Hesdenploïch, lieu inconnu, à Hardinxent (terr. de Beaul.).
Hesdin, Hesding, Hesdinium, Hesdinum. *Hesdin-Labbé.*
Hesdineu, Hesdingnol, Hesdingnuel, Hesdinieul, Hesdinnel, Hesdinol, Hesdinolæ. *Hesdigneul.*
Hessingehem, Hissingehem. *Echinghen.*
Het ou Heth. *Mont du Hez.*
Hethenesberg, Hettenasmont. *Autembert.*
Heure. *Le Hure.*
Heuviningehem. *Hervelinghen.*
Hideguel. *Hesdigneul.*
Hidinium. *Hesdin-Labbé.*
Hidrequen, Hilderken, Hildrekem, Hilldrekem, Hildrichem, Hildriken, Hildringehem. *Hydrequent.*
Hiet (Le), lieu inconnu, sur Elinghen (terr. de B.).
Hiewerslant,   id.,   sur Caffiers   (id.).
Hillum. *Le Hil.*
Hinderham. *Inderham.*
Hisdinium abbatis. *Hesdin-Labbé.*
Hiseca. *Isques.*
Hobbenaker, lieu inconnu, sur Leulinghen (terr. de B.).
Hochembert. *Autembert.*
Hochninguen. *Saint-Léonard.*
Hocquepette. *Hautepette.*
Hocquinghem. *Saint-Léonard.*
Hodenehout, Hodenhoud. *Hodrenault.*
Hodich. *Hodicq.*
Hoeckwinckel. *Hocquinghen.*
Hoeker., lieu inconnu, sur West-Moieke (t. de B.).
Hogt (Le),   id.,   sur Elinghen   (id.).
Hohen (La). *Lohem.*
Hoiboidbosco, lieu inconnu, sur Leulinghen (terr. de B.).
Hoie (Le grant), lieu inconnu, sur West-Moieke (id.).
Hokingahem et Hokingehem. *Hocquinghen, ou Saint-Léonard.*
Holdic, lieu inconnu, sur Landrethun (terr. de B.).
Hole,   id.,   sur West-Moieke   (id.).
Holebronne. *Les Houbronnes.*
Holeford, Holefort, Holesfort. *Houllefort.*
Holestrat, lieux inconnus, sur Elinghen, sur Estelles, sur Wierre-Effroy (terr. de B.).
Holinguethun. *Olincthun.*
Holluigue, ou Holuy. *Hautwignes.*
Hondecote. *La Slack.*
Hondefert. *Londefort.*
Hondembergh, Hondembercq, Hondesberc. *Audembert.*
Hondingehem, Hodingehem, Hodinghem. *Audinghen.*

Hongled, terre, dans le voisinage de Guines (chron. And., p. 789).
Hondres. *Honder.*
Hongercoutre, lieu inconnu, sur West-Moieke (terr. de Beaul.).
Honglevert, Honglevet. *Onglevert.*
Honingetuna. *Honninethun.*
Honnaut. *Honvaut.*
Honnesbourg. *Honnembourg.*
Honneveux. *Henneveux.*
Hoquinghen, *Hocquinghen*, ou *Saint-Léonard.*
Hosstede, lieu inconnu, au Fart d'Hardinghen (terr. de B.).
Hostingahem, Hostingehem. *Hottinghem.*
Hotinghem. *Autinghem.*
Houdleda, Houtled. *Le Houlet.*
Houllebronne. *Les Houbronnes.*
Houpchen. *Houpevent.*
Houppelande. *Huplandre.*
Houreeq. *Houret.*
Houvequerque. *Havenquerque.*
Hova, Howe. *Hove.*
Hovemet, lieu inconnu, à West-Moieke (terr. de Beaul.).
Humière (La). *La Hunière.*
Hundenbergh, Hundesberch. *Audembert.*
Hungrevelt. *Onglevert.*
Huppelande, Huplande. *Huplandre.*
Hurdevend, Hurtevent. *Heurtevent.*
Hydreghen, Hydroquin, Hyldrekem. *Hydrequent.*

I

Indesham, mauvaise lecture pour *Inderham.*
Ingehem. *Inghen.*
Iseca, Isecca, Iseke, Isica, Iske. *Isques.*
Isembourg. *Issembourg*
Issingehem. *Echinghen..*
Ἰκιον ακρον. *Alpreck.*
Το Ἰκιον. Itius Portus. *Boulogne-sur-mer.*

J

Jardins (Les). *Les Gardins.*
Juffen. *Zutphen.*
Junestique. *Zunestique.*

K

Kaieu, Keu. *Caïeu.*
Kaleeis, Kaleis, Kalès. *Calais.*
Kalika, Kalike. *La Calique.*
Kalquella. *Coquelles.*
Kamartsvelt. *Le Quervet.*
Kariaulx (Les). *Les Carreaux.*
Karli. *Carly.*
Karnemarese. *Crémarest.*
Katfers. *Caffiers.*
Kenoilles, Kenoulles. *Quenouille.*
Kerke (Le), lieu inconnu, sur Caffiers (terr. de Beaul.).
Kernemarès, et Kesnemarès. *Crémarest.*
Kesce, Kescha, Keseka, Keske, Kesseca, Kessiacum. *Quesques.*
Kestreka, Kestreke. *Questrecques.*
Kimbresaca. *Cambreseque.*
Knol (Le), lieu inconnu, sur West-Moieke, ou Landrethun (terr. de Beaulieu).
Kohem. *Cohen.*

L

Labbiette. *L'Abbiette.*
Laelia via. *La Leulène.*
Lainque. *Linques.*
Laitekem. *Ledquen.*
Lampene. *Lampernesse.*
Lancerie. *Lancherie.*
Landac. *Landacre.*
Landertun, Landertum, Landringhetun. *Landrethun-le-Nord.*

Langhedik. *Languedic.*
Langrehege, Langrehega. *Longuerecque.*
Langstie, lieu inconnu, sur Ferques, ou Elinghen (terr. de Beaulieu).
Lantershout. *Lantershout.*
Laronville, Larouville. *Larronville.*
Laufossé. *Longfossé.*
Laugnore, lieu inconnu, sur Elinghen (terr. de Beaul.).
Lauxbrune. *Rosquebrune.*
Laynderton. *Landrethun-le-Nord.*
Leanne, Leasne. *Lianne.*
Lebecca. *Le Becque.*
Lebecq. *Le Becque.*
Lebringehem, Lebringhem. *Leubringhem.*
Ledde. *Léda.*
Legteghem. *Ledquen.*
Leisceis. *Licques.*
Lellinghem. *Leulinghen.*
Lencques. *Linques.*
Lenebrigge, lieu inconnu, sur Rinxent (terr. de B.).
Lenguegne. *Lengagne.*
Lenneques. *Lincques*
Lessartich, ou l'Essartich, lieu inconnu, sur Hardinxent (terr. de Beaulieu).
Lestiembrique. *Etiembrique.*
Letingehem. *Tihen.*
Létoquoy. *Etoquoy.*
Lhoncfosei. *Longfossé.*
Libringehem. *Leubringhen.*
Liches. *Lisques.*
Lidebourne. *Lisbourne.*
Liebarne. *Les Bardes.*
Liecorde. *L'Eau Courte.*
Liembrune, Lienembronne. *Liembronne.*
Lievrebert. *Lieu Rebert.*
Ligete. *Liégette.*
Lille. *L'Ille.*
Lillebere, lieu-dit et mont inconnus, sur Landrethun (terr. de B.)
Linde, lieu inconnu, sur Hermelinghen (id.).
Lindebose, id., près de l'Eau-Courte (id.).
Linge, Lingue. *Ningle.*
Linières. *Lignères.*
Linsaut. *Lieussent.*
Lisces, Lischæ, Liskæ, Liskes, Lisques. *Licques.*
Lobessart. *Les Aubersacqs.*
Lobinghen. *Lottinghen.*

Lockingahem, Lokingehem, Lonquinguchean, Lonkinghehem, Loqqinghem. *Locquinghen*.
Loe. *Le Lo*.
Loeulinghen, Lolingehem, Lolinghem, Lollinghem. *Leulinghen*.
Louastingahem. *Lottinghen*.
Loncfossé. *Longfossé*.
Londeffort, Londesford, Londesfort. *Londefort*.
Longavilla, Longeville, Longheville. *Longueville*.
Loningaheimum, Loningahem, Loningehem. *Leulinghen*.
Loquinghen. *Locquinghen* et *Lottinghen*.
Losenbronne. *Lozembrune*.
Losfossé. *Longfossé*.
Lostinghem. *Lottinghen*.
Louette (La). *L'Alouette*.
Lousoie. *La Houssoye*.
Lousquebronne. *Rosquebrune*.
Lulingahem, Lullingahem. *Leulinghen*.
Luménoi. *Neuf-Manoir*.
Lusquebronne. *Rosquebrune*.
Lustinghehem, Lustinghem. *Lottinghen*.
Lutomagus : voyez *Lacres*.
Lyanne. *Lianne*.
Lyembronne. *Liembronne*.

M

Maflerbosc, lieu inconnu, sur Hardinxent (terr. de B.).
Macquestracq. *Maquétra*.
Magdalaine (La). *La Madeleine*.
Magen. *Mégen*.
Magnavilla, Magnaville, Magnivilla. *Menneville*.
Mainthes. *Menty*.
Maisnil. *Le Mesnil*.
Makinghehem. *Macquinghen*
Maladière (Le). *La Maladrerie*.
Malceberge, Malchesbere, Malkesbec, Malkesberc, Malkesbergh. *Molquembert*.
Malebac, lieu inconnu, sur Fiennes (terr. de B.).
Malempere, Malempiere, Mallempere. *Malempert*.
Malshout, lieu inconnu, sur Hardinxent (terr. de B.).
Manavilla. *Menneville*.
Manengehem, Maningehem-a-mont. *Maninghen*.

Mém. XI.

Manevilla, Maneville. *Menneville*.
Maninghem. *Manihen*.
Manoyen. *Maninghen*.
Mansdale, lieu inconnu, sur Leulinghen (terr. de B.).
Manty. *Menty*.
Maquestrak, Maquestrat. *Maquétra*.
Maquinghen, Maquingahen. *Macquinghen*.
Maraquise. *Marquise*.
Marcæ (Marcis). *Marck*.
Marchenes, Marchnes, Marenes. *Markene*.
Marchia, Marchisia. *Marquise*.
Mardie, lieu inconnu, sur Elinghen (terr. de B.).
Marguison. *Marquise*.
Mark, Marke, Markium. *Marck*.
Markanes, Markenes, Markinium, Marknes, Martnes. *Markene*.
Markis, Markisa, Markise, Markisia, Markisium. *Marquise*.
Marle (Le), lieu inconnu, sur Elinghen (t. de B.).
Marle (Le), lieu inconnu, sur Estelles (id.).
Marlepit, lieu inconnu, sur West-Moicke (id.).
Marlière (Le), lieu inconnu, sur Rougefort (id.).
Marotines (Les). *Les Marotaines*.
Marqués (Les). *Les Marquets*.
Martre (Le), lieu inconnu, sur Elinghen (terr. de B.).
Martrehil, (id.), sur Caffiers (id.).
Mattre. *Marthe*.
Maugreville. *Mogreville*.
Mazinguen. *Masinghen*.
Mecquinghen. *Macquinghen*.
Mekelvelt, lieu inconnu, à Réty (terr. de B.)
Mellack, Melleche, Mellecke, Melleka, Melleke. *Saint-Blaise*.
Mellewog, lieu-inconnu, à Ferques (t. de B.).
Mellingasele. *Hameau-Merlin*.
Menendalle. *Menendelle*.
Mere, Merch, Mercha, Mercuritium, Merq. *Marck*.
Merchne, Merkenes. *Markene*.
Mercled. *Canal de Marck*.
Merka, Merkisa, Merkum. *Marck*.
Merlinguedalle. *Merlingdalle*.
Méghen, Mesgehem. *Mégen*.
Midel Moickes. *Mimoyecques*.
Midleca, Milleca. *Saint-Blaise*.
Mighem. *Le Mégen*, ou le *Minghem*.
Milembercq, Milenbere, Millembercq. *Milembert*.
Milestirch, Milestree, Milestrec. *Milletrecq*.
Minthiacus, Minthinum, Mintinam, Minthi, Minti. *Menty*.
Miskensard, lieu inconnu, sur Fiennes (terr. de Beaulieu).

Moieke, Moiekes, Moike, Moykes. *Moyecque.*
Moienbos. *Moyenbois.*
Moleyne Segalyne, Molin Saghelin. *Moulin Seghelin.*
Molbrecq, Molebrecq, Mollebrecq. *Malbret.*
Molliniaux (Les). *Les Moulineaux.*
Mollin-Wimbert. *Moulin-Wibert.*
Monfelon, Monflon. *Mouflon.*
Mongreville, Mont-Créville. *Mogreville.*
Mongairding, Mongardinium, Montegardin, Muntgardin. *Montgardin.*
Monroy, Montroy. *Mauroy.*
Montacre. *Les Montacqs.*
Mont Liébault. *Moyenbau.*
Montpellé. *Montpelé.*
Morcamp, Morcampus, Morchamp, Morteamp, Mortecampus. *Morcamp.*
Morfontaine. *Marofaines.*
Morkan. *Morcamp.*
Moringehem, Mourlinghen. *Morlinghen.*
Morlant, lieu-inconnu, sur West-Moieke (terr. de B.).
Morsdale, lieu-inconnu, sur Leulinghen (id.).
Mothe (La). *La Motte.*
Moulin-Hubert. *Moulin-Wibert.*
Moullineaulx. *Moulineaux.*

N

Nabringhehem, Nameringehem. *Nabringhen.*
Nauspit, lieu-inconnu, sur Caffiers (terr. de Beaulieu).
Nedercoutre, lieu-inconnu, sur West-Moieke (terr. de Beaulieu).
Neele, Nele, Nellæ. *Nielles-lès-Calais.*
Néelles, Nelle. *Nesles.*
Nesdrehove. *Nedrehove.*
Nesse, Netz. *Le Nez.*
Neuenna. *Nieulet.*
Neufville, Nœufville. *Neuville.*
Neuly. *Fort-Nieulay.*
Neuna, Neunel, Newena, Newenham. *Nieulet.*
Newabruch. *Newbrouck.*
Newenhambridge, Newhambridge. *Pont de Nieulay.*
Nidharpe, lieu-inconnu, sur Leulinghen (terr. de Beaulieu).

Nielles. *Nielles.*
Nielles, Nielles, *Nesles.*
Nieubure, Nieubure. *La Basse-ville de Boulogne.*
Nieuna, Niewena, Niueniel, Niveuna, Nyuna. *Nieulet.*
Ninghes. *Ningle.*
Noef-Castel. *Neufchâtel.*
Noeufville. *Neuville.*
Noirwart, Noirwal. *Noirval.*
Nonnencruce, lieu inconnu, sur Elinghen (terr. de Beaulieu).
Northernes. *Noirbernes.*
Northoningues. *Noirbonningue.*
Northos. *Noirbois.*
Novum Castellum, Novum Castrum. *Neufchâtel.*
Novum Manerium. *Neuf-Manoir.*
Nuef Castel. *Neufchâtel.*
Numénoi. *Neuf-Manoir.*

O

Ocingehem. *Saint-Léonard.*
Odenacre. *Le Denacre.*
Odera, Odere. *Odre.*
Odersele, Odresselle. *Audresselles.*
Odie. *Hodicq.*
Odingahem, Odingehem, Odinghem. *Audinghen.*
Odisque. *Audisque.*
Odnea, Odra. *Odre.*
Odrans Farus. *La Tour d'Ordre.*
Oedenhout, Odrenole. *Hodrenault.*
Offedale, lieu inconnu, sur West-Moieke (terr. de Beaulieu).
Okkaningahem, Okinguehem. *Hocquinghen.*
Olinghetun. *Olincthun.*
Onvaux. *Honvaut.*
Ophove, lieu inconnu, sur Caffiers (terr. de Beaulieu).
Oppercoutre, id., sur West-Moieke (id.).
Ostersard, id., sur Landrethun (id.).
Osthove, Ostova. *Ostove.*
Ostrehove. *Ostrohove.*
Ostrowic. *Austruy.*
Ostrowicum. *Ostrowic.*
Ostruich. *Austruy.*
Otidigem, Otidinghem. *Audinghen.*
Ouove. *Ostove.*

Otrehove. *Ostrohove.*
Oualle, Ouèle, Oale. *La Walle.*
Oudelandum. *Hodelant.*
Oudenman. *La Tour-d'Ordre.*
Oudewoghe, lieu inconnu, à West-Moieke (terr. de Beaulieu).
Ouest (L'). *Louet.*
Oufrethun. *Offrethun.*
Ouissellerie. *Oisellerie.*
Oultreau, Oultreawe, *Outreau.*
Oupan, Oupehen, Ouphen, Ourpehen. *Houperent.*
Outrehove. *Ostrohove.*
Outreyauwe, Outriauwe. *Outreau.*
Overdal, lieu inconnu, sur Ferques (terr. de Beaulieu).
Overhem, Ovrehem. *Ouvrehen.*
Overingahem, Ovringahem, Ouvringhen, Ovringhem. *Auvringhen.*
Ovrebreue, Ovrebroec. *Le Colombier.*
Owtingham. *Hottinghem.*
Oyes. *Oies.*

P

Pagus Bolinensis, Boloniensis, Bononensis. *Le Boulonnais.*
Pagus Gesoriacus. *Le Boulonnais.*
Paillembercq, Pallembercq. *Palembert.*
Pallete. *Palette.*
Panehem, Panem. *Panême.*
Paninghetum, Panningatum. *Painethun,* ou *Pelinethun.*
Papendal. *Pipendalle.*
Papenwogue, lieu inconnu, sur Caffiers (terr. de Beaulieu).
Pappeguay. *Pas-de-Gay.*
Pastura. *La Pâture.*
Pasture (Le), lieu inconnu, sur Moieke (terr. de Beaulieu).
Pedemonte. *Le Bas-Mont.*
Penesme. *Panême.*
Peninethun. *Pelinethun.*
Pepelinga, Pepelinghem, Pepelinghes, Pipelinghehem, Pipilinghehem, Piplingehem, Peapling, Pepling, Peplinge *Peuplingues.*
Pernæ. *Pernes.*
Peterse, Petrenessa, Petressa, Petresse, Petrissa, Piternesse. *Saint-Pierre.*
Pichem. *Pihen.*

Pierre (Le), lieu inconnu, sur Elinghen (terr. de Beaul.).
Pinquinun. *Painethun.*
Pipennerie. *Pépinerie.*
Pirus. *Le Pire.*
Pit (Le), lieu inconnu, sur Réty (terr. de Beaul.).
Piteffaut, Piteslelt. *Pittefaux.*
Pitham, Pitheem, Pithem, Pittam. *Pihen.*
Ploïch. *Plouy.*
Pons Lateritius. *Le Pont de Briques.*
Poplesberch. *Pouplembert.*
Poteria. *Poterie.*
Potterledh, Poylevert. *Polder.*
Prés, ou Preys (Les). *Eprés.*

Q

Quadbrigkel. *Cobrique.*
Quadhem, Quahem, Quathem. *Cahen.*
Qualquella. *Coquelles.*
Quarli, Querli. *Carly.*
Quehauve, Quehouve, Quehonne. *Quehove.*
Quelque. *Guelque.*
Quenille. *Quenelles.*
   ertliacus. *Carly.*
Questebrorne, Questreborne. *Questebrune.*
Quetre et Quette. *Questrecques.*
Quodbrigge. *Cobrique.*
Quoquesolle. *Heurterent.*
Quouatre. *La Coharte.*

R

Rabodanges, Rabodenghes. *Rabodennes.*
Rainmondrie, Remondrie. *Ramonerie.*
Ramarssaut, Rammesholt. *Ramescat.*
Ravenerengues. *Rarerengues.*
Ravensdic, lieu inconnu, sur Landrethun (terr. de B.).
Ravenstiene, id., sur Leulinghen (id.).

Raventim, Raventum. *Raventhun.*
Relinkehove. *Rolincove.*
Reinghesem, Reninguessent, Renguenseem, Renningesem, Ringhessem, Rinninghesem. *Rinxent.*
Requelinghen. *Reclinghen.*
Resthi, Resti. *Réty*
Retinghem, Retyngehem. *Tinghen.*
Retseke. *Réty.*
Reveria. *La Hem.*
Ricbancke, Richebancq, Risbanck. *Le Risban.*
Richenacre, Richericaria. *Le Renard.*
Riede, lieu inconnu, sur West-Moieke (terr. de B.).
Rikenacre, Rikenachre. *Le Renard.*
Rinquessent, Rinquesent. *Rinxent.*
Ripmaninghem. *Ricmaninghen.*
Robarsdal, lieu inconnu, sur Hardinghen (terr. de B.).
Rockete, id., sur West-Moieke (id.).
Roccolf, nom d'une terre, sur Cafliers (id.).
Rochefort, Bouchefort. *Rougefort.*
Rocquethun. *Rocthun.*
Rodelant, lieu inconnu, sur West-Moieke (terr. de Beaul.).
Rodrechem, id., sur Locquinghen (id.).
   Peut-être le même qui est appelé *Rudrekem* dans les ch. d'Artois, A 118, n° 5.
Roingers, lieu inconnu, sur Ferques (terr. de B.).
Ronville, Rouville. *Larronville.*
Rorichona, Rorichova, Rorichovia, Rolinkehove. *Roricove.*
Rouge Terre (Le), lieu inconnu sur Elinghen (terr. de B.).
Rougebedde, Roussebadde. *Rougeberne.*
Rouppenbercq. *Rupembercq.*
Rumertenges. *Rebertingue.*
Rusbangke. *Risban.*

S

Sablon-Notre-Dame, Sabulum Beatæ Mariæ ; Savelon N.-D. *Fonds-Notre-Dame.*
Sanleches. *Senlerques.*
Sacriquet, Sacricarii, Sacriquier. *Saint-Riquier.*
Saincte Ghiertru. *Sainte-Gertrude.*
Sainghem. *Sanghen.*
Saint-Bergues. *Simberg.*

Saint-Estevene. *Saint-Etienne.*
Saint-Liénart. *Saint-Léonard.*
Saint-Nicase. *Saint-Tricat.*
Saint-Sammer, Saint-Samer, Saint-Saumer, Saint-Clemier-au-
    Bois. *Samer.*
Sameracum. *Samer.*
Sancta Gertrudis. *Sainte-Gertrude.*
Sanctingheveld, Santinghevelt. *Saint-Inglevert.*
Sanctus Feriocus. *Saint-Frieux.*
Sanctus Ingelbertus. *Saint-Inglevert.*
Sanctus Martinus Boloniensis. *Saint-Martin-Boulogne.*
Sanctus Martinus. *Saint-Martin-Choquel.*
Sanctus Petrus. *Saint-Pierre.*
Sanctus Stephanus. *Saint-Etienne.*
Sanctus Vulmarus. *Samer.*
Sanctus Ydevardus. *Saint-Inglevert.*
Sandegates, Sandgate, Sangata, Sangethe, Sanghette, Sant-
    gatha. *Sangatte.*
Sandingfelde, Sandingfield. *Saint-Inglevert.*
Sanninghehem, Saningehem, Sanghehem, Sauvingehem, Saviu-
    ghem, Sawinghem. *Sanghen.*
Sard (Le), lieu inconnu, sur Calliers (terr. de B.)
Sartum Riccarii, ou Richeri. *Saint-Riquier.*
Saulmerium, Saumer-a-bos. *Samer.*
Sauterie. *Soterie.*
Scala, Scalæ, Scales. *Escalles.*
Scalrewogue, lieu inconnu, sur West-Moicke (terr. de B.)
Scames. *Ecambre.*
Scardic, lieu inconnu, sur Calliers (terr. de B.)
Selines, Selymes. *Selires.*
Scorepanche. *Les Cottes Penches.*
Scothes. *Ecottes.*
Sedena. *Lesdre.*
Seiles, Seileiz. *Selles.*
Seithrat, Sittru. *Setrez.*
Sekieses, Sechises. *Sequières.*
Selæ (in Selis), Selem, Seles. *Selles.*
Selaque. *Slack.*
Selines, ou Selmes. *Selires.*
Senleke. *Senlecques.*
Seules. *Selles.*
Silviacus. *Samer.*
Sinembroec. *Sinembreucq.*
Singete, lieu inconnu, sur West-Moicke (terr. de B.).
Sindre.   id..   sur Wierre-Effroy   (id.).
Sinus gallicus. *Le Pas-de-Calais.*

Skernestie, lieu inconnu, sur Landrethun (terr. de B.).
Solitudo. *La Watine.*
Soutenvelt, Soutingeveld. *Saint-Inglevert.*
Sorois. *Surrois.*
Spelleke, Sperlecca. *Espelleke.*
Stapels, lieu inconnu, sur Elinghen (terr. de B.).
Squifein, nom de lieu, associé à celui d'Inglevert, situation inconnue, 1208 (cart. B. M. B.).
Stale (in Stalis), nom de lieu, associé à celui d'Odresselc, situation inconnue, 1208 (ibid).
Stienlop, lieu inconnu, sur Elinghen, (terr. de Beaulieu).
Stieurokkes, id., sur West-Moieke (id.).
Stienstrat (Le), id., sur Fiennes (id.).
Stienvelt, id., sur West-Moieke (id.).
Stridaker, id., sur Caffiers (id.).
Stridland, id., sur Ferques (id.).
Stripe (Le), id., sur Hardinghen (id.).
Stripe (Le), id., sur Landrethun (id.).
Stripe (Le), id., sur West-Moieke (id.).
Stroeze, Stromes. *Estrouannes.*
Suddrau, lieu inconnu, sur Elinghen (terr. de B.).
Sumbres. *Sombres.*
Sutibere, lieu inconnu, sur Wierre-Effroy (terr. de B.).

T

Tainteleries, Tenteleries. *Tintelleries.*
Tarwelant, lieu inconnu, à Locquinghen (terr. de B.).
Tegata. *Thégatte.*
Telingetum, Telingetun, Telingetuna, Thelinghetun. *Terlinethun.*
Templum. *Le Temple.*
Terdengehem, Terdingahem, Terdingehem, Terdinghem, Tertingahem. *Tardinghen.*
Thieullerie, Tieullerie. *Tuilerie.*
Thorbinghen, Thourbinghen. *Turbinghen.*
Tiebrighe. *Dyebrighes.*
Tiegate. *Thégatte.*
Tiertre. *Tertre.*
Tiertre (Le), lieu inconnu, à Elinghen (terr. de B.).
Tingeri. *Tingry.*
Tinghen. *Tihen* et *Tinghen.*

Tingiscum, Tingreium, Tingrisema. **Tingry**.
Tiscudale. *Hétissendalle*.
Torbinghen. *Turbinghen*.
Tornes. *Tournes*.
Torsetma, lieu inconnu, sur Elinghen (terr. de B.).
Tournepike, Tournepique, Turnpyke. *Tournepuits*.
Tractus. *Le Trait*.
Tretinethun. *Terlincthun*.
Trenkebise, nom d'une terre à Estelles, situation inconnue (terr. de Beaulieu).
Tudiauville. *Doudeauville*.
Tudingetuna. *Todincthun*.
Tunrepit. *Tournepuits*.
Turbodingahem. *Turbinghen*.
Turris ardens. *La Tour d'Ordre*.
Tythenmarie. *Petite-Marie*.

U

Ultra aquam. *Outreau*.

V

Vacaria. *La Vacquerie*.
Vadissant. *Wissant*.
Vaingehem, lieu inconnu, chron. Andr., p. 380.
Val (Le). *Les Carrières* (de Réty).
Valtolaine. *Valteline*.
Vérain (Le). *Ourrehen*.
Verde Voye. *Verte-Voie*.
Vetus Monasterium. *Vieil-Moutier*.
Vier Horustie, lieu inconnu, sur Caffiers (terr. de B.).
Vierra Hainfridy. *Wierre Effroy*.
Viesbloc (Le), lieu inconnu, sur le Val de Réty (terr. de B.).
Viesrue (Le). id., sur Moieke (id.).
Vileria in Silviaco. *Wierre-au-Bois*.
Villas ou Vilra. *Wierre-Effroy*.
Villembrune. *Valembrune*.
Villenie. *Vilny*.

W

Vivorium. *Virier.*
Voetekins Sard, lieu inconnu, sur Londrethun (terr. de B.).
Vrelinguethun. *Verlinethun.*
Vreval. *Le Verval.*
Vuarchainfridi, Vuilere, Vuilere. *Wierre-Effroy.*
Vurmesberk. *La Marbecque.*

W

Wachimvillare, Wachonevillare, Wachunvillare. *Le Wast.*
Wachkinghen. *Wacquinghen.*
Wadingatun, Wadingetun. *Wadenthun.*
Wadingetuna. *Warinethun.*
Wagningthun. *Wainethun.*
Wakingehem. *Wacquinghen.*
Walbingehem, Walbedegem, Walbodingehem. *Wabinghen.*
Walrichove. *Warcove.*
Walrichove, lieu inconnu, sur Ferques (terr. de B.).
Walteri Saltus. *Waquesseau.*
Wameringue. *Wambringue.*
Wamille. *Wimille.*
Waqhingham. *Wacquinghen.*
Wal. *Le Val.*
Walengrin, Warenglin. *Valenglin.*
Warane, lieu inconnu, à Rougefort (terr. de B.).
Wasconvillare, Wascum. *Le Wast.*
Waskinghem, Wasquinghem. *Wacquinghen.*
Wastavillare, Wastumvillare, Wastuvillare. *Le Wast.*
Wastina, Wastinia, Wastine. *La Watine.*
Wastum. *Le Wast.*
Wathinghetun. *Wadenthun.*
Wattremoeulle. *Watremelle.*
Waubinghen. *Wabinghen.*
Waudingthun. *Warinethun.*
Wayle. *Waide.*
Wehove, Westhove. *Wiove.*
Welwinge. *Werwignes.*
Wemelium, Wemille. *Wimille.*
Wendyne. *Wandin.*
Werlinghetun. *Verlinethun.*
Westaxla. *Axles.*

Westersand, lieu inconnu, sur Landrethun (terr. de B.).
West-Moïeke. *Moyecques*.
Westrehova, Westrehove. *Ostrohove*
Westrethun, Westretin. *Witerthun*.
Westrezelle. *Watrezelle*.
Whitsand, Whytsand *Wissant*
Wibois. *Huilbois*.
Wicardenges, Wicardenghes. *Wicardennes*.
Widsand, Wiizand. *Wissant*.
Wierre le Hainfroy, ou le Heffroy. *Wierre-Effroy*.
Wilera, Wileria, Wilram, Wilra, Willre, Wilre, Wierre. *Wierre-Effroy*.
Willewingne, Wilewigne, Willewyna, Wilwine. *Wirwignes*.
Willambronne. *Valembrune*.
Wilra, Wilre, Wilrei. *Wierre-au-Bois*.
Wimerewe, Wimerreuwe, Wymereue. *Wimereux*.
Wimilge. *Wimille*.
Winsela, Winselles, Winsselles, Wintsele. *Vincelle*.
Wingfield. *Winfil*.
Winquais, Winquel. *Winquel*.
Wintehus, Winthu, Winthus. *Ventu*.
Wirhura, Wirre. *Wierre au bois*.
Wirla, Wirre. *Wierre-Effroy*.
Wirrewinne. *Wirwignes*.
Wirtoline. *Valteline*.
Wisande, Wisçant. *Wissant*.
Wisderthun. *Witerthun*.
Wisifra. *Wierre-Effroy*.
Wisnensis (Guisnensis). *De Guines*.
Wissanda, Wissancq, Wissantum. *Wissant*.
Wisterberq. *Witelbert*.
Withland, Withsand. *Wissant*.
Witmarais. *Wimarais*.
Witrebercq. *Witelbert*.
Witsand, Witsanda, Witshadis, Witsandim, Witsant. *Wissant*.
Witstien, lieu inconnu, sur Elinghen (terr. de B.).
Wolfham, id., sur West-Moïeke (id.).
Wolfertun. *Offrethun*.
Wolhus, lieu inconnu, sur Caffiers (terr. de B.).
Wolrespoel, id., sur West-Moïeke (id.).
Wolvesti, id., id. (id.).
Wormoie. *Hormoye*.
Woste (Le), lieu inconnu, sur West-Moïeke (terr. de B.).
Wyerre-Wigne. *Wirwignes*.
Wytsand. *Wissant*.

Y

Ycoloy. *Icoloy.*
Yewelo, ou Yeweslo, lieu inconnu, sur Ferques (terr. de B.).
Yseke, Yske, Ysques. *Isques.*
Ysinghem. *Echinghen.*
Yweslo. *Uselot.*
Ywerelo, Yweslo, lieu inconnu, sur Elinghen (terr. de B.).

Z

Zantevelt, Zantenwelt. *Saint-Inglevert.*
Zawinghem. *Sanghen.*
Zeke (Le), lieu inconnu, sur West-Moicke (terr. de B.).
Zekere, id., sur Baucres id.
Zelives. *Selives.*
Zimbrethun. *Sombrethun.*
Zoie. *Oies.*
Zole, lieu inconnu, sur Ferques (terr. de B.).
Zuarchegele, Zuardhege, Zuärtege, lieu inconnu, sur Elinghen (terr. de B.)
Zuelgete, lieu inconnu, sur Elinghen (terr. de B.).
Zuinesti, Zunesti, Zuvestieq. *Zunesticq.*
Zutfen. *Zutphen.*

ADDITIONS

CORRECTIONS ET RECTIFICATIONS.

Dans un ouvrage de ce genre, où tout doit être si minutieusement exact, il est impossible qu'il ne se soit pas glissé un certain nombre d'erreurs, soit dans la rédaction du texte, soit dans l'opération si difficile de la correction des épreuves. En outre, la science marche ; et depuis près de deux ans que cet ouvrage est sous presse, les études considérables auxquelles l'auteur s'est livré sur les anciennes chartes du pays, lui ont donné lieu de modifier quelques-unes de ses opinions sur la situation des localités.

Le but de cet *Errata* est de donner au lecteur le détail de tout ce qui peut servir à l'édifier sur ces divers points. L'auteur y a inséré, de plus, tout ce que contenait une communication faite à la Société Académique par M. le Dr Ern. Hamy touchant plusieurs lieux-dits des communes d'Alembon et de Sanghen. On y trouvera, pour les localités déjà connues, des variantes utiles ; et pour divers endroits non mentionnés jusqu'ici, une nomenclature intéressante.

INTRODUCTION.

P. XLVIII, 7°, ligne 5, Brenil de Lieques, lisez : *Breuil de Surques.*

P. LXI, 3° alinéa, ligne 2, lisez : Il y en a *cinq*, les seigneurs de Bellebrune...et *d'Hesdigneul*, qui figurent à la cour d'Eustache III ; — ligne 5, au lieu de *quatre encore*, lisez *trois* ; et ligne 6, effacez *Hesdigneul*.

P. LXVI, note, pénultième ligne, lisez : *Spectabat*.

P. LXXVIII, dans le tableau des *Hameaux, villages*, etc. rétablissez : *Elinghen*, commune de Ferques, et *Inghen*, commune de Tardinghen.

P. CXXV, ligne 4, lisez *treize cantons*, et dans le tableau qui suit, après Saint-Pierre, ajoutez *Samer*.

P. CXXXI, ligne 7, 1120, lisez 1119.

Ibid., ajoutez :

Cartulaire de Selincourt, ms de la Bibliothèque d'Amiens (extraits obligeamment communiqués par M. J. Garnier, bibliothécaire).

P. CXXX : On a oublié d'indiquer :

Compte des recettes des aides dues à Mr le comte de Boulogne, à cause du mariage de sa fille la duchesse de Berry, qui a Boulogne le III° jour de janvier l'an mil ccc. IIII°° et XII (vieux style) aux Archives nationales, carton J 592.

Ce document a été désigné à tort sous le nom d'*Aides de Bourgogne*, par suite d'un *lapsus* qui s'est perpétué d'article en article.

DICTIONNAIRE.

P. 2. **Ainghes**, ligne 2, au lieu de 1396 (aveu de Jehan Bollart), lisez : 1389 (aveu de Will. du Moustier).

P. 9. **Audinghen**, Décimateurs ; lisez : le chapitre de Boulogne, l'abbaye de Licques, l'hôpital de Boulogne, le seigneur, etc.

P. 11. Rétablissez **Autembert** de Wierre-Effroy avant *Autinghem*. C'est par erreur que ce mot a été classé sous la forme *Hautembert*.

P. 13. **Baincthun**, ajoutez : *Badingerum* pour *Badingetum*, 1199 (cart. de Samer).

P. 17. **Bas-Mont**, lisez : *Le Bas Haut-Mont*, XVIII° s. (reg. d'Alembon).

P. 29. **Blanc-Mont.** — Les anciens actes écrivent *Blamon*, d'où le surnom de la famille Butor-*Blamon*, ou de *Blamont*, dont Philippe, sieur de *Blamont* mort à Boulogne en 1692 (reg. de S.-Joseph et actes de 1748-1770, etc. dans le reg. d'Alembon).

Blanche-Rue (La), chemin, c^{ne} de Sanghen (cueil. de 1770).

Blanche-Terre (La), lieu-dit, c^{ne} de Sanghen (terr. de 1662).

P. 30. **Blancs Tureaux** (Les), lieu-dit, c^{nes} de Menneville et de Saint-Martin-Choquel (cadastre).

P. 36. **Bonningues-lez-Calais** aurait dû être imprimé en grandes capitales.

Boquet-Tassart (Le), lieu-dit, c^{ne} de Sanghen (cueil. de 1770).

P. 38. **Boulogne-sur-mer**, ligne 5, au lieu de 52, lisez 54 avant J.-C.

P. 54. 1er alinéa, ligne 2, Engoudesent (sur Longvilliers), lisez : sur *Beussent*.

P. 59. **Bournes** (Les), lieu-dit, c^{ne} de Sanghen (terr. de 1662, cueil. de 1770).

Bournettes (Les), lieu-dit et fief, c^{ne} de Sanghen (terr. de 1662, cueil. de 1770).

P. 60. **Bout-des-Rues** (Le), lieu-dit, c^{ne} d'Alembon, XVIIIe s. (reg. dudit).

P. 61. **Bovemberg**, voyez l'art. Montlambert.

Bowere, nom d'un village situé dans la c^{ne} de Sangatte, d'après le terrier ang. de 1556 : *The village of Bowere, within the parish of Sandgates*.

P. 62. **Brasserie** (La), lieu-dit, c^{ne} de Sanghen (cueil. de 1770).

P. 64. **Bricqueterie** (La), lieu-dit, c^{ne} de Sanghen (cueil. de 1770).

Briez (Le), lieu-dit, c⁰ᵉ d'Alembon, 1662 (terr. de Sanghen).

P. 67. Budrekem, voyez *Bodrechem*, ci-dessus dans la table des formes anciennes.

P. 69. Caffiers aurait dû être imprimé en grandes capitales. Ajoutez aux citations : *Paganus de Cafeirs* 1157 (cart. de Beaulieu).

P. 70. Caïeu, ajoutez : *Balduinus de Chaiol*, 1125 (charte d'Eustache III, pour le prieuré de Rumilly).

P. 72. Calais, ajoutez : Nom italien, *Calesse*, XVIᵉ s. (Arioste, Orlando fur., c. 2, n° 27).

P. 82. Capécure, ligne 9, 1396 (aveu, etc.) lisez : 1389 (aveu de Will. du Moustier).

P. 83. Capelle (La). — Avant le mot *Le Chapelle* qui termine la ligne, lisez : *Ernous de Le Capelle*, alias de.

P. 87. Caudron (Le), lieu-dit, c⁰ᵉ de Sanghen, 1662 (terr. dudit).

P. 100. Copen (Le). — Ajoutez : *Jehan de Coppehem* était lieutenant particulier du bailliage de Saint-Omer, de 1660 à 1665 (Mém. de la Soc. des Ant. de la Mor., t. XIV, p. 259). — *Le Copehem*, 1662 (terr. de Sanghen).

P. 101. Coquelles, lig. 6, *cam decima*, lisez *cum decima*.

P. 102. Coquerel, ajoutez : *Guido et Simon de Kokerel*, 1174 ; — *decimam in Kokerel*, 1184 (cart. Lisk.).

P. 102. Cornillière (La), autre, au dimage d'Audeland, 1767 (inventaire de Licques, art. 59, 15).

P. 103. Cottebrune. On dit aussi vulgairement *Colbronne*.

P. 106. Course, ajoutez la citation du nom de *Guigon de Cours*, chevalier, 1296 (arch. nat., J 1124, n° 9).

P. 107. Courtil du Flamant (Le), lieu-dit, c⁰ᵉ de Sanghen, 1662 (terr. dudit).

Courtil Maigue (Le), lieu-dit, c^{ne} de Sanghen, 1662 (terr. dudit).

Courtil Philippot (Le), lieu-dit, c^{ne} de Sanghen, 1662 (terr. dudit).

Courtil Puisssant (Le), lieu-dit, c^{ne} de Sanghen, 1770 (cueil. dudit).

P. 108. Crambreucqs (Les), lieu-dit et ruisseau, c^{ne} de Fiennes : *Cravenbruec*, 1286 (terr. de Beaulieu).

Croix de Sanghen (La), lieu-dit, c^{ne} de Sanghen, 1770 (cueil. dudit).

P. 118. Desvres ; Il existe des coutumes locales du lieu et bourgage de Desvrene (cout. du Boul., p. 96 et suiv.) registrées le 18 octobre 1550.

Dirlinguetun, ajoutez : Paraît très probablement être le *Diowaldingatun* des chartes de Saint-Bertin, 864 ou 865 (cart. Sith., p. 111) dont plusieurs ont fait *Verlincthun*.

P. 127. Escames. — Les citations de la chronique d'Andres, sous cet article, appartiennent au hameau d'*Ecambre*, c^{ne} de Guémy, de l'arr. de Saint-Omer. Voyez le dict. de M. Courtois.

P. 128. Espelleke. — Tassard l'indique encore dans l'énumération des paroisses du doyenné, en 1515, sous le nom de *Spelleke*.

P. 131. Faingehem, lieu inconnu, cité entre Terlincthun et Auvringhen, 1208 (cart. B. M. B.).

P. 132. Felinnes, ligne 2, *Zelines*, lisez : *Zelives*.

P. 133. Fiennes : ajoutez : *Flidmum* et *Flitmum*, 868 (cart. Saint-Bertin, p. 118). — *Felnæ*, 1208 (cart. B. M. B.).

P. 136. Flemæ, ligne 4, Saint-Waudrille, lisez : Saint-Wandrille.

Folomprise, lisez Folemprise.

P. 137. Follembonne, ligne 3, Fallembenne, lisez : Fallembonne.

P. 144. Fouquehove, ajoutez : *Foukenhove*, 1249 Duchesne, pr. de Guines, p. 288.

Framezelle, ajoutez : *domus de Flamersele*, 1198 chron. And., p. 830.

P. 146. Fringhen, rayez *Faingehem*, ci-dessus, p. 386.

P. 148. Les Gardins, peut-être faut-il y rapporter le nom de *Wido de Gardino*, 1200 (chron. And., p. 830. 2) ; et *Jehan du Gardin*, 1286 (terr. de Beaulieu).

P. 150. Goningesele, lieu inconnu, probablement sur Audinghen, 1208 cart. B. M. B.).

P. 155. Guines, 3ᵉ alinéa, ajoutez : Maintenant, depuis le Concordat, cure de deuxième classe, d'abord dans le doyenné de Calais, puis érigée en doyenné de canton par ord. épiscopale du 24 juin 1844.

P. 156, ibid. Abbaye de Saint-Léonard, fondée en 1129, lisez en 1117.

P. 160. Hames, ligne pénult., celui de Markene où était l'église, lisez : celui de Markene, ou plutôt celui de Fontaines, où était l'église.

P. 162. Hardinghen. Ajoutez à cet article toutes les citations de la chronique d'Andres qui sont réunies sous l'article Herbinghen.

P. 166. Haute-Passée (La), lieu-dit, cⁿᵉ de Sanghen. 1770 (cueil. dudit).

P. 167. Haut-Pichot : un autre lieu-dit de même nom sur la commune de Marquise est signalé par M. A. Guilmeth dans sa notice sur le Bourg de Marquise, p. 11, note : *La capellete du Haut-Pichot, aujourd'hui le champ d'Asile.*

P. 170. Hellebronne, effacez *à Heligeborne*, puis lisez : *à le fonteine à Helegeborne.*

P. 173. **Herbinghen.** Restituez à Hardinghen toutes les citations empruntées à la chronique d'Andres. Remplacez les par : *Heldebedinghem* (variante de Lamb. d'Ard., p. 203 . — *Altare de Heleidinguehem*, 1164 ; — *de Helvedinguehem*, 1170) ; — *partem decimæ quam habetis in Helvedinghem*, 1174 ; — *ecclesiam de Helvedinghem*, 1181 (cart. Lisk.).

P. 176. **Hertehauts** (Les), lieu-dit, au dimage de Clay (Licques), 1769 (invent. de Licques, 59, 19).

P. 177. **Hervelinghen**, ligne 6, *Helvinghem*, lisez : *Helvinghehem*, 1179.

P. 178. **Hesdigneul**, ajoutez : *Willelmus de Hesdinolis*, 1125 (charte d'Eustache III, pour le prieuré de Rumilly).

P. 182. **Hocquinghen**, ajoutez : *Okinguehem*, 1164 ; Gui d'*Okinguehem*, 1248 (cart. Lisk.).

P. 183. **Hodicq** (Le), c^{ne} de Lottinghen, *Haudicq* (Cassini).

P. 200. **Leulinghen.** L'abbaye d'Andres en possédait l'autel, *altare de Lulingahem*, dès le commencement du xiie siècle. Elle n'en a jamais eu deux du même nom ; par conséquent j'ai fait à cet égard un faux raisonnement dans le N.-B. qui termine cet article. *Lulingahem* et *Lullingahem* sont donc des formes qui appartiennent à Leulinghen en Boulonnais.

P. 202. **Licques**, ajoutez : *Goswino abbate de Leisceis*, 1159 (Mir., III, p. 50). — *Richero, priore de Liches*, xiie s. (Gautier d'Arrouaise, ap. Gosse, hist. dud., p. 538).

P. 207. **Londefort**, ajoutez : *villa quæ Londefort dicitur* xie s. (vit. s. Godolenæ, in act. SS. Jul., t. II, p. 405).

P. 223. **Markene**, pénult. ligne : *Picardes*, lisez : *Picards*.

P. 225. **Marquise**, ligne 2, *Wistasse*, lisez : *Wistasce*.

Ibid., ajoutez : nom révolutionnaire, *Beaupré*.

P. 241, ligne pénult., plan, lisez : terrier.

P. 264, **Pipendalle**, ajoutez : *Papendale*, 1286 terr. de Beaulieu.

P. 273. **Quembronne** (La) ; peut-être aurait-il fallu écrire *Aquembronne* (L').

P. 293. **Saint-Inglevert**. Dom Gosse en parle dans son *Histoire d'Arrouaise*, p. 374, d'après Iperius, sous le nom de *Zanterell*.

P. 298. **Saint-Riquier**, ligne 2, *Dicima*, lisez *Decima* ; ligne 5, *Cunfridus*, lisez *Gunfridus*.

P. 309. **Slack**, ajoutez : *Slack ou ce Lac ; La grande quantité d'eaux stagnantes qui s'y trouvent forme une espèce de lac, qui autorise à penser que c'est à cause de ces inondations qu'on a donné le nom de ce Lac à la rivière et au hameau voisin de son embouchure* (Delporte et Henry, descrip. top. du district de B., Paris, an VI, p. 12).

P. 313. **Temple** (Le), de Wissant, ligne 3, au lieu de *Domus Templariorum*, etc., lisez : *Domus militie Templi de Witsant*, 1515 (Tassard).

Ibid., **Terlincthun**, ajoutez avant la date 1208 les mots : *in Telingetuna*.

P. 321. **Turbinghen**, au lieu de c^{ne} du Portel, lisez : c^{ne} d'Outreau.

P. 328. **Vert-Mont** ; peut-être conviendrait-il d'écrire *Vermont*, plus conforme à la prononciation populaire.

P. 331. **Vonna**, ajoutez : *Aqua Funia*, 1100 (Mir., II, p. 1312). Il faut lire d'après l'original : *Aqua Funna* (Desplanque, Rech. sur l'abb. de La Capelle, p. 6).

P. 333. **Walricove**, ajoutez : *terra nostra de Walrichove*, 1209 (chron. And., p. 853).

P. 334. **Warcove**, *Olivier de*, supprimez le *de* qui suit.

P. 335. Wa**sconingawala**, ligne 10, *Guiptum*, lisez : *Guiptnm*.

P. 348. Wi**ssant**, seigneurie, lisez : aliénée par le roi Henri IV, partie aux Patras de Campaigno et à leurs sous-engagistes, partie aux d'Estampes de Valencé, leurs successeurs et ayants droit, qui l'incorporèrent aux domaines de Fiennes et de Bellebrune, dont aveu aux arch. nat. (P n° 861 bis).

Il m'aurait été facile de grossir cet *Addendo*, en y faisant entrer le relevé de ce que les anciennes cartes du Boulonnais et de la Picardie, celles de Duval (d'Abbeville) et de Sanson, par exemple, offrent de variantes pour les noms des villages et des hameaux du Boulonnais. Je ne l'ai pas voulu faire, étant persuadé que c'était déjà trop d'avoir indiqué dans le Dictionnaire l'étrange nomenclature qui se lit sur les cartes de Josse Houdius. Le Boulonnais, plus que tout autre pays, a eu de tout temps, le privilège de voir estropier son histoire et sa géographie par tout ce que le monde savant a renfermé de gens occupés à manier la plume et le crayon. Quelle utilité pourrait-il bien y avoir à redresser toute cette cacographie, dont les cartes les plus récentes, sans en excepter celles de l'Etat-Major et du cadastre, ont peine à se défendre ? D'ailleurs, les instructions du Comité des Travaux historiques et des Sociétés Savantes, contenues dans le rapport spécial qui a été rédigé par M. Léopold Delisle (1), m'avertissaient de ne pas avoir à tenir compte « des « altérations que les noms ont subies sous la plume des copistes « ignorants et des auteurs étrangers, » bien que, sur ce dernier point, j'eusse une exception à faire pour toute la géographie du Calaisis, à cause de l'occupation anglaise.

Je n'ai pas cru davantage qu'il fût utile de mentionner les singulières variantes que présente une nomenclature des paroisses du Boulonnais, rédigée pour dom Grenier et publiée par M. E. Dramard dans les pièces justificatives de sa *Biblio-*

(1) In-8°, Paris, P. Dupont, 1859, p. 6.

graphie géographique et historique du Boulonnais (1). Ce document est dénué de toute espèce d'autorité.

Il y aurait eu un meilleur parti à tirer des volumineux détails consignés dans les *Recherches généalogiques* de M. Eugène de Rosny (2). On y trouve, en effet, sur la géographie féodale de l'arrondissement de Boulogne et des arrondissements voisins, d'amples renseignements qu'il eût été intéressant de comparer avec ceux que j'avais déjà recueillis dans mes investigations personnelles ; mais, outre qu'il m'eût fallu refondre une grande partie de mon Dictionnaire, je me serais vu dans l'obligation d'en dénaturer le caractère, en y insérant des documents de seconde main. Aussi, ai-je cru devoir m'abstenir de toucher à cette publication, en lui laissant tout entier le mérite qui lui appartient de réfléter l'érudition de son estimable auteur, sans essayer de m'en approprier la moindre parcelle. Nos deux ouvrages resteront ainsi absolument parallèles ; et ceux qui s'occuperont après nous des mêmes questions, devront les consulter l'un après l'autre, pour se former une juste opinion des choses où il y aurait entre nous divergence.

On me reprochera peut-être de m'être trop peu inquiété des formes anciennes proposées par Malbrancq, par J.-F. Henry, par Collet, par M. Harbaville, à l'appui de nos principaux noms de lieux. Mais si le lecteur veut bien prendre la peine d'y regarder, il verra que j'y coudoyais l'erreur à chaque pas, et que je ne pouvais m'astreindre à faire de mon ouvrage un combat perpétuel. Ne valait-il pas mieux contredire tout cela par le silence ? Avais-je besoin de constater, à l'encontre de M. Harbaville (3) que les noms d'*Alani dunum* (Alincthun, p. 39), *Calliaca* (La Calique, p. 45), *Boloembrune* (Bellebrune, p. 39), *Cremarasium* (Crémarest, p. 39), *Managium* (Maninghen, p. 66), *Mansionis villa* (Menneville, p. 45), *Nigella* (Nielles-lez-Calais, p. 33), *Vacaria* (Wacquinghen, p. 73) étaient des inventions qui n'ont aucune raison d'être ? Avais-je besoin de dire que l'abbaye d'Andres ne s'est jamais appelée *Altare villa* (p. 49), qu'Audembert n'est pas la baronnie du comté de Guînes qu'on appelait *Audimbroeck* (p. 63), qu'Hames ne s'est jamais nommé *Amneio* (p. 56), qu'Hardinghen n'était pas connu en 668 sous le nom d'*Hedeneberg* (p. 55), qu'Herbinghen n'a jamais eu rien à

---

(1) Appendice VIII, p. 105. On y lit, par exemple, *Cocquette* pour *Coquelles*, *Morghuen*, pour *Morcamp*, *Gainghuen* pour *Sanghen*, etc.

(2) Recherches généalogiques sur les comtés de Ponthieu, Boulogne, Guînes et Pays-reconquis, 4 v. in-8°, Boulogne, 1874-1877.

(3) Mémorial historique et archéologique du Département du Pas-de-Calais, t. II, 1842.

démêler avec l'*Ebresingahem* des chartes de Saint-Bertin, ni avec l'*Herberghen* des chartes d'Andres (p. 57), qu'il n'existe pas de charte où Longueville soit mentionné sous le nom de *Longa Villa* en 878 (p. 45), que *Totingatum* n'est pas Elinghen (p. 65) et que *Viroriacum* ne représente pas le village de Wirwignes, sans parler d'autres attributions de moindre importance?

Il était, au contraire, absolument indispensable de contredire ou de redresser l'opinion des spécialistes qui ont traité *ex-professo* les questions topographiques. L'autorité de leur nom, l'estime qui s'attache aux productions de leur esprit, étant de nature à entraîner dans une fausse voie la plus grande partie du monde savant, il m'a fallu donner tout au long les raisons que j'avais de ne pas être de leur avis. Puissé-je avoir toujours proposé les solutions les plus raisonnables et les plus conformes à la vérité : c'était mon seul désir et mon unique ambition.

D. H.

Menneville, le 31 décembre 1881.

Boulogne-sur-mer. — Imprimerie veuve Charles Aigre, 4, rue des Vieillards.

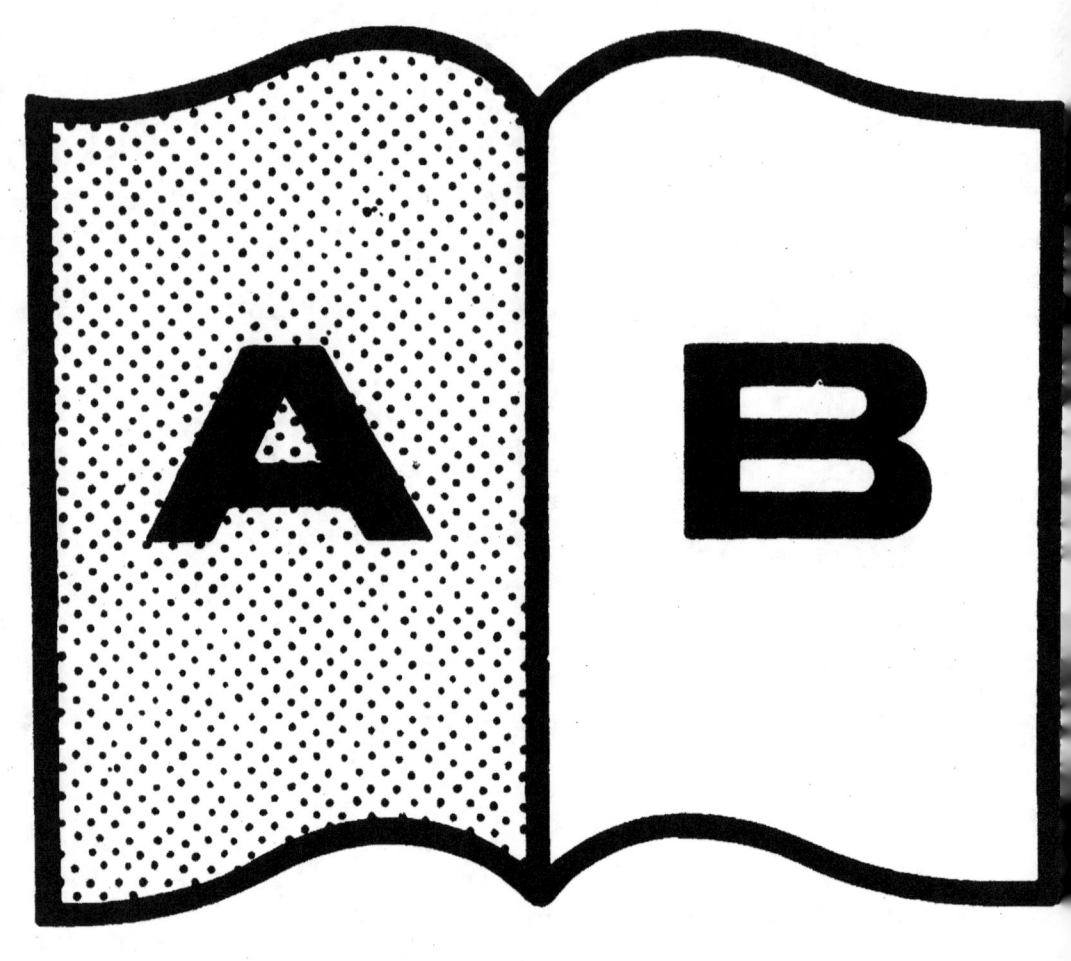

Contraste insuffisant

NF Z 43-120-14

www.ingramcontent.com/pod-product-compliance
Lightning Source LLC
Chambersburg PA
CBHW051123230426
43670CB00007B/656